Lisbeth Haase

Eva und ihre Töchter

Die Frauen der Bibel erzählen ihre Geschichte

R. BROCKHAUS VERLAG WUPPERTAL

ABCteam-Bücher erscheinen in folgenden Verlagen:

Aussaat Verlag Neukirchen-Vluyn
R. Brockhaus Verlag Wuppertal
Brunnen Verlag Gießen und Basel
Christliches Verlagshaus Stuttgart
Oncken Verlag Wuppertal und Kassel

Die vorliegende Ausgabe erschien zunächst in Einzelbänden:
Als Abraham seine Frau verkaufte (1991)
Als ich Adam den Apfel gab (1992)
Und Lydia öffnete ihr Haus (1993)

2. Auflage der geringfügig überarbeiteten Gesamtausgabe 2004

Umschlag: Dietmar Reichert, Dormagen
Gesamtherstellung: Breklumer Druckerei Manfred Siegel KG
ISBN 3-417-11109-9
Bestell-Nr. 111 109

VORWORT

Du bist einmalig, Tochter! Dein Gesicht, deine Gestalt, dein Gang, deine Gedanken, dein Beben und Staunen - einmalig.

Der Schöpfer hat in seiner Weisheit und Liebe dich einmalig geschaffen.

Ich weiß, es fällt dir angesichts der Massen um dich herum schwer, dies zu glauben. Werden wir nicht zu leicht in Gruppen gesehen, in Schubladen gepresst? Meinst du nicht, du kannst nur durch Leistung oder auch durch eine besondere Sperrigkeit auf dich aufmerksam machen?

Du bist einmalig, meine Tochter!

Gott hat uns einmalig geschaffen. Gott sieht uns auch in der Gruppe oder in der Masse. Gott sieht jeden und jede Einzelne. Mach dir auch die Mühe oder setze die Liebe ein, die Einzelne in der Menge oder in ihrem So-sein zu sehen!

Auch in der Bibel gibt es eine Vielzahl von Frauen, die kaum jemand kennt. Übersehene - aber von Gott Nichtvergessene. Oft sind sie namenlos, werden nebenbei erwähnt oder treten in Gruppen auf.

Mach dich auf, Tochter! Entdecke sie! Lass dir von ihnen berichten! Sie haben alle etwas zu erzählen. Wir können nur staunen.

INHALT

Die Frauen des Alten Testaments

Die Erzmütter und ihre Schwestern

Frauen im Aufbruch

Das Land, wo Milch und Honig fließt – und Blut und Tränen

Aussiedlerinnen

Königinnen und ihre Schwestern im Großreich

Frauen im geteilten Reich

Im Ausland

Wieder in Jerusalem

Die Frauen des Neuen Testaments

Frauen, die Jesus sahen

Frauen der ersten Gemeinden

Die Frauen des Alten Testaments

Die Erzmütter und ihre Schwestern

1. Eva

1. Mose 2,4–25

Mich kennt doch jeder. »Sündhaft«, »triebhaft«, »leicht zu verführen« und selbst »Verführende«.

Oder? Bist du eine, die das anders sieht?

Heute denken immer mehr Menschen darüber nach, wollen verstehen, was damals geschehen ist, und versuchen dabei, hinter diese Geschichten zu kommen. Oder sie versetzen sich ganz einfach in die Lage der Frau oder des Mannes – da kommen dann oft ganz andere Vorstellungen und Gedanken auf, als die Tradition sie überliefert hat.

Wir hatten es gut im Garten Eden. Eigentlich zu gut. Der Garten Eden war himmlisch, ein Teil des Himmels. Der Ort und unsere Lebensweise war so, wie sich heutige Erdenbürger einen himmlischschönen Urlaub wünschen. Wir brauchten keine Kleidung, weder für die Kälte noch gegen neugierige Blicke oder um uns selber hervorzutun, damit zu schmücken.

Adam mochte mich, und ich mochte Adam. Wir waren aufeinander angewiesen. Wir brauchten uns gegenseitig. Wir waren Partner. Es gab sonst unseresgleichen nicht. Im Garten wuchsen Früchte im Überfluss und in einer großen Vielfalt. Die grünen Bäume gaben uns Schatten. Bäche und Flüsse versorgten das Land und uns mit erfrischendem Wasser.

Ich könnte mir vorstellen, dass ein heutiger, gestresster Mensch, ganz gleich ob Mann oder Frau, in der Ruhe eines paradiesischen Urlaubes auch auf Gedanken kommt, die er lieber hätte sein lassen sollen. Gedanken und Ausführungen, die ihm oder ihr oder beiden Unruhe gebracht haben, sie aus dem »Paradies« gestürzt haben.

Warum ist das wohl so?

Gott hat uns Menschen erschaffen, zu seinem Bilde hat er uns erschaffen und zu Mitarbeitern in seiner Schöpfung berufen. Gott hat uns Gedanken gegeben, den Schaffensdrang, die Lust und Freude. Gott hat uns, seine Geschöpfe und Ebenbilder, aber auch lieb. Er will nicht, dass uns etwas geschieht, dass wir uns in unserer Überklugheit verderben. Deshalb hat er uns Gebote gegeben.

Bei Adam und mir war da nur eines; das hätte dort genügt.

Doch damals waren wir nicht so schlau wie heute. Ja, das war es überhaupt. Das war unsere Sünde. Wir wollten so klug sein wie Gott, und darum taten wir das einzige Verbotene.

Denn wirklich, wir durften alles. Alles war uns erlaubt von Gott. Nur die Früchte eines Baumes, des Baumes der Erkenntnis des Guten und Bösen, zu essen war uns verboten.

Stillschweigend nahmen wir das hin. Wir brauchten diese Früchte nicht, hatten genug andere.

Das stimmt wirklich so; jedenfalls bei mir. Doch wie sah es bei Adam aus? Ich konnte keine Gedanken lesen; gesprochen haben wir nie über die Verlockung dieser Früchte. Wahrscheinlich gab es auch wirklich keine lockende Versuchung in Gedanken, keine fertigen Gedanken in dieser Richtung.

Mich reizten der Baum und seine Früchte erst, als die Schlange mich provozierte. Meine Augen wurden geradezu aufgetan. Ich sah Früchte an diesem Baum, die mir auf einmal viel schöner als alle anderen vorkamen. Und dann sollte ich beim Essen einer Frucht nicht nur den süßen Saft schmecken, ich sollte mich dabei auch verändern: Klug sollte ich werden! Ich sollte klug werden wie Gott und Gutes und Böses erkennen können! Was war »Böses«? Ich hatte keine Ahnung. Ich war neugierig auf neue Erkenntnisse und Erfahrungen.

Ich pflückte eine Frucht und biss hinein. Damit bin ich in die Geschichte der Menschheit eingegangen: Als die Sündhafte, weil ich das Gebot Gottes übertrat. Als die Schwache und Verführbare, weil ich der Einflüsterung der Schlange nicht widerstand. Und schließlich noch als die verführerische Eva, weil ich dem braven Adam auch von der Frucht gab. Woher nur will man seit Jahrtausenden wissen, dass ich Adam dazu verführt habe?

In dem Buch der Bücher ist davon jedenfalls nichts zu lesen. Dort steht erst einmal, dass das Gebot, nicht von dem Baum der Erkenntnis zu essen, Adam erhalten hat. Gott hat es zu Adam gesagt. Es mag sein, dass Adam mit diesem Gebot insgeheim doch seine Probleme hatte. Als die Schlange mit mir sprach, griff Adam jedenfalls nicht ein. Keine Warnung hörte ich von ihm, aber es kam auch keine Abwehr, selber in die Frucht zu beißen.

Die Erkenntnis, dass wir etwas falsch gemacht hatten, kam uns beiden bald darauf. Wir wurden so unsicher. Wir sahen auf einmal anders. Da gab es plötzlich Dunkles um uns, da stieg auch Dunkles in uns auf.

Angst packte uns, ein Gefühl, das wir bis dahin nicht kannten.

Beide waren wir schuldig geworden, beide hatten wir uns verändert. Beide wurden wir von Gott zur Verantwortung gezogen.

Unsere Strafe ist bekannt. Ich sage: unsere Strafe. Gott hat mich nicht als die allein Schuldige angesehen. Wir wurden alle drei – die Schlange, Adam und ich – bestraft und mit Problemen überhäuft, die wir vorher nicht kannten.

Ich heiße Eva, das heißt: Leben. Und wenn ihr mir weiter die Rolle der Verführerin zuschreiben wollt, dann möchte ich euch dazu verführen, mehr Gott zu erforschen; zu erforschen, was sein Wille ist; Gottes Gebote ernster zu nehmen.

Ich möchte euch zurufen: Bedenkt das Leben! Nicht nur das eurige, für das ihr in eurem Ehrgeiz und in gedankenloser Habgier so viel tut. Bedenkt auch das Leben eurer Kinder und das der Generationen danach.

Wir haben damals eine Grenze überschritten, Adam und ich. Und plötzlich gingen uns die Augen auf. Wir wussten auf einmal, was gut und böse ist. Doch da war es zu spät.

Lasst es nicht so weit kommen, dass ein »Zu Spät« euch und euern Kindern ein Ende setzt!

Wir hatten auch Kinder: Die Geschichte von Kain und Abel kennt jedermann. Später bekam ich noch den Set.

2. Ada und Zilla

1. Mose 4,17ff.

Ada: Zilla und ich sind die Frauen Lamechs. Wir hatten uns beide damit abzufinden. Lamech nahm uns beide als seine Frauen. Das gab es bis dahin nicht.

Die Nachbarschaft wurde unruhig. Wir waren zuerst verzweifelt. Doch Lamech tat, was er wollte. Lamech ist ein Nachkomme Kains in fünfter Generation.

Evas und Adams Sohn Kain war durch den Brudermord an Abel »unstet und flüchtig« geworden. Das ungezügelte, unbeherrschte Wesen seines Vorfahren bestimmte auch das Leben unseres Mannes. Lamech war gewalttätig, zügellos, war unberechenbar in seiner Leidenschaft und in der Streitsucht.

Was habe ich gezittert, wenn er nach Hause kam und sich lärmend seiner Gewalttaten brüstete: »Einen Mann erschlug ich für meine Wunde und einen Jüngling für meine Beule.«

Zilla: Obwohl wir oft unter seiner Willkür zu leiden hatten, waren wir doch froh, wenn unser Mann gesund nach Hause kam. Wir fürchteten bei Lamechs Händelsucht stets um sein Leben.

War Lamech zu Hause, reagierten wir beiden Frauen oft sehr empfindsam. Allzu oft traten dann Ränkeleien und Gehässigkeiten zwischen uns auf. Wir taten uns weh, statt uns gegenseitig zu stärken. Leider!

Wir hatten beide zwei Kinder. Da mit Lamech keine friedvollen Gemeinsamkeiten aufkamen, waren unsere Kinder unser alleiniger Lebensinhalt. Sie waren geschickt und tüchtig. Von Nachbarn wurden wir um die Zielstrebigkeit ihres Tuns beneidet. Ada hatte zwei Söhne. Der eine wurde Viehzüchter, und der andere hatte eine große musische Begabung. Er machte sich als Flöten- und Zitherspieler einen Namen. Mein Sohn wurde der Begründer der Erz- und Eisenschmiede. Meine hübsche Tochter Naama war unser aller Augenfreude. Hätten wir nicht unsere Kinder gehabt, wäre unser Leben grau und düster verlaufen.

Ob die berühmten Künstler - Musiker, Maler, Architekten,

Theaterleute – wohl jemals daran dachten, dass Adas Sohn der erste ihrer Zunft war und meiner der erste der Techniker und Erfinder?

— 3. Frau Noah und ihre Schwiegertöchter —

1. Mose 6,8ff.

Frau Noah: Im 14. Psalm hat David unsere damalige Situation richtig besungen: »Der Herr schaut vom Himmel auf die Menschenkinder, dass er sehe, ob jemand klug sei und nach Gott frage. Aber sie sind alle abgewichen und allesamt verdorben; da ist keiner, der Gutes tut, auch nicht einer.«

Uns ging es gut im Lande. In fast jährlicher Wiederkehr traten die Flüsse über die Ufer und bedeckten die Wiesen und Felder mit einer frischen Schicht fruchtbarer Erde.

Viel Arbeit gab es dann. Dämme und Rückhaltebecken mussten errichtet oder ausgebaut werden. Wir pflanzten und säten, wir pflegten, bewässerten und ernteten reichlich. Die richtige und pflegliche Wasserbewirtschaftung, von der wir abhängig waren, verlangte eine gemeinschaftliche Arbeitsweise. Nur so konnten wir die Natur in Grenzen halten, sie uns nutzbar machen. Der Mensch kann alles! Es ist unser Verdienst, dass es uns so gut geht!

Noah warnte, so größenwahnsinnig zu sein. Gott als der Schöpfer Himmels und der Erde hatte uns als Mitarbeiter eingesetzt. Doch von Gott kommt alles. Ihm die Ehre zu geben sei wichtig. Und Noah wies uns an, auf die Stimme Gottes zu lauschen; zu versuchen, sie erfahrbar zu machen.

Nun, ich ließ mich von meinem Mann führen. Ich versuchte auch, Gottes Stimme zu hören. Doch ich hörte nichts. War ich zu ungeduldig? War ich gedanklich woanders? War ich unwürdig?

Meinerseits nahm ich das Gespräch auf. Ich dankte Gott, dem Schöpfer, für meine drei Söhne, die ich gebären durfte. Auch später dankte ich, als sie mir alle tüchtige Schwiegertöchter ins Haus brachten.

Unsere Kinder waren, wie in fast jeder Familie, sehr verschieden. Auf dem Feld und in den Scheunen, beim gemeinsamen Mahl und in den stilleren Abendstunden gab es oft heiße Diskussionen. Noah bestand sehr auf dem Althergebrachten und erwartete als Sippenoberhaupt Gehorsam. Er wiederum würde seinem Gott gehorchen. Wenn wir nicht selbst Gottes Stimme hörten, müssten wir schon ihm folgen. Er würde so seiner Familie zeigen, wo's langgeht.

Ich war es so zufrieden. Die jungen Leute diskutierten, zuweilen opponierten sie. Noah verließ dann meist das Haus. Er hätte noch nach dem Vieh zu sehen oder nach dem Wetter oder – er fand immer einen Grund. Ich war allein mit dem munteren, traditionskritischen jungen Volk und versuchte, Wogen zu glätten. Nun – das soll heute in vielen Familien ähnlich sein.

Frau Sem: Ich war und bin meiner Schwiegermutter wahrscheinlich am ähnlichsten. Ich fühlte mich wohl im Familienleben, versuchte meinen Kindern eine gute Mutter zu sein. Ich liebte es, mit blanken Füßen auf der feuchten Erde zu stehen, aus diesem warmen Boden Leben sprießen zu sehen.

In dem schwimmenden Kasten, den wir Arche nannten, hatte ich viel Mühe mit meinen beiden kleinen Söhnen. Ich versuchte, ihnen Geborgenheit und Hoffnung zu vermitteln und den Glauben, dass Gott sie wieder im grünen Gras spielen lassen würde.

So hat es sich später auch bewahrheitet. Ich habe noch drei weitere Söhne geboren. Der Erstgeborene auf diesem neuen Land, der zwei Jahre nach der Sintflut geborene Arpachschad, wurde Ahnvater von Abraham und damit von dem ganzen Volk Israel. Damit bin ich doch wohl auch eine der Ahnmütter dieses großen Volkes. Das sehe ich jetzt aber erst im Nachhinein. Und wenn ich früher nicht genug gedankt habe, so will ich jetzt von Herzen Gott danken für dies neue, gesegnete Leben nach der Bewahrung in der Sintflut.

Frau Ham: Ich war voller Opposition, als Ham mir sagte, sein Vater Noah erwarte von uns allen, dass wir in dieses eigenartige Schiff klettern sollten.

Die Monde davor hatte ich belustigt dem Errichten dieses kolossalen Bauwerkes zugesehen. Vater Noahs seherische Fähigkeiten und sein von Gott Angesprochensein hielt ich für eine weitere Marotte des alten Mannes.

Ein seltsamer Zug musste in dieses Schiff trotten, das wir Arche Noah nannten. Das ging längst nicht so geordnet zu, wie es die Maler in den letzten Jahrhunderten bis heute darstellten. Es war auch nicht nur ein Paar von jeder Tierart da, das in dieses Hausschiff drängelte oder sich gegen das drohende Eingepferchtsein sperrte. Von den reinen Tieren, den Wiederkäuern mit den durchgespaltenen Klauen, den Vögeln und den Heuschrecken sollten gleich sieben Paare in die Arche!

Es gab im Schiff ein fürchterliches Durcheinander und ein Gegackere, Gepiepse und Gebrülle, und alles dies auf engstem und dunklem Raum, und draußen, um das Schiff herum, war die große Weite, war strahlender Sonnenschein.

Während andere Familienmitglieder sich mit Arbeit überlasteten - sicher, es gab genug zu tun bei der Einordnung und Versorgung auf dem Schiff - rebellierte ich laut gegen dieses aberwitzige Tun. Später revoltierte dann leise mein Magen wegen des Gefühls des Unverstandenseins.

Nach sieben Tagen dieser seltsamen Hotelunterkunft prasselte ein gewaltiger Regen hernieder. Doch ich sah darin noch nichts Ungewöhnliches. Eine Sintflut konnte ich mir nicht vorstellen.

Nach weiteren sieben Tagen war ich ganz kleinlaut und verkroch mich. Die Himmelsschleusen waren aufgetan und zusätzlich quollen Wasser aus der Urflut empor.

Ich wurde seekrank, als sich die Arche von den steigenden Wassern hob und dümpelte. Ob Noah das Tannenholz gut genug verpicht hatte? Würde kein Wasser in die Arche dringen? Würden wir genug zu essen haben? Hoffentlich bricht in diesem Kasten keine Panik aus! Ängste krochen hoch - lauter Ängste!

Noah hatte richtig gehandelt mit dem Bau dieser Arche. Doch helft mir, helft späteren Generationen! Wie und wann handelt man richtig? Wie höre ich richtige Weisungen des richtigen Gottes?

Frau Jafet: Der Bau des Schiffes auf dem trockenen Land war schon eine seltsame Sache. Ich sehe das so, dass Gott den Gehorsam Noahs und seinen Glauben an ihn prüfen wollte.

Noah hatte die Probe bestanden, und wir waren die Nutznießer davon. Auch dankbare Nutznießer?

An die Not, Angst und Bedrückung in der Arche will ich nicht mehr denken. Wir mussten uns so mühen mit der Versorgung von Familie und Viehzeug. Es war eine wahre Last, den Dreck im Schiff unter Kontrolle zu bekommen, zu beseitigen und nach Möglichkeit bei allem frohen Mutes zu bleiben!

Aber erinnern werde ich mich immer wieder an den hoffnungsvollen, mich zutiefst anrührenden Augenblick, als Noah den Arm aus der Luke der Arche streckte und die ausgesandte und zurückkehrende Taube darauf landen ließ. Er holte die Taube behutsam herein. Sie hatte ein Ölblatt im Schnabel. Mir traten die Tränen in die Augen. Ich sah dies Zeichen neuen Lebens als eine Friedensbotschaft Gottes. Und es war wohl auch so.

Die Arche saß bald fest, und wir konnten spüren und sehen, wie das Wasser zurücklief.

Frau Ham: Wir waren noch einmal davongekommen!

Ich streckte meine Glieder, schnupperte die frische Luft, bewegte mich auf der feuchten, schnell wärmer werdenden Erde und tanzte einen Freiheitstanz.

Während später die Männer das Land absteckten und wir uns alle mühten, Samen in die Erde zu bringen, beunruhigten mich bald wieder neue Gedanken.

Warum waren wir davongekommen? Warum hatte Noah von seinem Gott und dessen Macht und Wahrheit nicht anderen weitergesagt, um sie auch zu retten? Warum sprach Gott nur mit Noah? Warum segnete Gott nach dem Ausmarsch aus der Arche nur Noah und die Söhne? War das nur ein Segen für Männer?

Das »seid fruchtbar« musste doch wohl auch für uns gelten? Allein konnte der Mann doch nicht Leben mehren? Wir sind doch zumindest die »Erde«, in die der Samen fällt. Nun, ich habe vier

Söhne geboren. Ich habe die Order befolgt. Doch war das alles? Für dich, Mutter, kann das doch gar nicht mehr gegolten haben? Du warst doch schon über das gebärfähige Alter hinaus!

Und warum stehen wir vier Frauen eigentlich ohne Namen da? Wir sind namenlos vor der Welt - auch vor Gott?

Frau Noah: Ich spüre: Aus einer schweren Situation, aus einer Katastrophe, macht jeder für sich seine eigenen Erfahrungen. Jeder geht daraus verändert hervor. Der Segen, liebes Kind, galt und gilt für uns Frauen genauso. In der Schöpfung hat Gott den Menschen, Mann und Frau, gemeinsam erschaffen, sie gemeinsam gesegnet und gesagt: »Seid fruchtbar und mehret euch.« Das gilt doch!

Gott hat uns auch als Paare in die Arche gerufen, als Paare sind wir gesegnet worden. So habe ich das immer gesehen. Für mich war und ist das kein Problem.

Und wenn du auf meine vergangene biologische Fruchtbarkeit anspielst, kann ich dir hiermit gleich auf zwei deiner Fragen etwas sagen. Kinder gebären muss nicht die einzige Antwort auf den Segen sein. Eine Frau, die keine Kinder gebären kann, kann überaus fruchtbar sein, kann sich auch »vermehren«. Das braucht nicht biologisch zu sein, das kann diakonisch sein, das kann Ideenreichtum sein, ein Werk, Lehren, Bilden, Produzieren, Missionieren. Fruchtbar sein - das ist ein Zustand des Wachsens. Auch aus Zeiten des Ganz-tief-unten-Seins oder des scheinbaren Stillstands kann eine schöne oder reiche Frucht erwachsen. Viele Frauen haben gerade darin ihre Fruchtbarkeit erfahren können.

Namenlos? Ich fühle mich nicht so als Frau Noah. Ich bin eins geworden mit meinem Mann, habe die meiste Zeit meines Lebens mit ihm zusammen verbracht. Manche Frauen mögen das nicht, vor allen Dingen dann, wenn sie eigenständig sind. Wenn sie einen Beruf haben und dort ihre Frau gestanden haben. Das ist verständlich, denn dann sind sie mit ihrem eigenen Namen bekannt geworden. Aber sieh, mir reicht es so. Ich bin Ehefrau, Mutter und Hausfrau gewesen. Ehe mit Noah, Mutter durch Noah, Hausfrau in seinem und meinem Haus. Mir war es recht so. Und du wirst es kaum glauben, auch heute noch ist es Tausenden von Frauen ebenso recht.

Ich lese in Anzeigen: »Es danken Fritz Maus und Frau.« Oder: »Es wünschen ein gutes Jahr Paul Pring und Frau Anna.« »Wir geben . . . bekannt. Andreas und Else Grau.« Wer's nicht mag, kann es heute ändern. Gewiss, wir hatten damals keine Möglichkeit dazu. Doch wir hatten auch keinen Wunsch danach. Wir bestellten das gemeinsame Haus.

4. Sara

1. Mose 11,27ff.

Ich bin die alte Ahnfrau, die über Gottes Boten lachte. Ja, ich lachte, weil ich wieder einmal etwas nicht glauben konnte. Der Zweifel war's, der mich spotten ließ. Im Spott rutschte dann auch das Lachen aus meiner Kehle. Zu lachen hatte ich sonst nichts. Gelacht habe ich nur in meiner Jugendzeit und in der ersten Zeit meiner jungen Ehe. Ich war glücklich in Ur, der lebhaften Stadt in Chaldäa. Dort hatte ich einen gesunden, verlässlichen Mann. Ich hatte in eine Sippe eingeheiratet, die mir Geborgenheit schenkte. Mit Milka - sie war Abrahams Nichte und die sehr junge Frau seines Bruders Nahor - konnte ich lachen und fröhlich sein.

Ur, am Unterlauf des Euphrat, an der berühmten Handelsstraße vom Indischen Ozean bis nach Ägypten, war eine reiche Stadt. Die Leute kauften und tauschten - eigene Produkte und Waren aus Ost und West: Holz, Edelsteine, Farben, Gewürze, Zinn, Kupfer, Keramik -, der Handel blühte, die Handwerksbetriebe entwickelten sich zu gesuchten Werkstätten, wo Qualitätsbewusstsein und Kunstverstand regierten. Die meist zweistöckigen Wohnhäuser waren aus gebrannten Lehmziegeln errichtet, weiß verputzt, und drängten sich in den engen Straßen rund um den Tempelbezirk. Nannar heißt die Gottheit, die man dort verehrt - das alles erzählten mir die Diener, die in der Stadt so gut Bescheid wussten. Als Milka und ich noch Kinder waren, liefen wir häufig mit unseren Brüdern zu den beiden Häfen, die durch Kanäle mit dem großen Strom, dem Euphrat, verbunden waren. Fremdartig aussehende Menschen luden dort ihre Güter aus den Schiffen. Unsere Handelsleute brachten die Waren dann in den Basar – die kostbarsten in die königliche Basarstraße. Davon sahen wir natürlich nichts! Doch überall hörten wir das laute Feilschen in einem bunten Kauderwelsch von Sprachen und sahen das fröhlich anmutende, in Wirklichkeit hektische Treiben.

Mein Schwiegervater Terach gehörte mit seinen Söhnen auch zu diesen Handelsleuten. Milka und ich als junge Ehefrauen kümmerten uns um den Haushalt. Das war nicht so schwierig, denn wir hatten in Chaldäa bereits eine hohe Wohnkultur, die uns Frauen vieles erleichterte. Nur wenn das Wasser des Euphrat anstieg, mussten wir um unsere Habseligkeiten im Untergeschoss bangen. Milka und ich räumten dann zusammen mit unseren Dienern vorsorglich das meiste in die obere Etage.

In den um den Innenhof angeordneten Räumen des Untergeschosses lagen Handelsgüter und eine kleine Werkstatt. Eine Treppe führte zum Obergeschoss, in dem wir wohnten und schliefen. Unsere Küche war im Erdgeschoss, ebenso eine kleine Toilette. Hier und im Vorraum, hinter der Eingangstür, hatten wir einen Abfluss. Neben dem Abfluss im Vorraum stand ein Krug, den wir ständig mit frischem Wasser zum Füßewaschen versorgten. Was für ein Komfort im Vergleich zu später!

Wir hatten eine sichere Wohnstatt. Genügend Wasser war jederzeit vorhanden. Eine geschickte Wasserwirtschaft versorgte durch den Bau von Kanälen und Deichen nicht nur die Städte mit Wasser, sondern auch das Land, was für den Ackerbau überaus hilfreich war.

Meinen Schwiegervater überkam dann ein plötzlicher Wandertrieb. Wenn heute jemand seine gesicherte Arbeits-und Lebensweise verlässt, würdet ihr ihn einen »Aussteiger« nennen, vielleicht auch einen »Alternativen«. So einer wurde jedenfalls mein Schwiegervater Terach. Ja, wenn er allein gewesen wäre! Aber, wie damals so üblich, wir mussten alle mit. Wir verließen das schöne Ur und zogen nach Norden. Unterwegs ernährten wir uns von den Früchten der vielen Dattelpalmen und was sonst noch in diesem fruchtbaren Lande am Wege stand. Da unsere Familie nicht unvermögend war, kauften wir in den Städten und Dörfern, durch die wir gingen, was wir an Sandalen und Kleidern, an Geschirr, Medizin und anderem brauchten.

Im nordwestlichen Mesopotamien, in Haran, dem Zentrum einer Amoritersiedlung, ließen wir uns nieder. Meinen Zweifeln zum Trotz: Auch hier ließ es sich gut leben. Durch Haran, am Balich, einem Nebenfluss des Euphrat, führte die große Handelsstraße von Chaldäa nach Ägypten, und ab und zu kam auch jemand aus der Verwandtschaft des Weges. Das war für uns Frauen jeweils ein Fest! Die Stadt lag zwischen Ninive und Aleppo. Auch hier herrschte lebhafter Handel, und die Männer fanden schnell Arbeit.

Wir wohnten in einem schönen Haus mit Garten und hatten weiterhin guten, wenn auch seltenen Kontakt mit der Verwandtschaft im fernen Ur. Doch Abraham, mein Mann, war voll innerer Unruhe. Mir war nicht klar, ob er phantasierte oder ob sich nur sein Wandertrieb durchsetzte. Jedenfalls sollten wir weiterziehen. Mit folgenden Worten habe ihn der Herr, sein Gott, dazu aufgefordert: »Geh von deiner Verwandtschaft und aus deines Vaters Haus in ein Land, das ich dir zeigen will. Und ich will dich zum großen Volk machen und will dich segnen.«

Ich war der Verzweiflung nahe. Wir – ohnehin in der Fremde – sollten die Verwandten verlassen, sollten aus der Geborgenheit der Sippe weiterziehen. Was für eine Zumutung! Solch radikale Herauslösung aus aller natürlichen Verwurzelung war doch ein Irrsinn! Wie würden wir in der Fremde ohne den Schutz der Großfamilie bestehen? Nach und nach erfuhr ich, was Abraham vorhatte: Er wollte ein ganz anderes Leben beginnen. Mit einer kleinen Herde wollte er durchs Land ziehen. Wir Großstädter sollten arme Nomaden werden.

Er wurde wirklich zu einem Aussteiger aus einer geordneten, zivilisierten Welt. Er verließ Haran. Lot, der Sohn seines verstorbenen Bruders – Milkas Bruder und Schwager – schloss sich freiwillig an. Ich wurde nicht gefragt. Ich musste einfach mit. Zum ersten Male wurde mir bewusst, dass ich zu seinem Besitz gehörte: Vor Jahren hatte er für mich den Brautpreis bezahlt.

Mit dem Erlös vom verkauften Haus und Garten erstand Abraham Kamele, Zelte und Schafe. Die Diener und Sklaven mussten mit wie ich. Wir machten uns auf in Richtung Süden, überquerten den Euphrat und zogen flussaufwärts in westlicher Richtung. Wir verließen den Euphrat, überquerten in Richtung Westen noch einige Wasserstellen und wanderten dann endlos lange nach Süden in das Land Kanaan.

Ich verstand nichts. Der innere Widerstand gegen diese Wanderschaft raubte mir alle Kräfte, die ich für die beschwerliche Reise dringend gebraucht hätte: Tags die Hitze, nachts die Kälte, der Staub, Unsicherheit, streitende Hirten – ich fühlte mich so allein in meinem Elend, obwohl ich es gegenüber anderen auf dem Rücken eines Kameles vergleichsweise gut hatte! In der Nähe von guten Weideplätzen wurden für einige Tage die Zelte aufgeschlagen. Aber auch diese kurzen Ruhepausen halfen mir nicht. Das Land war so karg und öde gegenüber dem kultivierten Land und den wunderbaren Städten, die ich bisher kennen gelernt hatte.

Bei Sichem hatte Abraham eine neue Gottesbegegnung: »Deinen Nachkommen will ich dies Land geben«, soll Gott gesagt haben. Voller Besitzanspruch und Enthusiasmus für seinen Gott und Herrn baute ihm Abraham dort einen Altar. Aber das Land war nicht etwa leer. Es wartete nicht auf uns. Hier lebten die Kanaaniter, die uns nicht gerade wohlwollend beobachteten.

Und welchen Nachkommen sollte dieses Land gehören? Wir hatten keine Kinder. Ich war unfruchtbar, und es sah so aus, als ob es immer so bleiben sollte. Meine Schwägerin Milka in Haran hatte fast jedes Jahr einen Sohn geboren. Wir waren kinderlos. Jagte Abraham einem Phantom nach? »Deinen Nachkommen« – ich fühlte mich elend, gedemütigt. Doch Abraham glaubte.

Von Sichem brachen wir auf ins Gebirge. Nahe der Stadt Bethel bauten wir die Zelte auf, und Abraham errichtete hier erneut einen Altar. Ich verstand ihn nicht mehr. Denn bald ging es weiter ins Südland. Auf was hatte sich Abraham da nur eingelassen! Nichts als unwirtliches Gelände!

Eine Hungersnot im ganzen Land machte uns zu schaffen. Lange hatte es nicht geregnet. Die Tiere fanden nichts mehr zu fressen. Wir schlachteten Schafe, andere wurden uns von hungrigen Einwohnern geraubt. Bis nach Ägypten zogen wir, um der Hungersnot zu entgehen.

Waren mir immer schon Zweifel an einer wirklichen Weisung Gottes an Abraham gekommen, so war ich mir dessen jetzt sicher: Es konnte nicht sein. Denn nun sollte ich Abraham als Feigling erleben: Aus Angst, die Ägypter könnten ihn töten, um mich als Frau nehmen zu können, gab er mich als seine Schwester aus!

In jener Stunde der Gefahr sprach er zum ersten Male aus, was ich gern schon früher gehörte hätte: »Ich weiß, dass du ein schönes Weib bist«, sagte er. War ich das wirklich noch? Oder war es nur eine Schmeichelei, damit ich auf seinen Vorschlag einging? Ich war nun nur noch Abrahams Schwester. Die Großen des Pharaos sollen meine Schönheit gepriesen haben, und so wurde ich auch tatsächlich in den Harem des Königs gebracht.

Als eine Art Kaufpreis bekam Abraham vom Pharao Schafe, Rinder, Esel, Kamele und Knechte und Mägde. Abraham wurde aufgrund seiner Lüge auch noch reich.

Im Harem behandelte man mich mit duftenden Ölen und Kräuteressenzen. Luftige Kleider in schmeichelnden Farben erhielt ich und übte mich im aufrechten, gelösten Schreiten auf den Fluren des Frauenpalastes. Ein luxuriöses Leben begann für mich. Mein vom langen Reiten und manchen Eselsritten zerschundener Körper begann sich zu erholen. Ich erhielt Früchte, die ich in meinen jungen Jahren so gern gegessen hatte, frisches Gemüse und Süßspeisen lernte ich kennen. Eunuchen und Mägde lasen mir meine Wünsche von den Augen ab; die Sprache im Palast war mir fremd, aber ich begann, mich hier wohlzufühlen.

Ehe die so langwierigen Vorbereitungen für eine angemessene

Begegnung mit dem Pharao abgeschlossen waren, musste ich jedoch den Harem verlassen. Es hatte sich darin eine Pest ausgebreitet. Auf der Suche nach dem Grund für dieses Übel erfuhr der Pharao, dass ich nicht Abrahams Schwester, sondern seine Frau bin. Abraham hat mir nie gestanden, dass er sich schämte, als er vom Pharao deshalb zur Rede gestellt wurde. Fest steht, dass ich ihm wieder übergeben wurde, und dazu das für mich Unbegreifliche: dass Abraham all die Geschenke, die er um meinetwillen erhalten hatte, nicht zurückzugeben brauchte. Auch Hagar, meine ägyptische Leibmagd, hatte ich mitnehmen dürfen. Abraham ließ sich dann mit allem, was er besaß – wozu ich auch wieder gehörte –, von Pharaos Leuten über die Grenze geleiten. Ich fühlte mich als missbrauchtes Objekt. Wie immer wurde ich auch dieses Mal nicht gefragt. Vielleicht wäre ich gern in der Bequemlichkeit des Palastes geblieben? Doch darüber dachte niemand nach – selbst mir war der Gedanke nicht gekommen.

In Kanaan war die Hungersnot vorüber. Infolge der Zuwendungen des Pharaos und durch gute Zuchttiere hatten wir bald große Herden. Laufend gab es zwischen den Hirten Abrahams und Lots Hirten Zank um das bessere Weideland. Lot ging auf das Angebot Abrahams ein, sich mit seiner Herde von ihm zu trennen. Er wählte ein wasserreiches, fruchtbares Land am südlichen Jordan und zog nach Osten. Abraham gab sich mit dem schlechteren zufrieden. Mich fragte er nicht.

Danach soll Abraham von seinem Gott erneut eine Verheißung erhalten haben. Er solle sich aufmachen und das Land der Länge und Breite nach durchziehen. Gott wolle es ihm und seiner zahlreichen Nachkommenschaft geben.

Aber woher sollte die kommen!

Andere Fragen bohrten sich mir ins Herz: Sollte dieses Herumvagabundieren nie aufhören? War es mein ständiges Los, entweder auf einem Sattel zu sitzen oder auf dem Boden eines Zeltes zu schlafen? Würde es vielleicht anders sein, wenn ich ein Kind hätte? Gäbe Abraham dann seine Ruhelosigkeit auf und würde wieder sesshaft?

Ich hatte die hübsche Hagar aus Ägypten mitgebracht. Wenn ich schon unfruchtbar sein sollte, könnte doch sie an meiner Stelle für Abraham ein Kind austragen!

Abraham ging auf meinen Vorschlag ein. Er schlief mit Hagar. Sie wurde schwanger. Das stieg ihr offensichtlich zu Kopf: Sie versuchte mich zu demütigen. Das kränkte mich so sehr, dass ich sie meinerseits zu demütigen suchte, wo ich nur konnte, später auch ihren Sohn. Heute tut mir das Leid.

Eines Mittags bekam Abraham Besuch von drei Männern. Ich musste schnell feinen Kuchen backen, und die Knechte bereiteten für das Gastmahl ein Kalb zu. Ein seltsam hoher Besuch war das, und diese Fremden sagten doch tatsächlich, ich würde über's Jahr einen Sohn gebären!

Ich hörte es hinter der Zeltwand und musste lachen. In meinem Alter! Drinnen musste man das gehört haben, denn man fragte mich danach. Aber da fürchtete ich mich und leugnete es – ja, ich leugnete. Doch der mich fragte, ließ mich nicht dabei. »Du hast gelacht!«, sagte er.

Als bei einer ähnlichen Gelegenheit Abraham lachte, übersah man das. Doch das nur nebenbei. Nun, das Wunder geschah.

Ich wurde tatsächlich schwanger und gebar einen Sohn. Isaak wurde mein spätes Glück.

Er war ein lieber, aber sehr zarter Knabe. Ständig lebte ich in Angst, dass er von dem kräftigen Ismael, dem Sohn der Hagar, übervorteilt würde. Ich hielt die Spannung nicht mehr aus. Um meiner selbst willen und Isaaks wegen musste ich Hagar mit ihrem Sohn einfach wegschicken. Das war wohl meine große Sünde. Das konnte man mir nicht mehr verzeihen. Von nun an kam ich in dem großen heiligen Buch bis zu meinem Tode nicht mehr vor. Nichts steht davon geschrieben, wie mir das Herz still stand, als ich von der versuchten Opferung Isaaks erfuhr. Was war das nur für ein Mann, dem ich vor so vielen Jahren in die Fremde gefolgt war! Seinen eigenen Sohn zum Opfer bringen! Und war es nicht auch mein Sohn? Ein so lange und sehnlichst erwünschter Sohn!

Zum Glück wurden Abraham im letzten Augenblick Augen und Ohren geöffnet. Er sah in der Hecke einen Widder, der sich dort mit den Hörnern verfangen hatte. Er hörte wieder die Stimme seines Gottes. Die gebot ihm, den Sohn zu verschonen und das Tier zu opfern.

Der Schock saß tief. Was war das für ein Gott, der lang Ersehntes gab und es dann zurückverlangte! Abraham, sag, was ist das für ein Gott? Was bist du für ein Mann?

So viel Sicherheit und Geborgenheit, so viel Schönes hatte ich aufgeben müssen, als sich Abraham zu seiner Wanderschaft aufmachte. Ich war diesem Mann in eine unbequeme, ungewisse Zukunft gefolgt. Sicher, wir sind trotz aller kriegerischen Auseinandersetzungen und allem Nichtgelittenseins als Fremde reich geworden. Aber sollte nur der Reichtum an Tieren und ein einziger Sohn den Segen bedeuten, von dem Abraham so oft redete? War er diesem Segen nachgeeilt?

Abraham glaubte, ja. Dieser Glaube nervte und erstaunte und rührte mich bisweilen an. Aber immer wieder auch die Angst: Was würde dieser Vertrauen erwartende Gott noch an Beweisen fordern – und was würde Abraham noch zu opfern bereit sein? Und wo war das Land, das zu dem Segen gehörte? Nicht das kleinste Stück hatten wir davon als Eigentum vorzuweisen.

Ich war voller Zweifel. Schwach und kränklich klammerte ich mich an Isaak, unseren Sohn, den Träger der »Verheißung«. Ich glaube, ich begann zu glauben. Ich habe oft böse Gedanken gegen Abraham gehabt. Vielleicht urteilte ich auch zu hart. Aber lass mich das alles einmal aussprechen!

Am Ende hat mir Abraham schließlich noch eine große Liebestat erwiesen, die ich ihm hoch anrechne.

Zum Schluss erinnerte er sich wohl doch an meinen sehnlichsten Wunsch, einen festen Platz im Leben zu haben, an dem ich verweilen konnte. Er kaufte für meine Grabstätte den Acker in Machpela, östlich von Mamre, das ist Hebron, im Lande Kanaan.

5. Hagar

1. Mose 16 und 21

Ich fühlte mich wohl als Dienerin im Palast des Pharao. Es gab dort so viele von uns, dass wir uns wirklich nicht müde arbeiteten. Im Palast, in den Vorhallen und Gärten war alles wohlgepflegt. Wir sorgten dafür. In den Gärten blühte und grünte es. Ein kleines Kanalsystem brachte überall genügend Wasser hin. Sklaven setzten mit ihren Füßen große Schöpfräder in Bewegung, die Grundwasser in die Kanäle holten. In den Gärten und Vorhallen standen steinerne Bildnisse von Göttern und Tieren. Wandgemälde und Reliefs schmückten die langen Gänge und die Säle. Auf Emporen standen kostbare Gefäße, Kunstwerke ägyptischer Gold- und Silberschmiede.

Meine Aufgaben lagen zumeist im Frauenpalast. Ich wusste gut Bescheid mit Salbölen, Parfüms, Räucherwerk und Spezereien. Damit versorgte ich die Damen des Harems aus der Werkstatt unserer Salbenbereitung.

Als Sara, die Schwester des fremden Schaftierhalters, in den Harem kam, wurde ich ihr zur besonderen Pflege zugeteilt. Die Haut ihres schönen Körpers hatte durch Ernährungsmängel und das ungewohnte Nomadenleben sehr gelitten. Ich mochte die fremde Frau gern. Sie war anspruchslos und nahm die Wohltaten für ihren Körper dankbar an. Sie konnte sich so herrlich freuen, wenn sie sich von den Ballen gefärbter Seide und feingesponnener heller Leinwand die Stoffe für ihre Kleider aussuchte. Hier bestand offensichtlich großer Nachholbedarf. Nur zu bald lernte ich das verstehen! Aber Sara war gar nicht die Schwester Abrahams, des Viehzüchters. Sie war seine Frau! Als das herauskam, wurde sie sofort aus dem Harem entfernt, und ich wurde ihr als Beigabe draufgezahlt.

Das war für mich ein Schrecken! Vorbei war es nun auch für mich, die lichten Kleider zu tragen. Räucherwerk und Spezereien waren Vergangenheit. Jetzt roch es nach Schafen, Ziegen und Kamelen! Ich hüllte mich in - dunkle rauhe - Wolle, um mich vor Hitze und Kälte zu schützen. Auch um vor den Knechten des Herrn sicher zu sein. Zum täglichen Leben gehörten ab jetzt grobe Nahrung und Händel mit verschiedenen Stämmen und Völkern. Nomadenleben, in den Zelten eines reichen Mannes.

Sara und ich waren uns weiter zugetan. Auch sie litt unter dem ständigen Ortswechsel. Gern erinnerten wir uns gemeinsam an die Annehmlichkeiten am Pharaonen-Hof.

Auch unter ihrer Kinderlosigkeit litt Sara. In ihrer Not gab sie mich schließlich ihrem Mann als Nebenfrau. Ich war ihre Magd, und ein Kind, gezeugt mit ihrem Mann, würde auch ihrer Nachkommenschaft zugerechnet werden. Ich wurde schwanger. Plötzlich war alles anders als bisher. Ich war nun eine Gesegnete, trug das Kind, auf dem Gottes Segen für Abraham lag. Sara sagte das. Und der Herr, Abraham, sagte das auch.

Darum ruhte der Segen dieses fremden Gottes nun auch auf mir. Seltsame Gefühle weckte dieser Gedanke in mir.

Schon die beginnende Schwangerschaft verändert die Frau. Ein Kind in sich wachsen fühlen! Ich, die ich nie erwartete einmal Mutter werden zu dürfen, wurde von einem Hochgefühl überschwemmt. Ich wurde schöner, horchte auf das Wachsen in mir, streckte unbewusst den Rücken und ging freier umher.

Sara hatte leider nicht die Größe, diesen Wandel richtig einzuordnen. Sie war die reifere Frau und hätte mir helfen müssen. Aber sie konnte sich nicht mit mir freuen. Sie wurde bitter. Als sie mich hart behandelte, mich demütigen wollte, floh ich. Ich wollte zurück nach Ägypten. Bei meiner Sippe, die Kürbisse, Melonen und Zwiebeln anbaute, wollte ich unterschlüpfen und mein Kind zur Welt bringen.

Doch bevor ich die Grenze erreichte, geschah mir etwas Merkwürdiges. Ein himmlischer Bote – oder der Gott Abrahams selbst – sprach zu mir – zu mir, der Ägypterin! Ich erhielt Befehl und eine hohe Auszeichnung. Eine Weissagung hörte ich. Es musste eine sein! Sara hatte mir erzählt, dass mein Herr Abraham solche Anweisungen und Weissagungen ab und zu erhalten habe. Danach hatte der Mann sein Leben – und damit auch das seiner Frau und des Gesindes – ausgerichtet. Zum Kummer Saras sollten sie als Nomaden leben und Gottes Segen nachjagen.

Wenn nun mein Herr Abraham solche Anweisungen befolgte, wollte und musste ich das auch tun. Ich ging den langen Weg zurück zu Sara und Abraham. Dort gebar ich Ismael, so wie der Bote Gottes es mir angekündigt hatte.

Ein Dutzend Jahre hatte ich Ruhe. Ich zog Ismael in der Nähe meines Herrn Abraham auf. Ismael war Abrahams Sohn und wurde auch als sein Sohn gehalten. Sara und ich gingen uns aus dem Weg. Wir konnten so leben. Das Gesinde Abrahams und sein Viehbestand waren sehr groß geworden.

Doch dann geschah ein Wunder. Dieses Wunder hatte Gott, dem ich jetzt sehr viel zutraue, eingefädelt und vollendet: Die hochbetagte Sara bekam selbst einen Sohn. Wie man das bei dem hohen Alter des Elternpaares wohl nicht anders erwarten konnte, wurde Isaak ein recht schwächlicher Knabe. Als er entwöhnt war, und Sara meinen schönen, männlich starken Ismael herumtoben sah, fürchtete sie, er könne Isaak zu stark werden und ihm schaden. Sie trieb Ismael und mich in die Wüste. Abraham selbst brachte mir Brot und Wasser als Wegzehrung. Er sagte mir, Gott wolle es so, und Gott würde Ismael zu einem großen Volk machen.

Es war schwer, an das letzte Wort zu glauben, denn es dauerte nicht lange, dass wir nahe am Verdursten waren. Doch da, als Ismael vor Not nach Wasser jammerte, hörte ich Gottes Stimme. Sie wiederholte, was mir schon Abraham gesagt hatte. Von nun an hatte ich die Gewissheit, dass ich unter dem Schutz dieses Gottes stand. Wir fanden Wasser, wir fanden Nahrung. Ismael wurde ein guter Schütze, so dass wir auch genügend Fleisch hatten.

Den Gedanken, nach Ägypten zu gehen, gab ich auf. Ich hatte Sorge, dass ich dort nicht mehr mit Ismael unter dem Schutz dieses Gottes stand. So fanden wir in der Wüste unseren Lebensraum. Allerdings ließ ich später für Ismael eine Frau aus meiner Heimat kommen. Eine Ägypterin wurde meine Schwiegertochter.

Ihrer beider Nachkommen wurden ein großes Volk, wie der Herr dies gesagt hatte.

6. Frau Lot und ihre Töchter

1. Mose 13 und 19

Frau Lot: Ich habe nur das zu sagen, was in der Buchrolle aufgeschrieben wurde, was von meinem Leben für wichtig gewogen wurde: »Und Lots Weib sah hinter sich und ward zur Salzsäule.«

Frau Lots ältere Tochter: So geht's mit uns Frauen. Ein lapidarer Satz, und ein langes, entsagungsvolles, ein tapferes Menschenleben ist ausgelöscht. Dazu klappert vielleicht noch ein Nachsatz im Geist frommer Menschen: »Gottes Strafe für ein ungehorsames Weib.«

Mutter hatte dieser Landsuchezug mit Abraham und Lot viel Kraft gekostet. Nirgends ein längeres Verweilen, und wir zwei Töchter brauchten ihre Fürsorge um so mehr.

Wie freute sich Mutter, als nach der Rückkehr von Ägypten Lot sich von dem unruhigen Onkel Abraham trennte. Vater Lot wählte mit dem schnellen Blick eines Weidesuchenden die wasserreiche, fruchtbare Ebene am unteren Jordan.

Alles lief gut an. Die Hirten versorgten das Vieh. Genügend Weide war da. Wir wurden sesshaft. Unsere Familie verließ die Zelte und bezog in Sodom ein schönes, festgebautes Haus mit geraden Wänden.

Wir wurden Städter. Viele Annehmlichkeiten machten uns das Leben leichter. Von Unannehmlichkeiten im Leben und Treiben der Einwohner Sodoms erzählte uns Vater. Wir hielten uns deshalb von ihnen fern, standen im Abseits, blieben Fremde.

Jüngere Tochter: Doch Vater Lots Moralvorstellungen waren auch seltsam. Als wir Gäste hatten, unbekannte Fremde, johlten die Sodomiter vor unserem Haus. Vater sollte die Fremden herausgeben: Die Männer aus Sodom wollten mit ihnen ihren Mutwillen treiben. Hurerei zwischen Männern und Männern, zwischen Frauen und Frauen und wechselseitige Orgien gehörten zum Leben der Stadt Sodom und auch der Nachbarstädte.

Lot galt das Gastrecht mehr als die Fürsorge für sein eigen Fleisch und Blut! An Stelle der Fremden wollte er uns junge Mädchen – seine eigenen Töchter! – dem Pöbel draußen hingeben! Er hätte uns vergewaltigen lassen!

Vaters Gäste griffen ein, sonst wäre wohl Schreckliches passiert. Wir hörten nur noch ein merkwürdiges Tappen um das Haus, spürten geheimnisvolle Kräfte. Dann war Stille.

In der Morgenröte drängten uns die Fremden, die Stadt eilig zu verlassen. Sie nahmen uns an den Händen und führten uns hinaus. Wir liefen nach Zoar und sollten nicht zurücksehen.

Mutter schaute zurück. Immerhin lag ihr ganzer Besitz in Sodom. Haus und Anwesen in dieser Stadt war ihr Ruhestatt und Heimat geworden.

Dieses immer wieder Nach-vorn-Sehen, immer wieder Neu-Anfangen, kann die Kräfte überstrapazieren. Schauen Menschen im Alter nicht gern zurück? Mutter erstarrte zur Salzsäule. Keines Schrittes war sie mehr fähig. Schreckliches mag ihre Sinne erfasst haben.

Ältere Tochter: Sodom und Gomorra und drei weitere Städte und alles Land dieser Gegend, auf dem unser Vieh weidete, wurden in diesen Morgenstunden auf seltsame Weise vernichtet.

Wir waren jetzt Flüchtlinge, Fremde, ohne Besitz und ohne Familie. Vater suchte mit uns Schutz in einer Höhle des Gebirges.

Ich wollte Familie haben! Ich wollte in meinen Kindern weiterleben! Aber es gab nur einen Mann weit und breit. Das war unser Vater Lot.

Wir gaben ihm Wein zu trinken, so viel, dass er nicht mehr denken konnte. Er ersäufte seinen Kummer.

Aber wir überrumpelten ihn. Wir legten uns auf sein Lager und schliefen mit dem Ahnungslosen. Wir wurden beide schwanger von seinem Samen.

Ich gebar den Moab, aus dem ein ganzer Volksstamm hervorging – die Moabiter.

Meine Schwester gebar den Sohn Ammi, von dem stammen die Ammoniter ab.

Von unseren Nachkommen, den Moabitern und Ammonitern, wird noch viel zu hören sein.

7. Milka

1. Mose 11,27ff. und 22,20ff.

Meine Schwester heißt Jiska, mein Bruder Lot. Wir waren Kinder von Haran, dem jüngsten Bruder Abrahams.

Wir nannten ihn Abram und seine Frau Sarai.

Ich war sehr traurig, als die beiden damals in Haran von uns fortgingen und auch mein Bruder Lot mit ihnen zog.

Die unbeschwerten Jahre waren plötzlich vorüber. Ich wurde, sobald ich den einen Säugling entwöhnt hatte, mit dem nächsten schwanger. Acht Söhne habe ich geboren und natürlich auch Töchter, die allerdings nirgends erwähnt werden. So hatte ich mein Tun bei der Erziehung der Kinder.

Meinem Mann Nahor schien dieser Kinderreichtum noch nicht zu genügen. Oder brauchte er einfach noch eine Frau?

Er nahm sich Rëuma als Nebenfrau. Auch sie gebar drei Söhne und eine Tochter, die sie Maacha nannten.

Karawanen, die in Haran vorbeizogen, brachten des öfteren Nachrichten von Abram mit. Es waren sehr wechselhafte Dinge, die sie über ihn erzählten und verbreiteten. Die schöne gemeinsame Zeit in Ur und die so kurze in Haran standen dann jedesmal klar vor meinen Augen. Ich erzählte den Kindern oft davon, und sie wollten immer wieder von dem geheimnisvollen Aufbruch ihres Onkels Abram hören.

Meine Söhne gingen verschiedenen Berufen nach, waren alle tüchtige Männer. Die Ältesten wurden Handelsleute, einige waren Handwerker, einige Viehzüchter.

In meinen alten Tagen lebte ich in Gedanken viel in der Vergangenheit, so wie das oft alte Leute tun. Ich durchlief Erlebtes mit Sarai, zehrte von gemeinsam Geschautem. Wie freute ich mich, als ich von meiner Enkelin Rebekka, der Tochter meines jüngsten Sohnes Betuel, hörte. Sie war ein tüchtiges Mädchen, das ihrem Vater gern bei der Versorgung der Tiere zur Hand ging. Diese Rebekka hatte sich aufgemacht, in das »gelobte« Land zu ziehen. Das war jenes Land, in das Abram gezogen war. Rebekka wollte dort Isaak, den spätgeborenen Sohn Sarais, heiraten.

Ich begleitete sie mit meinen Segenswünschen.

8. Debora, die Amme

1. Mose 24,59ff.

Wir waren Landarbeiter, mein Mann und ich.

Nach einer heimtückischen Krankheit starb mein Mann recht plötzlich. Ich hatte eine zweijährige Tochter, die noch nicht entwöhnt war. Sie nahm ich mit, wenn ich zur Feldarbeit ging. In der Obhut unseres Hundes ließ ich sie am Feldrain zurück.

Ich war groß, üppig und kräftig. Sorgen um die Zukunft brauchte ich mir nicht zu machen. Ich würde mein Kind und mich schon durchbringen! Eines Tages fragte mich Betuel, ein geachteter Mann in der Siedlung, ob ich mit meiner Kleinen auf sein Anwesen kommen möchte. Seine Frau hätte nicht genug Milch für ihre vor vier Wochen geborene Tochter. Ich sagte zu. Meine Brüste schmerzten oft von der Last der Milch, und irgendwann wollte ich meine Tochter doch auf feste Nahrung absetzen. Sie biss mich mit ihren Zähnen wund.

Der Säugling Rebekka war ein zartes Baby, das ich mit meiner kräftigen Milch erst einmal aufpäppeln musste. Das gefiel mir und den anderen. Auf dem Hof der Familie Betuels hatte ich es gut. Jeder respektierte mich als weiteres Familienmitglied.

Wenn es sein musste, wenn die Arbeit drängte, ging ich mit aufs Feld. Aber die beiden Mädchen kamen dann mit, und für sie hatte ich in erster Linie zu sorgen. Wenn sie mich brauchten, konnte ich die Hacke fallen lassen. Für das Wohlergehen der beiden war ich verantwortlich. Ich war so kräftig, dass ich auch Rebekka noch fast drei Jahre lang stillen konnte. Zwischen uns wuchs eine innige Zuneigung. Rebekka wurde ein kleiner Wildfang, viel temperamentvoller als meine Tochter.

Sie wuchsen beide heran. Die eine arbeitete lieber zu Hause am Herd, die andere – die quirlige Rebekka – machte sich lieber draußen bei den Tieren zu schaffen.

Ein Nachbarssohn wollte meine Tochter zur Frau haben. Ich gab sie ihm gern. Sie waren beide gute, bodenständige Leute. Es würde wohl auch nicht mehr lange dauern, und ein junger Viehzüchter aus unserer Gegend würde Betuel den Brautpreis für Rebekka bringen. Ich würde dann Rebekka begleiten, sie in ihrem eigenen jungen Hausstand unterstützen.

Zu Tode erschrocken war ich, als ich von dem fremden Besucher, dem Knecht eines Verwandten, hörte und von Rebekkas eigenwilligem Entschluss.

Wie konnte nur ein junges Mädchen auf die Vorstellungen eines Fremden hin eine so weite Reise unternehmen wollen, um dort einen Mann zu heiraten, der ihr völlig fremd war! Was konnte da alles passieren! Es war mir ganz unverständlich, dass die Familie sie ziehen ließ. Aber Rebekka war schon immer recht eigenwillig. Wahrscheinlich hätte sie sich auch nicht zu Hause halten lassen.

Was sollte ich machen? Ich konnte doch meine kleine Rebekka nicht allein dem Fremden überlassen! Es war entsetzlich! Mir graute vor der langen Reise. Ich hatte Angst vor dem Abschied von meiner eigenen Tochter. Würde ich überhaupt noch einmal zurückkommen?

Der Aufbruch ging unheimlich schnell. Wir mussten uns auf die hohen, schwankenden Kamele setzen und zogen wie eine Karawane dem Knecht Elieser nach.

Ich war voller Ängste: Angst vor Überfällen, Angst vor dem Verlaufen und dem Verdursten. Auch Zukunftsängste, die ich bisher nicht kannte, überfielen mich. Wie hatte nur Rebekka so etwas Unüberlegtes, so etwas Überstürztes unternehmen können? Doch Rebekka war guter Dinge. Unternehmungslust blitzte aus ihren Augen unter dem dichten Haar, das sie lieber hätte bedeckt halten sollen. Doch sie ignorierte meine Bitte und Vorstellungen, den Schleier zu tragen.

Aber Anstand und gute Kinderstube bewies sie dann doch. Als Isaak, der Mann, der sie zur Frau haben sollte, ihr entgegenkam, lag der Schleier auf ihrem Haar.

Meine Ammendienste waren mit der Verheiratung meines Ziehkindes Rebekka eigentlich vorüber. Doch ich blieb bei Rebekka in der Fremde. In die Heimat kam ich nicht mehr, obwohl mir ein gesegnetes Alter geschenkt wurde. Allerdings wurde ich auch bald unabkömmlich. Rebekka bekam durch die Geburt ihrer Zwillinge viel Arbeit und viel Unruhe. Durch ihre Impulsivität machte sie auch eine Menge falsch, so dass sie viel zu leiden hatte. Ich litt dann stets mit ihr, und auch dies half ihr ein wenig.

Ich erlebte Jakobs - ihres Jüngsten - Flucht und Rückkehr und alle die damit verbundenen Nöte mit dem Ehepaar, und als Rebekka gestorben war, sorgte Jakob für mich. Mit ihm und seinen Kindern gab mir Gott wieder eine Familie.

9. Rebekka

1. Mose 24ff.

Nun - für mich war es damals ein verheißungsvolles Aufbrechen; eine Lust und Freude, Neuem zu begegnen.

Ich lebte als junges Mädchen ziemlich eintönig und hatte dabei den Kopf voller Träume. Die einzigen Lichtblicke waren meine Wasserholzeiten. Zum Brunnen lief ich immer voller Erwartung. Hier erfuhr ich stets das Allerneueste. Hier traf ich meine Freundinnen, und hier erlebte man auch immer etwas. Am Brunnen traf ich auch Elieser. Der Mann weckte in mir Vertrauen, und so konnte ich ihn, der eine Unterkunft suchte, in das Haus meines Vaters einladen.

Der kostbare Schmuck - Spangen, Nadeln, Ringe -, den er bei uns zu Hause auspackte, hat mir wohl gefallen, war jedoch nicht so wichtig für meine Entscheidung. Etwas anderes hat mich bewogen, mit ihm zu ziehen. Um meinen Urgroßonkel Abraham war stets ein geheimnisvolles Geraune. Vor Jahrzehnten soll unser Gott ihn persönlich angesprochen haben. Er soll ihm etwas befohlen haben, und Abraham habe gehorcht. »Geh in ein Land, das ich dir zeigen will. Und ich will dich zum großen Volk machen und will dich segnen ...« Man soll damals in Haran geschmunzelt haben. Wie kann nur ein reifer, verständiger Mann die Geborgenheit seiner Sippe verlassen, um Raum für eigene Nachkommen zu finden – und dies mit seiner unfruchtbaren Frau? Großstädter als Nomaden – schutzlose Fremde in besiedeltes Land, wo verfeindete Stadtkönige Raubzüge unternahmen, um sich über Wasser zu halten? Wahnsinn!

Später mischte sich Neid in dubiose Erzählungen um den Onkel. Karawanen brachten Geschichten von ihm als einem erstarkten Mann, einem reichen Viehzüchter und einer überaus späten Vaterschaft. Dies alles sollte mit dem Segen zusammenhängen, den unser Gott ihm ganz persönlich zugesprochen hatte.

Dieser Segen hat mich in meinen Träumen und Vorstellungen immer wieder beschäftigt. Als ich Elieser so fromm am Brunnen beten hörte, war ich ganz gefangen. Als er dann vor meiner Familie von den fernen Verwandten erzählte, stand mein Entschluss fest: Ich würde mitziehen, um im Abglanz dieses Segens zu stehen.

Meine Amme Debora und die Mägde fanden die Reise beschwerlich; ich genoss sie mit wachen Augen. Der Schleier kam erst vor mein Gesicht, als ich in der Ferne meinen zukünftigen Gemahl sah.

Nun, so ganz war Isaak nicht der Mann meiner Träume. Aber er hatte mich lieb und ging zärtlich mit mir um – obwohl – es war mehr die Liebe eines Mannes, der in mir die Mutter suchte. Er war von seiner Mutter nie ganz losgekommen, die ihn – vielleicht ihres Alters wegen – ziemlich verhätschelt haben musste.

Ich hatte Zeit, das neue Leben zu ergründen. Der Segen Gottes, der durch Abraham auch Isaak zugesprochen war, beschäftigte mich immer wieder. Was hatte es mit diesem Segen auf sich? Es glückte Abraham und Isaak viel. Sie waren reich geworden. War das der Segen? Aber wie stand es mit den anderen Zusagen der Verheißung? Dieses kleine Stück Land um Hebron, das Abraham von den

Hetitern gekauft hatte, um seiner toten Sara eine würdige Ruhestätte zu geben, war alles – es war nicht viel! Und auch das große Volk ließ auf sich warten – ich war unfruchtbar. Doch Isaak glaubte und betete, und endlich wurde ich schwanger. Nach anstrengenden Monaten gebar ich die Zwillinge. Verschieden sahen sie aus, verschieden entwickelten sie sich. Esau, der Erstgeborene, mit seiner haarigen Haut, wurde ein rauher Bursche. Er war viel draußen auf dem Feld, beim Vieh, bei den Arbeitern. Er war der Stolz seines Vaters. Jakob dagegen entwickelte sich zu einem klugen und umgänglichen Mann. Wir verstanden uns gut. Er war auch anstellig in den Zelten. Ich liebte ihn sehr. Er war bald nur noch meine einzige Freude, denn Esau heiratete zwei Hetiterinnen, die mir und Isaak lauter Herzeleid machten.

Es bedrückte mich, dass wir immer noch Nomaden waren, Fremdlinge in diesem Land der festen Städte. Wegen unseres Reichtums wurden wir beargwöhnt. Die Philister bedrängten uns, und ich begann mich zu fragen: Wo ist nun das verheißene Land? Ich klammerte mich an den Segen. Ich war so erpicht auf diesen Segen und darauf, dass ihn mein geliebter Jakob erhielt, dass ich etwas Böses tat. Und so kam es dazu: Wir beobachteten seit langem, dass sich Esau – auch durch seine beiden Ehefrauen – mehr und mehr von uns löste. Das ging so weit, dass er dem Jakob für eine lächerliche Linsensuppe sein Erstgeburtsrecht verkaufte. Oh, dachte ich, das ist im Sinne Gottes, denn der Herr selbst hatte mir gesagt, der Erstgeborene der Zwillinge werde dem Jüngeren dienen. Ich nutzte dann Isaaks Hinfälligkeit aus. Auf mein Geheiß und mit meiner Hilfe betrog Jakob seinen Vater und seinen Bruder um den Erstgeburtssegen. Eine schwere Sünde! Wir hatten beide dafür zu büßen. Den Segen hatte Esau nicht verlieren wollen. Er suchte Rache. Jakob musste vor dem Zorn seines Bruders nach Haran fliehen. Wir, die wir uns so herzlich liebten, wurden getrennt. Ich sah ihn nie wieder. War Gott nicht erfinderisch genug, Jakob den Segen auch ohne unsere Betrügerei zu geben? So wenig kannten wir unseren Gott!

Jakob hat viel erleiden müssen; aber Gott stand zu seinem Segen. Der Herr hat Großes an Jakob getan. Ob es ihn rührte, dass Jakob so viel an Gottes Segen gelegen war? Ich könnte mir's denken; denn damals wussten wir noch nicht viel von Gott.

Von meinen Schwiegertöchtern Lea und Rahel ist mehr über Jakob zu erfahren. Sie sind die Töchter meines Bruders Laban, der ihnen allen viel Leid zugefügt hat. Man braucht nur ihrem Gespräch zu folgen.

10. Ketura

1. Mose 25

Willst du wirklich etwas von mir wissen? Von mir spricht doch keiner. Ich bin doch nicht so wichtig, nicht wichtig für das große dicke Buch, die Bibel.

Gottes Segen lag auf Abraham und Sara und deren Sohn Isaak. Ja, er lag auf Abraham. Darum meine ich, musste sich der Segen doch auch in meinen Söhnen fortsetzen! Im Abglanz des Segens standen wir sicher. Das ist jedenfalls meine feste Überzeugung! Deshalb wird wohl mein Name und der meiner Söhne in der Bibel nicht verschwiegen – sogar meine Enkel werden genannt!

Nachdem Sara gestorben war, nahm Abraham mich zu seiner Frau, obwohl er schon hochbetagt war. Trotz seines hohen Alters konnte ich ihm noch sechs Söhne gebären.

Abraham und mir wurden noch achtunddreißig Ehejahre geschenkt. Unsere gemeinsamen Söhne sah Abraham heranwachsen und beobachtete, wie sie sich einen eigenen Hausstand gründeten.

Doch Abraham tat mir schließlich sehr weh. Alle unsere Söhne speiste er mit Geschenken ab und schickte sie regelrecht in die Wüste, als er sein Ende herannahen spürte. Er wies ihnen den Weg nach Osten ins Morgenland. Dort sollten sie sesshaft werden oder als Nomaden herumziehen. In Kanaan wollte er sein Erbe ungeteilt Isaak übergeben.

Ich war doch nur eine Nebenfrau – und meine Söhne waren nur Nebensöhne Abrahams!

Achtunddreißig Jahre hatte ich ihm also als Frau gedient!

Kein Wort, kein Gedanke, was jetzt mit mir, der doch viel Jüngeren, passieren sollte.

Konnte sich Abraham meinen Schmerz nicht vorstellen? Mein Mann, der Vater unserer Söhne, veranlasste sie auszuwandern.

Was blieb mir? Ein alt gewordener, starrsinniger Mann? War der Pflegedienst, den ich ihm bald erweisen musste, eigentlich noch so selbstverständlich? Er musste doch spüren, dass er mir zur Last wurde. Er hatte mich der Kinder beraubt und meiner Enkel. Fast hasste ich ihn darum.

Aber ich habe ihn auch bewundert: Die vielen Geschichten, die man sich von ihm, von Sara und Hagar erzählte, zeigten doch auch, dass er einen schwierigen Charakter hatte: Mal voller Angst, dann wieder todesmutig; mal zweifelnd und später ungeheuer glaubensstark. Gott war sein Ein und Alles!

Immerhin hatte ich durch die Pflege noch eine Aufgabe im Hause Abrahams. Als er starb, war auch sie erloschen.

Könnt ihr euch vorstellen, wie es mir, der zweiten Frau des großen Erzvaters Abraham erging, nachdem er gestorben war?

Materiell war ich versorgt - doch ich musste sehen, wo ich unterkam - bei einem meiner Söhne? Wird's mit der Schwiegertochter gut gehen? Wird Abrahams Gott auch mit mir sein?

Ich überlasse euch euren Vorstellungen. Selbst etwas dazu sagen möchte ich nicht. Denn, wie gesagt, ich bin ja nicht wichtig!

11. Ada, Oholibama, Basemat und Timna – die Frauen um Esau

1. Mose 36

Ada: Wir sind die beiden Hetiterinnen, Oholibama und ich. Wir sollen unserer Schwiegermutter Rebekka und dem Schwiegervater Isaak lauter Herzeleid bereitet haben. Die Wahrheit ist, dass sich Rebekka nie um uns und unsere Familien gekümmert hat. Sie war vernarrt in Jakob, unseren Schwager. Nur sein Wohlergehen hatte sie im Sinn. Sie jagte für ihn dem Segen des großen Gottes der Israeliten nach.

Wir Frauen des von ihr ungeliebten, des von ihr betrogenen Sohnes Esau waren ihr gleichgültig. Das zeigt sich schon in der Wiedergabe unserer Namen, die immer wieder ausgetauscht wurden.

Doch ich mag nicht mehr rechten. Oholibama, erzähl du, wenn du willst!

Oholibama: Wie Ada werde ich oft als Hetiterin angesehen. Bei Ada stimmt es. Ich gehöre jedoch zu den Horitern. Doch ich will euch nicht verwirren. Nur kurz möchte ich erklären, dass die Hetiter ursprünglich aus dem Gebiet Kleinasiens kamen, die Horiter mehr aus dem mittleren Mesopotamien.

Für unsere Schwiegereltern war jedoch nur ausschlaggebend, dass wir zu den Einwohnern Kanaans gehörten, dass wir Heiden waren und auf den Höhen unsere Götter verehrten.

Es hat mir schon weh getan, dass die Eltern meines Mannes Esau sich nie um meine Verwandtschaft kümmerten. Sie wussten doch, aus welchem angesehenen Haus ich kam!

Warum erhoben sich Isaak und Rebekka so mit ihrem Anspruch, den einzig wahren Gott anzubeten, ihm anzugehören? Waren sie bessere Menschen als wir? War ihr Lebenswandel wertvoller?

Mir kamen dazu schon als junger Frau gehörige Zweifel. Wie konnte eine Mutter nur einen Sohn so sehr vor dem anderen bevorzugen? Auch den Esau hatte Rebekka doch geboren! Esau war wild und oft unbedacht; aber doch liebenswert! Wie konnte sie ihn und ihren Mann nur so betrügen?

Esau war erschüttert, als er erfuhr, dass durch schäbige Intrige sein Vater den Jakob gesegnet hatte und nicht ihn.

Jakob hatte Esau wieder einmal überlistet. Er hatte seinen altersschwachen, fast blinden Vater mit Hilfe seiner Mutter betrogen.

Esau war voller Grimm und Zorn.

Rebekka schürte weiter. Sie trieb den Keil zwischen sich und uns, den Hetiterinnen, wie sie uns bewusst unpersönlich nannte, noch tiefer.

Auf ihr Drängen gebot unser Schwiegervater Isaak seinem Sohn Jakob, sich keine Frau von den Töchtern Kanaans zu nehmen. Jakob sollte nach Mesopotamien, in das Haus der Verwandtschaft Rebekkas ziehen und sich dort eine Frau holen.

Mit dem erneuten Segen Isaaks zog, oder besser gesagt floh, Jakob vor dem Zorn Esaus, der ihm zu schaffen machte.

Esau war erbost, zornig, wütend. In einer Sucht, dem Vater zu gefallen und doch noch Erbrecht oder Anerkennung oder wer weiß was zu erhalten, ging er zu Ismael weit hinaus in die Wüste.

Esaus Großvater Abraham hatte seinen Sohn Ismael einst verstoßen. Es war ein Sohn, den er auf Drängen seiner Frau Sara mit ihrer Leibmagd Hagar gezeugt hatte. Sara litt sehr unter ihrer Kinderlosigkeit und dachte, durch eine Leihmutter sich und Abraham helfen zu können. Doch mit den daraus entstandenen Problemen wurde Sara nicht fertig. Als sie selbst doch noch einen Sohn, den Isaak, gebar, forderte sie die Ausweisung Ismaels.

Ismael hatte zwölf Söhne, alles in der Wüste herumziehende Bogenschützen wie er. Auch eine Tochter gehörte zu Ismael. Zu unserer Bestürzung brachte Esau diese Tochter als seine dritte Ehefrau mit in sein Haus.

Basemat war eine wunderschöne Frau mit ihren ägyptischen Gesichtszügen, die sie von ihrer Mutter und Großmutter ererbt hatte. Aber – Ada und ich waren wütend! Hatten es die Intrigen von Rebekka doch vermocht, uns empfindsam wehzutun?

Esau zeugte mit Basemat auch einen Sohn. Doch zu unserer Freude wurde dieser nicht höher angesehen als der Sohn Adas oder meine drei Söhne.

Unser Schwager Jakob musste für seine böse Tat an Esau bitter büßen. Er wurde betrogen. Dem Betrüger Jakob geschah das recht. Sollte er doch auch einmal leiden!

Als Jakob zwanzig Jahre später nach Kanaan zurückkam, zog Esau mit uns und seiner ganzen Habe südwärts in das Land Seïr. Die Herden von Esau und Jakob waren zu groß geworden. Kanaan gab weder genug Raum noch Nahrung für solche Mengen Vieh.

Ich freute mich über diesen Umzug. Wir kamen in mein Heimatland, in das Land meines Großvaters Seïr.

Dort im Gebirge siedelte die groß gewordene Familie Esaus. Unsere Söhne wurden alle Stammes- und Gebietsfürsten. Esaus Nachkommen vermischten sich weiter mit den Horitern. Namentlich möchte ich da nur Timna nennen, die jüngere Schwester meines Vaters, die Adas Schwiegertochter wurde. Aus dieser Verbindung entstand durch den Sohn Amalek das kriegerische Volk der Amalekiter.

Esau, den wir auch Edom nannten, erhielt durch uns drei Frauen und unsere Schwiegertöchter eine zahlreiche Nachkommenschaft. »Volk der Edomiter« wurden sie genannt.

Mit den Edomitern hatten die Israeliten ständig zu rechnen. Jahrhundertelang gab es Streit zwischen Esaus Nachkommen, den Edomitern, und Jakobs Nachkommen, den Israeliten.

12. Lea und Rahel im Gespräch

1. Mose 29ff.

Lea: Weißt du, wir haben uns recht dumm benommen. Hat es sich für uns gelohnt, dass wir uns oft genug mehr als Konkurrentinnen statt als Schwestern gesehen haben?

Rahel: Konnten wir anders? Es war nicht recht von Vater Laban, dass er Jakob betrog. Er wusste, dass Jakob mich von Anfang an geliebt hatte. Ich war fast noch ein Kind, als er als junger Mann auf der Flucht in unser Haus trat. Zwischen uns war jedoch von Anfang an etwas Besonderes, ein Band, das wuchs und sich eng um uns schlang. Er sehnte sich nach mir. Aber er war arm. Sieben Jahre musste er für Vater arbeiten, um den Brautpreis zusammenzubekommen. Wir haben uns geliebt und verstohlen Zärtlichkeiten ausgetauscht. Welche seelische Qual ich aushalten musste, als du und ich gewahr wurden, dass Vater Laban erst dich verheiraten wollte! Weil kein anderer da war, der einen Brautpreis bot, sollte Jakob der

Bräutigam sein. Statt meiner solltest du ihm in der Brautnacht untergeschoben werden. Wie habe ich geweint! Es half alles nichts. Ich musste gehorchen. Vater erwartete sogar, dass ich dich in kleine Vertrautheiten zwischen mir und Jakob einwies. Teuflisch! Vater wusste also von unserer Liebe!

Lea: Ich war dir dankbar, dass du mir zeigtest, wie ich Jakob Freude und Lust bereiten konnte. Obwohl ich die ältere war, hatte ich noch keine Gelegenheit gefunden, mit einem Mann vertrauter zu werden. Wahrscheinlich lag es daran, dass ich mir neben deinem Liebreiz wie eine Tölpelin vorkam und mich wie eine Auster verschloss. Ich war nicht hübsch. Vater freute sich über meine kräftigen Hände und wie gut ich es fertigbrachte, die Mägde anzuleiten, ihnen ihre Arbeitsplätze zuzuweisen. Aber wen zog das schon an? Kamst du mit deiner Hilfe suchenden Fröhlichkeit in den Raum, wendete sich alles sofort dir zu. Du warst schön, und du hattest weiche Hände vom Nichtstun. Aber mein Körper war dem deinen ebenbürtig. Der beste Beweis dafür ist, dass Jakob in jener Hochzeitsnacht nicht gemerkt hat, dass ich bei ihm im Bett lag. Und hilflos und ängstlich war ich in jener Nacht auch. Welches Risiko war ich eingegangen! Welche Schmach erwartete mich, wenn Jakob den Betrug entdeckt hätte und mich hinausgeworfen hätte. Ich wäre zum Spott der Leute geworden. Ich wäre niemandes Weib mehr geworden! Laban war eigentlich ein guter Vater. Er hat für uns beide gesorgt. Dadurch, dass er Jakob auch für dich noch einmal sieben Jahre arbeiten ließ, behielt er uns alle auch sicher in Haran. Aber dass wir uns das Leben gegenseitig schwer gemacht haben, lag doch eigentlich ganz allein an uns. Auch ich hatte Jakob geliebt. Meine Liebe wurde von ihm kaum erwidert. Mir galt nur ab und zu der Sex, meist dann, wenn du deine Tage hattest! Aber die tiefe Liebe, so wie sie zwischen euch beiden dauernd zu spüren ist, fehlte ganz. Ich wollte sie erkaufen durch Liebebuhlerei und habe mich dabei nur erniedrigt. Mit jedem Sohn, den ich gebar und Jakob vorwies, erhoffte ich, einen Schritt näher an ihn heranzukommen. Welche Hoffnungen auf Liebe habe ich mir in jedem Schwangerschaftsmonat gemacht! Immer wieder lief ich vergebens mit rundem

Bauch herum. Die Liebe Jakobs gehörte dir! Mir gehörte die Last. Die körperliche und die seelische Last. Nach der Geburt meines vierten Sohnes hatte ich die Nase voll. Ich wollte kein Lastenträger mehr sein!

Rahel: Ich wusste gar nicht, dass du so gelitten hast. Ich schwebte in verliebten Höhen und stürzte böse, als Vater Laban dich dem Jakob gab. Ich spürte erst wieder Leben in mir, als sich meine, unsere Liebe erfüllte. Trotz des noch fehlenden zweiten Brautpreises wurde ja bald nach der Hochzeit mit dir auch meine Ehe mit Jakob vollzogen.

Ich fühlte mich wohl und geborgen in Jakobs Armen, fühlte mich im siebenten Himmel. In Haran war ich ja nie richtig ernst genommen worden. Du, Lea, warst so tüchtig. Du konntest alles. Der Vater, der Bruder, das Gesinde – alle respektierten dich. Um euch war ständig Betrieb. Ihr wart hart und laut. Ich fühlte mich in eurer Welt als Fremdkörper, und für euch war ich das auch. Mit Jakob war das von Anfang an anders. Von Jakob fühlte ich mich angenommen und geliebt. In Jakobs Nähe war so viel Schutz. Ja, wir liebten uns. Ich begann zu leben. Von mir aus hätte alles so weitergehen können. Ich kannte keine Eifersucht dir gegenüber. Du warst meine Schwester. Und mir fehlte es an nichts. Zunächst nicht. Dann kamen die Fragen: »Rahel, warum kriegst du kein Kind?« »Rahel, ohne Sohn bist du nichts wert!« »Rahel, deine Schwester hat schon vier Söhne!« »Rahel, auch wenn du dich geliebt weißt, letztendlich ist doch Lea die Herrin. Lea schenkte Jakob Söhne.«

Es war schrecklich. Ich hatte die Kraft nicht, nicht das Rückgrat, meine Unfruchtbarkeit anzunehmen und andere Aufgaben dafür zu entdecken. Aber hat sich denn unsere Rangelei um das Söhnegebären für uns als Frauen überhaupt gelohnt? Als Stammütter in das Buch der Bücher und in den Kopf eines Teils der Menschheit einzugehen – ist das alles? Doch sind wir, die Mütter, überhaupt gefragt? Jakob hat zwölf Söhne. Das allein zählt. Das weiß man. Dass du auch eine Tochter, die Dina, geboren hast, weiß kaum jemand. Nicht viele wissen, dass ich in meiner Not meine Magd Bilha zu Jakob geschickt habe. So konnte sie für mich einen Sohn gebären.

Aber - das konntest du auch. Lust selber hattest du keine mehr. Also schicktest du deine Magd auf Jakobs Lager. In diesem Hecheln nach einem Kind habe ich mich sehr gedemütigt. Deinem Ältesten, dem Ruben, hatte ich Liebesäpfel abgeluchst. Mit solchem Aberglauben erhoffte ich mir dann doch noch eine eigene Leibesfrucht. Dafür schickte ich dir als Gegenleistung Jakob ins Zelt. Lea, alles war falsch! Unsinnig! Wir haben uns mit unserem Konkurrieren nur geschadet - uns, Jakob, der ganzen Familie!

Lea: So denke ich heute auch. Der Aufwand, der Zwist zwischen uns lohnte sich nicht. Das Buhlen um die Gunst Jakobs war unsinnig. Und kaum einer weiß doch heute, wer bei uns wen geboren hat. Aber fast alle wissen: Jakob hatte zwölf Söhne. Das Kuriose ist, und das neide ich dir schon wieder, dass eine Reihe Menschen auch wissen, dass du Josef und Benjamin geboren hast. Diese beiden kennen viele namentlich als deine Kinder. Und - jetzt werde aber nicht ärgerlich! - die anderen zehn Söhne, also auch die vier unserer Mägde Silpa und Bilha, werden mir untergeschoben. Warum also die Plackerei? Hätte ich weniger geboren, hätte ich mich mehr um sie kümmern können. Vielleicht wären sie dann nicht so wilde Burschen geworden. Ich hätte sie länger um mich behalten können, ihnen so viel Aufmerksamkeit schenken können wie du deinem Josef. Rahel, wir haben den Ruhm, Stammmütter zu sein. Aber wir haben es versäumt, unsere Last als Frauen gemeinsam zu tragen. Vielleicht hätten wir Vorbilder werden können für solche, die nach Solidarität suchen, wenn wir mehr mit - als gegeneinander gelebt hätten. Wir haben als Schwestern versagt. Wir waren eifersüchtig aufeinander: hier Fruchtbarkeit, da Schönheit; hier Gebärerin, da Geliebte. Wir haben uns bekämpft, anstatt schwesterlich zusammenzustehen. Unser Blick war getrübt. Du musstest schließlich jämmerlich am Wegrand verbluten, als du deinen zweiten Sohn gebarst. Ich musste als alte, ausgezehrte Frau erleben, wie meine ungebärdigen Söhne meiner Tochter Dina unaussprechliches Leid zufügten.

13. Die Leibmägde Silpa und Bilha

1. Mose 30ff.

Silpa: Unsere Väter haben schon Betuel gedient. Bereits als Kinder halfen wir ihm und seinem Sohn Laban bei der Versorgung des Kleinviehs auf dem Hof. Wir spielten mit den Töchtern Labans. Als wir alle älter wurden, bestimmte uns Laban als Leibmägde für seine Töchter. Ich wurde Lea, der Älteren, zugeteilt, und Bilha wurde die Leibmagd der zarten Rahel.

Bilha: Das Ringen unserer Herrinnen um Kinder von unserem Herrn Jakob wurde für uns schließlich zur Freude und zum Glück. Der Herr schlief auf Geheiß meiner Herrin Rahel mit mir. Ich wurde schwanger, genoss das sachte Heranwachsen in mir. Als die Zeit der Geburt herankam, blieb Rahel Tag und Nacht in meiner Nähe. Als die Wehen meinen Körper durchzogen, war sie aufgeregter als ich. Dann, als ich kaum noch Luft holen konnte zwischen den heftigen Wehenstößen, musste ich mich auf Rahels Schoß setzen. Rahel und die davor hockende Hebamme hielten mich fest, wenn sich mein Körper aufbäumte. Dann presste ich das Kind mit einem Stoß heraus. Die Hebamme nahm es in Empfang und nabelte es von mir ab. Mit weichen Knien erhob ich mich von Rahels Schoß und sank neben ihr auf den Boden. Die Hebamme säuberte das kleine schreiende Etwas mit feinem Heu und einem Tuch. Rahel strich ihren blutverschmierten Rock glatt und streckte die Arme aus. Dahinein wurde ihr mein Sohn gelegt. Mein Sohn, von mir auf ihrem Schoß geboren, war vor dem Recht nun ihr Sohn.

Noch einmal durfte ich schwanger werden, das Glück von Empfangender, Tragender und Gebärender erleben. Die enge Verbundenheit mit meiner Herrin ließ einen Gedanken wie Leihmutter oder Ähnliches nicht aufkommen. Wir zogen die Jungen gemeinsam auf.

Ähnlich erging es Silpa. Ihre Herrin Lea hatte nach der Geburt der vier eigenen Söhne vorübergehend einfach keine Lust mehr – ob auf Mann oder Kind, konnten wir nicht ganz ausmachen. Auch Silpa gebar ihrer Herrin zwei Söhne. Ebenso wie mir konnte auch ihr nichts Besseres geschehen. Wir waren beide Mütter geworden, konnten mit unseren Söhnen zusammenbleiben in einem geordneten Hausstand. Wir durften Mutterglück und Mutterleid erfahren und gehörten zum Haus unseres Herrn. Wir wurden gebraucht, wurden geliebt und auch geschmäht.

Ich machte mir Sorgen um meine Herrin Rahel. Es war eine so tiefe Liebe zwischen ihr und Jakob. Doch sie litt daran, dass sie kein Kind empfangen, austragen und gebären konnte. Sie wurde ungerecht gegenüber Jakob. Sie machte spitze Bemerkungen über Lea und schikanierte zuweilen auch Silpa und mich. Ich hatte meine beiden Söhne auf ihrem Schoß als ihre Söhne geboren. Doch sie spürte: Sie waren nicht von ihrem Blut. In ihrer Not und in blindwütigem Drang nach Mutterschaft trieb sie dumme Sachen, wurde sogar abergläubisch.

Lea gebar noch zwei Söhne und die Tochter Dina.

Dann kam das Wunder und die Erlösung für Rahel. Sie wurde selbst schwanger! Die immer noch schöne Frau blühte auf vor Glück und gebar den Josef.

Danach wurde das Leben turbulent. Jakob wollte nach Kanaan zurück. Aber sein Schwiegervater Laban machte dabei Schwierigkeiten. Heimlicher Aufbruch aus Labans Haus. Wir Frauen und Kinder wurden auf die hohen Kamele gesetzt, dazu die kostbarere Habe. Esel trugen Hausrat und Decken. Eine große blökende Herde gefleckter Schafe und Ziegen folgte uns. Es wurde ein anstrengender Ritt. Die Herde fraß eine breite Schneise bis in das Gebirge Gilead hinein. Dort schlugen die Männer die Zelte auf.

Zehn Tage nach der Flucht erschien plötzlich Laban mit seinen Männern. Sie hatten uns verfolgt. Wir warteten auf böse Worte und Streit. Doch Laban begegnete Jakob überraschenderweise freundlich. Nur verängstigte er uns Frauen, weil er sagte, eine von uns hätte seinen Hausgott mitgenommen. Eindringlich fragte er, warum wir ihn gestohlen hätten. Nun, ich wusste, ich hatte ihn nicht mitgehen lassen. Doch meine Herrin war so abergläubisch. Ihr hatte der Gott Jakobs nie genügt. Wahrscheinlich wollte sie ihren Mann nicht erzürnen und verschwieg ihm die Anbetung des Hausgottes.

Aber ich wusste von Rahels zusätzlicher Gottesanbetung wie von einer Gottesversicherung nach mehreren Seiten. Ein Zuviel war ihr lieber als zu wenig. Und Jakobs unsichtbarer Gott erschien ihr zu wenig. Ich konnte sie gut verstehen.

Sollte Rahel . . .? Laban suchte in jedem Zelt nach dem Hausgott. Ohne Erfolg. Rahel saß währenddessen wie eine Königin auf ihrem hellen, fast weißen Kamel. Ich ahnte Schreckliches und hatte Angst um meine Herrin. Doch nichts wurde entdeckt. Rahel hatte nicht als Diebin, sondern als Abergläubische den Hausgott ihres Vaters als ihren persönlichen Beistand mitgenommen. Unter der Satteldecke hatte sie ihn versteckt. Jetzt, als ihr Vater nach der hölzernen Gottesfigur suchte, mussten ihre Tage als Entschuldigung herhalten, dass sie sich nicht vom Sattel erhob, um ihren Vater zu ehren.

Doch Rahel konnte es gar nicht nach der Frauen Weise gehen. Sie hatte mir doch gerade erst erzählt, dass sie wieder schwanger sei.

Ich machte mir später viele Gedanken darüber, welcher Gott sie wegen dieser Lüge gestraft haben mochte. Rahel durfte noch einen Sohn gebären, den Benjamin. Doch die Geburt war so schwer, und ihr zarter Körper hatte keine Kraft mehr. Sie starb bei der Geburt, noch bevor wir Bethlehem erreicht hatten.

Ich wurde Benjamins Ziehmutter. Ich war voll verantwortlich für meine beiden Söhne und für die Söhne Rahels, Josef und den kleinen Benjamin. Dies war keine leichte Aufgabe. Vater Jakob benahm sich oft unvernünftig gegenüber seinen Söhnen. Voller Trauer über den Tod seiner geliebten Rahel verzog er deren Söhne in unverantwortlicher Weise. Mit all seinen anderen Söhnen ging er hart um. Sie wurden wilde Hirten und Viehzüchter, wussten sich ihrer Haut zu wehren, taten aber auch viel Unrecht.

Josef dagegen wurde wie ein Fürstenkind behandelt und auch so gekleidet. In einem bunten Rock lief er stets herum. Ich konnte das kaum mit ansehen, versuchte das bunte Kleid zu verstecken. Doch da war bald ein zweites, noch feineres da. Wie sollte Josef dieses Nomadenleben, den Umgang mit Groß- und Kleinvieh, mit Knechten und Mägden, mit kriegerischen Banden und Viehdieben durchhalten, untätig und verwöhnt, wie er war!

Seine Brüder verspotteten ihn schon als Träumer.

Doch bald hatte ich andere Sorgen. Ruben, der Erstgeborene Jakobs und Leas, war von aufwallendem Blut. Er war hinter mir her! Er wollte mich haben. Und er nahm mich, die Nebenfrau seines Vaters! Ich hatte Angst vor Entdeckung, Ruben würde nicht viel geschehen, doch was würde mit mir werden?

Alles kam anders. Auch Jakob hatte andere Sorgen: Sein pfauenhaft gekleideter Sohn Josef war von einem Botendienst zu seinen Brüdern draußen auf dem Weidegebiet nicht zurückgekommen. Nur sein blutverschmiertes buntes Kleid brachten sie.

Jakob war verzweifelt, war halbtot vor Schmerz. Ruben mied mich. Da war etwas, was nicht stimmte. Ich hatte Josef die Mutter ersetzt. Ich spürte deutlich, dass etwas Falsches in der Luft lag. Was hatte Ruben getan? Was hatten die Brüder getan?

Die Brüder waren ungezähmt, benahmen sich zuzeiten wie die wilden Tiere, vor denen sie ihre Herden doch zu schützen hatten. Aber wer schützt Unschuldige vor so viel Unbändigkeit? Was war mit Josef? Was war mit Dina? Wer sorgte für Dina, ihre Schwester, der sie auch so böse mitgespielt hatten?

14. Dina

1. Mose 34

Lass das! So geht's uns Frauen. Was soll's? Du wurdest nicht gefragt. Ich wurde nicht gefragt. Mutter wurde nicht gefragt. Man entschied immer über uns, ob es uns passte oder nicht. Meine Brüder zogen aus, um mich zu rächen. Lachhaft! Händel haben sie gesucht! Einen Anlass haben sie gesucht, um zu zeigen, zu was sie fähig waren. Ich war willkommener Anlass, aber nicht Objekt ihrer Fürsorge. Wäre durch mich nicht das passiert, was Mutter Lea, dich und mich so schmerzt, ich wäre nie in dem Buch der Bücher namentlich aufgezeichnet worden. Niemand wüsste heute noch etwas von mir. Dass Mutter auch eine Tochter geboren hat, wäre völlig unbekannt.

Vaters zwölf Söhne waren wichtig! Ihre Namen kennt in Israel, jetzt, rund 4000 Jahre später, noch jedes Kind. Ob sie dabei auch noch Leas Kinder sind, die von Tante Rahel oder die von euch Dienerinnen, ist dabei fast ohne Bedeutung. Das kehrt man sogar gern unter den Teppich. Es verwirre nur und brächte doch so wenig für das Heilsgeschehen.

Nun – mir ist kein Heil widerfahren. Ich bin kaputtgemacht worden. Mein Leben ist zerstört worden durch meine Brüder. Ihr seht es mir an. Ich sehe vergrämt und verblüht aus. Die Wahrheit ist, ich bin nie zur Blüte gekommen. Ich bin gekappt worden, ehe ich mich zur Blüte öffnen konnte. Alle kennen meine zwölf tat- und zeugungskräftigen Brüder. Da ich aus demselben Holz bin, könnt ihr euch vorstellen, welche Kraft in mir steckte. Doch ich wurde früh verstümmelt.

Während dieser mörderischen Wanderschaft wurden die Zelte auf- und abgebaut. Es war ein unruhiges und gefahrvolles Leben. Nach der großen Versöhnung unseres Vaters mit Onkel Esau – wir Kinder mussten uns dabei alle in Reih und Glied aufstellen – kaufte Vater in Kanaan, vor der Stadt Sichem, ein Stück Land. Vater baute einen Altar für Gott. Es sah so aus, als ob wir hier länger bleiben wollten. Wie schon oft, versuchte ich, die neue Gegend kennen zu lernen. Ich war es gewohnt, auf den Feldern und Weiden herumzulaufen. Niemand kümmerte sich groß um mich. Mutter hatte genügend Arbeit und ständig mit eigenen Problemen zu tun. Sie musste versuchen, ihre eigenen Kräfte einzuteilen.

Die Stadt zog mich an. Vielleicht würde ich in der Stadt Sichem gleichaltrige Mädchen finden. Ich hätte gern eine Freundin gehabt! Unterwegs traf ich Sichem, den Sohn des Stadtkönigs. Ich gefiel ihm. Er überrumpelte mich. Er zog mich in die Büsche und vergewaltigte mich. Als er merkte, dass ich noch unberührt war, tat es ihm sehr Leid. Er wurde sehr liebevoll zu mir. Sanft tröstete er mich und versprach, alles daran zu setzen, um mich zu heiraten.

Sichems Vater Hamor besuchte bald darauf unseren Vater vor den Toren der Stadt. Er bot einen Brautpreis und erbat mich als Frau für seinen Sohn.

Ich wurde nicht gefragt. Aber ich gestehe, der Gedanke, hier in dieser Stadt Heimat zu finden an der Seite Sichems, des späteren Stadtkönigs, hatte etwas Verlockendes für mich. Nach dem ersten schreck- und schmerzvollen Erlebnis mit Sichem war er mir so lieb und freundlich begegnet. Er erschien mir sanfter und auch liebenswerter als meine Brüder, die in seinem Alter waren. Ich will gestehen, ich freute mich auf die Hochzeit mit diesem Mann.

Auch Vater war davon angetan. Es war eine gute Gelegenheit, sich mit den Bewohnern der Stadt zu verbünden.

Aber meine Brüder hatten einen hinterhältigen Plan. Für die Verschwägerung verlangten sie die Beschneidung aller Männer und Jungen in Sichem. Einem unbeschnittenen Mann könnten sie ihre Schwester Dina nicht geben. Das sei ihnen ein Gräuel und eine Schande.

Welche unverschämte Einmischung! Die Beschneidungsfrage hätten Sichem und ich lösen können bei der Geburt eines Sohnes. Bis dahin wäre Zeit verstrichen. Ich hätte gesehen, ob es für meine Söhne besser gewesen wäre, als Kanaaniter aufzuwachsen oder als Nachkommen des Stammes Israel. Alles andere ging doch meine Brüder nichts an. Sichem hätte auch sicher mit sich reden lassen. Er war mir zugetan. Außerdem hörten die Kanaaniter viel mehr auf die Worte einer Frau. Sie hatten Göttinnen, sie hatten Priesterinnen. Ihre Frauen hatten in vielen Lebensbereichen mehr Einfluss. Die Kanaaniterinnen, so schien es mir, sahen ihre Bestimmung als Frau nicht nur im Dienen und Dienst am Mann wie wir; sie dienten der Gottheit, der Göttin Aschera und anderen.

Ich weiß gar nicht, ob ich mich wirklich entschieden hätte, meine Söhne beschneiden zu lassen. Dieser eine unsichtbare Gott gab mir so viele Rätsel auf. Er schien immer nur Kontakt mit Vätern und Söhnen zu haben.

Mein Vater griff nicht ein, als die Brüder die unverschämten Forderungen an Sichems Männer stellten. Er gedachte sicher dieses Bundes, den sein Großvater Abraham mit Gott geschlossen hatte. Die Verheißung Gottes an Abraham, dass er ein großes Volk werden würde und das Land Kanaan besitzen sollte, sollte besiegelt werden durch die Beschneidung jedes männlichen Gliedes.

»Und so soll mein Bund an eurem Fleisch zu einem ewigen Bund werden«, soll Gott meinem Urgroßvater Abraham gesagt haben! Und seit Vaters Erlebnis am Fluss Jabbok, als er diese geheimnisvolle und schmerzhafte Gottesbegegnung hatte, wusste er sich und seine Nachkommen zu diesem Bund gehörig, und damit anerkannte er auch die Pflicht zur Beschneidung – aber doch nicht für die Männer von Sichem!

Der Stadtkönig und sein Sohn hatten großes Ansehen vor dem Volk. Der königliche Sohn wollte mich unbedingt heiraten. Dennoch war es kaum zu glauben: Alles, was männlich war in Sichem, willigte ein, sich beschneiden zu lassen. Ich zog in des Stadtkönigs Haus.

Als nun alle Männer Sichems schwach auf ihren Lagern lagen und sich auskurierten, fühlten sich meine Brüder besonders stark. Heimtückisch überfielen sie die friedliche Stadt und erschlugen alle Männer in ihr. Ich wurde von dem plötzlichen Lärm wach, musste mit ansehen, wie meine Brüder Simeon und Levi ins Haus eindrangen und den Stadtkönig mit all seinen Söhnen erschlugen. Darunter war Sichem, den ich liebgewonnen hatte, an dessen Seite ich mein weiteres Leben verbringen wollte. Mich nahmen sie mit. Die Stadt wurde von ihnen geplündert. Laut wurde dabei gerufen, das sei die Strafe, dass Sichem ihre Schwester geschändet hatte. Eine seltsame Anteilnahme!

Ich war stumm und steif vor Schrecken. Was sollte das? Ich wäre gern in Sichem geblieben. Konnten die Brüder ungestraft solche Greueltaten verüben? Sie konnten. Sie wurden zwar von Vater Jakob getadelt. Aber das geschah wohl mehr aus Sorge um einen berechtigten Vergeltungsüberfall der Bewohner des Landes.

Für mich war mein Leben vorüber. Nun war ich wirklich geschändet. Ich war in aller Mund. Und ich fühlte mich auch geschändet; jedoch geschändet durch meine Brüder.

15. Asenat

1. Mose 41,45ff.

Ich heiße Asenat. Mein Vater Potifera gab mir diesen Namen. Er stellte mich damit unter den Schutz und in den Dienst der Göttin Neith, der Kriegsgöttin der Stadt Sais im Nildelta. Asenat bedeutet soviel wie »der Neith angehörig«.

Eure Abhängigkeit von den Männern und der Vätertradition kannte ich nicht. Welche Wichtigkeit kam bei euch dieser Tradition zu, obwohl sie doch noch so jung war!

Ich war selbständiger. Ich hatte meinen Beruf. Als Tochter des Oberpriesters von On, auch Heliopolis genannt, das nördlich von dem heutigen Kairo liegt, war für mich der Priesterinnenberuf vorgezeichnet. On war eine alte Stadt und ein Zentrum der Sonnenverehrung. Wir dienten vor allem dem Sonnengott Re, verehrten jedoch auch Amon, Ptah, Osiris, Neith, Horus, Seth und andere. Tiere, Pflanzen, Berggipfel und Wasserquellen waren für uns Offenbarungen der göttlichen Mächte. Als Wohnsitze für unsere Götter ließen wir riesige Tempel bauen. Wir glaubten an ein Fortleben nach dem Tode. Aus diesem Grunde bauten wir für unsere Pharaonen Totentempel und gaben einem toten König viel Kostbarkeiten mit in die Grabkammer.

Wir waren weltoffen, nicht so eng wie ihr. Josef, der tüchtige Fremde, Dinas Bruder, wurde vom Pharao einfach umbenannt. Zafenat-Paneach hieß er hinfort. Damit wurde er auch einer ägyptischen Gottheit unterstellt. Josef schien damit keine Probleme zu haben. Er hat mir jedenfalls nichts davon erzählt. Ich wurde seine Frau und war stolz auf meinen erfolgreichen Mann. Josef hat mir überhaupt wenig erzählt. Er war schweigsam und viel außer Haus. Seine Geschäfte als Minister verlangten das von ihm. Er hatte große Befugnisse. Er verfügte über die Gelder des Landes und schloss im Namen des Pharao riesige Handelsabkommen ab.

In unseren ersten sieben Ehejahren war Josef hauptsächlich mit dem Aufkaufen von Getreide beschäftigt. Ich empfand es als Manie, mit welchem Eifer er das betrieb. Er kaufte und kaufte und hortete in den Städten Unmengen davon. Er musste neue Vorratshäuser bauen lassen, um alles unterzubringen, riesige Kornsilos, deren obere Öffnung nur mit Leitern erreicht werden konnte.

Im Zweitwagen des Pharao fuhr er in dem weiten Ägypten umher. Nicht überall wurde er nur geehrt, sondern auch gefürchtet. Für die hohen Steuerlasten, die Josef einführte, hatten die wenigsten Verständnis.

Ich war jedesmal glücklich, wenn ich Josefs vorauseilenden Trabanten rufen hörte: »Der ist des Landes Vater!« Dann eilte ich zum Fenster. Josef kam zurück! Der Prunkwagen raste auf den Hof. Josef saß auf der Plattform neben dem Wagenlenker, recht majestätisch anzusehen mit seiner schweren goldenen Kette und den stets einwandfreien Leinengewändern.

Ich gebar in dieser Zeit zwei Söhne. Seltsame Namen gab Josef ihnen. Den ersten nannte er Manasse, das heißt soviel wie »Gott hat mich vergessen lassen all mein Unglück und mein ganzes Vaterhaus«. Den anderen Sohn nannte er Ephraim und deutete damit an, dass Gott ihn wachsen ließ.

Seine Vergangenheit war für mich in Dunkel gehüllt. Durch die tiefsinnigen Namen, die er unseren Söhnen gab, konnte ich erahnen, dass er Schweres erlebt hatte. Was das war und aus was für einer Familie er kam – all das erfuhr ich erst richtig durch euch, Dina und Tamar. Als ihr uns besuchtet, Gäste in unserem Haus wart, lösten sich eure Zungen immer mehr, ihr tautet auf, kamt ins Erzählen. Ihr erzähltet und erzähltet, bis ich alles wusste.

Als junger Bursche war Josef von seinen Brüdern als Sklave nach Ägypten verkauft worden. Sie mochten ihn nicht leiden. Er war überheblich geworden, wohl mit ein Resultat der pädagogisch unmöglichen Bevorzugung durch seinen Vater Jakob. Nach einigen Schwierigkeiten war er mit Hilfe seines Gottes zum bedeutendsten Mann im ägyptischen Staat geworden. Nur Pharao selbst stand noch über ihm. Mit dreißig Jahren war er der begehrteste Junggeselle im ganzen Ort und wurde mein Mann.

Nach sieben Jahren begann durch ungünstige Wetterlage und andere Unbilden eine Zeit, wo in Ägypten die Ernte minimal war oder ganz ausfiel. Es geschah so, wie Josef es vor Jahren prophezeit hatte. Was ich für eine Marotte Josefs hielt, war also Weisheit. Die Bauern kamen mit ihrem Vieh und tauschten dafür Korn aus den Silos. Als Priesterin merkte ich bald, dass die Opfergaben magerer ausfielen. Nahrhafte Speisen wurden zurückgehalten. Das Volk besuchte öfter die Tempel, aber sie hatten nichts zum Opfern. Sie hatten Hunger. Die Ernte fiel jedoch nicht nur in Ägypten aus, sondern in weiten Gebieten des Orients.

Auch ihr in Kanaan hattet kein Brot mehr und kamt in unser Land. Euer Besuch brachte für mich eine Menge Probleme. Könnt ihr euch vorstellen, wie es in mir aussah, als ihr, die große Verwandtschaft, die ganze Sippe meines Mannes, in unseren Hof einfielt? Ihr Frauen saht aus wie schwarze Krähen in eurer dunklen Vermummung, die nur das Gesicht offen ließ. Eure Männer waren bärtige Schaf- und Ziegenherdenbesitzer mit langem Haar. Geruch von Tieren stieg auf, wo es sonst nach Salböl und Myrrhe bis in die Höfe und Gänge hinein duftete.

Mir war es peinlich, wie Josef, der große Mann Ägyptens, seinen Vater begrüßte. Eine Reihe der Vornehmsten unseres Volkes stand dabei. Josef machte sich selbst klein und gering vor diesem Viehzüchter! Verzeiht! Aber alle Viehhirten sind den Ägyptern ein Gräuel. Unfassbar für mich, dass mein eleganter Mann mit seinen weltmännischen Manieren, der mit raffinierten Wirtschaftsideen ausgestattete Bevollmächtigte des Pharaos, aus dem Stamm dieser Viehzüchter hervorgegangen war.

Josefs wegen ließ ich mein Befremden nicht merken. Artig verbeugte ich mich vor meinem Schwiegervater. Aber er schien durch mich hindurchzusehen. Er beachtete meine Begrüßungsworte nicht. Auch später kam kein Gespräch mit ihm auf. Ich als Frau war für ihn gar nicht da. Aber ich durfte das nicht persönlich nehmen. Ich sah und hörte recht schnell, dass auch den Frauen aus Jakobs Sippe nicht zugehört wurde. Mir unverständlich, wie ihr das so hinnahmt!

Wenn ihr beiden, Tamar und Dina, nicht unter den Besuchern aus Jakobs Stamm gewesen wäret, hätte ich wohl wenig von Josefs

Familie erfahren. Ich selbst hatte das Gefühl, die meisten von euch sähen mich als Verführerin, als große Sünderin an. Josef hatte versucht, mich zu überreden, während eures Besuches mich nach eurem Brauch zu kleiden. Doch bei aller Liebe zu Josef: Das konnte ich nicht! Ich bekam eine Gänsehaut, wenn ich daran dachte. Der rauhe Stoff eurer dunklen Gewänder kratzte bei unserer Begrüßung durch meine seidenen Armkleider. Nie hätte ich auch nur eine Stunde lang dieses Zeug am Körper ausgehalten. Und das bei dieser Hitze!

Ich gestehe, dass ich froh war, als ihr von unserm Anwesen wieder fortzogt. Eure Männer stöhnten sowieso über die Bequemlichkeiten in unserm Haus. Sie zog es zu den Zelten in Gosen.

Dich, Tamar, aber vor allem auch Dina hätte ich wohl gern bei uns behalten. Aber das hätte nur neue Unstimmigkeiten heraufbeschworen.

Meines Schwiegervaters Hoffnung war, dass Josef mit nach Kanaan zurückging. Erst nach einigen Jahren in Gosen begriff er richtig, welch wichtige Stellung Josef im ägyptischen Staat innehatte. Einen Viehzüchter Josef würde es wohl nicht mehr geben. Für die Rückwanderidee war Josef verloren. Doch davon wollte der alte Patriarch nichts hören. Die Bestimmung für seine Sippe, jene Vorstellung von den zwölf Stämmen Israels, gab Jakob, der auch Israel genannt wurde, nicht auf. War das der Geist seines Gottes oder der störrische Gedanke eines alten Mannes?

Als Jakob auf dem Sterbelager saß, eilte Josef mit Manasse und Ephraim nach Gosen. Ich war völlig verwirrt, als ich von meinen Söhnen hörte, dass Großvater Jakob sie gesegnet und dabei große Prophezeihungen über sie ausgesprochen habe. Das war es also! Josef würde bleiben, aber Manasse und Ephraim würden gehen. Nun – noch war ich da. Dazu hatte ich wohl auch etwas zu sagen. Zu meiner Beruhigung war die wirtschaftliche Lage in allen mir vom Hörensagen bekannten Ländern katastrophal. Dem Stamm Jakob gefiel es wohl auch in Gosen. Der Pharao hatte es ihnen gegeben – so dankbar war er dem Josef! Es war das fruchtbarste Land.

Josefs Ansehen wuchs vor dem Pharao. Durch sein umsichtiges, bestens strukturiertes Wirtschaftssystem machte er die Reichen immer reicher, die Armen wurden jedoch immer ärmer. Es gab und gibt eine Reihe von Menschen, die ihn als schlimmen Wirtschaftsfunktionär bezeichnen. Die Hungersnot trieb schließlich die Bauern dazu, ihr Land zu verkaufen. Sie wurden so zu Leibeigenen des Pharao. Das ganze Land gehörte bald dem Pharao, ausgenommen war das Land der Priester. Unser Land kaufte er nicht. Josef gab den Bauern Korn zur Saat und stellte ein Gesetz auf, den fünften Teil der Ernte dem Pharao zu geben. So war die Vorratswirtschaft sichergestellt, bis es nach dem siebten Jahr wieder zu regnen begann. Aber nun musste Saatgut her - es war rationiert, und so reichte es für alle. Nach weiteren fünf Jahren war die Hungersnot Geschichte. Doch nicht für Jakobs Familie.

16. Tamar

1. Mose 38

Die von Josef verordnete Getreideabgabe war in unseren Augen Wucher. Das waren immerhin 20 Prozent! Josef war aber clever. Er hat Ägyptens Wirtschaftsmacht gestärkt und damit das Leben vieler gerettet! Ich habe damals den Hunger kennen gelernt - ich, meine Kinder und Enkel. Im Lande Gosen erholten wir uns. Auch ich kam endlich zur Ruhe.

Ich bin eine Kanaaniterin, das heißt, ich war es. Ich lief mit meinen Freundinnen auf die Höhen, um Aschera, unserer Fruchtbarkeitsgöttin, Opfer darzubringen. Wir tanzten um die Steinmale und feierten fröhliche Feste zu Ehren unserer Gottheiten.

Im Ort hatten sich Fremde niedergelassen, die sich von unseren fröhlichen Kultfesten fernhielten. Nur die Frau des Sippenältesten Juda gehörte früher auch zu uns, eine Kanaaniterin aus Adullam, das 25 km südwestlich von Jerusalem liegt. Von ihren Mägden erfuhr ich, dass sie gern einmal mit auf die Höhen gehen würde. Sie traue sich aber nicht, dies Juda zu sagen. Er sei ein starker und frommer Mann, der nur einen Gott kennt. Nur ihn, den Gott seiner Väter, lasse er gelten.

Ich war noch sehr jung, als mein Vater und Juda beschlossen, mich mit Judas ältestem Sohn Er zu verheiraten. Ich war nicht traurig oder erschrocken, als ich von dem Handel hörte. Die fremde Familie erschien mir interessant. Zwei Söhne und ein Kind gehörten dazu. Der eine Sohn war mir als besonders gutaussehender junger Mann schon des öfteren aufgefallen.

Nun – ich wurde die Frau des anderen. Er war nämlich der ältere. Er erzählte mir von der großen Sippe, zu der er gehörte, und von deren besonderen Gotteserlebnissen. Das alles ist ihnen sehr wichtig. Ich musste eine Menge dabei lernen.

Sein Vater Juda hatte elf Brüder und eine Schwester, Dina. Es ist eine eigenartige Geschichte: Seit sein Urgroßvater Abraham einen Ruf von Gott gehört habe, seien er und seine Nachkommen geleitet und umhergetrieben von diesem unsichtbaren Gott. Eine besondere Rolle im Leben der Sippe spielte der Segen, der von Gott über Abraham ausgesprochen war und auf seinen Sohn Isaak und den Enkel Jakob weitergegeben wurde. Segen war ein neues Wort für mich. Es wurde mit einer besonderen Andacht ausgesprochen. Ich wollte diesen Segen auch erfahren. Ja, ich bekam ihn auch. Aber ich musste darum kämpfen.

Mein Mann Er war ein guter Geschichtenerzähler. Ich hörte besonders gern über Judas Großmutter Rebekka und deren Zwillingssöhne Jakob und Esau. Was gab es da für Verwirrungen und Spannungen! Die Verbindung mit Esau war abgerissen. Aber über jeden einzelnen von den zwölf Söhnen Jakobs und von Dina wusste mein Mann Er zu erzählen. Sie standen mir bald ganz deutlich vor Augen.

Nur über den Gott seiner Sippe konnte Er nicht so viel sagen. Mir schien es, als ob Er nicht den starken Glauben seiner Väter teile. Und wenn ich fragte, wich er aus. Mich dagegen zog der Gott der Israeliten in seinen Bann. Ich sprach auch mit meiner Schwiegermutter darüber, die erstaunt war, wie schnell und gut ich mich in der doch glaubensfremden Familie einleben konnte.

Meine Ehe mit Er war kurz. Er starb früh. Für mich war das ein Schlag. Ich hatte Er lieb gewonnen. Ich mochte meinen großen Geschichtenerzähler. Ob Gott ihn strafte? Oder mich? Doch warum? Was sollte jetzt mit mir geschehen! Ob mich mein Schwiegervater Juda wieder zu meiner Familie zurückschicken würde? Aber er hatte für mich bezahlt! Viele Schafe hatte mein Vater für mich bekommen. Ich gehörte jetzt zu Judas Sippe! Hatte mich Aschera gestraft? Fehlte mir jetzt ein Sohn, um meinen Platz in der Familie halten zu können, weil ich der Fruchtbarkeitsgöttin nicht mehr geopfert hatte? Zermürbende Gedanken überfielen mich.

Ich fand leider auch keine Solidarität unter den Frauen. Sie, denen Ähnliches hätte passieren können, brachten mir keine Hilfe. Ich war auf einmal ein Nichts, hatte keinen Mann, keinen Sohn, war eine Null. Keine schwesterliche Unterstützung weit und breit.

Die Hilfe kam von einem Mann, ohne die Fürsprache einer Frau. Mein Schwiegervater Juda war ein gerechter Mann, der Schutz und Geborgenheit ausstrahlte. Nach den Tagen der Trauer bat er seinen Sohn Onan, meinen jüngeren Schwager, mich zur Frau zu nehmen. Das war bei den Israeliten Brauch: Die schwierige Lage einer kinderlosen Witwe konnte so verändert werden.

Ich gestehe, ich freute mich darüber. Keine Lust hatte ich, zu meinem Vater und zu dem Ascherakult zurückzukehren. Und Onan war ein hübscher Bursche!

Ich hätte Onan lieb gewinnen können. Aber es kam ganz anders. Onan tat nur zum Schein nach dem Wunsch seines Vaters. Er kam in mein Zelt und schlief mit mir. Doch seinen Samen gönnte er mir nicht. Er entzog sich mir, sobald er ihn fließen spürte. Er wollte kein Kind mit mir! Ein Kind von uns beiden wäre nach dem Gesetz und in den Augen der Leute ein Nachkomme seines Bruders Er gewesen, meines verstorbenen Mannes. Das wollte er nicht!

Ich weinte vor Schmerz und Sehnsucht. Aber Onan blieb hart und eigensüchtig. Ich konnte sein Herz nicht erweichen.

Neugierige Blicke folgten mir. Die Mägde tuschelten, wenn der Wind mir in die Röcke fuhr und es so aussah, als ob –. Ich blieb ein leeres, unbrauchbares Gefäß, wenn ich nicht bald ein Kind vorweisen konnte. Nur ein Kind konnte meinen Status in der Familie stabilisieren. Zwei Männer und kein Kind! Das konnte doch nur an mir, der Frau liegen.

Ganz heimlich lief ich wieder mit den Mädchen des Ortes zu den Pfählen auf dem Ascherahügel. Es konnte nichts schaden, wenn die Fruchtbarkeitsgöttin von meiner Not hörte. Vielleicht konnte sie helfen. Aber da starb Onan. Der junge und kräftige Mann brach draußen auf der Schafweide zusammen. Die Knechte konnten nur noch den Tod feststellen und trugen ihn vor das Zelt Judas.

Trauer wie bei Ers Tod konnte ich nicht aufbringen. Aber Onans Tod brachte mir Existenzangst. Meine Lage war hoffnungslos. Nicht nur, dass meine soziale Stellung innerhalb der Großfamilie ruiniert war; ich hatte auch keinerlei Kontakte mehr. Das Gesinde machte einen Bogen um mich. Die Mägde, denen ich bei der Arbeit zur Hand ging, bemühten sich, keinen Hautkontakt mit mir zu bekommen. Wie eine Aussätzige lebte ich zwischen den Zelten. Jeder schien mir die Schuld am Tode der beiden Erbsöhne zu geben. Von dem Platz, wo die Wasserkrüge standen, wurde ich einmal von einer jungen Magd erschrocken weggestoßen. Sie bat mich mit angstvollen Augen, ich solle keinen bösen Zauber über sie aussprechen.

Juda, der noch um seine Söhne trauerte, machte sich nun wohl auch Sorgen um seinen jüngsten Sohn. Nach dem Brauch des Volkes hätte mein junger Schwager Schela nun mein Mann werden müssen. Aber vor einer offensichtlichen Unglücksbringerin, wie ich wohl auch Juda erschien, schreckte auch der geradlinige Mann zurück. Er sagte mir, ich solle zurück in meines Vaters Haus gehen, bis Schela groß sei. Ich wusste Bescheid. Ich wurde abgeschoben.

Im Hause meiner Kindheit arbeitete ich wie eine Magd. Trauer im Herzen und nur ganz versteckt ein Fünkchen Hoffnung. Dieser winzige Funke wurde immer wieder entfacht durch die große Sehnsucht nach der Geborgenheit, die ich trotz meiner Nöte in Judas Sippe gefunden hatte. Ich gehörte dorthin! Würde mich Juda für Schela heimholen?

Jahre vergingen. Schela war längst alt genug, Vater werden zu können. Von Juda hörte ich nichts; nicht einmal dann, als meine Schwiegermutter gestorben war.

Für mich stand jetzt fest, dass ich selbst handeln musste. Ich konnte doch nicht als eine, die dem Glauben der Israeliten ganz nahe war, hier unter den Kanaanitern, halbherzig als niedere Magd mein Leben beschließen!

Ein letztes Mal noch nahm ich den Kult meiner kanaanäischen Vorfahren in Anspruch. Ich legte mein Witwenkleid ab, hüllte mich in einen Schleier, wie es bei uns die Tempelhuren taten, und schlich zum Stadttor von Enajim.

Hier musste Juda vorbei, wenn er zu seinen Schafen wollte. Es war die Zeit der Schafschur. Da arbeitete Juda stets selbst mit. Wie ich mir das gedacht hatte, so kam es auch. Juda war schon eine Zeit lang Witwer. Er sah die verschleierte Frau im Tor sitzen und musste annehmen, dass sie der landesüblichen sakralen Prostitution nachging. Auch Juda, der fromme Israelit, war nur ein Mann. Er kam auf mich zu.

»Was willst du mir geben?« fragte ich ganz professionell und mit verstellter Stimme. Er versprach, mir ein Ziegenböcklein zu schicken. Schnell bat ich ihn um ein Pfand: Siegel, Schnur und den Stab Judas.

Aber Juda meinte es ehrlich. Und Juda hatte Lust auf mich. Auch ich erfuhr eine Lust, die ich noch nie gespürt hatte. Eine Gewissheit durchströmte mich: Ich würde schwanger sein; in mir würde Leben wachsen.

Ein bisschen schuldbewusst und doch voller Glückseligkeit taumelte ich mit meinen Pfändern den Weg zu meines Vaters Haus zurück.

Ein Dutzend Tage später hörte ich, wie im Dorf Judas Freund mit einem Zicklein auf den Schultern nach einer Hure suchte. Nur ich wusste, dass er Siegel, Schnur und den Stab Judas mit dem Ziegenbock einlösen wollte. Zum Glück hatte mich niemand in den Hurenkleidern gesehen. Unverrichteter Dinge musste er zu Juda zurückgehen.

Kaum sah man es, dass sich mein Leib unter der unförmigen Witwenkleidung wölbte, hörte auch schon Juda davon. »Deine Schwiegertochter hat gehurt. Sie ist schwanger!«

Ob die Zuträger Juda wohl auch früher von mir erzählt hatten? Hatten sie davon gesprochen, wie ich sittsam in meines Vaters Haus lebte, mich vor begehrenden Blicken der Männer zurückzog und schuftete wie eine Magd?

Ich bin mir auch jetzt noch nicht klar darüber, ob ich das Objekt ihrer lüsternen Sensationshascherei war oder Juda. Sollte ich fallen oder er?

Juda hatte als Sippenältester gleichzeitig eine Richterfunktion inne. Als seine Schwiegertochter unterstand ich seinem Rechtsspruch. So war plötzlich das Haus Juda wieder für mich zuständig! Juda tat das, was von ihm erwartet wurde. Wegen unsittlichen Verhaltens verurteilte er mich zum Tode. Ich wurde nicht dazu gehört.

Ob sich ein Mann überhaupt Gedanken macht, wie es um eine Frau steht, die noch jung in langer Witwenschaft lebt? Hatte wohl Juda daran gedacht, wie er nach nur kurzer Witwerschaft am Tor von Enajim mit einer Frau geschlafen hat? Ob Juda wohl überhaupt nur erwog, dass seine Schwiegertochter nicht in diese fatale Lage gekommen wäre, wenn er sie im Schutz seiner Sippe behalten hätte?

Nun – zu einer Aussprache, zur Klärung dieses Fragenkreises, kam es nie. Juda musste jedoch handeln. Die schändliche Tat, die seinem Hause durch mich zugefügt wurde, musste bestraft werden. Der Patriarch tat das, was von ihm erwartet wurde, wie es dem Ansehen seiner Söhne, seiner Sippe zustand.

Die Knechte kamen, um mich wegen getriebener Unzucht auf den Scheiterhaufen zu bringen. Ein demütigender Weg durch den Ort. Aufrecht hielt mich nur das Wissen um Siegel, Schnur und den Stab Judas, die ich versteckt zwischen den weiten Rockfalten bei mir trug. Einem Knecht, der mich nach einem Stolpern mitleidig stützte, gab ich schließlich die bisher verborgenen Pfänder und flüsterte ihm zu: »Lauf' zu Juda und sag' ihm, dass ich schwanger geworden bin von dem Mann, dem diese Pfänder gehören.« Eine kurze Schwäche überfiel mich. Ich blieb stehen. Ich dachte an den großen Gott der Israeliten. Wie von selbst formten sich die Worte: »Allmächtiger Gott, hilf mir! Lass mich teilhaben an deinem Segen!«

War es die Hilfe Gottes? War es die Größe Judas? Etwas Unfassbares geschah! Juda erkannte sofort Siegel, Schnur und Stab als die seinen und bekannte sich auch dazu! Er leugnete nicht. Mit deutlicher Stimme sagte er: »Sie ist gerechter als ich.« Und fügte hinzu: »Ich habe sie meinem Sohn Schela nicht gegeben.«

So viel Einsicht und Größe trieben mir jetzt die Tränen in die Augen. Nach überstandener qualvoller Zeit flossen sie wie zwei befreiende Bächlein über mein Gesicht. Der Sippenfürst Juda hob mich, die Kanaaniterin, mit diesen Worten hoch über sich hinaus. Das werde ich ihm nie vergessen.

Juda gab den Auftrag, das Feuer zu löschen, trieb die Neugierigen nach Haus und ließ mich zu seinen Zelten führen. Mir wurde warm ums Herz. Ich wurde wieder aufgenommen in die Geborgenheit dieser großen Sippe. Ihr Gott sollte nun auch ganz der meine sein. Er sollte der Einzige bleiben für immer. Er gehörte zu der wiedergewonnenen Geborgenheit dazu.

Juda begegnete mir freundlich, aber etwas gehemmt. Er hat mich auch nie wieder berührt. Ich respektierte das. Er hatte sich in einer prekären Situation öffentlich zu mir bekannt. Für mich war das nicht selbstverständlich! Für mich war Juda ein großer Mann!

In mir wuchs es. Ich fühlte viel Bewegung in mir. Ich wurde dick und schwerfällig. Die Geburt war langwierig und kompliziert. Zwillinge, zwei Jungen, schienen sich bereits in meinem Leib um das Erstgeburtsrecht zu streiten. Perez kam zuerst, danach Serach. Das irritierte die Hebamme. Sie hatte zuerst das Ärmchen von Serach gesehen und einen roten Faden darum geschlungen.

Ich musste an meinen ersten Mann denken, an Er, den großen Geschichtenerzähler. Er hatte mir erzählt, dass Judas Großmutter Rebekka auch Zwillingssöhne geboren hatte. Rebekka hatte einen der Söhne, den Jakob, lieber. Sie betrog seinetwegen in böser Weise ihren Mann und den anderen Sohn. »O Gott«, bat ich, »lass mich beide Söhne gleich lieben. Schenke uns allen deinen Segen!«

Ich meine, diesen Segen oft gespürt zu haben. Juda und ich begegneten uns mit gegenseitiger Achtung. Juda hatte jetzt wieder drei Söhne. Schela heiratete und hatte bald selbst zwei Knaben, Judas Enkel. Die Zwillinge, meine und Judas Söhne, wuchsen heran.

Juda wurde ein Sprecher der Großfamilie, setzte sich auch für seine Brüder ein. Als die grässliche Hungersnot uns in Kanaan alle zermürbte, zogen er und neun seiner Brüder nach Ägypten, um dort Getreide zu kaufen.

Wir freuten uns, als der vollbeladene Karawanenzug wieder zurückkam. Doch tief bestürzt waren wir über den harten Minister Ägyptens, der unsere Männer als Kundschafter betrachtet hatte. Als Beweis für ihre bezeugte Rechtschaffenheit sollten sie den jüngsten Bruder vorzeigen. Das war Benjamin, den sein Vater Jakob wie seinen Augapfel hütete.

Es gab endlose Debatten. Jakob wollte Benjamin nicht nach Ägypten ziehen lassen. Aber Simeon, der als Pfand dort im Gefängnis saß, musste ausgelöst werden. Juda, der Besonnene, Rechtschaffene, bürgte schließlich für das Leben Benjamins. Ich bangte für Juda. Doch alles ging gut aus.

Später entpuppte sich der mächtige Mann in Ägypten als der totgeglaubte Lieblingssohn Jakobs. War das eine Aufregung! Jakob wollte seinen Josef sehen. Alle Söhne und deren Frauen, Dina, alle Enkel, alles sollte mit.

In Kanaan war noch Hungersnot. Josef und der ägyptische König hatten viele Wagen gesandt. Die Umsiedlung begann. Ein bunter Zug machte sich auf nach Ägypten. Wir führten alles, was wir hatten, mit uns.

Und dann waren wir in Josefs und Asenats Haus. Es war eine Märchenwelt, in die ich eintauchte. Ich habe sie genossen.

Doch ich war es auch ganz zufrieden, als es hieß, in die Zelte nach Gosen zu ziehen. In dieses harte Leben des Schaffens und Wirkens gehörte ich. Das erfüllte mich. Da fühlte ich mich wohler.

17. Frau Potifar

1. Mose 39

Jeder muss sehen, wo und wie er glücklich und zufrieden sein kann. Ich bin eine Ägypterin. Ich hätte nie auf dem Land in Hütten oder im Zelt leben mögen. Diese Unbequemlichkeiten dort zu ertragen, könnte ich mir nicht vorstellen.

Potifars prächtiges Haus war mein Jugendtraum. Da wollte ich einmal wohnen. Und es kam auch so. Ich wurde Frau Potifar. Ich besaß viel und bekam immer mehr. Ich hatte viele Wünsche und bekam auch da immer mehr.

Ein mich krank machender Wunsch war der, den Israeliten Josef zu besitzen, der in unserem Haus arbeitete. Er hatte einen freien Gang, eine etwas gebogene, kühne Nase und wache Augen. Keine mag sich vorstellen können, wie anziehend Josef in seinen goldenen Jünglingsjahren ausgesehen hat. Er war ein Traummann! Er war »schön an Gestalt und hübsch von Angesicht«.

Auch mein Mann, Pharaos Kämmerer und Oberster der Leibwache, schwärmte von ihm. Als Sklave kam er in unser Haus, abgekauft von einem Karawanenführer. Potifar erhob ihn zum Diener.

Als er sah, dass dem jungen, smarten Hebräer alles glückte, was er anfasste, setzte ihn Potifar über sein ganzes Haus und alles, was er sonst noch hatte. Das war gut so, denn nun lief alles viel besser. Potifar war längst nicht so ein umsichtiger Verwaltungsmann gewesen.

Ich überlege mir jetzt sehr, ob der Segen des Gottes dieses Hebräervolkes womöglich die Ursache war, dass Josef alles »glückte«.

Wir waren schon immer reich, aber nach Josefs Erscheinen vermehrte sich unser Reichtum immens. Ich konnte alles kaufen. Unser hübsches zweistöckiges Haus wurde erweitert. Eine Wandelhalle mit einem kunstvollen Relief wurde vom Haus bis zum neuangelegten Seerosenteich errichtet. Mein Mann saß da und überließ alles dem hübschen Fremden. Und alles wurde schöner denn je. Nur mein Mann nicht. Weil er nichts mehr tat, wurde er dicker, bequemer, noch dicker. Er wurde faul, lässig und lästig.

Immer stärker wurde ich von dem munter herumspringenden Fremden angezogen. Ich wollte mit ihm schlafen!

Er wollte jedoch nichts davon wissen. Er meinte, es wäre eine Sünde gegenüber seinem Herrn, der ihm so viel Vertrauen schenke, und eine große Sünde gegenüber seinem Gott.

Davon wiederum wollte ich nichts wissen. Fast jeden Tag bedrängte ich Josef von neuem. Ich zog mich verführerisch an. Es musste doch gelingen! Er war doch ein Mann!

Jeden Tag aber entzog sich Josef meinem Wunsch, oder er wusste es gleich so einzurichten, dass Dienerschaft zugegen war.

Ich wurde geradezu besessen von dem Gedanken, mit Josef zu schlafen. Ich wollte wieder einen Mann, und ich wollte diesen hübschen, tüchtigen Mann, dem alles glückte!

Eines Tages war keiner vom Gesinde im Haus. Ich schnappte einen Zipfel von Josefs Kleid und wollte ihn zu mir herabziehen. Aber er ließ das Kleid in meiner Hand und floh zum Haus hinaus. Ich fühlte mich gedemütigt und gleichzeitig krank vor Begierde. Es gab gar kein Nachdenken. Ich schrie die Dienerschaft zusammen und klagte laut den Hebräer an, dass er seinen Mutwillen mit mir habe treiben wollen.

Nun rollte die Lüge weiter. Ich musste dasselbe auch meinem Mann sagen. Zornig ließ er Josef sofort in des Königs Gefängnis werfen.

Mir war für mein weiteres Leben alle fleischliche Lust vergangen.

Aber nach dem, was ich so alles mitbekomme, habe ich den bohrenden Gedanken in mir, dass ich nur ein Werkzeug dieses hebräischen Gottes geworden war. Vielleicht musste Josef durch mich das erleiden, damit er nur noch höher aufsteigen konnte? Und damit er in den Jahren der großen Dürre uns alle vor dem Verhungern rettete und er am Ende mit seinen Brüdern Frieden schließen und seinen alten Vater versorgen konnte?

Dieses hebräische Volk mit seinem einsamen Gott wird mir immer interessanter. Die Hebräer haben noch lange unter unserem Volk gelebt. Fast vier Jahrhunderte trieben sie Ackerbau und Viehzucht im Lande Gosen.

Frauen im Aufbruch

18. Schifra und Pua

2. Mose 1,15-22

Schifra: Heute ist Leben bedroht. Leben kommt von Gott. Wollen wir nun Geschenke Gottes annehmen? Oder wollen wir uns selbst die Geschenke Gottes aussuchen, bestimmen, wann und ob wir neues Leben annehmen? Wollen wir diese Geschenke sondieren, selektieren oder nach unseren Vorstellungen manipulieren?

Pua: Machbarkeit und Angst stecken dahinter. Ursache ist die Angst. Angst vor der Zukunft. Und weil vieles von dem, was Angst macht, vermeidbar ist, treibt man es am Ende so weit, dass man alles in die Hand nimmt, auch das Leben, das mir selbst vermeidbar wird. Das wieder macht mir Angst. Aus Verantwortung Leben abzulehnen ist doch Wahnsinn! Verantworten muss ich vor Gott. Er wird mich einmal fragen, ob ich Leben abgelehnt habe, ob ich Leben getötet habe. Gott wird mich fragen, ob ich mit meinem Verhalten Lebensmöglichkeiten geschaffen, begrenzt oder unmöglich gemacht habe.

Schifra: Bitte, Pua, bleib auf dem Teppich! Wir als Hebammen waren und sind Lebensbringerinnen. Wir heben kleine Menschlein aus dem Dunkel des Mutterleibes in das helle Tageslicht. Wir nabeln es ab, versorgen es, geben es der Mutter zurück. Wir leiden, wenn wir kein lebendiges Kind holen können.

Pua: Hast Recht. Und darum war der Pharao schlecht beraten, als er uns damit beauftragte, alle neugeborenen Jungen unter den Hebräern zu töten. Wahnsinn! Aber auch Pharao hatte Angst. Er hatte Angst vor einer tüchtigen, fremden Volksgruppe in seinem Land. Wir Hebräer sind eben nicht kleinzukriegen. Er lud unseren Leuten unerträgliche Lasten auf – und wir trugen sie. Sie machten uns nur stärker. Zu allen Zeiten werden Gesetze erlassen, um ethnische Minderheiten nicht zu stark werden zu lassen. Sie könnten die

Arbeitsplätze wegnehmen – und ihre Kinder den Einheimischen Ausbildungsplätze.

Schifra: Wir Hebammen fürchten Gott und achten unsere Berufsehre. Konnte ein erfahrener Mann wie der Pharao annehmen, dass wir seinem Tötungsbefehl gehorchten? Ha, natürlich ließen wir die Knaben am Leben und halfen den Frauen. Die Mütter hatten schon genug Nöte auszustehen. Sie sind ja immer die Lastenträger vor und nach der Geburt. Normalerweise sterben männliche Säuglinge eher. Sie sind von zarterer Gesundheit. In dieser Zeit der Unterdrückung war jedoch eigenartigerweise dieses Naturgesetz aufgehoben. Wir hatten eine Menge Geburten und Mühe, alle Gebärenden gut zu versorgen. Und kaum ein Baby starb. Hallelujah! Dem Pharao wurde das natürlich zugetragen. Er ließ uns holen.

Pua: Du warst ganz gelassen. Unser Entschluss, den Befehl des Pharaos zu ignorieren, hatte auf dich geradezu beruhigend gewirkt. Du wusstest dich ganz sicher und geborgen im Schutz eines noch höheren Befehlshabers. Mir schlotterten jedoch die Knie. Ich hatte Angst. Doch irgendwie haben wir es geschafft, wieder lebend aus dem Thronsaal zu kommen. Was hast du noch einmal so spontan vor dem Pharao ausgesagt? Die Worte müssen dir von Gott selbst in den Mund gelegt worden sein.

Schifra lacht: Das glaube ich auch. Ich sagte: »Die hebräischen Frauen sind nicht wie die ägyptischen, denn sie sind kräftige Frauen. Ehe die Hebamme zu ihnen kommt, haben sie schon geboren.« Vom Geburtsakt verstand der Pharao nichts. Das war Frauensache. Hier war er hilflos. Auch herumstehende Höflinge konnten nichts dazu sagen. Mit uns Frauen kam er so nicht ans Ziel. Männer mussten her, die seine Befehle auszuführen hatten. Oh, diese Männer! Alle kleinen hebräischen Jungen sollten von ihnen in den Nil geworfen werden. Was für ein Kadavergehorsam war zu solchem Morden nötig! Wie wurde hier mit Menschenleben umgegangen! Bis an ihr Lebensende werden sich die Soldaten damit auseinandersetzen müssen, geplagt von ihrem Gewissen, dass sie unschuldiges junges Leben getötet haben. Die jüngeren Männer, die nun selbst kleine Kinder haben, werden Alpträume bekommen, wenn sie sich daran erinnern, wie sie sich über solch ein Neugeborenes hergemacht haben. So wurde auch das Leben der Soldaten kaputtgemacht.

19. Jochebed

2. Mose 2

Sie war eine der jungen Mütter damals. Sie setzt sich zu der Gruppe um die beiden Hebammen.

Ihr wart ungeheuer mutig! Euer Zusammenstehen, eure Ehrfurcht vor dem Leben, euer Vertrauen auf Macht und Beistand des Schöpfergottes war uns ein Trost und große Hilfe.

Sie sieht die Jugendlichen bei den beiden Frauen sitzen und erzählt:

Ich bin als eine Tochter Levis in Ägypten geboren und heiratete meinen Neffen Amram, den Sohn meines Bruders Kehat. Ich hatte bereits einen Sohn und eine Tochter. Warum eigentlich sollte ich noch ein Kind in diese Welt setzen? In einer derart gefährlichen Situation! Konnte ich es verantworten, Kinder zu gebären und heranwachsen zu lassen zu einem weiteren Objekt für Unterdrückung und Frondienst? Sollte ich das wachsende Leben in mir wirklich austragen? Sollte ich wirklich austragen? Ein Junge war ohnehin zum Tode verurteilt, bevor er meinen Leib verließ. Das waren zermürbende Gedanken, die mich und meine verzweifelten Schwestern in Versuchung führten. Aber ich wollte mein Kind. Es war ein Junge. Er lebte und war ein wunderschönes Geschöpf. Ich verbarg ihn drei Monate lang. Das Stimmchen wurde dann aber so kräftig, dass ich Sorge hatte, die Häscher des Pharaos würden es finden und es töten. Nach langen Gesprächen mit unserem Schöpfergott, von dem auch Schifra und Pua ihre Kraft holten, kam mir ein Gedanke, den ich sofort ausführte: Ich flocht ein Körbchen von Rohr, das ich mit Erdharz und Pech wasserdicht verklebte. Noch einmal liebkoste ich meinen kleinen Sohn und legte ihn dann in das ausgepolsterte Körbchen. An einer geschützten Stelle am Ufer des Nils, dort, wo ich noch nie ein Krokodil bemerkt hatte, setzte ich das Körbchen mit meinem mir so kostbaren Inhalt aus. Meine Tochter Mirjam blieb in der Nähe und wollte am Uferschilf aufpassen, dass nichts Böses passierte. Es war jene Stelle, wo die Tochter des Pharao zu baden pflegte. Ich eilte nach Hause. Meine Brüste waren prall von Milch und mein Herz schwer vor Kummer. Ich sprach mit Gott und bat um Schutz für meinen kleinen Sohn. Ein bisschen ruhiger wurde ich. Es war, als ob da einer mit mir trug.

Plötzlich kam Mirjam aufgeregt hereingesprungen: »Die Prinzessin hat das Körbchen mit dem Baby entdeckt. Sie will das Kind behalten! Sie braucht eine Amme! Komm mit, schnell, Mutter, du kannst die Amme sein! Komm schnell mit!«

Sicher sah ich wenig vertrauenerweckend aus, als ich keuchend vor der Prinzessin stand. Ich brachte keinen richtigen Gruß zustande. Die Worte blieben mir im Halse stecken. Der ganze Körper zitterte. Der Blick der königlichen Prinzessin ruhte auf den nassen, sich vergrößernden Milchflecken meines Hemdes. Das genügte ihr offensichtlich als Ausweis meiner Brauchbarkeit.

Ich durfte den Jungen – mein Kind – mitnehmen, sollte es stillen – nur zu gern! – und sollte dafür noch bezahlt werden.

Wie sind Gottes Wege doch wunderbar! Drei Jahre durfte ich meinen kleinen Sohn behalten. Das war die normale Stillzeit bei uns Hebräerinnen. Nach jedem Mond kam ein Palastdiener und brachte mir ein kleines Goldstück, das ich sorgsam aufbewahrte.

Meinem Kind gab ich in der Zeit des Stillens, die schon von Natur aus eine besondere Zeit der innigen Verbindung von Mutter und Kind ist, alle Liebeskraft, die ich nur aufbringen konnte. Ihm und den beiden Großen, Mirjam und Aaron, erzählte ich stundenlang von der Geschichte unseres Volkes und den Erfahrungen mit seinem, mit unserem Gott. Mir war bewusst, dass die beiden Jungen noch zu klein waren alles aufzunehmen. Aber der Samen war gelegt.

Schweren Herzens, aber auch dankbar, gab ich nach der verabredeten Zeit den Kleinen zum Palast in die Obhut der Prinzessin. Mein Sohn wurde bei ihr erzogen, sicher zu einem Ägypter.

Die gesammelten Goldstücke legte ich für die Erziehung von Mirjam und Aaron an. Die beiden sollten alles erfahren, was unsere Alten wussten, was die Weisesten aus unserem Volk zu erzählen hatten.

20. Die Pharaonen-Prinzessin

2. Mose 2

Mose ist mein Sohn. Ich habe ihm das Leben geschenkt. Er wäre sonst ein Opfer des Nils geworden. Der Nil war Ägyptens Lebensstrom, aber auch zugleich gefährlich. Das Wasser des Nils, das viele fürchteten und das doch so viel Gutes brachte!

Der Umkreis der Stelle, wo ich das Körbchen mit dem weinenden Winzling fand, war meine beliebteste Badestelle. Als ich noch Kind war, hatte mir mein Vater das Baden im Nil verboten wegen der gefährlichen Krokodile. Ich war nicht so ängstlich, hatte auch an dieser Stelle nie eines gesehen. Nur einige Wasserhühner schreckte ich öfters auf, wobei die Hofdamen jedesmal am Ufer kreischend zusammenliefen. Nach solchem Schrecken fächelten sie sich mit Palmwedeln aufgeregt frische Luft zu.

Das Bad im Nil erfrischte mich, und ich war danach stets guter Dinge. Vielleicht war ich deshalb so schnell entschlossen, den Kleinen zu adoptieren?

Angeregt - oder geschickt überrumpelt - wurde ich dazu von dem kleinen Mädchen Mirjam. Sie war so flink zur Stelle, als ich das Körbchen öffnete. Sie fragte, ob sie eine hebräische Amme holen sollte. So nahm alles schnell seinen Lauf. Am Pharaonenhof gab's zwar noch Komplikationen. Doch das störte mich nicht. Das war Sache der Rechtsgelehrten. Ich ließ dieses Kind als das meine eintragen und gab ihm den Namen Mose, ein Kosename für mich und ihn. Es ist die Kurzform des Namens von Tutmose.

Mose erhielt eine vorzügliche Ausbildung. Weisheitslehrer, Kundige der Mathematik und der Himmelslehre und Personen mit der Fähigkeit besonderer Führungsstile stellte ich für ihn ein.

Mose war von Geburt Hebräer, was sich natürlich nicht verheimlichen ließ. Mein Vater war zornig wegen meiner Eigenmächtigkeit und konnte sein Missfallen nie unterdrücken. Mich irritierte das nicht, denn Umwelt und Erziehung prägen einen Menschen, nicht die Herkunft. So dachte ich. Doch das Volk der Hebräer interessierte mich, seit Mose mein Sohn war. Ich ließ in der Chronik des Palastes nachschlagen, woher dieses Volk kam und woraus es sein Selbstverständnis und seine Kraft erhielt. Erstaunlich, was der Geschichtskundige mir alles vorzulesen hatte. Welch hohe Stellung und welches Verdienst hatte der erste Hebräer, dieser Josef, hier in Ägypten! Interessant, interessant!

Ich ließ die hebräische Geschichte dem Pharao vortragen, der in seiner Angst vor der Stärke dieses Volkes immer unmenschlicher mit den Hebräern umging. Mein Vater schenkte jedoch den Papyrusrollen keinen Glauben. Das gehöre in den Bereich des Sagenschatzes oder sei die Phantasterei eines Fabulierers - so sein Kommentar.

Doch für mich war dies die Geschichte des hebräischen Volkes. Ich ließ verfügen, dass eine Abschrift des betreffenden Papyrus in meiner Grabkammer den goldenen Gefäßen beigelegt werde. Das hat jedoch irgendwer hintertrieben, oder es ist verschlampt worden.

Ich konnte es nicht unterlassen, auch Mose von dieser Geschichte unterrichten zu lassen. Ob das klug war, weiß ich nicht. Er war ein Ägypter, doch fühlte er als Hebräer. Mose wurde ein aufrechter, gerechter Mann, der Hofintrigen verabscheute. Auch dem luxuriösen Leben konnte er nichts abgewinnen.

Als er einmal Zeuge wurde, wie ein ägyptischer Aufseher einen Hebräer schlug, brandete Zorn in ihm auf. Mose erschlug den Ägypter und verscharrte ihn im Sand. Von nun an wollte er sich um die Hebräer kümmern, wollte versuchen, das Unrecht, das ihnen angetan wurde, zu ahnden. Dabei musste er jedoch erfahren, dass seine Tat an dem Ägypter sich bereits unter den Hebräern herumgesprochen hatte. Doch nicht mit Wohlwollen oder Achtung begegneten ihm die Geknechteten. Sie misstrauten dem höfisch Erzogenen, verletzten ihn mit Worten.

Mose spürte, dass seine in ihm wachsende Solidarität von ihnen gar nicht angenommen werden würde. Der Totschlag sprach sich herum. Am Hofe war Mose jetzt in Lebensgefahr. Ich konnte ihn nicht mehr vor seinen Hassern und Neidern und vor dem Pharao schützen.

Ich half ihm, über die Grenze zu entkommen.

21. Zippora

2. Mose 2,21ff.

Meine Schwestern und ich hatten wieder einen heißen, staubigen Tag hinter uns. Jetzt ging es zur Tränke. Dorthin führte ich die Ziegen und Schafe stets mit zwiespältigen Gefühlen. Es war ein tiefer Grundwasserbrunnen, wo jedoch nicht immer genügend Wasser geschöpft werden konnte. Oft war es eine große Plackerei, das letzte Wasser heraufzuholen.

Meistens gehörten meine Schwestern und ich zu diesen Schwerarbeitern. Wir waren die einzigen Hirtinnen weit und breit. Die rauhbeinigen Hirten der anderen Herden stießen uns mit ihren starken Armen und zornigen Sprüchen oft zurück. Und doch war ich gern am Brunnen. Es gab zwar keine Zeit zum Ausruhen unter den Dattelpalmen. Wir hatten damit zu tun, dass die oft üblen Gesellen nicht eines unserer Tiere mitnahmen. Aber diese Streitereien brachten auch Würze in die Monotonie eines Hirtenalltags. Und: Wenn es ein neues Gesicht zu sehen gab, dann dort unter den Dattelpalmen in der Nähe des Leben spendenden Wassers. Fremde zogen stets zu einer Wasserstelle, wenn sie Kontakte mit der Bevölkerung suchten.

Ich mochte ihn gleich, den hochgewachsenen Mann, der mit dem Rücken am Stamm einer der drei Dattelpalmen lehnte. Dieser ägyptisch gekleidete Fremdling kam mit seinem forschen Eintreten für uns wie gerufen. Wir waren diesmal ohne Konkurrenten an der Wasserstelle. Mit unseren Eimern schöpften wir aus dem Brunnenschacht und hatten gerade die Tränkrinnen gefüllt.

Da kamen die lärmenden Gesellen und wollten unser geschöpftes Wasser sich selbst zunutze machen, ihren Herden geben. Doch durch des Fremden Eintreten hatten wir dieses Mal nicht wieder vergeblich gearbeitet.

Viel früher als sonst waren wir deshalb zu Hause. Vater Jitro wunderte sich und bat den Fremden, er nannte sich Mose, sofort in unser Haus.

Vater Jitro war ein geachteter Priester in Midian. Er wollte stets Ordnung in seinem Haus haben. So dauerte es nicht lange, und er legte Moses und meine rechte Hand feierlich zusammen und erklärte uns als Ehepaar.

Ich war ganz zufrieden damit. Mose wechselte seine ägyptische Kleidung mit der eines midianitischen Hirten. Nun hatte Vater auch einen männlichen Hirten, einen starken und gerechten dazu.

Bald hatten Mose und ich auch einen Sohn. Mose nannte ihn Gerschom, und ich war auch damit zufrieden.

Mose unterhielt sich nur stockend in unserer Sprache. Kultisch war er unerfahren oder frei erzogen.

Als er von der Stimme Gottes gerufen wurde und näher an die Stelle der Offenbarung treten wollte, wusste er nicht einmal, dass heiliger Boden nicht mit Schuhen betreten werden durfte.

Auch sonst muss er sich sehr unverständig und spröde angestellt haben. Er erzählte mir nur stockend davon. Er hat doch tatsächlich den Heiligen nach seinem Namen gefragt und darauf ein Orakel erfahren: »Ich werde sein, der ich sein werde.« Mose konnte damit sicher nichts anfangen.

Ich hätte es auch nicht gekonnt. Ob deshalb Gott ihm noch den Zusatz gesagt hat, oder ob es aus den Erfahrungen aus Moses frühester Kindheit hervorbrach: »So sollst du zu den Israeliten sagen: Der Herr, der Gott eurer Väter, der Gott Abrahams, der Gott Isaaks, der Gott Jakobs, hat mich zu euch gesandt. Das ist mein Name auf ewig, mit dem man mich anrufen soll von Geschlecht zu Geschlecht.«

Ich weiß den Wortlaut noch ganz genau, weil ich damals wie erstarrt war von der Unabänderlichkeit, die dahinter stand. Anspruch und Aussage hatten mich damals und später immer wieder irritiert. Ein Gott der Väter rief Mose.

Und Mose sollte nun nach Ägypten ziehen und seinen Brüdern helfen. Er sollte sie aus der Knechtschaft führen in ein Land, wo Milch und Honig fließt. Wo gab's denn so etwas? Und ist der Gott der Väter auch ein Gott der Mütter? Und Mose wollte mich, die Mutter, mitnehmen!

Mose war von mir nicht mehr ansprechbar. Meine Fragen stießen auf taube Ohren. Er schien mit all seinen Sinnen in einer anderen Welt zu sein. Mir unverständliche Dinge kamen von seinen Lippen. So stammelte er von seinem Hirtenstab und einer Schlange. Ich konnte mir keinen Reim daraus machen.

Nach einem Gespräch mit meinem Vater nahm er diesen Stab und setzte mich und unseren Sohn Gerschom auf einen Esel. Die Rückkehr nach Ägypten sollte beginnen.

Gemischte Gefühle durchzogen mich wieder. Hier in Midian verlief das Leben so friedvoll. Es war so schön geworden durch Moses Hiersein.

Doch Mose war nun nicht mehr zurückzuhalten. So wollte ich jetzt auch mit ihm ziehen, weggehen von der Heimat in eine sicher gefahrvolle Welt. Der Friedenswunsch unseres Vaters Jitro begleitete uns.

Noch kurz vor der Grenze geschah etwas Fürchterliches. Mose war dem Tode nahe. Er schien mit seinem Gott zu ringen. Er stammelte etwas vom Erzvater Jakob und von unserem Sohn. Er müsste beschnitten werden, so wie Mose es war.

Was war das für ein Gott? Ein Gott der Väter? Ein Gott, der von den Söhnen einen Blutpreis erwartete?

In meiner Not um Mose, aber auch in wütendem Unverständnis, nahm ich einen scharfen Stein, schnitt die Vorhaut vom Glied des kleinen Gerschom und warf das blutige Etwas auf Moses Scham. Unbeherrscht rief ich dazu: »Du bist mir ein Blutbräutigam!« Blutrot stand es nämlich plötzlich vor meinen Augen: Mose hatte nach unserer Hochzeit von der Beschneidung erzählt und sie gleich nach der Geburt unseres Sohnes dann auch verlangt. Aber ich hatte mich lamentierend gewehrt, und Mose hatte damals seinem Wunsch weiter keinen Nachdruck gegeben. Nun aber war es getan, und Mose blieb mir erhalten.

Ich war wohl nicht geschaffen für die Aufgabe, stärkend und stützend an Moses Seite zu stehen. Wie in einem Traum lief alles für mich ab, was ich nachher in Ägypten bei Verwandten und Volksgenossen in Gosen erlebte.

Um mich war viel Aufregung. Menschen wurden schikaniert und geschlagen. Überall wurde verzweifelt nach Stroh gesucht. Daraus wurde Häcksel geschnitten, das für die Ziegelherstellung gebraucht wurde. Riesige Städte wurden aus Ziegelbauten errichtet. Was sollte das alles?

Ich bekam einen zweiten Sohn.

Krankhaftes Heimweh machte mir zu schaffen.

Schließlich schickte mich Mose mit den Söhnen nach Midian zurück.

Erst nach langer Zeit sah ich Mose wieder. Wir hatten in Midian von Durchreisenden gehört, welch spektakuläres Wunder am Schilfmeer passiert war. »Mose hat mit Gottes Hilfe sein Volk aus Ägypten geführt«, predigte mein Vater Jitro jedem, der es hören oder auch nicht hören wollte. »Wir wollen zu ihm eilen. Vielleicht braucht er unsere Hilfe.«

Da gab es nichts zu diskutieren. Meine Söhne und ich mussten mit in die Wüste, in die Nähe des Berges Horeb.

Mose schien immer noch entrückt. Oder was sollte ich davon halten, dass er sich nur vor meinem Vater verneigte – und das sehr tief –, ihn küsste und mit ihm in einem Zelt verschwand?

Dankbar war ich, dass Moses Schwester Mirjam ihren Arm um mich legte und mir tröstend etwas von geistiger oder geistlicher Gemeinschaft zwischen diesen beiden Männern sagte. Ich habe es ja immer befürchtet. Dieser Gott war ein Gott der Väter und – machte seinen Anspruch auf kleine Jungen geltend!

Doch Mirjam zeigte mir, dass Gott auch für die Frauen da war.

Aber auch die Schwester Moses wurde zu einigen kultischen Handlungen nicht eingeladen; nicht einmal zum Mahl, das alle Ältesten mit meinem Vater nach dessen Brand- und Schlachtopfer hielten.

Ich hörte von den anderen und spürte von Mirjam selbst, wie durchdrungen sie von dieser Kraft Gottes war.

Das Lager war noch voll von ihrem Gesang, den sie nach dem geglückten Auszug durchs Schilfmeer angestimmt hatte. »Lasst uns dem Herrn singen, denn er hat eine herrliche Tat getan, Ross und Mann hat er ins Meer gestürzt.«

Für meinen Geschmack war das zwar ein mordlüsternes Lied. Wie kann man nur für das Unglück anderer danken? Aber – ich hab' nicht lange in dieser Not gelebt; habe nicht jahrhundertelang Knechtschaft gespürt.

Mirjam wurde überall als tatkräftige Frau gerühmt. Sie wurde in einem Atemzug mit ihren Brüdern Aaron und Mose genannt, als angesehene Führungskraft des hebräischen Volkes. Drei Menschen standen dem Volk vor: Aaron, Mirjam und Mose, so spürte ich es überall.

Es klang fast sagenhaft, wie Mirjam die Leute mit ihrer Pauke in Bewegung setzte, sie animierte, den Tanz begann. Durch Mirjam wurden zur Ehre Gottes fröhliche Feste gefeiert. Das liebte das Volk. Eine allzu gesetzte, feierliche Liturgie, wie sie heute und damals nur allzu oft abläuft, erlahmt und ermüdet zu leicht die Leute. Mirjams sakrale Musik und Bewegung erfreute das Volk. Sie war eine Führerin, die sie liebten.

22. Mirjam

2. Mose 15,20f. und 4. Mose 12

Die Pharaonen-Prinzessin hat unsagbar viel für unser Volk getan. Ihr Vater, der ägyptische Pharao, wollte die Hebräer ausrotten. Die Prinzessin hat in Mose eine große, verlässliche Führungsgestalt erzogen. Ohne Mose wären wir kaum aus Ägyptenland herausgekommen. Und wenn doch, dann wären wir in der Wüste steckengeblieben.

Was hatte es Mose doch schwer mit diesem immer wieder zurückblickenden Volk. Die Sehnsucht nach Freiheit, der Traum von dem gelobten Land war groß. Doch die Gefahren und Nöte der Wüste erschreckten. Manch einer fühlte sich in Versuchung, wieder in die Sicherheit der Sklaverei zu fliehen.

Unter Moses Führung waren wir aufgebrochen aus der Knechtschaft. Aufbruch - bei einem Bruch geht etwas kaputt. Die kleine Geborgenheit in dem Vertrauten ging kaputt. Doch Aufbruch ist auch Neuanfang. Nicht alles kann problemlos gelingen. Aufbruch ist ein Wagnis, weil die Zukunft nicht berechenbar ist. Doch im Aufbruch liegt Hoffnung. Und Hoffnung hilft leben! Ein Aufbruch mit der Hoffnung auf ein zu erreichendes Ziel und mit der rechten Wegführung ist dabei wichtig. Wir hatten sie in den Weisungen unseres Gottes, die uns Mose immer wieder aufzeigte. Aaron und ich halfen unserem Bruder Mose beim Zug unseres Volkes in die Freiheit. In Not und Rettung aus der Not hielten wir zusammen. In Zeiten der Freude schlug ich das Tambourin, und die Frauen tanzten mit mir vor den anderen her. Wir sangen das Lied der Befreiung. Es malte mit Worten und Tönen die wunderbare Schilfmeer-Durchwanderung nach. Bald fielen alle in den Refrain ein, in dem wir Gott für die erlebte Rettung lobten und priesen.

Auf der langen entbehrungsreichen Wüstenwanderung griff ich oft zum Tambourin. Ich setzte die Leute in Bewegung, dass sie tanzten und fröhlich wurden. Aber ich muss auch etwas bekennen. Ich spreche nicht gern darüber. Doch diese Geschichte ist wichtig geworden - für mich, für mein Volk und sicher auch für alle, die mit

Gott leben wollen. Ich war nicht nur als Moses Schwester hoch angesehen. Mein Bruder Aaron und ich hatten wichtige Aufgaben in der Führung und Befreiung unseres Volkes übernommen - Gott hatte uns in diese Arbeit gestellt. Mich nannte man sogar eine Prophetin. Aber eines Tages stach uns der Hafer: Wir beanspruchten gleiche Autorität wie Mose. Mose, der berufene Führer, muss über unseren Aufruhr erschrocken und zutiefst irritiert gewesen sein. Gott antwortete auf meine Rebellion sofort: Ich wurde aussätzig und musste aus Israels Lager ausgeschlossen werden. Gott antwortete auch auf Moses Fürbitte: Ich wurde geheilt und wurde wieder aufgenommen.

23. Elischeba

2. Mose 6,23 und 3. Mose 10

Na, ihr Mosefreundinnen! Habt ihr wieder euren Prinzen vor? Müsstet ihr nicht auch erzählen, dass sein Bruder Aaron recht bemerkenswert war?

Aaron war mein Mann. Wie war ich stolz, als ich hörte, dass er der Sprecher war vor dem Pharaonenthron. Er war der Wortführer.

Und Aaron, Mirjam und Mose führten gemeinsam das Volk durch das Schilfmeer; sie waren ihre gemeinsamen Führer auch in der Wüste.

Ich gehörte mit zu denen, die immer wieder nach den Fleischtöpfen Ägyptens schrien. Das Leben in der Wüste war doch sehr entbehrungsreich! Was für ein karges Mahl hatte ich meinen Söhnen und meinem Mann vorzusetzen! Ich machte mir ständig Sorgen um Krankheiten, die aus Nahrungsmangel entstehen könnten.

Und das zermürbende Weiterziehen von Ort zu Ort, die Angst vor den Überfällen der Nomaden in der Steppe. Wer weiß, wie sie alle hießen. Überall Menschen, die uns nicht wollten oder Angst vor uns hatten!

Nur gut: Aaron war klug und stark. Er hatte obendrein auch eine nachgiebige Art, die mir ein Leben an seiner Seite lebenswert machte.

Auf ausdrücklichen Wunsch Gottes wurden Aaron und unsere vier Söhne zu Priestern berufen. Das war eine große Umstellung in unserem Haus! Die fünf Männer bekamen viele schwierige Pflichten. Umständliche und langwierige Vorschriften hatten sie einzuhalten und so viele Gesetze zu behalten, wie sie nie in meinen Kopf gehen würden. Die waren nicht ausgedacht, sagte mir Aaron, sondern wären alles Gottes Anweisungen zum Nutzen des Volkes.

Nach Gottes Vorschriften sollten auch Kleider für die Priester genäht werden. Ich half dabei. Meine Finger waren bald zerstochen, meine Augen oft müde. Doch ab und zu glühte ich auch vor Stolz und Schaffensfreude, wenn ein Gewand besonders gut gelungen war.

Ob sich Gott selbst so viele Feinheiten und so viele verschwenderische, kostbare Materialien dafür ausgedacht hatte, bezweifelte ich allerdings im Stillen. Was wurde um die Herstellung der Priestergewänder für ein Aufwand getrieben! Gold wurde zu hauchdünnen Platten geschlagen, zu Fäden geschnitten und kunstvoll unter feinste blaue und purpurrote Leinwand eingewebt. Nach genauer Anweisung wurde die Kleidung gefertigt. Der Priesterschurz, besonders die Brusttasche, wurde mit den kostbarsten, in Gold gefassten Edelsteinen besetzt. In die Edelsteine waren in Siegelstecherarbeit die Namen der zwölf Söhne Israels eingegraben, mit goldenen Ringen und Ketten wurden die einzelnen Gewänderteile verbunden. Ihr Klirren gegeneinander im Verein mit dem Klang der goldenen Schellen rings um den Saum des Obergewandes ergab einen unnachahmlichen Zauber, wenn die Priester mit den hohen Mützen und dem heiligen Kronreif zum Dienst schritten. Es sah großartig aus, war aber auch eine wahre Bürde.

Ich hätte diese Last der Gewänder rein körperlich nicht tragen können. – Auch die Männer seufzten, wenn es niemand sah, unter dieser Last, die sie fast bewegungsunfähig machte. Doch sie waren mit heiligem Eifer bei ihrem Werk.

Gott selber hatte sie in seinen Dienst genommen. Die Arbeit

musste genau nach den Gesetzen erfolgen. Abweichungen ahndete Gott sofort. Das musste unsere Familie in schrecklicher Weise erfahren.

Unsere beiden ältesten Söhne, Nadab und Abihu sollen am Räucheraltar eigenmächtig gehandelt haben. »Da fuhr ein Feuer aus von dem Herrn und verzehrte sie, dass sie starben vor dem Herrn«, sagte mir Aaron. Nichts weiter.

Ich wurde damit nicht fertig. Meine beiden Söhne waren tot! Setzten nicht meine Männer alle ihre Kraft und Zeit für Gott ein? Sah ich sie nicht immer nur von ferne, seitdem sie als Priester eingesetzt waren? Hatte ich sie nicht schon lange mit Gott geteilt, nein – sie sogar an Gott verloren?

Gott strafte hart. Meine Ältesten waren tot!

Das Volk begegnete den Priestern voll Ehrfurcht, weil sie ausersehen waren, mit den heiligen Geräten und für Gott zu arbeiten. Aber die Priester waren doch auch Menschen! Gott, verlangst du nicht zu viel von deinen Dienern?

24. Die Kuschiterin

4. Mose 12

Vielleicht sollte ich mich nicht in das Gespräch einmischen. Ich fühle mich immer noch nicht richtig dazugehörend, immer noch am Rande stehend. Ich bin von dunklerer Hautfarbe, dunkel ist meine Geschichte und in Dunkelheit soll sie auch bleiben.

Doch das Wort Liebe lässt mich eingreifen. In der Tat, Mirjam wurde geliebt. Mich liebte Mirjam nicht. »Mose, wie kannst du nur so eine andersfarbige Ausländerin heiraten? Du bringst unsere ganze angesehene Familie ins Gerede und in Verruf.« So wird es heute tausendfach in ähnlicher Weise gesprochen, und so drang Mirjam auch in meinen Mann.

Ich mochte Mirjam. Sie war so stark! Sie führte, und ich lief nur mit. Sie gab den Ton an, ich konnte kaum singen. Ihr hörte man zu, ich hörte nur zu. Ich war einfach nur da. Mose brauchte das wohl. Deshalb hat er mich geheiratet. Wahrscheinlich war ich auch nur der offenkundige Anlass von Mirjams Aufmüpfigkeit gegenüber Mose. Sie war nämlich gar nicht so vorbehaltlos Gottes Anhängerin! Ihr Einsatz war groß. Aber sie konnte es nicht ertragen, dass Gott nur mit Mose sprach. Sie wiegelte Aaron auf, und der war nur zu leicht zu beeinflussen. Das hatten wir früher schon bei der Sache mit dem goldenen Kalb erfahren. Mirjam und Aaron neideten Mose, dass er der von Gott Erwählte war.

Ich weiß gar nicht, ob er deswegen so beneidenswert war. Welche Lasten lagen auf seinen Schultern mit diesem störrischen, ungeduldigen und undankbaren Volk! Und welche Last lag auch auf seinem Geist und seiner Seele. Er war kaum noch ein normaler Mensch! Nur wenn er in meinen Armen lag - das war selten genug - entspannte er sich, spürte er Wärme. Deshalb brauchte er mich!

Nun, durch Reden gegen mich und durch den Anspruch auf Gleichstellung mit Mose vor Gott, haben Mirjam und Aaron eines erreicht: Gott sprach sie an! Auch zu Mirjam, der Frau, hat Gott gesprochen. Aber Gott war zornig auf sie. »Gott bestrafte Mirjam mit Aussatz«, so schrien alle aufgeregt im Lager herum. Ich wunderte mich, dass Aaron nicht zur Rechenschaft gezogen wurde. Indes, um Mirjam hatte ich Angst. Sie sah schlimm aus. Doch zum Glück schien es wohl nur ein böser Ausschlag gewesen zu sein. Nach sieben Tagen wusch sie ihre Kleider und konnte geheilt in unser Lager zurückkommen.

Alle waren glücklich. Wir hatten unsere temperamentvolle, sangesfreudige Führerin wieder.

25. Kosbi

4. Mose 25

Ich heiße Kosbi - die Üppige. So sah ich auch aus. Ein Körper mit üppigen Formen umgab mein fröhliches Herz.

Mein Vater war der Midianiter-König Zur. Wir hatten Kamelkarawanen, mit denen wir auf den Handelswegen zwischen Ägypten und Mesopotamien unterwegs waren.

Viel habe ich auf diesen Reisen gesehen, viele Menschen kennen gelernt. Ich war selbständig und keineswegs unbedacht. Aber was mir im Jordantal passierte, überfiel mich völlig unerwartet. Und ich empfinde diese Geschichte als mehr als nur ungerecht. Es traf in mir eine völlig Ahnungslose. Ich war eine junge Frau, die zur Liebe aufgefordert wurde, liebesbereit war und mitging.

Hätte ich die Vorgeschichte gekannt, wäre ich nie in das Lager der Israeliten gegangen! Auch Simri, der Mann, der mir so liebevolle Worte sagte, hat wohl nichts davon gewusst. Oder wollte er provozieren? Handelte er in selbstmörderischer Absicht und riss mich mit in den Tod? Vielleicht war er auch krank und erträumte sich einen Liebestod? Ich kannte ihn noch nicht so gut, um dies beantworten zu können.

Was war in Schittim, dem großen Lagerplatz der Israeliten geschehen?

Mose hatte mit seinem Volk immer wieder Schwierigkeiten. Sie fielen oft von ihrem Gott und Herrn ab und feierten mit den Kindern des Landes deren fröhliche Baalsfeste.

Hier waren es die Moabiter, die sie verführten.

Auf dem Berge Peor war ein kultisches Zentrum mit geweihten Steinen, die die Anwesenheit Baals symbolisierten. Auf diesen Berg pilgerten die Moabiter und nahmen befreundete oder neugierige Israeliten mit. Den Baalssteinen wurden Opfer dargebracht.

Schwelgerische Opfermahle wurden gefeiert. Alle bewegten sich laut und fröhlich. Sexuelle Ausschweifungen wurden nicht nur geduldet, sondern waren erwünscht als eine Art des Opferdienstes. Fröhlichkeit, gutes Essen, Frauen nach Wunsch – Israels Männer konnten sich dem nicht versagen. Immer mehr hängten sich an den Baalskult.

Der Gott der Israeliten verlangte von Mose zornig die Bestrafung der Treulosen. Alle Oberen des Volkes sollten aufgehängt werden. Ich weiß nicht, ob sie alle dem Baal geopfert hatten. Vielleicht sollte damit auch ihre unterlassene Aufsichtspflicht bestraft werden.

Es war eine schreckliche Strafe. Ein Aufgehängter ist verflucht bei Gott, so sagen die Israeliten. Er muss im Angesicht der Sonne aufgehängt und am selben Tage begraben werden, sonst wird ihr Land verunreinigt.

Nach dem schmachvollen Tod der Oberen und der vielen getöteten Baalsanhänger, weinte die Gemeinde der Israeliten vor der Stiftshütte, ihrem Heiligtum.

Gerade während dieser kultischen Totenklage führte mich Simri ins Lager. Da kann doch etwas nicht stimmen! Simri musste geistig weggetreten sein, oder er war tatsächlich gleichzeitig liebessüchtig und lebensmüde.

Pinhas, der Enkel des Priesters Aaron und der Elischeba, lief uns nach, einen Spieß in der Hand. Als er uns bei der Liebe überraschte, stach er mit Bedacht oder in spontaner Reaktion so heftig zu, dass wir beide sofort tot waren.

Und für diese unrühmliche, aber für seinen Gott eifernde Tat, wurde Pinhas noch belohnt!

Was mich zusätzlich irritiert, ist die eigenartige Berichterstattung darüber im Buch der Bücher. Es steht erst geschrieben, dass da ein Mann aus Israel eine Midianiterin ins Lager bringt. Man könnte annehmen, da bringt einer eine Hure. Erst als wir erstochen sind, wird nachgetragen, aus welchen hohen Häusern wir stammten: ich – die midianitische Königstochter, Simri – der Fürstensohn aus der israelitischen Sippe der Simeoniter.

Was bedeutete das? Simri musste doch wohl im Lager schon vorher erkannt worden sein? Musste er in einer Vorbildfunktion stellvertretend hart leiden? Aber das eigentliche Opfer war doch wohl ich?

Das Land, wo Milch und Honig fließt – und Blut und Tränen

—— 26. Machla, Noa, Hogla, Milka, Tirza ——

4. Mose 27 und 36

Machla: Wir sind die fünf Töchter Zelofhads.

Tirza: Eigentlich ganz schön für uns, dass wir keinen Bruder hatten. Wer spräche denn heute von uns fünf Schwestern? Unser Bruder wäre mit in der Ahnenreihe aufgezählt. Wir wären längst vergessen. Freut euch, dass es uns noch gibt! Im Nachhinein ist es für uns ganz gut, dass wir keinen Bruder hatten.

Milka: Du bist wieder einmal übergeschnappt! Dass wir heute hier sein dürfen, dass unsere fünf Namen alle in dem Buch der Bücher zu lesen sind – und das sogar viermal! –, liegt daran, dass unser Einspruch damals Gehör fand. Und es glückte uns, weil wir uns einig waren. Einigkeit macht stark! Wir standen zusammen. Und fünf Frauen, die in Solidarität verbunden waren, konnten die Männer nicht übersehen!

Machla: Nun lass mich der Reihe nach erst einmal erzählen: Ich bin immerhin die Älteste. Unser Vater war der Ur-Ur-Enkel Manasses, des ältesten Sohnes von Asenat und Josef, jenem großen Kornaufkäufer damals in Ägypten. Vater Zelofhad hat in Ägypten noch Frondienste geleistet. Täglich musste er morgens viele Stunden im Wasser stehen und die Tonerde mit den Händen herausholen. Am Nachmittag war Schichtwechsel. Da formte er aus dem nassen Ton rechteckige Ziegel, die zum Austrocknen in die Sonne gelegt wurden. Unsere Väter mussten dem Pharao aus den Ziegeln berühmte Städte bauen – Pitom und Ramses, von denen bis heute gesprochen wird.

Noa: Zelofhad hat uns oft erzählt, wie schwierig es war, aus Ägypten herauszukommen. Der Pharao hasste die Hebräer, wollte sie aber auch nicht ziehen lassen.

Hogla: Klar, solche billigen Arbeitskräfte und fleißig noch dazu!

Milka: Aber es kamen fürchterliche Naturkatastrophen, die den Pharao mürbe machten: eine grässliche Froschplage, Stechmücken und anderes Getier, Hagel und . . .

Tirza: Das waren keine natürlichen Plagen. Du musst genau erzählen!

Milka: Mach das selbst. Los, Tirza, erzähl'!

Tirza: Das waren keine Naturkatastrophen. Das waren Strafen, die unser Gott dem Pharao schickte, damit er unsere Väter ziehen ließ.

Machla: Schwestern, nicht so ausführlich! Das kann doch jeder in der Bibel nachlesen. Wichtig ist: Unser Vater Zelofhad war ein rechtschaffener Mann. Er war dankbar für die Befreiung aus der ägyptischen Knechtschaft, für die Rettung im Schilfmeer. Er murrte nie, wenn es in der Wüste einmal nicht so viel zu essen gab. Vielleicht schielte er im Geheimen auch nach den Fleischtöpfen, die in Ägypten gefüllt waren. Aber er sprach nicht davon. Er irritierte nicht andere damit. Er war einer, der nach vorn sah, der ermutigte und Mose, Aaron und Mirjam unterstützte.

Noa: Ja, wisst ihr noch, wie fleißig Vater die kleinen silbrigen Mannakügelchen sammelte? Sie lagen zu Tausenden unter den Tamariskenbäumen. Wir hatten bald keine Lust mehr sie aufzuheben. Aber Vater holte solange davon, bis auch die kleine Tirza satt war.

Hogla: Ich kann mich noch daran erinnern, wie die vielen Vögel über unseren Lagerplatz einschwärmten. Und wie sich alle Leute die armen Wachteln schnappten und ihnen die Hälse umdrehten. So viele Vögel! Sie landeten recht schnell bei der Feuerstelle. Alle jubelten vor Begeisterung über die so lange entbehrte Fleischspeise. Mir blieben die Fleischstücke, die Mutter mir in den Mund schob, im Halse stecken. Ich aß lieber das süße Manna.

Tirza: Das mochte ich auch gern. Aber seit ich weiß, dass Schildläuse dieses Manna ausscheiden – Läuse, die auf den Tamarisken leben! –, schaudert es mich noch nachträglich! Doch wir überlebten dadurch. Und da ist es ziemlich egal, aus was das Manna sich entwickelte. Dass es sich entwickeln konnte, dass es gerade zur Zeit des größten Hungers so zahlreich auftrat und dass es unsere Mägen so gut vertrugen, lag allein am Willen Gottes. Das ist für mich auch heute noch klar. Auch oder gerade, wenn Menschen ohne Glaubenserfahrung dieses Wunder auseinander nehmen wollen.

Noa: Unserer kleinen Schwester ist einmal wieder alles klar!

Hogla: Uns allen ist aber auch der schreckliche Aufstand noch klar vor Augen. Damals, als die Rotte Korah sich gegen Mose und Aaron auflehnte. Unser ganzes Volk hat gebebt vor Angst, als die Erde aufriss und alle Aufständischen mitsamt ihrer Habe verschlang.

Machla: Lasst uns doch vorankommen! Das Volk Israel stand kurz vor der Landnahme. Endlich war es soweit! Bald würden wir in das Land einziehen, das unseren Erzvätern von Gott verheißen war. Die Mitglieder der zwölf Stämme Israels mussten neu gezählt werden. Mose und der Priester Eleasar, Aarons Sohn, zählten 601730. Das waren alle Männer, ohne die des Stammes Levi. Und Gott redete mit Mose und sprach: »Diesen sollst du das Land austeilen zum Erbe nach der Zahl der Namen.« Die Leviten waren für den Priesterdienst bestimmt und sollten vom Landerbe ausgeschlossen werden. Ausgeschlossen waren auch die Frauen.

Hogla: Wir waren erst sprachlos, dann schäumten wir vor Wut. Wie hatten sich die Männer das wohl gedacht? Wir hatten keinen Mann mehr in der Familie. Sollten wir deshalb leer ausgehen? Sollten wir als Bittsteller bei den Männern anklopfen? Sollten wir sie fragen, ob wir ihnen helfen können, die Gerste zu säen und das Kraut zu hacken, um ein bisschen Deputat herauszuschinden?

Noa: Das konnte doch Gott, der uns aus Ägypten befreit hatte, nicht zulassen! Es konnte doch nicht stimmen, dass er nur ein Gott der Väter sei, wie einige meinten! Und unser Vater war auch nicht unter den Aufsässigen gewesen. Rechtschaffen war er. Aber er war bereits eines natürlichen Todes gestorben. Sollte Gott seinen Nachkommen – das waren wir fünf Töchter – Zelofhads Land vorenthalten? Das konnte doch nicht Gottes Wille sein! Die Männer hatten uns nur schlechtweg vergessen!

Machla: Es war, wie so oft auch heute, ein Loch im Gesetz. Dies Loch wollten wir schließen. Wir wollten unsere gerechtfertigte Forderung vor allen proklamieren. Wir fünf traten auf! Eine flammende Rede haben wir gehalten. Vor der Stiftshütte und im Angesicht von Priestern und Stammesfürsten bekundeten wir laut und unmissverständlich, dass unseres Vaters Geschlecht nicht untergehen dürfe, nur weil er keinen Sohn gehabt hatte. »Gebt uns auch ein Erbteil unter den Brüdern unseres Vaters!«

Tirza: Einige Männer machten erstaunte, einige sogar abwehrende Gesichter. Mose blieb ganz souverän und wollte Gott befragen.

Machla: Und Gott gestand uns Töchtern Zelofhads das Recht zu, unseres Vaters Erbe zu erhalten. Besonders freuten wir uns, dass dies Recht nicht nur für uns galt, sondern auch für zukünftige ähnliche Fälle. Ein Erbrecht für Töchter war geschaffen worden! Tausende von Israelitinnen waren uns später dankbar dafür!

Noa: Sprachlos hörte man Mose zu, der Gottes Weisungen verkündete. Nicht schon wieder wollten Männer gegen ihn opponieren. Aber im Untergrund schwelte es.

Milka: Statt sich zu freuen, dass sie nun bald das versprochene Land, eigenes Land, betreten sollten und bebauen durften, gab es doch schon wieder Rangeleien um die Größe des Besitzes. Es war wie auch Jahrtausende nach uns: Sorge und Streit um das Erbe bewegten die Gemüter.

Machla: Die Brüder unseres Vaters sorgten sich, dass wir unser noch zu erbendes Land durch Heirat in einen anderen Stamm einbrächten. So würde sich das Land des Stammes Manasse verringern. Mose schlichtete und sprach: »Dies ist's, was der Herr gebietet über die Töchter Zelofhads: Lass sie heiraten, wie es ihnen gefällt; nur sollen sie heiraten in ein Geschlecht aus dem Stamm ihres Vaters ...«

Tirza: Ich war ganz schön sauer. Ein junger Bursche aus dem Stamm Juda mochte mich und ich ihn. Aber ...

Machla: Wir wollten Gerechtigkeit, doch wir waren nicht aufmüpfig. Irgendwie muss man sich auch bescheiden können. Wir heirateten alle artig Söhne von den Brüdern unseres Vaters.

Milka: Der Friede war gesichert!

Noa: Und doch klingt jetzt alles einfacher, als es war. Denkt daran! Der Rechtsspruch war bekannt. Und was mussten wir tun, als das Land endgültig verteilt wurde?

Machla: Wir mussten das Recht zitieren und vor Josua und den Oberen erst unseren Anspruch einfordern!

Tirza: Armes Israel! Hilf den Schwachen und denen, die keinen Mut haben! Wir waren stark, weil wir Schwestern zusammenhielten!

27. Rahab

Josua 2 und 6

Wie die Landnahme dann begann, wie der Einzug nach Kanaan vor sich ging, kann ich vielleicht am besten erzählen. Ich bin von Geburt aus eine Kanaanäerin und war eine Hure. Erschrick nicht! Zu deiner Beruhigung: Die ehrbaren Töchter Zelofhads hier sind meine Freundinnen. - Ich wohnte in der geschlossenen Ortschaft Jericho. Rings um die Stadt lief eine starke Mauer mit Türmen und tief eingeschnittenen Toren. Mein Haus war mit der Rückwand ein Teil dieser Mauer und nahe an einem Stadttor gelegen.

Mein Beruf war in Kanaan ein ehrbares Gewerbe. Die Fruchtbarkeitsgöttin Aschera forderte es. Ich war stadtbekannt und hatte auch Kunden aus nahen und ferner liegenden Orten. In Jericho wurde viel Handel getrieben. So kamen genügend Fremde durch das Stadttor. Sie brachten gute und schlechte Neuigkeiten, die ich oft mit als Erste zu hören bekam. Allerdings war zu der Zeit, von der ich berichten will, das ganze Jericho voll von beunruhigenden Geschichten, die sich östlich vom Jordan ereigneten. Jenseits dieses sich am Rande unseres Landes schlängelnden Flusses stand ein riesiges Wandervolk, das sich in den Kopf gesetzt hatte, in Kanaan einzurücken. Ein starker Gott hätte ihm diesen Wunsch oder Anspruch eingeflößt, wurde erzählt.

Unglaubliche Dinge wurden von diesen Hebräern und ihrem Gott berichtet. In Jericho waren die einen davon sehr beunruhigt, die anderen machten sich darüber lustig. Der hebräische Gott hätte sie durch das Schilfmeer fliehen lassen – man stelle sich das vor! Die ägyptischen Verfolger wären dann alle ertrunken. Vierzig Jahre lang irre dies Volk jetzt schon in der Wüste umher. Dass es dabei auch zu Kämpfen mit den ansässigen Völkern kam, sei nur verständlich, denn kein Volk mochte solche herumziehenden Stämme bei sich haben. Zugegeben: Die Hebräer seien auch öfter siegreich gewesen. Aber eine Bedrohung für Kanaan seien sie nicht. Über den Jordan kämen sie nicht! Erst kürzlich hätten sie Aufruhr in den eigenen Reihen gehabt und viele Verluste erlitten. Doch die Mehrzahl der Stimmen klang ängstlich, gelegentlich sogar von Todesangst gezeichnet. Viele trauten dem Gott der Israeliten alles zu. Auch ich gehörte zu ihnen. Ich weiß nicht warum, vielleicht wurde mein Denken und Handeln von diesem Gott geführt, ohne dass ich es wusste.

Als die beiden Fremden bei mir waren, dachte ich sofort, dass sie zu diesem hebräischen Wüstenvolk gehörten. Danach fragen wollte ich jedoch nicht. Eine Frau in meinem Beruf soll die Anonymität wahren. Doch dem König von Jericho war die Nachricht schon zugesteckt worden. Ich sollte die Fremden ausliefern. Sie wären Kundschafter. Da verbarg ich sie auf dem Hausdach unter den Flachsstengeln. Den Soldaten des Königs sagte ich, dass zwei Fremde wohl bei mir gewesen seien. Bei Anbruch der Dunkelheit hätten sie jedoch die Stadt wieder verlassen. Die Soldaten jagten sofort durch die Stadttore, um die vermeintlich flüchtenden Kundschafter aufzugreifen.

Ich stieg dann zu den beiden aufs Dach und führte mit ihnen ein langes Gespräch. Sie erfuhren von mir, dass viele Einwohner in Jericho Angst hätten vor der Macht des fremden Gottes und seinem Wüstenvolk. Was da in den letzten vierzig Jahren Spektakuläres passiert sei, sei Stadtgespräch. Viele hätten wohl auch aufgeschnitten und noch eine Menge an Angst erregenden Begebenheiten dazugesponnen. Dass ihr Gott ihnen Kanaan versprochen habe, hielten die einen für ein Gerücht, andere seien wie gelähmt vor Angst.

Ich selbst fürchtete mich auch sehr und erbat von ihnen Hilfe, wenn Gefahr bevorstehe.

Sie versprachen mir Schutz, mir und meinem ganzen Haus. Da nahm ich ein rotes, starkes Seil, das ich in der Vorratskammer liegen hatte, knüpfte es ans Fenster und ließ die beiden Hebräer im Schutz der Nacht an der Stadtmauer hinunter. Ich gab ihnen noch den Rat, sie sollten sich drei Tage im Gebirge verstecken, ehe sie die gefahrvolle Überquerung des Jordans wagten. Sicher forschten dort noch die Soldaten des Königs nach ihnen. Nach diesem Hinweis sagte der eine der Kundschafter, ich solle mein Haus mit diesem roten Seil zeichnen, das ihnen bei der Flucht geholfen habe. Bei einem Angriff sollte ich es ans Fenster knüpfen, und niemand würde mir und meinem ganzen Hause ein Leid antun.

Irgendwie schäbig fühlte ich mich schon. Einerseits war ich Jerichoerin, anderseits war ich von einer beklemmenden Angst ergriffen, die mich zur Verräterin werden ließ. Meine Sinne waren gleichzeitig erfüllt und gehalten von einem unbestimmten Wissen um die Macht dieses Gottes. Einige Tage später ließ dieser allmächtig erscheinende Gott wieder wundersame Dinge geschehen. Viele Kanaaniter fühlten sich doch so sicher hinter dem Jordanfluss. Doch obwohl der Jordan gerade übervoll war von den Wassern der Schneeschmelze im Libanon, sollte das ganze Volk der Israeliten trockenen Fußes mit Mann, Kind und Maus über den Jordan gezogen sein. Unbegreiflich! Oder Allmacht ihres schützenden und führenden Gottes?

Alle Könige der Kanaaniter waren nicht nur alarmiert. Sie waren verzweifelt. In Windeseile besserten sie mit Hilfe der wehrfähigen Männer ihre Befestigungsanlagen aus. Um die Stadttore in Jericho herrschte hektisches Treiben. Sie wurden verrammelt und bekamen von innen noch unverrückbare Stützen. Leicht verwitterte Stellen an der Stadtmauer wurden erneuert. Derweil feierten die Israeliten unbekümmert ein Fest ganz in der Nähe unserer Stadt: Sie waren im Lande! Ich knüpfte mein rotes Seil an das Fenster. Dabei wurde ich durch diesen kleinen Mauerdurchbruch Zuschauerin eines erregenden Schauspiels:

Die Israeliten waren da! Sie standen jedoch nicht stürmend der Mauer gegenüber, sondern zogen in einer riesigen Prozession um die Mauer. War es die Fortsetzung ihres kultischen Festes, von dem wir gehört hatten? Ich sah sieben Priester, die einige Töne auf großen Widderhörnern bliesen. Andere Priester trugen feierlich einen Kasten, der für sie und wohl auch für die anderen Israeliten das Allerheiligste bedeutete. Danach folgten in feierlicher Stille unzählig viele Männer, ein langer, langer Zug.

Einmal musste die gespenstische Menge um die ganze Stadt gezogen sein. Trotz der vielen Männer war alles ganz leise, bis auf die wenigen Töne aus den Posaunen.

Plötzlich und lautlos war der Spuk zu Ende. Aber er wiederholte sich. Jeden Tag zog die Prozession einmal um die Stadtmauer. Am siebenten Tag begann mein Herz wie rasend zu pochen. Die Israeliten hörten gar nicht auf mit ihrer prozessionsartigen Wanderung um die Stadt. Schon sechsmal hatte ich die Töne aus den Posaunen gehört. Nun kamen sie zum siebenten Male. Aber da war plötzlich die sonst spukhafte Stille vorbei. Zusammen mit den Posaunen brach das ganze Volk Israel in ein gewaltiges Feldgeschrei aus. Ich presste die Handballen gegen die Ohren, fühlte eine große Erschütterung unter meinen Füßen und hörte gleichzeitig ein Bersten und Krachen: Die Mauer war an vielen Stellen zusammengefallen. Die Israeliten stürmten die Stadt. Grauenvoll machten sie alles nieder, was lebte. In mein Haus kamen die beiden Kundschafter. Ihr Heerführer Josua hatte sie geschickt. Sie sollten ihr Versprechen einlösen. Die beiden holten mich und die Meinen heraus und führten uns in die Nähe des israelitischen Lagers. Von dort aus sahen wir, wie die Stadt in Flammen aufging.

Im Lager der Israeliten war große Siegesfreude. Mit der Eroberung von Jericho hatten sie einen guten Stützpunkt gewonnen, von dem aus sie leicht in das Gebirgsland von Kanaan eindringen konnten.

Nach Tagen der Reinigung und noch anderen Zeremonien wurden wir in das Lager aufgenommen. Durch meine spätere Heirat wurde ich Israelitin. Mit dem Glauben an Israels Gott hatte ich keine Schwierigkeiten. Es war mir zur Gewissheit geworden, dass er allein der Allmächtige war. Ich bin sehr glücklich geworden im Volk Israel. Ich wurde dort angenommen und wurde ganz eine der ihren. Ich habe später noch einen Sohn geboren, den Boas. Vielleicht erzählt meine Schwiegertochter Rut noch davon.

28. Achsa

Josua 15,13-19

Mein Vater Kaleb hatte Probleme bei der Landnahme. Die Stadt Hebron hatte er erobert und auch das umliegende Land, das ihm als Erbe zugeteilt wurde.

Die südwestlich gelegene Stadt Debir aber schien uneinnehmbar. Sie lag auf der Kuppe eines Berges, der durch steile Kalksteinfelsen unzugänglich war. Vater ließ alle wissen: »Wer Debir schlägt und erobert, dem will ich meine Tochter Achsa zur Frau geben.«

Ich zuckte zusammen. Mein Herz verkrampfte sich. O Gott, lass es kein einfältiger, grober Bursche sein, der diese Stadt besiegt! Ein Stoßseufzer? Oder war es ein Gebet? Es war meine einzige Möglichkeit, mir Luft zu verschaffen.

Ich hatte Glück. Vielleicht war es auch die Hilfe unseres Herrn und Gottes: Otniel war der Sieger über die Stadt. Otniel kannte ich gut. Er war mir ein lieber Verwandter, der jüngste Bruder meines Vaters.

Sein Erfolg und die dazugehörige Tapferkeit, die ihm die schwierige Einnahme der Stadt gelingen ließ, wurden als vollgültiger Brautpreis angesehen.

Aber kaum war ich in seinem Haus, kam für mich der nächste Schock. Noch am Hochzeitstag beredete mich Otniel, vom Vater ein gutes Stück Land zu fordern. Ich hatte begriffen: Ich allein genügte nicht als Gegenwert des Brautpreises, den Otniel mit der Eroberung von Debir gezahlt hatte. Ein Stück Land sollte das Zubrot sein. Ich war gekränkt.

Allerdings sah ich auch, dass dieses kalksteinige Gebiet, das Otniel zugesprochen wurde, zu trocken war und keine Frucht bringen konnte. Vater könnte mir schon gerne ein Stück Land mit Wasserquellen abgeben.

Was sollte ich tun? Sollte ich mich stolz auflehnen und das unverschämte Ansinnen ablehnen? Ich hätte nur Schwierigkeiten heraufbeschworen, hätte meine Ehe von Anbeginn belastet. Ich tat also, was mein Mann wollte, um den Frieden zu erhalten. Ein Frieden bringt Vorteile für alle. Ich stimmte zu, wenngleich die Grundlage für diesen Frieden mich demütigte. Denn sie verlangte von mir ein gehöriges Opfer meiner Selbstachtung, meines Stolzes.

Aber ich bin kein Einzelfall. Freundinnen haben um des lieben Friedens willen ähnlich gehandelt. Und heute tun es Millionen Frauen ebenso; manchmal allerdings auch Männer.

Was mich nur maßlos ärgerte, was mich geradezu wütend machte, ist die Tatsache, dass spätere Männergenerationen in mir die habgierige Frau sahen! Die Frau, die nach einem fruchtbaren Erbland schielte. Na und? Wer würde nicht um Quellen für sein trockenes Erbland kämpfen! Aber nun war ich die Schlimme! Aus einigen Bibeln habe ich lesen hören: »Und es begab sich, als sie einzog, beredete sie ihn, einen Acker zu fordern von ihrem Vater.«

Da haben wir es wieder einmal: das böse Weib, das den Mann überredete! In Wahrheit war ich eine gedemütigte Frau. Ich tat zweimal, was die Männer wohl als meine Pflicht ansahen. Dass Ehrgefühl und Stolz bei mir angekratzt wurden, kam keinem in den Sinn. Beide hatten Gewinn davon. Wie gut, dass es mich überhaupt gab! Aber ich muss ehrlich bleiben. Auch ich war durch die Zurücknahme meines Stolzes auf der Gewinnerseite.

Vater Kaleb begegnete mir in meiner peinlichen Situation großzügig. Er ließ sich nicht lumpen. Entgegen der Sitte gab er, statt dass er nahm: Wir erhielten gute Wasserstellen, so dass Otniels und mein Land, das Erbteil unserer Sippe, ein gesegnetes Land wurde.

Ich riss mich zusammen und wollte es nur noch positiv sehen.

Und da gab es sehr viel, über das ich dann glücklich und froh sein konnte.

Mein Vater Kaleb war ein angesehener Mann aus dem Stamm Juda, ein Vertrauter von Mose und Josua. Kaleb gehörte zu den zwölf Kundschaftern, die Mose vor vielen Jahren nach Kanaan geschickt hatte und die mit der legendären riesigen Weintraube zurückkamen. Das Land sei gut, sagten sie. Aber es erschien zehn von den Männern als uneinnehmbar! Es hatte ja viele befestigte Städte und starke Menschen. Unsere Leute verzagten und murrten. Einige forderten, Mose möge sie wieder nach Ägypten zurückführen. Josua und unser Vater Kaleb versuchten jedoch, den Israeliten Mut zuzusprechen. Beinahe wurden sie deshalb von dem aufgebrachten und enttäuschten Volk gesteinigt.

Später starben die zehn mutlosen Kundschafter durch eine seltsame Krankheit. Nur Josua und mein Vater waren noch bei der Landnahme dabei. Kaleb erhielt sogar das Gebiet um Hebron, das er bereits durch seinen Kundschafterzug kannte.

Auch Otniel war ein geachteter Mann. Durch die Einnahme der Stadt Debir wurde er bekannt als ein Mann von Überblick, Mut und Besonnenheit. Niemand aus unserer Familie durfte mit den anderen gehen und einheimische Götterfeste mitfeiern. Und als schließlich der König von Mesopotamien Israel überfiel, sah Otniel dies als Strafe Gottes an: Zu viele aus dem Haus Israel seien zu den heidnischen Gottheiten gelaufen, hätten eindeutig Gottes Wort missachtet.

Acht Jahre waren wir Unterdrückte des Königs von Mesopotamien. In dieser Not und Verzweiflung erinnerte sich Israel wieder an seinen Gott. Sie riefen zu ihm und wurden wieder eines Sinnes. Sie suchten nach einem Mann, der dem Gott Israels die Treue gehalten hatte, und wählten Otniel zu ihrem Richter, der ihnen wieder die Richtung weisen, sie führen sollte. Er sollte sie von dem götzendienerischen fremden König befreien. Gott gab ihm Kraft und seinen göttlichen Geist. So zog mein Mann in den Kampf. »Gott, der Herr, gab den König von Mesopotamien in meine Hand«, erzählte mir Otniel bescheiden. Irgendwie ist es Otniel gelungen – oder richtiger: Er hat es mit Gottes Hilfe geschafft –, jahrzehntelang Ruhe und Frieden für Israel zu schaffen. Mein Mann war der erste Richter in Israel. In den vier Jahrzehnten äußeren Friedens sprach er Recht unter dem eigenen Volk. Er hörte sich ständig Delikte und Streitereien an und fällte darauf seinen Richterspruch. Später war auch eine Frau Richterin, die Debora.

Otniel und ich wurden gemeinsam alt und lebten auch miteinander in Frieden.

29. Debora

Richter 4 und 5

Du sollst erst einmal wissen, dass wir nicht nur die üblichen Richter waren, sondern die Menschen sahen in uns »gottbegnadete« Volksführer. Zerlege das Wort; denn nur die Worte, die darin stecken, sind wichtig! Von denen lebten wir, durch die existierten wir. Durch die Gnade Gottes und das Wissen darum konnten wir das sein: Richter, Retter, Volksführer. Israel wollte keinen König. Zu schlechte Erfahrungen hatte das Volk mit den ägyptischen Königen gemacht, die wie Götter verehrt und angebetet wurden. Dabei saugten sie die Menschen aus und häuften in ihren Palästen und den Tempeln der Götter unermesslichen Reichtum an.

Auch in Kanaan lag in den Händen der kleinen Stadtkönige die oberste Richtergewalt; sie konnten, wenn sie wollten, völlig willkürlich entscheiden.

Unsere Bindung an den allmächtigen Gott, der uns aus Ägyptenland geführt hat, die Bindung an seine Gebote und Gesetze verboten uns, einen König zu haben. Statt sich auf einen selbstherrlichen König zu verlassen, vertraute das Volk Israel darauf, dass Gott in der Stunde der Gefahr einen Volksführer beruft. Jeder Stamm Israels hatte zur Zeit der Wanderung und Ansiedlung in Kanaan Älteste und Richter. Ihnen traute man zu, dass sie in schwerer Zeit das Volk durch Gottes Weisung richtig führen konnten.

Und wir hatten das in Kanaan sehr nötig. Unser verheißenes Land war ja keineswegs leer. Es wartete nicht auf uns. Es war besiedelt. Fast jede Stadt hatte ihren König. Ihm gehörten oft eine Menge von Streitwagen und anderes gefährliches Kriegsgerät, das wir Wandervölker nicht kannten. Die Kanaanäer bedrängten uns. Wege und Straßen wurden von ihnen beherrscht. Handel und Verkehr mit anderen Stämmen wurden uns sehr schwer gemacht, Gastfreundschaft wurde zur Gefahr. Eine für uns lebensbedrohende Situation entstand, als sich kanaanäische Machthaber gegen unsere Stämme im Norden Palästinas verbündeten.

Das von unserem Josua zerstörte Hazor war wieder neu errichtet worden. Sein König hatte die Kanaanäer des Nordens unter sich vereinigt und eine Heeresmacht aufgebaut mit neunhundert eisernen Streitwagen. Er unterdrückte uns hart. Wir riefen zu Gott um Hilfe. Aber leider waren auch viele unseres Volkes mutlos, andere waren als Siedler schlaff und träge geworden. Sie ließen sich mitziehen zu den Göttern der Kanaanäer und feierten die sinnverderbenden Götzenfeste mit.

Ich hatte ein festes richterliches Amt. Ich entschied Rechtsfälle, die mir vorgebracht wurden, schlichtete Streitfälle. Mein gutes Gedächtnis half mir, die von den Vätern überlieferten Gesetze Gottes im Kopf zu haben. War ich unsicher, erbat ich mir im Gebet von unserem Herrn Rat und Weisheit. Ich erhielt von Gott die Gnade, für die Zukunft so oft richtige Weisungen zu geben, dass ich bis hoch in den Norden auch als Prophetin angesehen wurde. Gewiss, ich war manchmal eine Seherin, und aus Dankbarkeit zu Gott wurde ich im Loben und Preisen danach auch zur Dichterin. Die Leute kamen zu mir, der Frau, um Rat zu holen. Weißt du, das ist wie heute. Wer etwas zu sagen hat, wird gehört und anerkannt, sei es nun ein Mann oder eine Frau. Als Frau muss man sich nur den anderen mehr beweisen. Auch ich wurde dazu herausgefordert. Und dann heißt es eben, Vorbild - hier: Vorkämpferin - zu sein.

Die Übermacht der Kanaanäer war zu groß. Wir mussten uns schnell mit anderen israelitischen Stämmen verbünden. Mit Barak führte ich diesen Kriegszug an, und durch Gottes Hilfe kamen wir zum Sieg. Dieser Sieg war sehr wichtig für uns. Die Zusammenarbeit und Einheit der Stämme hatte Israel Aufschwung gegeben. Und den Feinden wurde gezeigt, dass die Vereinigung der Israeliten eine Macht darstellte. Die Kanaanäer haben danach auch nie wieder gewagt, sich zu ernstem Widerstand gegen Israel zu verbünden.

Zum anderen war der Sieg wichtig für die innere Stabilisierung des Gottesvolkes. Zu viele hatten bereits die rauschenden Baalsfeste mitgemacht, denen sie lieber nachgingen als den gestrengen Geboten unseres Gottes. Der Glaube an ihn musste wieder geweckt und bekräfigt werden.

Weil ich aufgestanden, aufgebrochen war und die Männer angeführt und aus ihrer Lethargie herausgeführt hatte, nannten sie mich zum Dank »Mutter in Israel«.

Und es war ein Aufbruch zum Streiten für Gott und seine Sache. Ich war weder tapfer noch ehrgeizig. Ich war Mund und Werkzeug Gottes. Der Sieg war nachhaltig. Das Lied, das du vielleicht aus dem Richterbuch kennst, kam tausendfach in Umlauf. Es hat auch in späteren Zeiten Säumige, Unentschlossene, Andersorientierte an die Pflicht erinnert, für Gott aufzubrechen und ihm die Ehre zu geben.

30. Jaël

Richter 5,17ff.

Wie sprechen heute Christen im Beichtgebet? – »Du hast mich in deinen Dienst gerufen, aber ich habe die Zeit vertan, die du mir anvertraut hast!«

Ich fühlte mich auch in den Dienst meines Gottes gerufen. Zeit wollte ich nicht vertun. Warum erst auf die Männer warten? »Herr, du hast ihn mir in mein Haus gegeben . . .« Erst habe ich nach meiner spontanen Tat gezittert und gebangt: »Aber du, Herr, hast es so gewollt. Deine Ruferin, die Seherin Debora, hat es mir später gesagt. Sie sprach es mir zum Trost; denn ich war doch ganz schön durcheinander.«

Wir Keniter sind ein mit den Israeliten verwandter Stamm. Bei der Landnahme waren unsere Vorfahren mit dabei. Ein Großteil der Unsrigen ist im Süden Kanaans sesshaft geworden. Viele zogen weiter als Nomaden durchs Land. Ich kenne nur den Norden Kanaans, wo unsere Sippe recht gutes Weideland fand.

In der nahegelegenen Stadt Hazor regierte der Kanaaniterkönig Jabin. Vor zwanzig Jahren hatte dieser König in Kanaan die Macht an sich gerissen und herrschte über Israel. Für seine aufwändige Hofhaltung und für den Ausbau seiner Streitmacht brauchte er viel Geld. Er erpresste es durch hohe Abgaben der Einwohner. Aus unserer Sicht führte er ein wahres Schreckensregiment.

Kanaanitische Sitten standen wieder hoch im Kurs. Alles lief ohne Scheu auf die Höhen und verehrte Baal und Aschera. Viele Israeliten waren irritiert, andere klammerten sich wieder fester an ihren Gott und flehten um Hilfe.

Mein Mann Heber wollte neutral bleiben. Er fürchtete die Macht, die hinter König Jabin mit seinen vielen eisernen Streitwagen steckte. Jährlich schickte Heber freiwillig für die Küche des Königs Schafe aus unseren Herden. Dadurch lebten wir einigermaßen in Frieden. Doch ich fürchtete mich vor diesem unberechenbaren König, der Menschen für seine Zwecke ausbeutete. Wie alle Unterdrückten litt ich unter diesen Leben zerstörenden Verhältnissen. In den Städten gab es kein Brot. Wir auf dem freien Feld fürchteten uns vor Überfällen. Es konnte doch so nicht weitergehen!

Als sich in unserer Gegend der mächtige Kampf anbahnte, suchte mein Mann, wohl mit Bedacht, das Weite. Er trieb unsere Kleintierherden auf entfernte Gebirgshänge zur Weide. Ich blieb mit ein paar Hunden allein bei den Zelten.

Da kam Sisera, der Feldhauptmann des Königs Jabin, als abgekämpfter Flüchtling hungrig und müde vor meinen Zelteingang. Ich bot ihm natürlich eine Lagerstatt an und Milch. Aber dann, als er schlief, überkam es mich. Ich nahm einen Zeltpflock und den Hammer. Ich schlug Sisera den Pflock durch die Schläfe, dass er bis in die Erde drang.

Ich mag daran nicht gern denken. Es war ein schauriger Anblick, und es war keine rühmliche Tat. Ich hatte das Gastrecht gebrochen, hatte einen Wehrlosen überfallen. Ich war zur Mörderin geworden!

Heimtückisch hatte ich gehandelt. Was war nur über mich gekommen!

War es der spontane Aufschrei einer Geknechteten? War ich in den Dienst meines Gottes gerufen? Sollte ich durch meine Tat größeres Blutvergießen verhindert haben?

Aber – Sisera war auch ein Mensch von Fleisch und Blut. Er war gezeugt und unter Schmerzen ins Leben geboren. Ich hatte ihm dieses Leben genommen!

Durfte ich mich als Richterin über Leben und Tod aufspielen? Durfte ich Leben auslöschen, nur weil ich – wenn auch im Verein mit vielen anderen – dieses Leben als böse empfand?

Er war auch geliebt worden; zumindest von seiner Mutter.

Doch die Richterin und Prophetin Debora besang diese meine Tat in ihrem Siegeslied. Das sind die zwei Seiten ein- und derselben Sache. Denn: Das Land hatte nun vierzig Jahre Ruhe!

31. Die Mutter von Sisera

Richter 5,28–30

Ich wartete auf meinen Sohn. Laut war er am Morgen mit seinem Streitwagen aus dem Tor gerast. Der Palasthof dröhnte noch von seinen schneidigen, zackigen Befehlen, die im Tonfall schon einen Sieg suggerieren mussten.

Sisera war immer so siegesgewiss. Ich lebte jedoch in ständiger Angst um sein Leben.

Stolz war ich auf meinen Sohn! Er war unter König Jabin in Rang und Würde erhoben worden. Meine Entbehrungen als junge Witwe mit einem unversorgten Sohn hatten sich gelohnt! Ich verzichtete damals auf alles, nur um meinem Sohn eine gute, körperliche Ausbildung zu ermöglichen. Wenn er schon ohne Vater aufwachsen musste, sollte er doch möglichst viel von dem mitbekommen, was einen richtigen Mann ausmachte! Am liebsten hätte ich einen Helden zum Sohn. Würde mich gern seiner rühmen!

Bereits als Jüngling schloss Sisera sich einer herumstreunenden Rotte von kanaanäischen Widerstandskämpfern an. Das israelitische Einwanderervolk hatte in unserem Land das Sagen. Kanaanäische Männertrupps wurden observiert und bekämpft. Sisera lebte gefährlich. Doch seine Gruppe formierte sich und wurde stärker. Sisera bewahrte in gefährlichen Situationen einen kühlen Kopf. Er war ein kluger Ratgeber und geschickter Planer. Bald wurde er der Anführer.

König Jabin hörte von ihm und holte ihn nach Hazor. Siseras ganzer Trupp wurde in die Streitmacht des Königs integriert.

Sisera war hart gegen sich selbst, gegen seine Männer und vor allem gegenüber dem Gegner. König Jabin schenkte ihm sehr bald großes Vertrauen und machte ihn schließlich zu seinem Feldhauptmann.

Ich erhielt Wohnrecht auf dem Gelände des königlichen Palastes. In des Königs Gärten konnte ich spazierengehen. Ich konnte mich erfreuen an den kostbaren Geräten, die überall herumstanden. Mein Leben hatte sich von Grund auf gewandelt. Wie gern sah ich dem Aufmarsch der Krieger zu! Die Parade der eisernen Streitwagen ließ mein Herz höher schlagen. All dies, die ganze Streitmacht, stand unter dem Befehl meines Sohnes Sisera. Ich hatte jetzt meinen Helden!

Wir standen nun auf der Seite des Siegers. Ein Gefühl von Selbstbewusstsein, Herrschsucht und Macht breitet sich schnell wie ein Pilzgeflecht in den Herzen aus. Not, obwohl selber einmal erlebt, wird nicht mehr gesehen. Not und Unterdrücktsein war jetzt Schicksal der anderen. Sie berührten nicht mehr mein Leben.

Ich freute mich, wenn Sisera mit reicher Kriegsbeute nach Hause kam. Über das Woher machte ich mir keine Gedanken. Ich war stolz über die Freude seiner Männer. Denn Sisera gab nur einen Teil der geraubten Kostbarkeiten dem König, den anderen verteilte er unter seine Leute. So wurden sie ihm ergeben und gleichzeitig rücksichtslos gegenüber den Feinden.

Es kommt wohl stets auf den Standpunkt an: Ob ich aufseiten der Unterdrückten stehe oder auf der Seite der Sieger. Sich in die Lage eines anderen zu versetzen, ist unbequem und schmälert das eigene Wohlbefinden.

Ich habe mir viele Gedanken darüber gemacht und auch darüber, was unsere Götter wohl dazu sagen. Die Israeliten behaupteten, ihr Gott habe das Land mit Hunger geschlagen, weil sie seine Gebote missachtet hätten. Unsere Baalspriester schrieben die Schuld am Hunger denjenigen zu, die nicht mehr in gebührender Weise der Fruchtbarkeitsgöttin opferten.

Was war denn nun richtig?

Ich wurde unruhig, als die Streitwagen Siseras so lange ausblieben. Wir Frauen am Hofe beruhigten uns dann wieder mit der ganz plausiblen Erklärung, unsere Männer wären wieder einem großen Siegesrausch verfallen. Sie werden wie stets große Beute gemacht haben und mit der Verteilung von goldenen Spangen, Reifen und Silber viel Zeit verschwenden. Sie werden sich ein oder zwei Frauen für jeden geraubt haben, mit denen sie ihre Freude haben. Sisera wird mit neuen, kostbar gestickten Kleidern und buntgewirkten Tüchern nach Hause kommen, und meine Truhen werden sich noch mehr füllen.

Geknechtete - Sieger - Unterdrückte - Triumphierende - ein Auf und Ab in der Weltgeschichte, auch in der neueren. Sollte sich jemand über Siseras Vorgehen mokieren, der denke an die vielen Kostbarkeiten - darunter auch Stoffe und Teppiche - die in den letzten Kriegen geraubt und von den Siegern in ihre Heimat transportiert worden sind!

Doch nun - haben wir alle versagt? Auch wir Mütter in der Erziehung? Bin auch ich falsch erzogen worden? Sind Menschlichkeit, ja Barmherzigkeit nicht doch höhere Werte als Reichtum und Selbstsucht? Habe ich Sisera falsche Wertvorstellungen vermittelt? Hat mein eigener Ehrgeiz mich dazu getrieben?

Mein Sohn kam nicht wieder. Für einen Kriegsmann musste er einen überaus demütigenden Tod erleiden. Mein Held war nicht mehr.

32. Frau Jeftah mit ihrer Tochter

Richter 11

Lass, Mutter Siseras, hadere nicht! Du hast dein Leben gelebt. Du hast die Liebe eines Mannes kennengelernt, obwohl du davon nicht sprichst. Du weißt, wie schön die enge Vereinigung menschlicher Körper sein kann; kennst dies Glück und die Seligkeit. Du hast geboren. Du hast einen Sohn geboren, der das Höchste sein soll, was eine Frau hervorbringen kann! So jedenfalls wurden wir belehrt und haben es durch die Umwelt tausendfach erfahren.

Du wurdest bevorzugt in deinem Leben. Du standest trotz allem auf der Sonnenseite. Mit dem Ansehen deines Sohnes wuchs auch dein »Angesehen-werden«. Du blühtest noch einmal auf – und du hast es genossen!

Was aber soll meine Tochter sagen, für die ich hier sprechen will? Sie musste, noch bevor sie erblühte, schon wieder sterben. Meine Tochter ist verstummt. Schon zu viele Männer haben ihr Verhalten kommentiert. Sie wird dem weder etwas hinzufügen noch korrigieren oder dementieren. Wozu auch? Wer nähme es an?

»Heldenmütig unterwirft sie sich dem Gelübde des Vaters«, so schreiben und schrieben sie. Nun, sie unterwirft sich. Was bleibt ihr anderes übrig? Ihr als Tochter, mir als Mutter? Frauen, denen keiner beisteht bei diesem Wahnwitz. Heldenmut? Wer wagt es, überhaupt so etwas zu denken.

Auch ein erfolgreicher Führer müsste doch kritisiert werden können! Und wenn es ein noch so geachteter Mann wie Jeftah war, der den endlich geeinten israelitischen Mannen vorstand. Auch so ein Mann musste doch zur Ordnung gerufen werden können!

Warum stand kein Mann auf im Volk und rief: »Du gehst zu weit, Jeftah! Unser Gott, der uns aus Ägyptenland geführt hat, will keine Menschenopfer! Unser Gott ist größer als all die heidnischen Gottheiten ringsum. Hast du das vergessen? Wir wissen das doch seit Abrahams Zeiten! Vater Abraham sollte auf Geheiß Gottes seinen einzigen Sohn opfern. Sein Gehorsam sollte getestet werden. Doch als es soweit war, löste Gott selber den jungen Menschen aus durch ein Tieropfer.«

Warum hatte keiner den Mut, das Jeftah zu sagen? Hatte keiner den Mut, Jeftah Vorhaltungen zu machen? Wussten sie, dass Jeftah sehr sensibel war, wenn ihm deutlich gemacht wurde, dass er von der Norm abwich? Sie, die ihn jetzt als Anführer und Richter sahen, hatten ihn einstmals aus seiner Vaterstadt gejagt, weil seine Mutter eine Hure war. Das kränkte ihn. Er musste für die Schuld seiner Eltern büßen. Aber wie gering schien mir diese Buße gegenüber dem, was unsere Tochter seinetwegen zu erleiden hatte!

Wir lebten im Lande Tob, unsere kleine Familie. Da waren nur Jeftah, ich und unsere Tochter. Keine Sippe um uns herum. Nur wilde Gesellen, die gemeinsam mit Jeftah manches Scharmützel austrugen. Jeftah hatte wohl große Führungsqualitäten. Es gelang ihm, diesen vielschichtigen Trupp gut zusammenzuhalten und einsatzfähig zu machen.

Zu Hause war Jeftah freundlich und schien unsere Tochter über alles zu lieben. Er litt unter seinem Ausgestoßensein. Seine Brüder im südwestlich gelegenen Heimatland betrachteten ihn als Außenseiter. Um so mehr wollte er einer der ihren sein und beschäftigte sich sehr mit Israels Geschichte, von der er auch uns viel wissen ließ.

Indes, die Zeitgeschichte, das Aktuelle, hörte sich nicht gut an. Israel hatte viel zu leiden unter den Philistern und den Ammonitern. Da gab es keinen Mann, der es sich zutraute, Israel gegen das große Heer der Ammoniter anzuführen. Überraschenderweise wurde schließlich Jeftah von den Ältesten Gileads gerufen. In der Stunde der Bedrängnis erinnerten sie sich an den führungsstarken Ausgestoßenen. Jeftah ließ uns wieder in die Heimatstadt zurückbringen. Wir bezogen in Mizpa das Haus, aus dem wir durch seine Brüder vertrieben worden waren.

Jeftah durchstreifte das Land, um seinen Freischärlertrupp zu einer Streitmacht aufzufüllen.

»Da kam der Geist des Herrn auf Jeftah«, heißt es in der Heiligen Schrift. Das kann sich jedoch kaum auf das beziehen, was nun folgt – auf dieses leichtfertige Gelübde Jeftahs! Der Geist Gottes wollte ihm sicher Kräfte erwachsen lassen, die ihn um den Sieg nicht hätten fürchten lassen! Denn Menschenopfer waren von Gott strengstens verboten.

Nun, ich verurteile nicht, dass Jeftah in äußerster Not ein Gelübde ablegte. Ich muss gestehen, dass ich auch immer wieder kleine Gelübde gab. »Wenn Jeftah aus diesem gefährlichen Streifzug gesund wieder zurückkommt, will ich ganz lieb zu ihm sein. – Wenn meine Tochter wieder gesund wird, werde ich ganz willig den langen Reden Jeftahs über die Erfahrungen des Volkes Israel mit dir, Gott, zuhören.«

Gelübde dieser Art, in notvoller Situation, ich kenne das. Und Jeftah war in Not. Er sah sich in Zugzwang. Er wollte und musste gegen die Ammoniter siegen! Nur so war seine Zukunft in Gilead gesichert. Und das Heer der Ammoniter war riesig und siegesgewohnt! »Gibst du die Ammoniter in meine Hand, so soll, was mir aus meiner Haustür entgegengeht, wenn ich von den Ammonitern heil zurückkomme, dem Herrn gehören, und ich will's als Brandopfer darbringen.«

Von diesem Gelübde hörten wir nichts, wohl aber von dem spektakulären Sieg. Unsere fröhliche Tochter nahm die Handpauke, wie einst Mirjam, die große Schwester des Mose, und hüpfte fröhlich tanzend ihrem siegreichen Vater entgegen.

Was half's, dass Jeftah vor Trauer und vielleicht auch voll Bußfertigkeit seine Kleider zerriss, als er das schreckliche Ausmaß seines Gelübdes erkannte.

Voll Erleichterung und Freude über die gesunde Wiederkehr des Vaters hat das Noch-Kind gar nicht so schnell alles begreifen können. Wer kann hier von einem heldenhaften Tun sprechen?! Doch dann – gewohnt, dem Vater Freude zu machen – sperrte sie sich nicht gegen die Ausführung des Gelübdes. Ich war schon erstaunt, dass sie den Mut aufbrachte, sich noch zwei Monate Leben zu erbitten. Zwei Monate leben in inniger Gemeinschaft mit ihren Freundinnen auf den Bergen Gileads.

Könnt ihr euch vorstellen, wie meine Tochter, wie die Mädchen dort oben mit ihr zusammen geweint und geklagt haben?

Könnt ihr euch vorstellen, dass auch ich wieder ein Gelübde getan habe: »Wenn unsere Tochter am Leben bleibt, dann ...«?

Nun, ich brauchte kein Gelübde zu erfüllen. Jeftah erfüllte das seine. Jeftah opferte seine, unsere einzige Tochter auf dem Brandaltar!

Keiner erhob Einspruch; nicht *ein* Mann aus Israel – nicht einmal Gott selber!

Dies unglaubliche Opfer hat noch viele Menschen beschäftigt. Jeftah bekam den Nimbus eines gerechten, glaubensstarken Mannes. Doch das Gegenteil war er für mich. Glaubensschwach war er! Sonst hätte er voll Vertrauen auf Gottes Hilfe in die Schlacht ziehen können. Er hätte auch voll Vertrauen auf Gottes Beistand und Vergebungsbereitschaft dieses unerhörte Gelübde – da es eines der wichtigsten Gebote verletzte – brechen können. War er zu stolz, um Gnade zu erbitten? Gott selbst griff in dieser zweimonatigen Frist nicht ein. Ein schwacher Trost ist mir geblieben durch die Solidarität der Frauen. Eine Frau ist ohne Mann und Kind – ein Nichts, eine Schnellvergessene, so, als hätte sie nie gelebt.

Dies Los blieb meiner Tochter erspart. Die Erinnerung an sie blieb lange lebendig.

Es wurde Brauch in Israel, dass die jungen Mädchen alljährlich vier Tage lang um Jeftahs Tochter klagten. Sie werden dabei sicher auch bedacht haben, dass die Geopferte nicht heldenmütig, sondern voll Würde in den Tod gegangen ist.

Wie klein erschien mir Jeftah jedes Mal, wenn ich vor meinem geistigen Auge die Begegnung von Vater und Tochter vor der Haustür nacherlebte! Er schien nur an sich selber zu denken. Er machte der Ahnungslosen geradezu Vorwürfe, dass gerade sie als Erste ihm entgegenkam – die Gefühle waren so durcheinander wie die Gedanken. Sein Entsetzen muss sie überwältigt haben, so dass sie tatsächlich eigene Schuld sah, gerade auch wegen der Ernsthaftigkeit des Gelübdes vor Gott, das unwiderruflich sein sollte.

Wirklich? Hätte sich Gott nicht erweichen lassen können, wenn Jeftah gebeten und gefleht hätte? Hatte Jeftah es überhaupt nur einmal versucht? Hätte es nicht vielleicht nur Bittens und Flehens eines bußfertigen Herzens bedurft, und die Möglichkeit des Austauschens mit einem Tierkörper wäre als Erleuchtung über ihn gekommen?

Aber nicht einmal ein Trösten oder ein liebevoll stützendes Wort kam über Jeftahs Lippen.

Wie würdevoll nahmen sich dagegen die zwei Sätze der Tochter aus. Ergebenheit - aber dann doch auch Distanz zum Vater. Der Wunsch wurde wach, in der Abgeschiedenheit mit Gleichgesinnten den Sinn des Lebens zu hinterfragen und gemeinsam unerfülltes Leben zu beweinen.

Es wäre zum Lachen, wenn es nicht so traurig wäre: Einige schwächten das Skandalon ab mit der Auslegung, dass Jeftah seine Tochter Gott geweiht hätte, sie ewige Jungfräulichkeit geloben musste.

Auch Männer hatten also das Anstößige dieses unschuldigen Opfers aufgrund des glaubensschwachen Gelübdes Jeftahs erkannt.

Nun, da gibt es nichts zu beschönigen. Opferung: Tod durch Verbrennen.

Vielleicht hätte ich damals die Initiative ergreifen und mit meiner Tochter fliehen oder wie die Frau von Tebez dem Jeftah meinen Mahlstein entgegenschleudern sollen.

33. Die Frau von Tebez

Richter 9

Ein Mahlstein war mein Werkzeug. Nach dem Zitat im »Buch der Bücher« muss jeder denken, ich sei ein Mannweib oder eine Riesin, die ein Tonnengewicht bewegen kann. »Eine Frau warf einen Mühlstein Abimelech auf den Kopf und zerschmetterte ihm den Schädel.« Fast jeder würde diesen Kraftakt ins Reich der Fabel verweisen und darüber hinweglesen. Durch den nachfolgenden Vers dagegen werden mitfühlende Männer und selbstbewusste Frauen schon eher angesprochen. »Da rief Abimelech eilends seinen Waffenträger herbei und sprach zu ihm: ›Zieh dein Schwert und töte mich, dass man nicht von mir sage: Ein Weib hat ihn erschlagen.‹ Da durchstach ihn sein Waffenträger, und er starb.« Seine Ehre war gerettet!

Ich selbst war eine ganz normale Hausfrau, die ihrer morgendlichen Arbeit nachging. Im umfriedeten Hof neben unserem Häuschen in Tebez zerrieb ich zwischen zwei Steinen Gerstenkörner zu Mehl, so viel, wie wir für den Tag benötigten. Der Reibstein war auf der Oberseite leicht nach innen gewölbt und hatte eine rechteckige Form. Auf ihm zerrieb ich mit einem kleineren, recht handlichen Stein die Körner, indem ich ihn hin- und herschob. Das war aber nicht so leicht, wie es sich anhört. Oft rutschten die Körner über den Rand des unteren Steines hinab. Deshalb legte ich den unteren Stein auf ein großes Tuch, um heruntergefallene Körner und Schrot fein säuberlich aufzufangen. Schon lange träumte ich von einer richtigen Mühle, wie meine Nachbarin sie bereits hatte. Es waren zwei flache Steine, deren unterer Teil fest im Innenhof des Hauses verankert war. In der Mitte hatte dieser Stein eine Vertiefung. In dieses Loch griff der Zapfen des oberen, des Mahlsteines, der auch noch einen Handgriff zum Drehen hatte. Solch neues Haushaltsgerät war mein Wunsch. Doch zur Zeit gab es in Tebez anderen Gesprächsstoff. Meine Gedanken folgten den Nachrichten, die in die Stadt hineingetragen wurden.

Der in Aruma lebende Abimelech war Held und gleichzeitig Schrecken der ganzen Gegend. Schon sein Name gab Anlass zu Spekulationen. »Vater ist König« bedeutete er. Wir in Israel hatten jedoch bisher keine Könige. Unser Herr sollte Gott allein sein. Nun, Abimelech war ein Sohn Gideons, des großen Israeliten, und seiner Nebenfrau, einer Kanaaniterin aus Sichem. Sicher gab seine Mutter ihm den Namen, denn die Kanaaniter haben viele Könige. Gideon, der Gottesfürchtige, Feldherr und Richter, wollte von einem Königtum nichts wissen, obwohl ihm unsere Oberen das antrugen.

Gideon hat Großes für uns getan. Wir litten unsäglich unter den Einfällen der Midianiter. Wie Heuschrecken überfielen sie uns jedes Jahr von neuem. Sie überschwemmten das Land mit ihrem Vieh und ihren Zelten und Kamelen bis hin nach Gaza. Sie zertrampelten die Saat, vernichteten die Ernte und nahmen uns Schafe, Rinder und Esel weg. Wir mussten hungern und immer wieder neu anfangen. Aus Furcht vor den Midianitern richteten wir uns in den Bergen Schlupfwinkel ein. Wir bauten Höhlen und Burgen.

Aus dieser ständigen Angst und Not errettete uns Gideon. Als großer, begnadeter Heerführer hat er die Amalekiter vertrieben. Wundersame Geschichten wurden dazu erzählt. Durch Gideon konnten wir viele Jahre in Frieden leben. In Ofra baute er auch sein Haus mit siebzig Söhnen, die ihm seine zahlreichen Frauen gebaren.

Doch veränderte sich schnell die Lage, als Gideon gestorben war. Abimelech, der Sohn seiner Nebenfrau aus Sichem, wurde ihnen allen zum Verhängnis. Lag es an seinem heidnischen Blut? Lag es daran, dass er den Vorteil einer kanaanäischen Gefolgschaft, derer aus Sichem, den Halbbrüdern gegenüber nutzen wollte? Mit Hilfe seiner Sichemer Verwandten tötete er in Ofra alle seine Brüder, bis auf den Jüngsten, der entkommen konnte.

Abimelech machte sich selber zum Herrscher. Die Städte hatten Tribut zu zahlen. Die Handelsstraßen und Wege kontrollierte er. Er sorgte für Ruhe und Ordnung. Überfälle blieben aus.

Aufgehetzt von einem Unruhestifter wurden die Leute von Sichem kürzlich jedoch unzufrieden mit Abimelech. Sie hielten ihm ihrerseits nun wieder sein israelitisches Blut vor. Abimelech machte mit ihnen kurzen Prozess. Mit seinem Heerhaufen kämpfte er gegen die Stadt Sichem, die nur etwa 15 km südwestlich von uns lag. Er eroberte sie, tötete die Einwohner und zerstörte die Stadt. Wie zum Hohn oder als Zeichen, dass die Stadt immer öde bleiben soll, ließ er noch Salz über die Trümmer streuen. So wurde uns jedenfalls erzählt. Und was noch schlimmer war: Die tausend Männer und Frauen, die in die Burg von Sichem flüchten konnten, wurden mit riesigen Reisighaufen, die über ihnen angezündet wurden, regelrecht ausgeräuchert. Schaurig muss das gewesen sein, so dachte ich gerade während des friedlichen, leicht quietschenden Geräusches beim Körnermahlen.

Doch auf einmal kam Unruhe in die Stadt. Wächterrufe ertönten. Männer liefen durcheinander. Frauen griffen nach ihren Kindern. Ein Kreischen, Laufen und Eilen hinauf zur Burg. Auch ich sprang auf, den oberen Stein meiner »Mühle« fest in der Hand. Unbeabsichtigt? Vergessen in der Hand oder als Waffe zur Verteidigung? Es ging alles so schnell. Ich weiß nicht, wie viele aus der Stadt die Schutz und Trutz bietende Burg erreichen konnten. Es hallte dumpf, als das schwere Burgtor heruntergelassen wurde. Eilig wurde es mit schweren Stämmen verriegelt und verrammelt.

Ich war ganz benommen vor Angst. Hatte ich nicht gerade an den qualvollen Tod der Menschen in der Burg Sichem gedacht? Ich keuchte die Stufen hinauf und drängte mich zu den Zinnen. Ich wollte sehen, was uns da eigentlich bedrohte. Viele fremde Männer stürmten lärmend auf die Burgmauer zu. Sie trugen keine Leitern mit sich. Auch konnte ich keine anderen Klettergeräte entdecken, mit denen sie vielleicht die trutzige Burgmauer hätten bezwingen können.

Im Gedränge der Neugierigen, der Ängstlichen und der Bedachten dort oben auf dem Dach kam ich plötzlich hoch über dem Burgtor zu stehn. Siedendheiß stieß es mir auf: Das Burgtor ist aus Holz! Ich beugte mich vor. Da sah ich auch schon, wie ein Trupp Männer Reisig vor dem Tor aufschichtete. Ich stieß einen Angstschrei aus. Hinter mir hörte ich den Ruf nach Löschwasser. Der Anführer vor dem Burgtor blickte nach oben. Intuitiv schleuderte ich ihm meinen Mahlstein entgegen und traf. Der Anführer brach zusammen. Es war Abimelech.

— 34. Frau Manoach (die Mutter von Simson) —

Richter 13

Ich war still, unscheinbar, bedeutungslos.

Es ging uns schlecht in Kanaan, denn die Philister bedrückten uns Israeliten. Allenthalben wurde geklagt und gestöhnt.

Ich hatte meinen eigenen Kummer, weil ich unfruchtbar war. Ich fühlte mich unnütz, ohne es aber auszusprechen. Ich schlich dicht an den Mauern entlang und umging Gespräche mit anderen. Ich war so unsicher.

Ängstlich und keines Wortes fähig war ich, als da plötzlich eine Lichtgestalt mir gegenüberstand. Sie wusste von meiner Krankheit. Es war ein Engel Gottes! Er gab mir eine wunderbare, aber mir schwer verständliche Verheißung: ich sollte einen Sohn gebären. Dazu gab er mir Verhaltensregeln – ich sollte keinen Alkohol trinken und nichts Unreines essen – und Zukunftsaussichten für den Noch-nicht-Existierenden.

Auch mein Mann wurde unsicher, konnte mit meiner stockenden Aussage nichts Richtiges anfangen. Vielleicht dachte er sogar, ich finge an zu spinnen, hätte Halluzinationen.

Inständig bat Manoach Gott um einen neuen Besuch des Engels. Mein Manoach war ganz durcheinander. Er bat: »Damit er uns lehre, was wir mit dem Knaben tun sollen, der geboren werden soll.«

Ich war beim Hacken zwischen den Zwiebeln und dem Lauch. Mein Rücken schmerzte, und ich hockte mich für eine kurze Ruhepause auf einen Stein.

Da trat ein Mann hervor zwischen den gerade herrlich blühenden Granatapfelbäumchen. Ich erschrak. War er nicht ähnlich der Lichtgestalt von heute Nacht? Ich holte meinen Mann, der auf dem Hirsefeld werkelte.

Der Fremde wiederholte bereitwillig, was er mir des Nachts schon gesagt hatte. Manoach zeigte keine eindeutige Gemütsbewegung, bot aber seine ganze Gastfreundschaft auf. Sein Gastmahl wurde nicht angenommen, jedoch ein Brandopfer für den Herrn vorgeschlagen.

Manoach fragte nach dem Namen des Fremden – aber das war wohl ein Geheimnis. Seltsam! Wir erfuhren ihn nicht.

Bei der Opferzeremonie geschahen merkwürdige Dinge. Manoach wurde darüber ganz verzagt und jammerte. Ihm kam die Erkenntnis, dass wir sterben müssten: Wir hätten Gott gesehen!

Doch ich wurde von einer nie gekannten Stärke durchströmt. Ich spürte, es war an uns Großes geschehen! Gott hatte etwas vor. Wir mussten dabei helfen!

Ich gebar einen Sohn. Wir nannten ihn Simson. Ja wirklich: Es war etwas Besonderes an ihm. Alles, was er schon als Kind begann, glückte ihm. Sein Haar ließen wir nicht scheren, so wie es der Engel gesagt hatte. Als Kind schmückte es ihn sehr; als Jüngling sah er damit oft ungebärdig aus. Ungebärdig benahm er sich auch oft. Schon als Knabe war er kräftig, voller Schabernack und lauter Streiche. Als Jüngling reizte er viele durch seine Kraftakte und derben Späße. War das der Geist Gottes, der ihn umtrieb? Sollten wir versuchen, ihn zu bändigen? Wir hätten das gar nicht gekonnt!

Da war etwas mit ihm, das wir nicht verstanden. Er wurde viel um Rat gefragt. Er fand Lösungsmöglichkeiten, wo andere verzagten. Aber er selbst war schlecht beraten bei der Wahl seiner Frauen. Musste er sich immer wieder in Philisterfrauen verlieben? Warum baute er nicht sein Haus mit einer Frau aus Israel?

Seine Frauen waren sein Verderben.

35. Das Mädchen von Timna

Richter 14 und 15

Ich liebte ihn. Ich liebte Simson von Herzen. Aber, das will ich gleich sagen: Ich liebe nicht seinen Gott, liebe nicht euren Gott! Der ist mir zu grausam!

Damals, als ich Simson kennenlernte und wir beide uns voll Liebe und Zutrauen begegneten, war mir sein Gott, der allmächtige Gott der Israeliten – so wie sie ihn nennen – gleichgültig. Es gab nur Simson und mich. Auch meine Götter, die Götter der Philister, waren für mich in weiter, weiter Ferne.

Ich gehörte nicht zu eurem Volk und gehöre nicht zu eurem Volk. Euer Gott hat mich auch nicht angenommen, reichte mir nicht seine Hand. Euer Gott hat mich sogar benutzt! Mich, mein Leben, mein Leid hat er benutzt, um Simson, den einzigen starken Mann in Israel gegen euren ärgsten Feind, die Philister, aufzubringen.

Vielleicht seid ihr jetzt erschrocken und meint, es ziemt sich nicht, so gegen den allmächtigen Gott zu sprechen. Aber es steht geschrieben in dem großen, euch heiligen Buch: »Denn er (Gott) suchte einen Anlass gegen die Philister.«

Nun, der Anlass war ich. Unsere Liebe - die Liebe Simsons zu dem Mädchen aus Timna, die Liebe des Philistermädchens zu dem starken israelitischen Mann - war vorherbestimmtes Mittel zum Zweck. So sehe ich das jetzt.

Damals fühlte ich nur die Schwingungen unserer beiden Herzen. Was störte uns die verschiedene Volkszugehörigkeit, was unsere Glaubensverschiedenheit, was die alte Todfeindschaft unserer Väter? Was die Vorhaltungen der Eltern?

Eltern haben oft Bedenken bei der Partnerwahl ihrer Kinder, besonders dann, wenn die Norm überschritten wird. Das ist heute auf der weiten Erde nicht anders. »Musst gerade du eine Muslimin heiraten? Gibt es nicht genug Töchter des Landes?« - »Musst gerade du die Kastengesellschaft durchbrechen?« Ja, sogar zwischen den großen christlichen Religionsgemeinschaften gibt es elterlichen Ärger oder gar Ausgestoßensein durch Überschreiten der Grenzen.

Ärger bekamen auch wir. Ich wollte Simson nichts Böses. Ich war voller Liebe zu ihm; aber die Schwierigkeiten haben uns erdrückt. Ich war ihnen nicht gewachsen. Ich wurde unter Druck gesetzt, schrecklich unter Druck gesetzt.

Bei unseren Hochzeitsfeierlichkeiten gab Simson in überschwänglicher Großmannsfreude seinen dreißig, ihm von Timna zugesellten Jungmanns-Burschen, ein Rätsel auf. Für die Lösung hatten sie sieben Tage Zeit. Jeder sollte dafür ein Festtagskleid erhalten. Bei Nichterraten sollte jeder selbst ein Kleid für Simson beschaffen.

Es war blanker Übermut, denn was nur sollte Simson mit dreißig prächtigen Kleidern? Das Rätsel war so seltsam, dass keiner der Lösung auch nur nahe kam.

Meine dreißig philistrischen Volksgenossen fürchteten um ihr mühsam erspartes Geld, das sie für diese Festtagslaune opfern sollten. Sie drangen in mich, ich solle des Rätsels Lösung von Simson herauslocken und ihnen verraten. Anderenfalls, so drohten sie mir schließlich, würden sie mich und meines Vaters Haus mit Feuer verbrennen!

Was nur sollte ich tun? Ich hatte fürchterliche Angst. Ich kannte die jungen verwegenen Burschen aus Timna. Sie würden ihre Drohung wahrmachen!

Die Hochzeitsfeierlichkeiten waren mir vergällt. Ich konnte nur noch weinen. Simson lag ich des Nachts in den Ohren, er möchte mir doch des Rätsels Lösung verraten. Er habe Geheimnisse vor mir! Er habe mich wohl nicht mehr lieb!

Ich weiß jetzt, dass es falsch war, Simson nicht mein ganzes Vertrauen zu schenken. Ich hätte auf seine Kraft und Weisheit bauen sollen. Hätte ich ihm alles gesagt, er hätte uns alle retten können!

Indes, ich war kleingläubig und schwach. Ich weinte.

In der siebenten Nacht war er meiner Quengelei überdrüssig und gab die Lösung preis. Ich verriet sie den jungen Leuten meines Volkes. Ihr gespartes Geld war nicht verloren; auch ich war gerettet. Aber um welchen Preis? Simson verließ mich und die Hochzeitsgesellschaft. Der starke Mann, mein doch von Herzen geliebter Simson, war innerlich tief getroffen. Ich spürte es. Doch ich hatte keine Möglichkeit mehr, mit ihm zu reden.

Simson ging hinab nach Askalon, einer unserer fünf Hauptstädte. In dieser Hafenstadt am Mittelmeer wurde reger Handel getrieben. Die Leute verdienten gut. Einige konnten sich kostbare Gewänder leisten.

Simson erschlug dreißig wohlhabende Philister der Stadt und brachte deren Kleider den jungen Leuten aus Timna. Mir schenkte er keinen Blick. Ich hatte ihn zu tief verletzt und enttäuscht. Er verschwand wieder aus Timna.

Mein Vater gab mich daraufhin sofort dem Brautführer zur Frau, jenem Anführer der dreißig jungen Hochzeitsgäste aus Timna! So einfach war das für Vater! Nur nicht für mich. Ich kam aus dem Weinen nicht mehr heraus.

Zwischen was für Fronten war ich durch meine Liebe zu Simson geraten? Doch mein Sträuben half nichts. Ich wurde die Frau des Mannes, der der Brautführer meiner eigentlichen Hochzeit war. Innerhalb weniger Tage wurde ich vor aller Öffentlichkeit als Ehefrau für zwei Männer vorgesehen!

Als Simsons verständlicher Zorn verraucht war, wollte er zu mir zurück, ein Ziegenböcklein als Zeichen der Versöhnung über der Schulter. Vater verwehrte ihm jedoch den Zugang zu meiner Kammer. Er hätte gemeint, so sagte er, Simson wäre meiner überdrüssig. Er hätte jetzt mich seinem Gesellen weitergegeben. Aber – er hätte da noch eine jüngere Tochter, die sei viel schöner: »Die nimm statt ihrer.«

Oh, ihr Götter, sind wir Frauen nur bloße Ware? Können wir von Männern den Männern angepriesen werden wie ein Kohlkopf? Können wir einfach ausgetauscht werden? Haben wir für die Männer keine Gefühle und kein Herz? Begriffen die Männer nicht, dass sie nur aus einem liebevollen Frauenherzen und tiefer inneren Anteilnahme heraus aus dem Liebesakt neue Kraft und Freude empfingen? Was wollen sie auf die Dauer mit einer leeren Hülse?

Eine Genugtuung für mich: Simson hatte mich doch lieb! Er war außer sich vor Zorn und Wut.

Simson nahm eine überaus wilde, grausame Rache. Überall loderten bald Feuer auf. Garben – Ölbäume – in den Weinbergen, allenthalben knisterte es. Über große wogende Weizenfelder rasten Feuerstürme. Simson, so wurde erzählt, hätte dreihundert Füchse gefangen, hätte je einen Schwanz an den anderen gebunden und dazwischen eine brennende Fackel gesteckt. Die Tiere, rasend gemacht durch den Schmerz, verbreiteten das Feuer in Windeseile.

Die Philister waren wütend über den angerichteten großen Schaden. Als sie erfuhren, dass dies alles durch Simsons Zorn geschehen war, weil sie ihm seine Frau weggenommen hatten, traten sie vor meines Vaters Haus. Sie machten uns alle nieder.

36. Die Philisterin von Gaza

Richter 16,1–3

Ich bin weder eine Israelitin, noch bin ich in euren Augen eine ehrbare Frau.

Die Hure von Gaza werde ich in eurem Buch genannt. Damit war schon alles gesagt, alles klar.

Die Hure von Gaza ging ihrem heidnischen Gewerbe nach, voll integriert in die philistrische Lebensgemeinschaft, doch für das honorige israelitische Denken war sie ein Gräuel.

Nun, Simson, der starke israelitische Recke, kam zu mir. Ich bin nicht so vermessen zu glauben, dass er um meiner Schönheit willen kam oder um besonderer Praktiken, von denen er vielleicht gehört hatte. Nein, er kam aus Mutwillen.

Als die israelitischen Stämme damals unter Josua in unser Land einfielen, erhielt der Stamm Juda durch Los die Stadt Gaza und das weite Umfeld bis an den Bach. Eigentlich eine Vermessenheit!

Gaza und Askalon eroberte Juda jedoch nicht. Das Nomadenvolk kam nicht an gegen die eisernen Streitwagen der philistrischen Stadtkönige. Trotzdem gab es seit der Zeit ständig Ärger mit dem in Kanaan eingefallenen Wüstenvolk.

Wir, die Philister, konnten gut in dem fruchtbaren Küstenstreifen leben. Doch ab und zu fielen unsere Männer in das Landesinnere ein und zeigten denen, wer der Herr war.

Die Israeliten waren keine Einheit. Sie hatten auch keine Könige. Unsere fünf Philister-Könige besaßen feste Gebiete und ihre feste Gefolgschaft. Unsere Könige hielten untereinander Verbindung und kämpften in Zeiten der Not Seite an Seite. In Israel, so erzählten mir meine Kunden von nah und fern, fehlten herrschende und einigende Kräfte. Ab und zu wurde ihnen von ihrem Gott, so glaubten sie, ein Richter geschenkt, der sie in großen Notzeiten errettete. Auch Simson hing der Nimbus eines Richters an, obwohl er keine Mannen hatte, die er führte. Er war ein Einzelgänger. Simson hatte allein so viel Kraft wie ein kleines Heer und war wegen seiner

Schlagkraft und seiner gerissenen Schläue bei uns Philistern gefürchtet.

Er ging bewusst in die Höhle des Löwen, würden sie heute sagen. Simson reizte es einfach, nach Gaza zu gehen, der bedeutendsten Stadt der Philister. Er war kein Handelsmann, der in der am Hauptkarawanenweg nach Ägypten gelegenen blühenden Stadt Einkäufe tätigen wollte. Solche Bedürfnisse hatte er nicht. Deshalb kam er zu mir.

Ich fürchtete mich nicht vor ihm. Ich machte mir auch keine Sorgen um einen nächtlichen Überfall der Königsmannen aus Gaza. Das Gastrecht würden meine philistrischen Freunde wahren. Eher würde Simson später am Tor, beim Verlassen der Stadt, Ärger bekommen.

Um Mitternacht verließ mich Simson.

Was ich später hörte, verhalf mir zu einem übermütigen Gurren in der Kehle. Simson, der so zärtlich zu mir war, hatte mit Riesenkraft das schwere Stadttor mitsamt seiner Halterung herausgehoben und es weit nach Juda hineingetragen. Die erstaunt-blöden Gesichter der beorderten Häscher hätte ich sehen mögen!

Ich war sprachlos. Ich durfte mir etwas anderes nicht leisten.

Aber die Gazatiter hatten vor Respekt und vor Furcht um so mehr Worte auf der Zunge. Simson wuchsen in den Erzählungen der Leute noch viel mehr Kräfte zu. Der Ruf von seiner Stärke wuchs ins Immense.

37. Delila

Richter 16,4ff.

Auch ich bin Simson leider keine rechte Freundin gewesen. Noch zu jung war unsere Bekanntschaft. Ich war voller Neugier und Stolz, dass mir der sagenumwitterte Simson den Hof machte.

Simson jedoch liebte mich ernsthaft, wollte mich nicht verlieren, war mir schließlich sogar sexuell verfallen.

Es blieb nicht geheim, dass Simson mich, die Philisterin, besuchte. Als schließlich unsere Philisterfürsten zu mir kamen, fühlte ich mich geschmeichelt. Ihr Ansinnen war jedoch nicht gerade ehrenhaft. Ich sollte meinen Freund aushorchen. Sie wollten wissen, was ihn so stark mache. Er war ihnen ein unbezähmbarer Feind. Simson trieb mit ihnen böse Possen, so dass ihr kampferprobtes Ansehen im Volk durch ihn Schaden nahm: Sie waren stets die Blamierten und Geschädigten, wenn Simson sich wieder einen seiner Streiche einfallen ließ. Ich hatte das Gefühl, sie meinten, er hätte seine übersinnlichen Kräfte von irgendwelchen Geistern, die er beschwor. Diese Geisterkräfte hätten sie wohl selbst gern für sich genutzt. Zumindest wollten sie sie bei Simson untauglich machen.

Ich weiß nicht, warum – war es Patriotismus oder war es die Lust auf das angebotene Verräter-Geld? Ich versuchte, meinem Liebhaber sein Geheimnis zu entlocken.

Es klang dann auch tatsächlich sehr geheimnisvoll, was er mir da verriet: Die magische Zahl »sieben« spielte dabei eine Rolle, Seile von frischem Bast, neue Stricke, schließlich sieben Locken seines schönen Haares. Mir erschien alles recht glaubhaft, geheimnisvoll verwoben mit Magie und Zauberkraft. Ich gab weiter, was ich ihm entlockt hatte. Aber es war, als ob Simson meine Absichten durchschaute, als ob er mit mir spielte. In eurem Buch steht es sogar so zu lesen, als ob dabei der nötige Ernst gefehlt hätte.

Doch für mich war alles blutiger Ernst. Ich war am Ende meiner psychischen und physischen Kräfte. Könnt ihr mir das nachfühlen? Da kommt ein bezauberndes Mannsbild, das dich liebt, das dich liebkost, das nichts von der Welttücke wissen möchte – nur lieben will und liebkost werden möchte. Und dann bist du da, setzt ein Lächeln auf, streichelst seinen Körper und bist vergiftet von schlechten Gedanken um den Verrat.

Ich spielte die große Liebhaberin und liebte ihn doch wirklich! Abscheu kommt jetzt noch hoch über mich selbst, zumal ich die Häscher als stille Beobachter in der Kammer nebenan wusste.

Wenn Simson müde und friedlich neben mir eingeschlafen war,

band ich ihn und erschreckte ihn danach durch den Ruf »Philister über dir, Simson.«

Doch jedesmal rissen die Fesseln unter seiner Kraft. Er war wirklich wunderbar. Aber ich fühlte mich getäuscht. Außerdem machte ich mich lächerlich bei den Philisterfürsten und deren Schergen. Ich war am Ende meiner Kräfte. Ich lamentierte und fiel ihm täglich, auch des Nachts, auf die Nerven.

Er selbst wurde davon auch marode und sterbensmatt. Seine Sehnsucht nach Ruhe und einem stillen Liebeskämmerlein war so groß, dass er mir schließlich sagte, dass er ein Gottgeweihter sei. Darum trage er auch seine lange Haarpracht. Wenn er sein Haar scheren würde, weiche auch seine Kraft.

Eigentlich war es schon merkwürdig, dass sich die Fürsten nun selbst zu mir aufmachten, das Geld in der Hand. Zu oft war meine Auskunft doch falsch gewesen, war alles blinder Alarm!

Als Simson selig in meinen Armen einschlief - ich hatte versucht, mein Bestes zu tun, und hatte, um besser in Stimmung zu kommen, uns beiden Wein in den Saft gemischt - rief ich einen Philisterfürsten heran. Ich konnte es nicht selbst. Ich brachte es nicht über mich. Der Fürst schnitt sieben Locken vom Haupthaar Simsons ab.

Noch während des Schneidens spürte ich, dass sich der Mann in meinen Armen veränderte. Ich schrie wieder dieses: »Philister über dir, Simson!« Aber nun konnte Simson sich nicht mehr losreißen, als die Philister über ihn kamen. Seine übermenschliche Kraft hatte ihn verlassen.

Es war so nicht abgesprochen, und ich schrie laut auf: Sie stachen tatsächlich Simson in meinem Beisein beide Augen aus! Das war zu viel für mich. Erschrocken, aufgewühlt, voller Zorn und Wut, stieß ich den Tisch um, auf dem die Silberstücke glänzten. Sie klimperten und rollten auf dem Boden meines Schlafgemaches herum. Ich stürzte hinaus. Ich war fertig mit dieser Welt, mit meinem Leben. Von Stund an war ich nur noch daran interessiert, was mit Simson geschah.

Er, der ehemals so starke Mann, musste im Gefängnis in Gaza

blind und in Fesseln die Mühle drehen, verrichtete niedrige Sklavendienste.

Er tat mir entsetzlich Leid. Von meinem vielen Geld hatte ich nichts. Ich war krank und matt und so auch eine Last für die Menschen, die sich schließlich alle von mir zurückzogen.

Zum großen Opferfest für unseren Meeresgott Dagon gedachte man meiner jedoch noch einmal. Ich wurde in den Palast geladen. Doch die Einladung kam sehr spät. Wahrscheinlich hatte man mich erst vergessen; ich war ja auch kein Mensch von Bedeutung mehr.

Bei meiner Ankunft sang das Volk mit seinen Fürsten bereits übermütig und spektakelte. Zu ihrer Belustigung hatten sie auch den blinden Simson aus dem Gefängnis geholt. Sie wollten sich offensichtlich an der blinden Unbeholfenheit des einstmals so Starken und Gefürchteten erfreuen.

Ich erspähte Simson sofort, als ich die große Säulenhalle des Palastes betrat. Sein Haar war wieder nachgewachsen. Tastend ging er gerade auf die zwei Mittelsäulen des Hauses zu. Er umfasste sie, stemmte sich dagegen und rief: »Ich will sterben mit den Philistern!«

Auf einmal schwankte alles. Ein großes Krachen und Bersten, ein Schreien und Lärmen. Chaos - das große Haus begrub unter seinen Säulen und dem Dach mit mir Tausende von Philistern und ihren übergroßen Feind - Simson.

38. Die Mutter von Micha

Richter 17 und 18

Es war gewiss nicht gut in jener führungslosen Zeit. Jeder tat, was ihn recht dünkte. Und das war dem anderen nicht immer recht. Recht und Ordnung ließen mehr als zu wünschen übrig. Da konnte man mir erzählen, was man wollte: Ich war auch für einen König in Israel!

Lieber Abgaben leisten, Steuern zahlen, als ständig zu fürchten, fremdem Mob die Früchte unserer Arbeit überlassen zu müssen. Nicht einmal eine geordnete Gerichtsbarkeit war mehr vorhanden.

Wir wohnten im Gebirge Ephraim. Ein Dieb war in mein Haus eingedrungen. All meine Ersparnisse – es war durch günstige Umstände nicht wenig – hatte er genommen. Ich konnte ihm nur einen kräftigen Fluch hinterherschicken. Micha, mein Sohn, hatte ihn gehört.

Erschrocken war ich, als Micha sich nun als dieser Dieb zu erkennen gab. Geistesgegenwärtig versuchte ich, einen Segen daraus zu machen. Ich erhielt die elfhundert Silberstücke zwar wieder zurück. Aber was sind Gold und Silber, was ist Mammon gegenüber dem Wohlergehen vom eigenen Fleisch und Blut? Panische Furcht überkam mich wegen meines Fluches. Ich mochte gar nicht mehr an seinen schlimmen Wortlaut denken. Ich wiederholte ihn mir auch nicht einmal mehr in Gedanken. Besser, er geriet in Vergessenheit, als dass ich bei jedem kleinen Missgeschick die Auswirkungen des Fluches zu erspüren meinte. So wiederholte ich häufig die Worte des Segens.

Das Geld sollte nicht in meiner Hand bleiben! Ich wollte es dem Herrn weihen für meinen Sohn.

Es war mir ganz unbegreiflich. Mein Sohn ein Dieb! Darauf wäre ich nie gekommen. Ich schob es auf die bösen Zeiten. Aber Micha war doch selbst nicht ohne Vermögen! Er schien auch ein frommes Leben zu führen. Hatte er sich nicht ein eigenes kleines Gotteshaus errichtet?

Mein Lamentieren um das gestohlene Geld wich nun einem geschäftigen Tun, mit dem Geld etwas Gott-Wohlgefälliges zu tun.

Die vom Goldschmied gegossene und fein verarbeitete kleine Statue, die ich von dem Geld anfertigen ließ, wurde in Michas Gotteshaus aufgestellt. Dazu kamen noch goldene Überzüge für seine Hausgötzen und kostbare Geräte. Seinen Sohn, einen meiner Enkel, machte er zum Priester.

Später kam da noch ein junger Fremder, einer aus dem Stamm Levi, zu uns. Er war auf der Wanderschaft, suchte Arbeit und Brot. In Juda, wo er herkam, war in der gottlosen Zeit keine Arbeit für ihn. Ja, es war schlechte Zeit für die Leviten, die von Gott selbst für den Opferdienst bestellt waren.

Micha, nein, wir alle fanden es gut, dass wir jetzt einen von Gott beauftragten Tempeldiener bei uns hatten. Nun waren die gelegentlich aufkommenden Bedenken, ob unser Tun wohl auch Gott wohlgefällig war, verschwunden. Micha hielt den Leviten wie einen Sohn, und der war ihm Vater und Priester zugleich.

War es nun doch der Fluch, den ich mit dem Segenswunsch und meinem Tun nicht hatte löschen können? War etwas falsch an unseren Gottesdiensten? Der Levit hätte es wissen müssen. Aber er sagte kein kritisches Wort. Etwa nur, weil er unser Brot aß? Diese Frage stellte ich mir später. Aber da war es zu spät für eine helfende Antwort.

Landsuchende Kundschafter – Daniter – mit einem kleinen Heer von Bewaffneten nahmen unseren Leviten mit und raubten unsere wertvollen Bilder und Geräte aus dem Gotteshaus. Widerstand hätte uns alle das Leben gekostet. Es war eine starke und böse Horde, die danach in der Gegend noch andere friedliche Leute bedrängte, ja sogar tötete.

— 39. Junge Frau/Nebenfrau eines Leviten —

Richter 19

Mein Name war niemandem wichtig. »Die junge Frau« wurde ich immer genannt, und das gleich sechsmal in eurem dicken Buch. Ich bin ja auch nicht alt geworden.

Ich wohnte ganz kurze Zeit im Gebirge Ephraim. Aus Bethlehem in Juda hatte mich mein Mann, ein Levit, als seine Nebenfrau dahin mitgenommen.

Aber ich fühlte mich dort entsetzlich einsam, hatte Heimweh nach Bethlehem mit seinen fruchtbaren Gärten ringsum.

Wir hatten Streit, bösen Streit. Ich packte all meinen Mut zusammen und lief den beschwerlichen Weg zu meiner Heimatstadt zurück.

Vater war nicht gerade beglückt über mein Auftauchen. Was sollte aus mir werden?

Nach vier Monaten kam mein Mann. Ganz freundlich kam er an. So, als ob nichts geschehen wäre. Er wollte, dass ich wieder mit ihm zurückkomme. Sogar ein Reittier hatte er für mich mitgebracht. So sicher war er, dass ich einwilligte.

Wäre ich nur nicht mitgegangen! Viel Leid hätte ich mir und Zehntausenden ersparen können! Oder wäre das, was mir passierte, dann meinem Mann geschehen?

Nein, dem wäre es nicht geschehen! Er war ein Mann und wurde von einem Mann geschützt: Sein alter Gastgeber gab ihn nicht heraus. Das Gastrecht war ihm heilig. Ich war nur eine Frau und darüber hinaus nur eine junge Nebenfrau. Mein Mann half ihm und sich selbst, indem er mich - nicht sich für mich, sondern mich für sich opferte.

Ich habe meine Geschichte sehr genau durchgelesen, wie sie da über mich im Richterbuch steht. Ich habe jedoch auch im Ohr den Bericht aus der Schöpfungsgeschichte: »Und Gott schuf den Menschen zu seinem Bilde und schuf sie als Mann und Weib und segnete sie.« Ebenbild Gottes! Beide - Mann und Frau! Doch dann wurde alles anders: Der Mann wurde der Herr und der Handelnde. Ich als Frau wurde behandelt - verhandelt - gehandelt.

Ungeheuerlich war es schon gewesen, dass ich zur Handelnden wurde, als ich meinem Mann weglief. Ich will keine schmutzige Wäsche waschen und erzählen, warum ich »erzürnte«.

Mein Vater bewirtete meinen Mann großherzig, als er in seinem Haus auftauchte. Seine Gastfreundschaft kann nur in höchsten Tönen gepriesen werden. Mein Mann kam, so steht geschrieben, »um freundlich mit ihr zu reden«; »zu meinem Herzen« wollte er reden. Nun, ich habe weder ein freundliches noch ein anderes an mich gerichtetes Wort gehört.

Was in meines Vaters Haus ablief, war ein Gastgelage unter Männern. Ich, der Anlass des Besuches, war davon ausgeschlossen. Die Männer übertönten sich gegenseitig mit Schöntun, mit Angeberei und Plattheiten, die über die Lippen solcher Menschen rollen, die volle Bäuche drücken und deren weinverdünntes Blut das seinige tut.

Was meinen Vater bewog, den Leviten so lange bei sich zu behalten, ihn immer wieder zu bedrängen, noch zu bleiben, weiß ich nicht. Ich merkte nur, wie Vater zum Schluss meinem Mann doch noch zeigen musste, wer der Größere war. »Morgen mögt ihr des Weges ziehen zu deinem Zelt.« Du, Kleiner, geh nur zu deiner ärmlichen Hütte, mochte das wohl heißen.

Vielleicht löste dies bei meinem zögernden Mann den Entschluss aus, noch vor dem Abend aufzubrechen. Ich musste mit. Es gab gar keine Frage an mich. Es war einfach selbstverständlich. Neben dem Paar gesattelter Esel auch ich!

Natürlich konnten wir das Haus im Gebirge Ephraim nicht mehr vor der Nacht erreichen. Wir brauchten ein Nachtquartier. Der mitziehende Knecht wollte bei den Jebusitern in Jerusalem darum bitten. Doch die Fremden lehnte mein Mann ab. Er wollte bei seinen Glaubensgenossen in Gibea Herberge suchen. Aber die »Brüder« dort wollten ihn gar nicht aufnehmen. Sie waren Benjaminiter – was ging sie ein Levit vom Gebirge Ephraim an! Schließlich war da ein Fremdling, wie wir, auch einer aus dem Gebirge Ephraim. Ein Alter, der einen kleinen Besitz in Gibea hatte und dort mit seiner jungen Tochter wohnte. Er gab uns Unterkunft, war sehr freundlich. Von seinem Gastmahl wurde ich nicht ausgeschlossen. Ich begann, mich seit langem etwas wohlzufühlen.

Doch da rottete sich ein Haufen gröhlender Männer, junge Benjaminiter, vor dem Hause zusammen und forderten die Herausgabe des Fremden. Sie wollten ihren Fremdenhass an meinem Mann kühlen und ihn sexuell missbrauchen. Es sah ernst aus. Sie waren zu jeder Schandtat entschlossen.

Die Solidarität der Männer am Tisch war groß. Aber galt Gastfreundschaft nur für Männer? Was stellte der alte Mann in seiner Not nur alles an, um die Gastfreundschaft gegenüber meinem Mann nicht zu brechen! Seine eigene Tochter und mich bot er der Horde an, um sie zu beschwichtigen. War die Tochter sein Eigentum? War ich's? Mit uns beiden meinte er, die Begierde der Bestien befriedigen zu können. Seine Tochter, eine Jungfrau, und ich, eine junge, aber in der geschlechtlichen Vereinigung erfahrene Frau. Hier konnten sie sich die ganze Skala heterosexueller Wünsche erfüllen. Sie konnten sich mit allem bedienen. Frauen! Bedient euch, ihr Männer! Frauen sind Objekte! Frauen sind Besitz der Herren der Schöpfung!

Aber trotz dieses Angebotes wollte die Meute draußen vor der Tür nicht auf den alten Mann hören.

Die Tochter des Alten - fast noch ein Kind - war gelähmt vor Schreck. Ich auch.

Aber das half nichts: »Mein Herr« fasste mich und stieß mich zu ihnen hinaus . . .

Erspart mir zu erzählen, was ich unter diesem ruchlosen Pöbel erleiden musste. Da war keiner, der für mich eintrat; keiner, der mich schonte. Ich war ein gebeuteltes, geschändetes Objekt, mit dem jeder tun konnte, was er wollte, was krankhafte Begierden ihm suggerierten. Die ganze Nacht sollen sie es mit mir getrieben haben. Ich spürte bald weder Zeit noch Raum. Ich war halbtot, und so fand mich auch mein Mann frühmorgens vor der Tür.

Wie lange lag ich da? Hatte er nicht wenigstens einmal nach mir Ausschau gehalten? Hatte er mir nicht wenigstens die schützende Tür offen gehalten?

Nichts von dem mag gewesen sein. Er hatte wahrscheinlich sogar Schlaf gefunden. Ganz nüchtern und wohl der Wahrheit gemäß steht da geschrieben: »Als nun ihr Herr am Morgen aufstand und die Tür des Hauses auftat und herausging, um seines Weges zu ziehen, siehe, da lag seine Nebenfrau vor der Tür des Hauses, die Hände auf der Schwelle.«

Wie in Trance erfuhr ich noch als letzte Wahrnehmung seine fordernde Stimme: »Steh auf, lass uns ziehen!« Doch ich war dazu nicht fähig; ich konnte kein Glied mehr rühren, keinen Ton von mir geben.

Ihr wisst, er warf mich wie einen Sack auf den Rücken seines Esels. Zu Hause ergriff er das große Schlachtmesser, fasste und zerstückelte mich in zwölf Teile. Dass dieser Unmensch überhaupt noch zählen konnte! Wie ein Besessener handelte er. Er nahm, fasste, zerstückelte, sandte. Mein zerschundener, verschandelter, lebloser Körper war noch immer sein Besitz gewesen, ließ noch schlimmere Brutalität in ihm aufbrechen.

Nicht einmal ein ordentliches Begräbnis wurde mir so zuteil. Er verteilte meine Körperteile in ganz Israel. Was wollte er damit bezwecken?

Nicht die Liebe zu seiner Frau bewirkte das. Die hätte ihn weinen und trauern lassen. Nein, die Wut über seinen nicht geachteten Besitz, seinen toten Besitz, der nichts mehr wert war, diktierte ihm diese Gräueltat.

Und Israel war entsetzt. Aber nicht über die Tat meines Mannes. Er klagte die Gileaditer an und verschwieg wohlweislich sein feiges Agieren. Die Schandtat der Benjaminiter aus Gilead wurde ein von allen angenommener Aufruf zur Rache. Israel raffte sich auf, gemeinsam nachzudenken, zu beraten und zu sprechen.

40. Sprecherin der Geschlagenen und der Geraubten von Gibea, Jabesch und Silo

Richter 20 und 21

Das klingt so, als ob die Stämme Israels jetzt zur Einsicht gekommen wären, Schwester.

Du wurdest verschachert, verraten, verkauft, gefoltert, geschändet, getötet, zerstückelt, zerstreut. Du als Frau wurdest behandelt als ein Objekt: »... die könnt ihr schänden und mit ihr tun, was euch gefällt.«

Du warst damals das erste Opfer. Konflikte zwischen den Männern mussten noch durch die Opferung von Hunderten, nein, von Tausenden von Frauen gelöst werden. Wir blieben Besitz, Handelsobjekte, mit denen die Männer verfahren konnten, wie sie wollten.

In dem Vergeltungsangriff auf Gibea wurden alle Frauen der

Benjaminiter getötet, alle. Welche Schuld traf sie? Litten nicht einige von ihnen schon genug unter Männern, die zu solch ruchloser Tat fähig waren? Solch brutale Männer, wie sie über dich herfielen, konnten doch zu Hause auch keine Lämmer sein!

Aber nicht nur die Frauen wurden getötet; alles wurde niedergemetzelt in Gibea. Männer, Frauen, Kinder. Nur sechshundert Mann konnten sich durch die Flucht in Sicherheit bringen.

Geschworen hatten die Israeliten, dass alle in den Kampf gegen Gibea ziehen sollten. Und sie hatten geschworen, dass keiner je einem Benjaminiter seine Tochter zur Frau gebe.

Der Stamm Benjamin hätte also aussterben müssen. Das gereute nun doch die anderen Stämme. Vielleicht dachten sie auch an Vater Benjamin, der der Spross einer großen Liebe war. Sein Vater Jakob hatte Rahel, seine Mutter, so zärtlich und innig geliebt! Benjamin, was waren aus deinen Söhnen für Wilde geworden!

Die israelitischen Brüder fanden eine Lösung. Sie fanden eine Lösung auf Kosten der Frauen.

Die Bürger von Jabesch in Gilead waren nicht mit in den Kampf gegen Gibea gezogen. Was lag näher, als nun gegen diese Stadt anzugehen, alle zu töten bis auf die Jungfrauen des Ortes. Dazu gehörte ich.

Könnt ihr ahnen, was wir mitgemacht haben? Dieser entsetzliche Kriegslärm plötzlich in den Straßen von Jabesch! Es wimmelte von mordenden Männern. Sie machten alles nieder: Männer, Frauen, Kinder.

Meine Mutter wurde erschlagen, ebenso wie mein kleiner Bruder und die verheirateten Schwestern. Nur ich, die noch keinem Mann anvertraut war, blieb übrig aus meiner Familie.

Ähnlich erging es meinen Altersgenossinnen. Wie Vieh wurden wir zusammengetrieben; eine verängstigte, wimmernde Schar von vierhundert Mädchen, aus deren Augen das blanke Entsetzen starrte.

Wir, die Jungfrauen von Jabesch, wurden dann an die Benjaminiter in Gibea verschachert, an die wenigen, die dem Strafgericht entkommen waren.

Könnt ihr euch vorstellen, mit welchen Gefühlen wir in eine Ehe eintraten mit diesen Männern? Wie wir ein langes Leben psychisch darunter zu leiden hatten? Nur wenige von uns konnten sich zurechtfinden, ein einigermaßen gesundes Eheleben führen.

Nur vierhundert junge Frauen für sechshundert Benjaminiter – das waren nicht genug. Doch die Männer dachten an alles, wenn es um das Wohlergehen von ihren Geschlechtsgenossen ging. Denn der Schwur galt: Keiner durfte den Benjaminitern eine Tochter oder Schwester zur Frau geben. Zweihundert Frauen fehlten also!

Welch peinlicher, schrecklicher Vorschlag in einer Notlage. Notlage? Peinlich hätte er sein müssen für honorige Männer! Schrecklich war er für die jungen Mädchen zu Silo, die dort an den jährlichen Festen um die Stiftshütte des Herrn teilnahmen. Ahnungslos feierten sie und andere fröhlich in lichten Kleidern und mit bekränztem Haar bei festlichem Reigentanz. Da stürmten aus den Weinbergen Benjaminiter hervor und raubten zweihundert der jungen Tänzerinnen.

Das geschah auf Vorschlag und mit voller Billigung der Obersten Israels.

Israel – du Gottesvolk! –, auch wir Frauen gehören zu diesem erwählten Volk! Israel, du brauchst einen König, der für Recht und Ordnung sorgt, auch für uns Frauen! So dachten wir, so riefen wir, denn: »Jeder tat, was ihn Recht dünkte.«

Aussiedlerinnen

41. Noomi

Rut 1-4

Alles, was ich bin und was ich hab, hab ich letztendlich durch Rut, meine Schwiegertochter. Durch Rut wurde ich in das große Heilsgeschehen mit einbezogen. Rut verdanke ich alles.

Doch nein, das ist ungerecht. Dass ich Rut gewann, habe ich auch einem meiner Söhne zu verdanken und damit auch meinem Mann. Hätte ich nie geliebt, hätte ich nie geboren, wäre mir die selige Verheißung nie zuteil geworden.

Alles begann mit der Geschichte einer Auswanderung. Auch heute quälen sich auf der Welt Tausende, vielleicht Hunderttausende mit den Gedanken an eine Auswanderung herum. Nöte in ihrem Land - sei es politische Unterdrückung, sei es Einschränkung ihrer persönlichen Lebensentfaltung oder schier unüberwindbare wirtschaftliche Not oder gar quälender Nahrungsmangel - lassen solch schwere Gedanken aufsteigen.

Vor etwas mehr als dreitausend Jahren drohte unserer Familie Krankheit wegen der krassen Hungersnot, die wir in Kanaan hatten. Wir waren Efratiter und lebten in Bethlehem. Meinem Mann Elimelech gehörte dort ein bisschen Land. Doch seit Jahren hofften wir vergebens auf eine Ernte, die wenigstens vor einem hungrigen Magen bewahrte. Ging einmal eine Saat gut auf, weil Gott uns Regen schenkte, so kamen die Heuschrecken aus Ägypten und fraßen alles kahl. Selten blieb uns brauchbares Saatkorn. Wir mussten uns verschulden, mussten Ackerboden verkaufen.

Unsere beiden Söhne, Machlon und Kiljon, hatten schwächliche Körper und aufgedunsene Hungerbäuche. Wir machten uns Sorgen. Lange überlegten Elimelech und ich, ob wir den unsicheren und doch hoffnungsvollen Schritt einer Auswanderung tun sollten. Schließlich bepackten wir zwei magere Esel mit etwas Hausrat,

Matten und Kleidern. Wir verließen Bethlehem in östlicher Richtung, überquerten fast mühelos den nur wenig Wasser führenden Jordan und kamen geschwächt und ausgezehrt in Moab an. Seit langem sahen wir wieder grünes Land. Unsere Augen sogen sich gierig fest an dem frischen Grün der Wiesen und Sträucher. Wir hielten in einem Dorf, in dem uns die Einwohner freundlich begegneten. Sie sahen unsere Bedürftigkeit. Ohne Widerspruch wiesen sie uns Wohnraum zu. Sie nahmen uns, die Habenichtse, die Fremden und Andersgläubigen, ohne Vorbehalte auf. Wir erhielten Brotgetreide und Milch und Arbeitsangebote!

Elimelech verdingte sich bei einem Getreidebauern. Anfangs halfen Machlon und Kiljon nur bei der Ernte mit. Als sie etwas kräftiger wurden, arbeiteten sie das ganze Jahr über auf dem Acker. Sie pflügten, säten, hackten und ernteten mit den anderen.

Elimelech hielt unsere Familie unter Gottes Geboten und Weisungen zusammen. Das war gar nicht so leicht. Wie schwierig war es schon allein, hier in der Fremde den Sabbat durchzuhalten! So manches Mal wurde einer meiner drei Männer gehänselt, weil sie am Sabbat konsequent der Arbeit fernblieben. Auch hörte ich von den Söhnen öfter, dass sie von Kameraden ausgelacht wurden wegen ihres unsichtbaren Gottes, der ihnen keine anderen Götter erlaubte. Manchmal kamen zaghaft Fragen auf, ob wir wohl den richtigen Gott hätten. Ob es wirklich stimme, dass Kanaan das von Gott für Israel bestimmte Land sei? Warum dann Gott seinem Volk nicht genug zu essen gäbe, dass wir gezwungen waren, auszuwandern?

Elimelech wollte die Söhne wieder nach Kanaan zurückführen. Kanaan war das verheißene Land, nicht Moab!

Energien zu einem erneuten Aufbruch schwanden jedoch bei Elimelech, seine Kräfte erlahmten. Er wurde schwach und krank. Elimelech starb.

Ich war sehr traurig. Elimelech war ein liebevoller Ehemann gewesen und ein guter Familienvater. Ich bat Gott um Kraft, wenigstens einen Teil von Elimelechs Vorbilds- und Führungsqualitäten übernehmen zu können. Die Familiensituation änderte sich jetzt sehr schnell. Machlon und Kiljon hatten schon seit einiger Zeit liebe moabitische Freundinnen gefunden. Die wollten sie jetzt heiraten.

Nun, so ganz leicht war der Gedanke daran für mich nicht. Was hätte Elimelech dazu gesagt? Heidinnen als Schwiegertöchter! Hatte nicht Urvater Abraham einst seinen Knecht auf die weite Reise nach Haran, in die Heimat, geschickt, um für seinen Sohn Isaak eine Frau aus seiner Verwandtschaft zu holen?

Nun, ich war nicht Abraham, und ich hatte keinen Knecht, den ich nach Bethlehem hätte schicken können. Außerdem war alles schon zu weit vorangeschritten. Die vier jungen Leute liebten einander. Meine Söhne hätten wohl nur mit Groll gegen mich von den beiden Moabiterinnen abgelassen. Wollte ich das? Waren die beiden Mädchen Rut und Orpa nicht auch liebenswerte Geschöpfe? Sollte ich durch Strenge und Starrheit unsere Familie zerstören?

Nein, ich wollte mit allen Kräften das Beste aus dieser Situation machen. Ich wollte mit der Hilfe meines Gottes und mit allen mir zur Verfügung stehenden eigenen Mitteln versuchen, geistiger, kultureller und religiöser Mittelpunkt meiner Familie zu bleiben. Das sollte meine zukünftige Aufgabe sein! Ich wollte meine beiden Schwiegertöchter zu guten israelitischen Müttern machen. Sie sollten später als Erzieherinnen ihrer Kinder den Müttern Israels nicht nachstehen! Für alle würde dies das Beste sein!

Ich riss alle meine Kraft zusammen. Ich nahm mein Leben und das meiner Kinder mutig in die Hand. Eine neue Lebensstufe, meine wichtigste begann.

Aber hier sollte meine Schwiegertochter Rut weitererzählen.

42. Rut

Rut 1–4

Die Ausländerfamilie, die sich bei uns in Moab niedergelassen hatte, interessierte mich. Vielleicht konnte ich helfen, dass sie sich bei uns in der ungewohnten Umgebung wohlfühlten. Vielleicht konnte ich sie in unsere Gebräuche einführen? Vielleicht waren sie dankbar, wenn ihnen jemand erzählte, wo und wann am günstigsten einzukaufen war, was hier üblich war zu kochen. Vielleicht sollte ich sie darauf hinweisen, welche religiösen Feiern nicht übersehen werden sollten?

Ich strich um das Haus der Fremden und grüßte die Hausfrau Noomi freundlich. Sie hatte liebe, gute Augen und ermunterte mich, bei ihr einzukehren.

Noomi war zu meiner Überraschung keine Hilfe suchende Flüchtlingsfrau; sie zeigte sich weder scheu noch unsicher. Sie strahlte eine Klarheit und Weisheit aus, die mich anzog. Sie erzählte mir mit leuchtenden Augen von Bethlehem, ihrem Heimatort. Mit Stolz und etwas Wehmut sprach sie von ihrer Sippe und ihren religiösen Gesetzen und Feiern.

Hier brauchte ich nicht zu helfen, weder mit Dingen noch mit Aufmunterung. Diese hebräische Frau Noomi bezog ihre Kraft, ihr Selbstverständnis durch das Wissen eingebunden zu sein in ein großes Volk, das besondere Erfahrungen mit seinem Gott gemacht hatte.

Es war ganz eigentümlich. Ich kam gar nicht zum Erzählen von mir und meinem Volk. Voller Wissbegier hörte ich Noomi zu. Mir tat sich dabei eine ganz neue Welt auf, die mich in ihren Bann zog.

Immer öfter machte ich mich auf, in Noomis Haus einzukehren. Ich setzte mich gern zu ihr an den Mahlstein. Während dieser sonst so eintönigen Arbeit leuchteten für mich bunte Bilder auf, und einst Gewesenes stand klar und lebendig neben uns. Aber auch von den täglichen Lebens- und Essgewohnheiten erfuhr ich Neues, mir Fremdes. Tiere, die in den Kochtopf wanderten, mussten auf besondere Weise geschlachtet werden. Unreine Tiere durften nicht gegessen werden, um sich nicht selbst zu verunreinigen. Überhaupt waren die Reinheitsvorschriften sehr hoch und wurden in der Familie streng eingehalten. Für mich war das sehr, sehr fremd. Ich hatte noch nie von unreinen Tieren gehört. Ich empfand auch die häufigen Waschungen als übertrieben. Es war doch sowieso alles so sauber in Noomis Haus.

Eines Tages bat mich Noomi, doch zu warten, bis ihr Mann und ihre Söhne von der Arbeit kämen. Ich sollte dann mit zu Abend essen.

Es wurde für mich ein einschneidendes Erlebnis. Besonders festlich hatten wir schon am Nachmittag den Tisch gedeckt. Noomi hatte ein erlesenes Mahl bereitet. In einer großen Tonschüssel mit kaltem Wasser stand ein Tonkrug mit köstlichem Landwein.

Als Vater Elimelech mit seinen beiden hochaufgeschossenen Söhnen zur Tür hereintrat, wurde ich sehr freundlich gegrüßt. Die Männer gingen zum Waschen und Säubern in den Nebenraum. Noomi holte noch ein paar leuchtende Blumen aus ihrem Gärtchen und schmückte damit den Tisch.

Die Sonne ging unter. Es war Freitagabend: Sabbatbeginn. Noomi zündete zwei Öllämpchen an. Vater Elimelech stand würdevoll und Stille gebietend vor dem Tisch, so dass auch ich mich in die aufsteigende Feierlichkeit hineinziehen ließ.

Vater Elimelech betete, das heißt, er sprach zu seinem Gott: »Herr, Gott Israels, der du uns aus Ägyptenland, aus der Knechtschaft, geführt hast. Du bist der Eine, du bist der allmächtige Herr! Du führst uns und begleitest uns. Bleibe bei uns, Herr, auch hier in der Fremde.«

Elimelech setzte sich. Eine Schale mit Wasser wurde herumgereicht, mit dem jeder, auch ich, seine eigentlich schon sauberen Hände noch einmal abspülte. Der Hausherr brach von dem Fladenbrot und forderte uns auf, es ihm gleich zu tun. Noomi füllte jedem eine Schale mit köstlicher Suppe, und Kiljon schenkte den gekühlten Wein in die kleinen Tongefäße an unseren Plätzen.

Die Männer waren hungrig. Noomi freute sich, wie es allen schmeckte. Ich war von der Tischkultur fasziniert. Sie ließ mich im Verein mit anderen Feinheiten zu einer übermäßigen Hochstimmung gelangen.

Mit dem Sonnenuntergang am Freitag begann für die Israeliten der Sabbat, so hatte ich es schon vor längerem von Noomi gehört. Von jetzt ab wurde bis zum nächsten Sonnenuntergang keine Arbeit mehr verrichtet.

Die drei Männer freuten sich sichtlich über diesen Ruhetag, und auch Noomi wollte ihn genießen. Deshalb hatte sie am Freitag ein so aufwändiges Essen zubereitet. Morgen, am Sabbattag, würde ihr Herd kalt bleiben. Die Familie würde zusammensitzen und über die Erfahrungen ihres Volkes mit ihrem Gott sprechen.

Das begann schon jetzt am festlichen Tisch, als die Mägen von den guten Speisen fast gesättigt waren. Elimelech dankte seinem Gott für diesen reich gedeckten Tisch. Er erwähnte zur Erinnerung die Hungerjahre in Bethlehem. Und er erzählte aus der Geschichte Israels. In der Wüste hatte Hunger seine Vorväter an Gott zweifeln lassen. Der israelitische Gott hatte in der Wüste große Wunder getan, um das Volk satt zu bekommen.

Ich war noch oft zu Gast bei Elimelechs. Meiner Freundin Orpa erzählte ich einige der mich faszinierenden Geschichten und Gebräuche, die ich von Noomi oder Elimelech hörte oder in ihrem Haus erlebte. Sie wurde neugierig, und ich führte sie bei Elimelechs ein.

Alles andere entwickelte sich dann schnell. Orpa war weniger an den Geschichten als an Kiljon interessiert. Als Elimelech dann so plötzlich starb, wurde nach einer kurzen Trauerzeit Doppelhochzeit gefeiert. Kiljon nahm Orpa zur Frau, und Machlon wurde mein Mann.

Mit unseren moabitischen Familien hatten wir deshalb keine Schwierigkeiten. Jetzt, nachdem Elimelech gestorben war, würden seine Söhne wohl nicht am hebräischen Kult festhalten, meinten sie.

Nun, sie kannten nicht die glaubensstarke und tatkräftige Noomi. Sie war nur kurze Zeit krank vor tiefer Trauer. Danach schien es, als breche eine wahre Energiequelle aus ihr hervor. Noomi wurde unser aller Halt. Noomi wurde die Stütze von uns beiden jungen Paaren und unser Kräftereservoir. Es stellte sich nämlich bald heraus, dass Machlon und Kiljon von schwächlicher Gesundheit waren. Die Hungerjahre in ihrer Jugend hatten sie für das Leben gezeichnet. Abends, nach getaner Arbeit auf dem Grünland, waren sie zu müde für Gespräche, waren auch zu müde für kräftigere Liebesbeweise. Außer einem Fühlen und Kuscheln an des anderen Körper geschah nicht viel Eheleben.

Die Sabbattage blieben Festtage. Noomi sorgte dafür und war wie eine Priesterin ihres Gottes. Noomi habe ich es zu verdanken, dass der Gott Israels auch der meine wurde. Nicht nur, weil ich die Frau eines Israeliten war, sondern aus Überzeugung.

Ich glaubte, dass dieser Gott der wahre Gott ist, der so einmalig und anders ist, als Menschen ihn sich vorstellen können. Und ich glaubte, dass dieser Gott mit seinem Volk Israel etwas Großes vorhat. Ich wollte zu Israel gehören!

Nachdem ich mir selbst gegenüber dieses persönliche Glaubensbekenntnis eingestanden hatte, lebte ich auch bewusst als Israelitin. Daraus erwuchs mir viel Kraft, die ich auch nötig hatte. Denn die Ehe mit Machlon war nicht gerade das, was sich eine junge Frau erträumte . . .

Dann starb Machlon ganz plötzlich und nur wenige Tage später auch Kiljon. Es war schon eine schlimme Zeit, die wir drei Witwen und kinderlosen Frauen durchmachten. Im Dorf wurde getuschelt von Strafe der Götter, von falschem Glauben, von Elend und Leid, das noch mehr über uns fallen würde.

Ich musste Noomi bewundern. Durch den Verlust ihrer Söhne hatte sie nach ihren Glaubensvorstellungen auch die Anwartschaft auf das Heil Gottes verloren. Gewiss, sie war tief traurig, und ihre Erschütterung konnte ich aus ihren Augen ablesen. Doch statt in ihrem Leid unterzugehen, statt auf dem Weg des Todes steckenzubleiben, brach sie auf zu neuem Leben.

Sie rief uns auf zum Aufbruch in ihre alte Heimat. Durch Handelsleute hatte sie nämlich gehört, dass in Kanaan die Ernte gut stehe und die Hungersnot vorüber sei. Orpa und ich liebten unsere Schwiegermutter, so dass wir mit ihr gehen wollten. Unterwegs kamen Noomi allerdings Bedenken. Sie musste wohl an ihre eigene Auswanderung gedacht haben und an die Ungewissheit eines Aufbruchs. Sie beschwor uns, zu unseren Müttern zurückzukehren, um mit einem jungen Mann des Landes eine Familie zu gründen. Orpa ging schließlich. Niemand machte ihr jemals einen Vorwurf daraus.

Doch ich selbst konnte gar nicht zurück. Sollte ich etwa in Moab wieder auf die Höhen laufen und um die Gunst der Göttin Astarte bitten, mich vielleicht gar ihretwegen prostituieren? Nein, diese Göttervielfalt und das kultische Drum und Dran konnte ich nicht mehr mitmachen. Ich wusste doch von dem einen, dem wahren Gott, dem Gott Israels!

»Wo du hingehst, da will ich auch hingehen; wo du bleibst, da bleibe ich auch. Dein Volk ist mein Volk, und dein Gott ist mein Gott«, erwiderte ich Noomi, als sie mich am Jordan noch einmal umzukehren bat. Ziemlich grob verbat ich mir eine nochmalige Aufforderung zur Umkehr.

Was sollte ich auch in Moab? Ich hatte Noomi, die ich liebte. Ich hatte den israelitischen Gott, an den ich glauben wollte. Hatten mir Noomi und Elimelech nicht so viel von Kanaan als dem von Gott verheißenen Land Israels erzählt? Ich ging nicht in die Fremde, wenn es auch für andere so aussehen mochte. Ich ging in ein gelobtes Land! Und ich ging nicht allein. Ich ging mit Noomi, mit einer Frau, die ich verehrte und die ich nicht allein lassen wollte, wenn sie alt wurde.

Und Noomi, unsere tatkräftige und zuversichtliche Noomi, brauchte mich auch bald. Als wir in der Heimat ankamen, lief halb Bethlehem zusammen, um sie zu begrüßen. Da überwältigte sie der Schmerz. Sie sah ihre Freundinnen aus alten Zeiten mit ihren Enkeln auf dem Arm aus ihren Häusern eilen. Sie erkannte schmerzvoll, dass sie davon nichts aufzuweisen hatte. Sie hatte weder Sohn, noch Enkel, noch ein Haus, das sie ihr Eigen nennen konnte.

Noomi war jetzt in ihrer Heimat, aber ihre Kraft hatte sie verlassen. Jetzt musste ich die Führung übernehmen, die sie bisher innehatte. Ich war jung und kräftig und hatte von Noomi eine Menge gelernt. Ich sah mich in Bethlehem um und beobachtete alles mit wachen Augen.

Es war die Zeit der Gerstenernte. Ich beschloss, das Armenrecht zu nutzen. Ich wollte Ähren lesen gehen. In Notzeiten war das ein immer wieder geübter Broterwerb. Damals und auch heute. Damit wollte ich beginnen.

Noomi, jetzt öfter voller Sorgen und Ängste, wollte mich nicht gehen lassen. Sie fühlte sich verantwortlich für mich und wies auf mögliche Gefahren hin. Doch ich band mir ein großes Tuch um mein Gewand und ging durchs Stadttor.

Es war ein großes Stoppelfeld. Die Schnitter und die Garben aufgreifenden Mägde hatten gut gearbeitet. Es lagen nicht viele Gerstenähren herum. Schon gar nicht drei oder vier vollständige Halme. Meist waren es nur abgerissene oder gar zerbrochene Ähren, die ich einzeln in mein Tuch schob. Bald schmerzte der Rücken von der ungewohnten Arbeit in der aufkommenden Tageshitze.

Auf dem hinteren Teil des Feldes waren die Knechte und Mägde weiter emsig bei der Arbeit, schwatzten laut und lachten. Gegen Mittag kam ein großer, gut aussehender Mann mit Herrscherschritt über das Feld. Mir zitterten die Knie vor Angst. Würde er mich fortjagen? Groß und aufrecht und mit klarem, forschendem Blick stand er bald vor mir. Ich fühlte mich klein und jämmerlich. Doch er sprach freundlich und bestimmt mit einer wohltuenden, dunklen Stimme, ich solle nur auf seinen Feldern lesen. Ich solle mich an seine Mägde halten. Die Knechte dürften mich nicht antasten; doch ich dürfe von dem Wasser trinken, das sie schöpfen.

So viel unerwartetes, wohlwollendes Entgegenkommen nach meiner Angst ließ mich überwältigt taumeln. Voll Dankbarkeit und Ehrfurcht fiel ich ihm zu Füßen.

Boas, so hieß er, half mir auf. Er sagte gute Worte zu mir. Er hatte sicher von unserer Not gehört.

Zur Essenszeit ließ mich Boas rufen. Ich durfte bei seinen Leuten sitzen und von dem Mitgebrachten essen und trinken. Er legte mir sogar frisch geröstete Körner vor, die mir als wahre Kostbarkeit erschienen. Von ihnen ließ ich ein paar übrig und schob sie in meine Rockfalte, um auch Noomi damit zu erfreuen.

Lag es an dem herrlichen Mahl in der freundlichen Runde, dass mir das Ährenlesen danach leichter fiel? Oder waren Boas' Leute nachlässiger in ihrer Arbeit geworden? Ich fand nach der Mahlzeit viel mehr Ähren und hatte mein Tuch bald prall gefüllt.

Zu Hause erlebte ich noch etwas Seltsames. Ich erzählte Noomi von dem freundlichen Boas. Da brach Noomi in schwärmerische Worte aus und bedeutete mir, dass Boas zu unseren Lösern gehörte. Doch mir erschien das ein wenig wirr; Phantastereien einer doch plötzlich sehr alt gewordenen Frau. Nie hatte Noomi von Lösern, nie hatte sie von Besitz, nie von nahen Verwandten in Bethlehem erzählt. Was sollte das?

Jeden Morgen ging ich zum Ähren lesen und blieb meistens den ganzen Tag. Zuerst begleitete ich Boas' Mägde zu den Gerstenfeldern, dann las ich bei der Weizenernte. Im Raum hinter unserem Schlafgemach stand nun schon eine Anzahl Krüge voll sauberer Gerstenkörner. Der Weizen musste noch nachtrocknen. Er lag im Hof, und Noomi schaufelte ihn öfters um. Die Sonne sollte die letzte Feuchtigkeit herausholen und der Wind die noch dazwischen liegende Spreu wegpusten.

Noomi machte mir schließlich einen Vorschlag, den ich nie aus ihrem Munde erwartet hätte. Ich war irritiert und hin und her gerissen, ob ich darauf eingehen sollte.

Dann tat ich, was Noomi mir vorschlug. Ich ging gebadet und gesalbt und geschmückt zur Tenne, wo Boas mit seinen Leuten Gerste worfelte. Wie Noomi mir vorgeschlagen hatte, beobachtete ich von ferne die staubige Arbeit und sah auch zu, wie danach alle tüchtig zugriffen bei dem kräftigen Mahl. Boas legte sich zum Schlaf hinter einen Getreidehaufen.

Nach einer Weile schlich ich zu ihm, schlug die Decke zurück und legte mich in meinem besten Kleid und mit Wohlgerüchen umgeben zu seinen Füßen. Wären die Leute nicht alle betrunken gewesen, sie wären sicher den Düften nachgestiegen!

Eine hilflose Angst ergriff mich, und gleichzeitig ließ mich aufkommende Scham erglühen und wieder frösteln. Auf was für ein heikles, gefährliches Spiel hatte ich mich da eingelassen! Wenn mich jemand von den Mägden oder Knechten entdeckte? Wenn Boas mich laut schimpfend wegstieße?

Mir wurde klar: Alles konnte ich ertragen, nur nicht, dass Boas schlecht über mich denken würde. Boas war ein Mann, wie ich noch nie einen kennen gelernt hatte. Er sah gut aus und strahlte Güte aus.

Seinen Leuten gegenüber war er gerecht, streng und freundlich. Und mir gegenüber ... Ich konnte es nicht beschreiben. Mir pochte jedes Mal das Herz, wenn ich ihn schon von weitem hatte kommen sehen. Ich wurde rot und verlegen, wenn er zu mir sprach, und war dankbar und glücklich, wenn er mehr als nur ein paar Grußworte zu mir sagte. Dieser Mann hatte etwas an sich, das mich ungeheuer anzog, das mich tief innen in ungeahnte, mir fremde Schwingungen versetzte.

Und nun lag ich wie ein dummes Gänschen des Nachts unter seiner Decke neben dem Getreideberg. Ich verwünschte meine Schwiegermutter und mich selbst, dass ich auf ihren Vorschlag eingegangen war. Doch alles löste sich wunderbar. Boas nahm mir alle Peinlichkeit.

Als er mich um Mitternacht entdeckte, erschrak er erst sehr. Auswendig gelernt stammelte ich: »Ich bin Rut. Breite den Zipfel deines Gewandes über mich, denn du bist der Löser.« Mir war siedend heiß. Am liebsten wäre ich weggelaufen. Verkrampft erwartete ich Schlimmes.

Doch statt Schimpf und Schande kamen Segensworte aus Boas' Mund. Behutsam legte er den Arm um mich zitterndes, duftendes Bündel und sprach lange mit sanfter, wohlklingender Stimme auf mich ein. Ich habe nicht alles verstanden in dieser Stunde, in der gleichzeitig beunruhigenden und wohltuenden Nähe dieses Mannes. Ich begriff nur, dass Boas wusste, dass er ein Löser für Elimelechs Erbe war. Aber ich erfuhr auch, dass es noch einen Löser gab, der näher mit der Familie verwandt war. Dies ließ mich wieder zusammenzucken. Am nächsten Tag wollte Boas alles regeln. Fürsorglich füllte er mein Schultertuch mit Gerste und schickte mich in aller Frühe fort, damit mich keiner auf der Tenne entdeckte.

Ich war sehr aufgewühlt und schlich wie in Trance nach Hause. Nur mit Mühe konnte ich ertragen, dass mir Noomi in der Haustür entgegenkam und mich fragte, wie es mir ergangen sei.

Am nächsten Tag ging Boas zum Stadttor, wo unter den Männern viel Handel und Rechtsakte abgeschlossen wurden. Er hatte dafür gesorgt, dass auch der nähere Verwandte von Noomi zugegen war. Sehr geschickt muss Boas dann wohl erzählt haben, dass Noomi jetzt mit Nachdruck fordere, dass der nächste Verwandte endlich das ehemalige Eigentum ihres Mannes aufkaufe, den Anteil eines Feldes. Boas fragte den Verwandten, ob er es lösen wolle. Dieser sagte zu. Doch da fügte Boas schnell hinzu, dass er mit dem Kauf des Ackers auch verpflichtet sei, die moabitische Schwiegertochter als Frau zu nehmen, damit der Name des Verstorbenen auf seinem Erbteil erhalten bleibe. Zum Glück bekam es der Verwandte daraufhin mit der Angst zu tun. Er hatte Weib und Kind und fürchtete durch eine zusätzliche Heirat, in schwierige Erbauseinandersetzungen zu geraten. Zu meinem Glück! Noch heute danke ich Gott dafür!

Als Löser trat jetzt Boas auf. Ein Schuh wurde als Besiegelung des Rechtsspruchs zwischen den beiden Lösern ausgetauscht. Jedermann am Tor erfuhr es. Boas löste das Erbteil Elimelechs und nahm mich, Rut, als seine Frau.

Ein großes Glücksgefühl durchströmte mich. Es erfüllte mich tiefe Freude, Seligkeit und Dankbarkeit.

Eine winzige Unsicherheit geisterte manchmal durch mein Hirn. Es war etwas, was ich nie auflösen konnte, weil ich meinen gütigen Boas nicht beschämen wollte. Warum hatte Boas, der doch offensichtlich wusste, dass er unser Löser sein konnte, warum hatte er nicht die Initiative ergriffen? Warum mussten wir beiden Frauen das tun? Warum mussten wir selbst erst aktiv werden? Hätte er mir nicht diese Peinlichkeit ersparen können? War dies ganze Glück, das wir danach erfuhren, nur möglich, weil wir Frauen Ideen und Aktivitäten entwickelten? Aber ich wollte nicht in Boas dringen. Ich wollte keinen Schatten auf unsere wunderbare Gemeinschaft legen.

Ich gebar schon nach neun Monaten einen Sohn. Boas und ich waren glücklich und froh. Noomi war fast närrisch vor Freude. Sie hatte einen Enkel, in dem sie weiterleben durfte.

Es gäbe noch viel zu erzählen von meinem Leben als Bauersfrau in Bethlehem, von Arbeit und Freude in Familie, Haus und Hof.

Nur das eine will ich noch hinzufügen: Auch für mich wurde das Weiterleben in den Kindern wichtig. Ich war damit eingebunden in die Heilserwartung Israels. Ich war stark und gesund. Es wurde mir geschenkt, dass auch ich später zwei Enkel auf dem Arm tragen durfte, Jonathan und Isai. Auf unserem Besitz in Bethlehem blieb Isai und gründete ein großes Haus. Acht Söhne wurden ihm geboren. Der jüngste, mein Urenkel David, wurde von dem weisen Samuel bei uns in Bethlehem zum König gesalbt.

Danach gab es sehr viel Aufregung. Ich war alt und lebenssatt. Dem Tode schon näher als dem Leben, erfuhr ich noch, dass König Saul unserem David nach dem Leben trachtete, und auch, dass die ganze Familie in Gefahr war. Da brachte David seine Eltern in meinem Geburtsland in Sicherheit. David bat den König von Moab: »Lass meinen Vater Isai und meine Mutter bei dir bleiben, bis ich erfahre, was Gott mit mir tun wird.« Auch mein Urenkel gab sich ganz in die Hand unseres Gottes. Ich konnte beruhigt und dankbar meinen Lebensweg beschließen.

Königinnen und ihre Schwestern im Großreich

43. Hanna

1. Samuel 1 und 2

Von klein auf war ich gewohnt zu hören, von welch großer Bedeutung es für Mann und Frau war, ein Kind zu haben. Nur so konnte ein Mensch das Heil Gottes erfahren. In der Zukunft wartet das Heil Gottes auf die Menschen. Israel lebt auf diesen Tag des Herrn hin, an dem das Licht und die Herrlichkeit Gottes aufbrechen wird zu unserem Heil. Nicht so wichtig ist es, ob wir die Heilsstunde selbst erleben, denn durch unsere Kinder sind wir selbst unterwegs in die große, erlösende Zukunft. Ohne Kinder ist die Kette zum Heil allerdings zerbrochen, abgeschnitten. Und ich hatte kein Kind!

Meine Zukunft mit Gott war gefährdet. Außerdem hätte ich gern ein Kind zum Liebhaben, zum Kosen, zum Verwöhnen, zum Bewahren, zum Erziehen, zum . . .

Gleich bei der ersten geschlechtlichen Vereinigung rechnete ich mit einem Kind. Bei jeder weiteren hoffte ich darauf. Die Wonne der geschlechtlichen Gemeinschaft wurde bald geschmälert durch diese dauernden Empfängnisvorstellungen. Dabei hatte ich solch einen lieben Mann. Elkana war von großer Zärtlichkeit und ging so behutsam und liebevoll mit mir um.

Vielleicht wäre es für mich erträglicher gewesen, wenn wir nicht so wohlhabend gewesen wären, dass sich mein Mann noch eine zweite Frau leisten konnte. Er behielt mich zwar immer noch lieb, mir ging nichts ab. Ich blieb die Frau seines Herzens. Aber ab und zu ging er auch zu Peninna, und Peninna wurde schwanger. Sie gebar einen Sohn. Sie gebar Söhne, und immer wieder wurde sie schwanger.

Ich war gar nicht so sanftmütig und demütig, wie ich oft hingestellt werde. Tief in mir schien etwas Gewalttätiges zu schlummern.

Ich hatte zeitweise die Begierde, ihr das werdende Menschlein aus dem Leib zu reißen und mir einzupflanzen. Wenn das technisch möglich gewesen wäre - wer weiß!

Ich konnte mich jedenfalls nicht an Peninnas Kinderreichtum erfreuen. Peninna und ihre Kinder belasteten mein ganzes Selbst, seelisch, nervlich, körperlich.

Elkana war ein angesehener Mann, gerecht und freundlich zu jedermann, gottesfürchtig und von einer tiefen inneren Zufriedenheit. »Aber er hatte ja auch einen Sohn! Er war nicht ausgeschlossen aus der Kette zum Heilsgeschehen!« So dachte ich voll Neid und Wehmut und konnte mich nicht des Glücks erfreuen, so einen guten Mann zu haben.

Jedes Jahr ging unsere ganze Familie hinauf zum Heiligtum in Silo, um unserem Herrn zu opfern. Qualen musste ich dort jedes Mal ausstehen, wenn in der Gegenwart Gottes das festliche Mahl gehalten wurde. Elkana teilte die Portionen des Opferfleisches und legte Peninna, der kinderreichen Frau, gleich viele Stücke vor. So viele, wie sie Kinder hatte. Jeder Sohn, jede Tochter erhielt ein Teil. Auch ich bekam ein Stück. Ich sah es und konnte mich nicht daran freuen. Wir alle sahen es: Ich erhielt von Elkana das beste und größte Stück des Opferfleisches vorgelegt. Trotz dieses offensichtlichen Liebesbeweises fühlte ich mich als Zukurzgekommene, als Einsame, als Abgeschobene.

Die stolzen und, wie mir schien, hämischen Blicke Peninnas taten das Übrige. Mir stiegen die Tränen in die Augen. Ich druckste und schluckte, bekam aber keinen Bissen hinunter, konnte nichts essen.

Nicht ein einziges Mal wurde Elkana zornig. Er hatte viel Geduld mit mir und tröstete mich. »Bin ich dir nicht mehr wert als zehn Söhne?« fragte er und streichelte mir zärtlich über den Nacken. »Nein!« hätte ich am liebsten aufgeschrien. Doch ich musste mich bezähmen. Das wäre böse und ungerecht gewesen. Und ich brauchte doch auch Elkana!

Einmal stand ich vom Festmahl auf, stellte mich etwas abseits und legte vor Gott ein Gelübde ab. Wenn er mir einen Sohn schenkte, würde ich ihn Gott weihen.

Eli, der Priester, hatte mich und die Bewegungen meiner Lippen beobachtet. Weil ich nicht laut sprach, wie das beim Beten üblich war, dachte er zuerst, ich wäre nicht Herr meiner Sinne.

Als er jedoch seinen Irrtum bemerkte, sprach er einen Friedenswunsch aus und fügte hinzu: »Der Gott Israels wird dir die Bitte erfüllen, die du an ihn gerichtet hast.«

Große Ruhe breitete sich über mich aus. Ein Druck wich von mir. Mir schien, als ob plötzlich ein anderer meine Sorge und Last mit mir trug. Es war ein Wunder! Ich wurde schwanger und fühlte mich als die glücklichste Frau! Meinen Sohn nannte ich Samuel, das heißt: »Ich habe ihn von dem Herrn erbeten.«

Mein Mann ließ mich gewähren. Er hatte auch nichts dagegen, dass ich nach den Jahren der Stillzeit Samuel mit hinauf nach Silo nahm und ihn dem Priester Eli in das Haus des Herrn gab.

Es fiel mir nicht leicht, mich von dem noch kleinen Knaben zu lösen. Mein Gelübde musste ich jedoch erfüllen, und ich hatte nun auch die Zuversicht eines nicht unnützen, sinnlosen Lebens.

Lag es daran, dass sich meine inneren Verkrampfungen gelöst hatten? War ich befreit von der Sorge um Nachwuchs, um meine Heilsgewissheit? Ich wurde – ohne einen Gedanken daran – wieder schwanger. Ich gebar in unserem Haus in Rama wieder einen Sohn, dann noch zwei Söhne und zwei Töchter!

Samuel aber blieb im Hause des Herrn. Zum Opferfest brachte ich ihm jedes Jahr ein neues Kleid mit. Beim Nähen des Gewandes, zu dem ich jedes Jahr etwas mehr Stoff brauchte, zog ich stets viele Fäden mit besonderer Liebe und Dankbarkeit ein.

44. Peninna

1. Samuel 1

Ich hatte es gut in dem Haus des Elkana. Hanna hat von Elkana gut gesprochen. Ich kann ihr da nur beipflichten. Außerdem hatten wir keine materiellen Sorgen, was ich in der Erinnerung an diese Zeit in

Rama doch als sehr hilfreich empfinde. Wie mussten sich doch andere Frauen um den täglichen Bedarf an Brot und Milch mühen! Ich hatte schon genügend Plackerei mit den Kindern. Kaum hatte ich einen der Kleinen entwöhnt, meldete sich das nächste Kind an. In der Hitze, die wir meistens in Rama hatten, war das oft sehr beschwerlich. Dabei erwartete die Kinderschar Zuwendung, brauchte Unmengen an frischem Wasser, an Brei und Brot.

Ich war kein Klagegeist. Aber manchmal drang doch ein Stöhnen aus der Tiefe meines sonst so starken Körpers. Es tut mir Leid, dass Hanna beim Opferfest unter mir gelitten hat, dass sie meint, stolze und hämische Blicke bei mir gesehen zu haben.

Stolz, das mag sein. Welche Mutter freut sich nicht, wenn ein halbes Dutzend Kinder in Festtagslaune neben ihr sitzt? Zum Teil die Gesichtszüge des Vaters, zum Teil die eigenen tragend? Das gibt ihr eine eigene Würde.

Hämisch? Willentlich sicherlich nicht. Es war mir allerdings schwer erträglich, dass Elkana, der sonst so rücksichtsvolle Mann, Hanna stets ein Extrastück vom Opferfleisch zuschob. Das war mir gegenüber unfair, und Hanna hat es auch nicht geholfen. Sie wurde dadurch nur noch wehleidiger, weil ihre Not ihr dabei besonders krass in die Augen fuhr.

Eigentlich, Hanna, habe ich meistens Mitleid mit dir gehabt. Doch Mitleid zu haben ist wohl keine Hilfe. Besser wäre eine Aussprache zwischen uns gewesen. Aber dazu warst du zu sehr in dich gekehrt. Und ich war die Geschäftige, hatte mein Tun und Pusseln, um mein tägliches Muss absolvieren zu können. Weißt du, wie gern hätte ich einmal ein paar Kinder in deine Obhut gegeben! Wie gern hätte ich es gesehen, wenn du mir einmal das Waschen der Kinder abgenommen oder einen der Kleinen gefüttert hättest.

Aber das alles sahst du nicht. Und ich mochte dich nicht bitten, weil ich mir schließlich einbildete, du hasstest meine Kinder. Zumindest erschienst du mir zuzeiten allergisch gegen Dinge, die sie taten oder sagten.

Ich habe mich wirklich gefreut, als du schwanger wurdest. Dass du deinen heiß ersehnten Sohn dann dem Priester zur Erziehung für das Heiligtum überließest, konnte ich allerdings nicht verstehen.

Aber jetzt wissen wir ja, dass das ein Segen für uns alle war. Nachdem die Söhne des Priesters Eli nicht so gut einschlugen, wurde dein Sohn Samuel der geachtetste Gottesmann. Er wurde ein Prophet und Richter.

Zu ihm sprach Gott selbst. Ihn besuchten die Israeliten von nah und fern, um sich von ihm Weisungen geben zu lassen. Sie kamen zu ihm nach Rama, aber er ging auch in viele Orte des Landes, um Recht zu sprechen. Und dann salbte er die Könige – Saul und David.

Solch einen Sohn haben!

45. Frau Pinhas

1. Samuel 4,19–22

Die Frau eines Priesters war ich. Meine Freundin sprach mir zur Hochzeit Glück und Segen aus. Mit einem fast neidischen Unterton fügte sie hinzu: »Der Segen ist dir ja gewiss in diesem heiligen Haus. Dein Mann ist ein Geheiligter.«

Pinhas hatte mit seinem Bruder Hofni für die Opferdienste zu sorgen. Seine Arbeitsstätte war der Raum in der Stiftshütte. Dort hatten sie im Heiligen das Rauchwerk auf dem Räucheraltar anzuzünden und im Vorhof auf dem Brandopferaltar die Opfer darzubringen.

Die Priester waren Vermittler zwischen Gott und dem Volk. Auch gehörte es zu ihren Aufgaben, das Volk im Gesetz zu unterweisen.

Schon bald nach der Hochzeit merkte ich, dass Pinhas und Hofni es mit den Vorschriften nicht so genau nahmen wie ihr Vater, der angesehene Hohepriester Eli. Mein Mann und mein Schwager, die Priester, waren nicht voll Heiligen Geistes und zeigten auch keinerlei ernsthaftes Bemühen darum. Voll waren ständig nur ihre Mägen von den besten Fleischstücken, die sie aus den Opfergaben für sich beiseite nahmen.

Ich fürchtete mich vor dem strafenden Gott, der das doch gewahr werden würde. Aber was blieb mir als Frau für eine Wahl? Ich kochte und briet das Gott gestohlene Fleisch. Doch ich musste würgen, wenn mir Pinhas aus den irdenen Schüsseln ein Fleischstück herausspießte und mir vorlegte. Ich wurde immer dünner. Pinhas mästete sich. Er machte sich reich durch seine hervorragende Stellung am Opferdienst. Für ihn stand Verdienst über seinem Dienen.

In was für ein Haus war ich geraten! Nichts war da heilig!

Auch sonst führten Pinhas und Hofni ein liederliches Leben. Ganz in der Nähe des Heiligtums, vor der Tür der Stiftshütte, buhlten sie mit den Frauen, die dort ihre Arbeit zu verrichten hatten. Elis Söhne verführten sie zur Zuchtlosigkeit, als wären sie Hurer vor den Baalstempeln.

Ich fühlte mich gedemütigt. Mein ganzer Körper litt. Ich fühlte mich als verfügbarer Gegenstand, der zu Hause von Pinhas benutzt werden konnte, betätschelt, bedroht, vergewaltigt.

Keinen Menschen hatte ich, dem ich mich hätte anvertrauen können. Hätte ich als Priesterfrau das Heiligtum noch mehr beschmutzen sollen, indem ich davon erzählte?

Mein Schwiegervater, ein hochgeehrter Mann, war längst zu alt, um dem bösen Treiben seiner Söhne Einhalt gebieten zu können. Wahrscheinlich war er auch früher schon zu nachsichtig mit ihnen gewesen.

Ich wurde schwanger. Doch ich konnte mich nicht daran freuen. Wie konnte in diesem verderbten Hause ein Kind gesund an Geist und Seele heranwachsen?

Weil es keinen Menschen gab, dem ich meine Not anvertrauen konnte, vertiefte ich mich immer mehr in das Gespräch mit Gott. Das heißt, ich sprach vor ihm all meinen Kummer aus, schrie meine Qual hinaus.

Manchmal hatte ich das Gefühl, von Gott, dem Herrn, gehört zu sein. Ich wurde ruhiger.

Hoffnungen stiegen in mir hoch, dass der Dienst in der Stiftshütte die Priester doch läutern müsste. Hinter dem Räucheraltar stand doch das Allerheiligste, die Bundeslade. Die Grundlage des Bundes von Gott mit dem Volk Israel enthielt diese Lade: die zehn Gebote.

Aber die beiden Männer verstießen doch gleich gegen mehrere Gebote! Sie stahlen, sie hurten, sie machten sich eigene Götter. Einmal mussten sie doch zur Einsicht kommen!

In mir wuchs das neue Leben heran. Der Bauch wölbte sich über meinem ausgemergelten Körper. Statt Hoffnung erfüllten Sorge und Kummer mein Herz.

Wieder war ein Kampf mit den Philistern im Gange. Es schien ein harter Kampf zu sein, so dass die Bundeslade aus der Stiftshütte abgeholt und ins Feldlager gebracht wurde. Die israelitischen Kämpfer sollten dadurch gestärkt werden.

Mir fehlte die gewohnte Nähe des Allerheiligsten. Ich fühlte mich unsicher.

Ein Bote brachte mir die Nachricht, dass Elis Söhne getötet und dass die Bundeslade, unser Allerheiligstes, geraubt waren.

Tiefes Erschrecken. Das war Gottes Strafgericht! Ich hockte mich hin. Es brach aus mir heraus wie ein Sturzbach. Leben brach aus meinem fast toten Körper. Durch einen rosigen Schleier vor Augen und Ohren ahnte ich, dass es ein Sohn war. Doch ich war nicht mehr ganz da, war nicht mehr der Erde verhaftet. Näher am Tod als am Leben konnte ich nur noch stammeln: »Die Herrlichkeit ist hinweg aus Israel; denn die Lade Gottes ist weggenommen.«

46. Mädchen von Rama

1. Samuel 9,11ff.

Die Lade Gottes war längst wieder da. Und dank unserem Richter und Gottesmann Samuel hatten die Philister an Schrecken für uns verloren.

Wir waren auf dem Weg zur Wasserstelle vor dem Tor der Stadt. Zwei fremde Männer, einer davon ein besonders großer und schöner Mann, fragten uns, wo sie den Propheten treffen könnten. Samuel war in der Stadt und wollte an diesem Tage oben auf der Höhe die Opfergaben und das Volk segnen. So konnten wir den beiden sagen, wo der Gottesmann zu finden war.

Später erfuhren wir, dass der größere der beiden Frager Saul war. Er erhielt von Samuel beim Opferfest einen Ehrenplatz und ein besonders gutes Stück vom Opferfleisch. Am nächsten Morgen nahm Samuel einen Krug mit Öl und salbte den überraschten Saul noch in unserer Stadt zum König.

Wir sprachen noch lange über unsere kurze Begegnung. Wir fanden das so aufregend: Wir hatten mit dem ersten König von Israel gesprochen!

Und Samuel, unser Gottesmann, hatte ihn gesalbt!

Samuel hatte doch den führenden Männern von Israel immer wieder gesagt, welche Gefahren ein Königtum mit sich brächte. Er versuchte immer wieder, ihnen den König auszureden. Ein König würde viele Dienste von ihnen erwarten: »Eure Töchter wird er nehmen, dass sie Salben bereiten, kochen und backen! Eure besten Äcker und Weinberge und Ölgärten wird er nehmen, eure besten jungen Männer und eure Esel!« Dazu drohte er ihnen an, dass der König ihnen von Ernte und Vieh jeweils den Zehnten erzwingen werde.

Und jetzt hatte dieser Samuel den Saul zum König gesalbt! Wir fanden es spannend, und in allen Häusern und auf den Märkten wurde nun überlegt, erwogen und phantasiert, was daraus werden würde.

Wir hatten nun einen König. Würde es jetzt endlich aufwärts gehen mit Israel? Oder würden unsere Väter tatsächlich über Abgaben und Dienste stöhnen müssen?

— 47. Die Totenbeschwörerin von En-Dor —

1. Samuel 28,3-25

Die Zeiten waren schlecht für Zauberei, Geisterbeschwörer und Totenbeschwörerinnen.

Der Seher Samuel, der Offenbarungen von Gott erhielt, war eine starke Persönlichkeit. Seinem Herrn absolut gehorsam, schaffte er es, dass Israels Leute uns mieden. Der von ihm zum König gesalbte Saul vertrieb unter seinem Einfluss die Geisterbeschwörer und Zeichendeuter aus dem Land.

Dieser wohlhabende benjaminitische Bauernsohn, der so überraschend König geworden war, bemühte sich denn auch rührend um Gottestreue und Gehorsam gegenüber dem einen Gott der Israeliten. Doch er hatte nicht die rechte Ausdauer und das unumstößliche Vertrauen zu diesem Gott wie etwa Samuel. Deshalb wurde er von dem weisen Seher öfters ermahnt.

Saul, dieser allererste König in Israel, wollte wirklich Samuels und damit Gottes Willen tun. Deshalb wurde er unsereinem gegenüber hart; alle heidnischen Bräuche und spiritistischen Sitzungen wurden verboten. Wer dabei erwischt wurde, musste mit harter Strafe rechnen. Aber er selbst, der König, war eigenwillig und nicht bereit, so genau auf die Stimme seines Gottes zu hören, wie Gott das von Samuel gewohnt war.

Saul schien es schwer zu haben. Aber wir Geisterbeschwörer nicht minder. Die noch im Lande waren, lebten im Verborgenen.

Ich habe mich auch nicht vertreiben lassen. Einen alten Baum verpflanzt man nicht! Ich schlüpfte unter.

Meine Zeiten, rosige Zeiten, in denen meine Kräfte gefragt werden, würden gewiss wieder kommen! Dessen war ich ganz sicher!

Frauen und Männer, die fähig waren, tote Geister zu beschwören, hat es immer gegeben. Sie wurden und werden zu allen Zeiten gesucht, ihre Kräfte in Anspruch genommen. Das ist auf der weiten Erde bis heute nicht anders. Die Vertreter der großen Religionen würden sich sehr wundern, wenn sie genaue Zahlen erführen aus dieser spiritistischen Subkultur, wie sie sie vielleicht nennen. Es ist nun einmal so: Wenn es Menschen gut geht, danken sie Gott oder lieber ihren eigenen Kräften. Geht es ihnen schlecht, bitten sie Gott oder – vielleicht auch und? – suchen Zuflucht bei anderen Kräften.

Ich lebte fünf Kilometer nördlich von Jerusalem, in En-Dor. Dort wurde ich gelitten und auch ängstlich geachtet. Dabei vermischte sich in En-Dor Angst vor meinen Kräften und Angst wegen des Wissens um mein Berufsverbot.

Ich hatte genug verschwiegene Freunde. Sie brachten mir auf Schleichwegen Verzweifelte und Suchende von nah und fern.

Die drei abgekämpften Männer, die eines Nachts in meiner Türe standen, waren mir allerdings unbekannt.

Ich erschrak sehr, als ich erkannte, dass einer von ihnen König Saul war. Er, der alle Totenbeschwörer und Hexen aus dem Land gejagt hatte – will er mich aushorchen? Wurde ich verraten? Ich traute ihm nicht.

Aber dann sah ich genauer hin. Er stand vor mir wie ein Gebrochener; ratlos, ja verängstigt! Welch abgrundtiefe Verzweiflung mochte ihn den nächtlichen Weg zu mir geführt haben! In dieser Verkleidung zu mir, der Hexe, einem Gräuel seines Gottes!

Samuel, seinen verstorbenen Mahner, sollte ich aus dem Totenreich hervorholen. Ich tat mein Bestes und hatte Erfolg.

Was Samuel, den er um Rat fragte, ihm zu sagen hatte, war nichts Gutes. »Morgen wirst du mit deinen Söhnen bei mir sein!« Das war der letzte Satz der Rede Samuels. Der große kräftige Mann Saul stürzte von diesem Schlag der Länge nach hin, kraftlos wie ein Halbtoter.

Wie schon oft in ähnlichen Fällen mit Todesankündigungen aus dem Jenseits machte ich mir große Selbstvorwürfe. Auch wenn der äußere Schein trügen mochte: Die Menschen waren nicht stark genug, die Nachricht von ihrem baldigen Tod, die Kunde von bösen Leibesqualen für sie oder für liebe Angehörige zu erfahren. Schlechte Zukunftsnachrichten zu hören – das überstieg das Fassungsvermögen eines normalen Sterblichen. Die Last dieses Wissens machte das Leben solcher Menschen vorzeitig kaputt.

Wie hier vor meinen Füßen den König Saul. Wieder einmal hasste ich mich wegen der Fähigkeiten, die in mir wohnten. Ich haderte mit meiner Schwachheit, die dem nicht ein Nein entgegenzusetzen vermochte.

In panischer Geschäftigkeit versuchte ich zu retten, was zu retten war. Der König musste wieder zu Kräften kommen! Ich schlachtete, kochte und buk und bot alle meine Kräfte auf, Saul zum Essen zu bewegen.

So wurde Saul in meiner Hütte vor dem Tode bewahrt. Aber kurz darauf starb er mit seinen drei Söhnen im Kampf gegen die Philister.

In dem großen heiligen Buch steht geschrieben: »So starb Saul um seines Treubruchs willen, mit dem er sich an dem Herrn versündigt hatte, weil er das Wort des Herrn nicht hielt, auch weil er die Wahrsagerin befragt, den Herrn aber nicht befragt hatte. Darum ließ er ihn sterben und wandte das Königtum David, dem Sohn Isais, zu.«

48. Michal

1. Samuel 18,17ff.

Mein Vater Saul wurde vom weisen Gottesmann Samuel zum ersten König Israels gesalbt.

Damit begann ein unruhiges, kriegerisches Leben. Der Feinde Israels waren viele. Der Kampf mit den Philistern hörte nie auf. Jeden tapferen und rüstigen Mann, den Saul sah, nahm er in seine Dienste.

Ein junger, braungebrannter Bursche gehörte zu ihnen. Der ließ mein Herz höher schlagen: David, ein unbändiger Junge mit blitzenden Augen. Sagenhaft gut konnte er mit der Steinschleuder umgehen. Er war ein Meister als Bogenschütze und sogar als Harfenspieler, weshalb er oft in unser Haus gerufen wurde.

Stets mit großem Gottvertrauen zog David in den Kampf. Mein Vater erkannte seine Fähigkeiten und setzte ihn über die Kriegsleute. Aber er wurde auch eifersüchtig auf ihn, wenn die Frauen nach einem Sieg mit Pauken und Zimbeln David mehr Ehre zuteil werden ließen als ihm, dem König. Ich erglühte, wenn ich David sah oder wenn man von ihm erzählte. Davon erfuhr mein Vater und sagte David, dass er sein Schwiegersohn werden kann. Er erwartete als Brautpreis nur hundert Vorhäute der Philister. Ich fand, das sei ein schrecklicher Hochzeitspreis.

Außerdem hatte ich Angst um David. Ich liebte ihn! Aber David war tapfer und klug. Er erschlug zweihundert Philister und brachte ihre Vorhäute. Eine grässliche Sache! Doch ich wurde Davids Frau. Wir waren beide voller Glück und Dankbarkeit.

Ich hatte einen Krieger zum Mann. Ständig musste er gegen die Philister ausziehen. Doch wenn er zu Hause war, blühte alles voll Liebe und Wonne. Mein Vater hätte stolz sein können auf solch einen Schwiegersohn und Kriegsoberen. Aber er neidete ihm immer mehr seinen Erfolg. Er trachtete ihm sogar nach dem Leben, was wohl schon hinter dem gefährlichen, blutigen Brautpreis gesteckt haben mochte.

Einmal erspähte ich, wie Boten meines Vaters unser Haus umstellten. Ich drängte David, das Haus durch das Fenster zu verlassen, und knüpfte ein Seil daran. Wir umarmten uns. Er seilte sich ab. Ich nahm ein Götzenbild, legte es aufs Bett und ein Geflecht von Ziegenhaaren zu seinen Häupten und deckte ein Kleid darauf.

Am Morgen kamen Sauls Männer, um David zu holen. Ich sagte ihnen, er sei krank. Mein Vater rief: »Bringt ihn her zu mir samt dem Bett.« Er sollte getötet werden. Mit List hatte ich meinen geliebten David gerettet. Mich selbst rettete ich vor meinem Vater durch eine Notlüge.

David wurde verfolgt. Nur die Kämpfe gegen die Philister konnten Saul zeitweise davon abhalten, David nachzustellen. Er versündigte sich tief gegen Gott, weil er sogar Priester, die David weiterhalfen, ermorden ließ. Mich strafte er, indem er mich, Davids Frau, einfach als Ehefrau weitergab an einen Mann namens Palti. Ich war wie betäubt vor Schmerz, konnte mich nicht wehren, ließ mich einfach mitnehmen.

Jahre vergingen in dem Haus eines ungeliebten Mannes, der mir aber abgöttisch anhing. Vielleicht fühlte er sich geehrt, weil ich eine Königstochter war? Doch mir war alles egal. Ich spitzte nur interessiert die Ohren, wenn ich von den Kriegsleuten irgend etwas über David zu hören bekam.

Sagenhaft, wie großherzig David sich gegenüber Saul, meinem Vater, benahm – und wie schäbig verhielt sich dieser!

Dann hörte ich zu meinem Kummer, dass David sich zwei Frauen genommen hatte. Mein David!

König Saul starb. David zog nach Hebron und wurde zum König gesalbt. Noch einmal kehrte Freude in mein Herz: Er wird mich holen! Er musste doch wissen, wo ich war. Doch ich hörte nur, dass David sich in Hebron ein wahrlich königliches Haus bestellte. Außer seinen zwei auf der Flucht gewonnenen Frauen hatte er sich noch vier weitere zugelegt, darunter Maacha, auch eine Königstochter. Und jede der Frauen gebar ihm einen Sohn. Ich weinte bittere Tränen. Mein Herz versteinerte. Ich wurde krank vor Leid.

Nach langer Zeit verlangte König David meine Herausgabe. Es war eine Art Vorbedingung für ein politisches Spiel. Ich wurde nur Mittel für Davids Weg auf den Thron Gesamt-Israels. Eine liebevolle Beziehung kam zwischen uns nicht mehr auf. Ich konnte mich mit den vielen Frauen und Kindern um ihn herum nicht abfinden.

Wir zogen alle zusammen in den Königspalast nach Jerusalem. Ein ganzer Tross Nebenfrauen folgte. Im Frauenhaus schwelgten Düfte zwischen samtenen Vorhängen und goldenen Leuchtern. Sich überbietende Pracht breitete sich unter uns Frauen aus.

Es war seltsam: Trotz seiner wachsenden Macht blieb David ein gerechter, ein gottesfürchtiger Mann. Alle hatten ihn lieb.

Als er voll Glück die Bundeslade seines Herrn nach Jerusalem holte und mit dem Volk singend und hüpfend davor tanzte, konnte ich dafür nur ein müdes Lächeln aufbringen. Ich verspottete ihn wegen seines kultischen Gehabes. Ich empfand es als schamlos. Da sagte er etwas für mich sehr Beschämendes. Erst da spürte ich, wie ernst es ihm um seinen Glauben war und um sein Königsamt. Ich war nicht mit ihm gewachsen. Ich jagte einem Phantom nach, meinem jugendlich strahlenden Helden! Nun hatte ich David endgültig verloren. David hatte Gott gelobt, ich hatte gelästert. Das war das Ende.

Aber lass mich auch über Abigajil erzählen. Abigajil kann nachher über Ahinoam berichten und Ahinoam über Maacha, jede über ihre rechte Nachbarin. Wir Frauen Davids kennen uns so gut. Lasst uns die Vorstellungsrunde einmal so versuchen. Vielleicht kommt so manches besser zur Sprache.

49. Michal über Abigajil

1. Samuel 25

Abigajil war mir die liebste unter Davids vielen Frauen. David selbst begegnete ihr mit großer Achtung. Abigajil hatte eine ausgleichende Art, die David hoch schätzte. Sie war klug und besänftigend. Ich glaube, David hatte ihr auch viel zu verdanken. Vielleicht wäre er ohne sie sogar ein kleiner Bandenchef geblieben. David war doch ständig auf der Flucht vor meinem Vater, dem König Saul. David hatte kein Land. Das Wenige, das sein Vater Isai in Bethlehem besaß, konnte die große Familie kaum ernähren. Davids ganzer Besitz waren sein begeisterndes, heiteres Wesen, seine starken Arme und seine Führungsqualitäten. Allerlei Männer, die verbittert waren, die in Not oder Schulden steckten, scharten sich um ihn. Da waren jüngere Söhne ohne Erbteil, da waren Hirten, die keine Arbeit fanden. David war bald der Anführer von einer Rotte von vier- bis sechshundert Mann, die alle nicht mehr besaßen, als was sie am Leibe trugen. Die meisten verfügten jedoch über einen scharfen Blick, flinke Beine und waren treffsicher mit der Steinschleuder oder dem Bogen.

David hatte mit seiner Schar viel Erfolg bei der Bekämpfung der Philisterüberfälle. Eigentlich half er damit meinem Vater, der zeit seines Lebens die Philister als schwierige Gegner hatte. Ein Lied lief durch die Lande: »Saul hat tausend erschlagen, David aber zehntausend.« Das war's, was viele junge mutige Männer lieber in Davids Schar eintreten ließ als in die Söldnertruppen König Sauls. Das war's aber auch, was David den König zum Feind machte.

Die Männer hatten hungrige Mägen in ihren jungen kräftigen Körpern. Sie brauchten Nahrung, und David musste dafür Sorge tragen. Aber David war kein Dieb, und seine Gruppe sollte keine Diebesbande werden. Viele von solchen Dieben machten bereits das Land unsicher. Deshalb hatte er mit den Bauern eine Art Vertrag geschlossen. Er wollte sie mit seiner Truppe vor Raubüberfällen schützen, sie sollten ihm dafür einen Teil der Ernte und des Viehs zukommen lassen. Das ließ sich machen, denn der Viehdiebstahl war beträchtlich, und mit einer freiwilligen Abgabe kam der Bauer oder Viehzüchter besser davon.

Abigajil war mit solch einem Bauern verheiratet. Nabal war ein wohlhabender Landbesitzer mit großen Kleinviehherden. Ein Mann mit Besitz, aber ohne gute Eigenschaften. Nabal war ungeschlacht, boshaft und jähzornig. Zu den Knechten war er hart, versuchte beim Viehhandel Nachbarn und Aufkäufer übers Ohr zu hauen, sah stur auf seinen Gewinn und auf die Ausbreitung seines Machtbereiches. Jeder fürchtete sein unbeherrschtes Aufbrausen und Handeln, keiner wagte, ihm etwas zu sagen.

Nur die Philister hatten es ihm einmal tüchtig heimgezahlt. Nabal hatte bei ihnen Hacken, Pflüge und Sensen gekauft aus dem herrlich harten Material, das nur die Philister bearbeiten konnten. Darin waren sie anerkannte Meister. Beim Bezahlen war er schäbig, hinterging alle Abmachungen. Die Philister nun überfielen seinen Besitz und ließen dann mehr als doppelt so viel mitgehen, als Nabal hätte bezahlen müssen. Voller Hohn schrien sie ihm das auch noch ins Gesicht, während Nabal vor Zorn fast platzte.

Abigajil mit ihrem zarten Gesicht und ihrem anmutigen Körper passte wenig in diesen Haushalt. Sie hatte unter Nabals aufbrausendem Wesen sehr zu leiden, und seine habgierigen Machenschaften belasteten sie.

Die Hirten und Mägde hatten Vertrauen zu ihr. So manches Leid, manche harte Ungerechtigkeit konnte von ihr gemildert werden.

Es war gerade ein gutes Jahr. Das Vieh stand gut, die Herden waren vollzählig. Es musste mit an David und seinem Trupp liegen, die oben im Gebirge in den Höhlen lebten. Von dort aus starteten sie ihre beobachtenden Streifzüge. Von dort aus wurden die gelegentlichen Scharmützel bestimmt. Die Hirten sprachen gut von diesen Männern um David, die oft tagelang in ihrer Nähe waren. Sie seien ihnen nützlich gewesen, und nie hätten sie mit ihnen Streit gehabt.

Wenn Abigajil mit Nabal bei Tisch über die ruhigen Zeiten sprach und dass die Herden so wohlbehalten jetzt zur Schafschur anstanden, war das in den Augen Nabals nur sein Verdienst. Großmäulig erzählte er, dass er seinen Hirten und Scherern ein besonders gutes Mahl versprochen habe. Im Falle einer Verminderung der Herde, würde er sich allerdings neue Hirten suchen. Sie könnten dann gehen. Von Davids Schutz im Hintergrund wollte er nichts wissen.

Als dann eine Abordnung von Davids Männern zur Schafschur kam und sich im Namen Davids höflich einen Anteil erbat, tat Nabal so, als ob er von David und der Schutzvereinbarung nie gehört hätte. Das war wieder eine seiner boshaften Machenschaften.

Natürlich hörte Abigajil sofort davon. Sie hatte Freunde und Schützlinge unter den Leuten. Schon manche fatale Situation war durch das ausgleichende Einspringen der Herrin gut ausgegangen.

Abigajil war klug und vorausschauend. Außerdem eine sehr umsichtige Hausfrau. Aus den Vorratskammern raffte sie mit ihren Mägden bereits zubereitetes Fleisch, geröstetes Korn, Brot, Kuchen und Wein schnell zusammen, packte alles in die Seitenkörbe eines kleinen Eseltrupps und zog David entgegen. Er sollte die verdienten Lebensmittel erhalten.

Abigajil muss damals in Karmel wie eine Prophetin gewirkt haben, zumindest in jenem Hohlweg, in dem sie auf David traf. Einer von Davids Männern, der damals die Begegnung der beiden miterlebte, berichtete mir von einer ergreifenden prophetischen Rede Abigajils. Erst meinte der Zeuge, Abigajil handele aus Angst wie eine hinterlistige Schlange. Er war auf der Hut. Wollte die Frau David hinhalten, bis Nabal mit seinen Leuten aus einem Hinterhalt hervorstürzte? Dann glaubte er politische Klugheit in ihr zu entdecken und bewunderte ihren Mut. Aber schließlich spürte er: Diese Frau hatte einen großen Weitblick und die Zunge einer Prophetin. Abigajil sagte laut und deutlich, was im Lande gemunkelt wurde, dass David einmal König in Israel sein würde. Es waren keine Schmeichelworte oder von anderen aufgeschnappte Reden, die jetzt benutzt werden sollten, um die eigene Haut zu retten. Gott, der Herr, stand hinter ihren Worten, so sagte mir der Knappe. Abigajil habe mit leuchtenden Augen und kraftvoller Stimme so viele Segenswünsche über David ausgesprochen, dass er plötzliche Helle in dem dunklen Hohlweg verspürt habe.

David war wie verwandelt. Musste ihm erst eine Frau sagen, dass er mit dem beabsichtigten Rachefeldzug gegen Nabal und dessen Haus sich eine Blutschuld auflädt? Wollte er ein Tyrann werden oder der König von Israel? Als ein anderer kehrte er mit seinen Leuten zurück in seinen höhlenreichen Unterschlupf.

Der reiche Nabal hätte teilen können, von seinem Erntemahl abgeben sollen. Doch er prasste, aß viel fettes Fleisch und trank unmäßig viel von dem starken Wein. Seinem Körper schien das nicht zu bekommen. Ein Schlaganfall fesselte ihn zehn Tage lang auf sein Lager. Dann starb er.

Was hatte er jetzt von seinem vielen Besitz? Was hatte er von dem vielen Fleisch und Brot, das er David vorenthalten wollte? Auch Nabal, der Reiche, konnte nichts mit ins Grab nehmen.

David bat Abigajil, seine Frau zu werden. Aber nicht etwa aus Mitleid, weil sie jetzt hätte allein in Karmel bleiben müssen. Nein, wie ich schon am Anfang erzählte: David hatte große Hochachtung vor Abigajil, und er liebte sie.

Abigajil war eine wunderschöne Frau, und sie hatte Herz.

50. Abigajil über Ahinoam

1. Samuel 25,43 und 2. Samuel 3,2

Zu meiner Überraschung fand ich bei David schon eine Frau vor. Es war Ahinoam, die Fürstentochter aus Jesreel, die er kurz vorher geheiratet hatte.

Nicht lange blieben wir beiden die Frauen eines Bandenchefs. Die Männer erzählten, David habe sich seit der Begegnung mit mir sehr stark verändert. Ich meine dagegen, David hätte selbst erkannt, dass er im Gebiet Sauls immer ein Flüchtender bleiben würde und immer wieder gegen Leute aus seinem eigenen Volk kämpfen müsse. So bot David den Todfeinden Israels, den Philistern, seine Dienste an. Die Gefolgsleute waren erst entsetzt, ließen es sich im Philisterland dann jedoch recht gut gehen.

Der Philisterkönig in Gat muss erleichtert gewesen sein, den schlagkräftigen David nicht mehr als Gegner zu haben. Er ließ ihn den Treueid schwören und gab David und seinen Leuten die Stadt Ziklag als Lehen. Dort konnten wir wirklich gut leben. Wir wurden nicht beäugt und beargwohnt wie in der Königsstadt Gat, wenn wir uns von der Götterverehrung distanzierten.

Von Ziklag aus hatte David die Südostgrenze der vereinigten Philisterkönigreiche zu beschützen und zu sichern. David spielte ein gefährliches, doppeltes Spiel und ging dabei sehr grausam vor. Statt ins judäische Gebiet räuberisch einzufallen, wie es der Philisterkönig glaubte und erwartete, bekämpfte er die Amalekiter und andere feindliche Nachbarstämme Judas. So bewahrte er sich und seine Mannen davor, gegen das eigene Volk kämpfen zu müssen. Damit er nicht von den Überfallenen verraten werden konnte, machte er sie nieder. Das Kleinvieh, die Rinder, Esel, Kamele und Kleidung nahm er als Beute mit und gab davon den größeren Teil dem Philisterkönig. Der war's damit zufrieden.

Ein Jahr und vier Monate wohnten wir in der kleinen Landstadt Ziklag. Ahinoam und ich hatten einen Krieger zum Mann. An das rauhe Leben und Davids häufige Abwesenheit hatten wir uns zu gewöhnen.

Als Ehemann war David liebevoll und zärtlich. Das harte, laute Vorgehen eines Truppenchefs legte er ab wie ein Gewand, wenn er in unser Haus kam.

David war auch ein sehr frommer Mann. Wir konnten beobachten, wie er vor jedem Feldzug Gott befragte. Zusammen mit den Kriegern opferte er Gott, und es schien uns, als ob sie danach besonnener und gestärkter, noch mehr als nur eine Einheit, das Stadttor verließen. Wir beide waren sehr froh darüber. Wir wussten David in der beschützenden und führenden Hand Gottes. Durch das Misstrauen einiger Philisterführer wurde David – Gott sei es gedankt – davor bewahrt, den entscheidenden Feldzug gegen das Königshaus Sauls mitmachen zu müssen.

Er konnte indessen aus einer Strafexpedition gegen die Amalekiter Beutegeschenke an seine Freunde in Juda schicken. Dadurch brachte er sich bei denen ins Gespräch; an Freund- und Kameradschaften erinnerte man sich wieder.

Die Philister siegten über Israel und töteten König Saul und drei seiner Söhne. David weinte voll echter, tiefer Trauer über seinen Freund Jonathan und dessen Vater, König Saul. Obwohl Saul ihm so viel Unrecht getan hatte, sah David in ihm doch den Gesalbten des Herrn, den ersten König Israels. Wir zogen nach Hebron. Davids sechshundert Krieger mit ihren Familien und David mit Ahinoam und mir. David wurde dort von seinem Stamm zum König ausgerufen.

Eine schöne Zeit begann für uns Frauen am Königshof zu Hebron. Hebron war eine sehr alte Stadt, schön gelegen am Wadi el Chalil. In Hebron lag die Höhle Machpela. Das war das erste Fleckchen Erde, das die Ahnherren und Ahnfrauen Israels ihr eigen nennen konnten. Abraham hatte es einst mit viel Mühe von dem Hetiter Efron abgekauft, um unserer aller Mutter Sara auf eigenem Land die letzte Ruhestätte geben zu können. Später wurden dort auch Abraham, Rebekka und Isaak, Lea und Jakob begraben.

Hebron ist eine traditionsgeschichtlich reiche Stadt. Was schwirrten hier nur alles für Geschichten herum. Bis Hebron wären damals die Kundschafter des großen Führers Mose gekommen. Kaleb hatte von diesem Land geschwärmt und es später von Josua zum Erbteil erhalten. Eine Stadt, geschwängert von Geschichten und Erzählungen! Und zu unserer Zeit wurde sie noch viel reicher daran.

David hatte viele Scharmützel, auch harte Kämpfe gegen Isch-Boschet zu bestehen. Das war ein Sohn Sauls, der von den Nordstämmen Israels zum König ausgerufen worden war. Doch David baute in Hebron sein Haus. Einem König steht es gut zu Gesicht, wenn er viele Frauen hat. Wieso eigentlich? Das israelitische Königtum war doch noch so jung. Warum richtete sich David nach den Heiden, den heidnischen Königen mit der Zahl ihrer Frauen?

Wir waren schließlich in Hebron sechs Frauen. Und wir alle sechs gebaren einen Sohn auf dem Königshof in Hebron. Ahinoam hielt als erste einen Sohn in ihren Armen. Es war Davids Erstgeborener, der Erbprinz Amnon.

Ich will unsere Namen und unsere Söhne einmal anführen, als Zeichen dafür, dass wir Frauen in Hebron sehr friedlich miteinander lebten. Eifersüchteleien und Schikanen kamen erst später in Jerusalem auf.

Ahinoam gebar Sohn Amnon. Abigajil gebar Sohn Kilab. Maacha gebar Sohn Absalom und Tochter Tamar. Haggit gebar Sohn Adonija. Abital gebar Sohn Schefatja. Egla gebar Sohn Jitream.

51. Ahinoam über Maacha

2. Samuel 3,3

Maacha war wunderschön. Sie war die Tochter Talmais, des Königs von Geschur, einer Stadt nordöstlich vom See Genezaret.

Doch sie passte nicht so recht nach Hebron. Die Stadt war ihr zu ländlich, der Königshof zu ärmlich. Für die alten Geschichten von unseren Ahnmüttern, die hier umliefen, hatte sie keinerlei Interesse. Sie war eine heidnische Königstochter. Die Umstellung auf die Lebensart eines israelitischen Königshofes fiel ihr schwer. Vielleicht wollte sie es auch gar nicht. Über vieles rümpfte Maacha die Nase. Nach ihrer Meinung sah in Hebron gar nichts königlich aus. Auch David benehme sich wie ein rauhbeiniger Krieger, aber nicht wie ein mächtiger Herrscher. Ihr königlicher Vater in Geschur hätte eine Menge Wagen und Rosse. Wenn er auf den Palasthof preschte, würden seine Leute erbleichen und erzittern. Gäste seien beeindruckt von der Pracht. Die königlichen Gewänder würden in der Sonne glitzern. Und die mit Edelmetall gepanzerten Streitwagen würden sie schier blenden.

Auch mit der Esskultur war Maacha unzufrieden. Sie jammerte nach den goldenen Bechern und silbernen Schüsseln ihres Elternhauses. Sie beklagte sich, dass keine Unterhaltungskünstler am Hofe lebten und dass kaum Musik zu hören sei. Wenn David abends Zeit fand und in die Saiten seiner Harfe griff, was wunderschön anzuhören war, nörgelte sie gleich: Weder Flöten noch Schalmeien noch Zimbeln sind hier! Die Harfen in Geschur sind viel größer als Davids Harfe. Sie haben ein schräges Joch und viele Verzierungen. Außerdem klingen sie voller. David soll sich doch solch eine schönere Harfe anschaffen!

Maacha hatte wenig Kontakt mit uns. Sie war zu stolz, fast dünkelhaft. Erst in Jerusalem taute sie auf. Dort ließ sie vieles nach ihren Wünschen bauen, anfertigen und einrichten. Denn wegen ihrer aparten Schönheit übte Maacha einen besonderen Reiz auf David aus. Sie war auch die Einzige von uns, die außer ihrem Sohn Absalom eine Tochter, die Tamar, gebar. Wenn wir Maacha auch nicht recht leiden mochten, ihre Schönheit bewunderten wir, ebenso die ihrer Kinder.

52. Maacha über Tamar

2. Samuel 13

Erlasst es mir, über einen von euch zu berichten! Ich will lieber von meiner Tochter Tamar erzählen. Nur von ihr.

Es war schon schlimm, was im Palast in Jerusalem passierte. Blutschande unter Königskindern, und der Vater griff nicht ein!

Vater David war zwar zornig, als er hörte, was sein Erstgeborener mit seiner Tochter Tamar gemacht hatte, aber er bestrafte ihn nicht. Ich fand das unerhört, und hätte ich noch in Davids Gunst gestanden, hätte ich mich ihm verweigern müssen. Nie hätte ich nach dieser bösen Geschichte wieder mit David schlafen können.

David liebte all seine Söhne, die Töchter waren ihm Nebensache. Sie standen unter »ferner liefen«. Später, im Jerusalemer Harem und im Kinderhaus, sprangen neunzehn Söhne seiner Hauptfrauen herum. Dazu kamen noch eine mir nicht bekannte große Zahl von Söhnen und Töchtern seiner Nebenfrauen. Alle Söhne beachtete er sehr genau. Er sprach mit ihnen und sorgte für ihre soldatische und geistige Ausbildung. Um die Töchter mussten wir Frauen uns allein kümmern. Obwohl sich meine Tamar zu einem besonders hübschen und reizvollen Mädchen entwickelte, wurde sie von David kaum beachtet. Sie war als Tochter für ihn tabu, nicht vorhanden. Da brauchte David gar nicht hinzusehen. Sonst war es fast sprichwörtlich, dass David schönen Mädchen nicht widerstehen konnte und sie schnellstens in seinen Harem holte.

Als die Kinder junge Heranwachsende waren, hätte David sie allerdings fester anfassen müssen. Einige der Jungen hätten eine stärkere Führung durch ihren Vater gebraucht. Aber David war den Söhnen gegenüber zu nachsichtig. Zu oft ließ er sie einfach gewähren.

Ich hatte sehr viel Freude an meinen Kindern. Absalom war der schönste Königssohn in Jerusalem und Tamar das lieblichste Mädchen. Die beiden liebten einander sehr. Ich erzählte ihnen viel von ihrem königlichen Großvater in Geschur und wie prächtig dort Hof gehalten wurde. Wenn ich von den großen Gastmahlen erzählte, lief uns das Wasser im Munde zusammen. Von den Spaßmachern am Hofe konnten sie nie genug hören, und dass während der Mahlzeiten dort Oboen- und Flötenspieler auftraten, erstaunte sie, die nur die sparsame Hofhaltung Davids kannten.

Dass Tamar schön war, sahen natürlich auch die Königssöhne.

Der älteste Halbbruder und Kronprinz, Amnon, der von Ahinoam in Hebron geborene Sohn, verliebte sich heftig in sie. Aber er konnte ihr nicht näherkommen. Einerseits aus Gründen des Anstandes und der Moral, zum anderen wohl auch, weil Tamar behütet bei uns im Frauenhaus lebte.

Amnon grämte sich. Er wurde vor Liebeskummer krank und schwach.

Amnons Freund Jonadab besuchte ihn oft. Er war älter als Amnon und schien »mit allen Wassern gewaschen« zu sein. Die beiden heckten einen bösen Plan aus. Es klappte alles auch so, wie sie es sich vorstellten.

Wie eine Mutter einem kranken Kind den Wunsch nach einer besonderen Speise erfüllt, so tat David am Krankenbette seines Erstgeborenen: Er ließ Tamar kommen und für Amnon einen Kuchen backen. Sicherlich hat Tamar sich dabei recht anstellig gezeigt, denn sie war nicht nur schön, sie war auch tüchtig. Tamar wusste auch um Sitte und Anstand und war von mir über das Geschlechtsleben aufgeklärt. Amnon indes konnte oder wollte sich nicht mehr beherrschen. Er fiel über sie her.

Mein armes Kind war offen und ehrlich. Sie verschwand nach dieser ihr angetanen Schmach nicht heimlich die Gänge entlang. Nein, sie zerriss das Kleid, das bisher ihre Jungfräulichkeit zeigte, und streute sich Asche auf das Haupt – ein Zeichen der Demut und Trauer. Laut schreiend lief sie durch Gänge und Gemächer, und wie ein Lauffeuer zog die Kunde von dem üblen Geschehen durch Palast und Nebengebäude.

Warum tat David nichts? War sie nur eine der vielen Töchter, für die er doch nicht so leicht einen passenden Mann finden würde? Wollte er seinen Sohn nicht strafen, weil er der Erstgeborene war, sein eigentlicher Erbe? Musste er daran denken, dass bei Amnon das väterliche Erbgut durchschlug, nämlich die Eigenschaft seiner eigenen heiß aufflammenden und bedenkenlosen Liebesbereitschaft?

Mein armes, schönes, geschändetes Kind! Warum tat David nichts für seine Tochter?

Aber mein Sohn Absalom, Davids Drittgeborener, litt mit seiner heißgeliebten Schwester. Abgrundtiefer Hass stieg in ihm auf gegenüber Amnon. Bei einem Weingelage ließ er Amnon ermorden.

Nun war David starr vor Trauer. Absalom musste fliehen. Er flüchtete nach Geschur, ins Königreich meines Vaters. Ich wäre am liebsten mitgezogen. Aber ich musste mich um meine arme Tochter kümmern. Doch ich konnte sie nicht trösten. Ihr Leben, das wegen ihrer klaren Schönheit so gut zu werden versprach, war stumpf geworden und ging bald zu Ende.

— 53. Tamar über Haggit, Abital und Egla —

2. Samuel 3,4-5

Ich mochte sie alle, die Frauen meines Vaters - alle, die mit uns schon in Hebron waren. Neben Abigajil und Ahinoam, die schon erzählt haben, waren da noch Haggit, Abital und Egla. Ich hatte sie lieb. Sie waren meine Tanten, Muhm'n nannte ich sie zärtlich. Ich war noch recht klein, als wir von Hebron wegzogen. Aber ich kann mich noch daran erinnern, wie in der letzten Zeit im Königshof eine sonderbare Stimmung herrschte. Vater war sehr böse auf einige Soldaten und weinte einmal sogar. Meine Tanten schlichen leise umher. Mutter interessierte sich nie sehr für das, was im Palast oder draußen geschah. Sie hatte auch wenig Kontakt mit den Hofleuten und Soldaten. Wenn ich etwas erfahren wollte, musste ich zu meinen Muhm'n Haggit, Abital und Egla gehen. Von ihnen erfuhr ich auch, dass der andere König, Isch-Boschet, der Sohn von König Saul, getötet worden war und auch dessen Feldhauptmann. Es müssen hinterhältige Morde gewesen sein, sonst wäre Vater nicht so gereizt gewesen, und am Hof wäre nicht so viel gewispert worden.

Nach dieser gedrückten Stimmung im Palast geschahen wieder merkwürdige Dinge. Viele Männer kamen auf den Hof, die alle mit Vater redeten. Wieder wurde getuschelt. Von den Muhm'n erfuhr ich, dass diese Israeliten wollten, Vater solle ihr König werden.

Schließlich konnte ich vom Turm aus mit Mutter und Absalom sehen und hören, wie Vater von den Männern zum König gesalbt wurde. Alle Ältesten der einzelnen Stämme sollen dabei gewesen sein. Ringsum standen viele, viele andere Männer, und alle schrien laut: »David soll unser König sein!«

Mutter sah noch stolzer aus als sonst. Die Tanten freuten sich, wurden aber bald darauf ängstlich. David zog mit seinen Soldaten gegen die Jebusiter. Tante Haggit sagte mir, Vater wolle eine als uneinnehmbar geltende Stadt mit einer starken Burg stürmen.

Nun, Vater hat diese Stadt Jerusalem gestürmt, erobert und die Einwohner besiegt.

Es war eine große Aufregung, als wir alle von Hebron nach Jerusalem zogen. Wir Kinder kamen mit unseren Müttern ins Frauenhaus. Daran wurde immer wieder gebaut und gehämmert. Es war laut und lustig, manchmal auch gefährlich. Mutter ordnete viele Baumaßnahmen an und hatte laufend neue Wünsche. Ich fühlte mich wohl bei den Muhm'n Haggit, Abital und Egla. Sie richteten ihre Räume mit schönen Tüchern und Stoffen ein. Ihre Söhne Adonija, Schefatja und Jitream waren in meinem Alter oder etwas jünger. Mit ihnen spielte ich gern, wenn mein Bruder Absalom von einem fremdländischen Höfling belehrt wurde: Mutter ließ ihm noch zusätzlichen Unterricht in höfischem Benehmen erteilen. Auch Amnon, der Erstgeborene, hatte schon früh wenig Freizeit. Ihn nahm der Vater gern mit zu Besuchen in anderen Städten. Der Sohn von Abigajil war kränklich und ist schon in den ersten Jahren in Jerusalem gestorben.

Meine Mutter Maacha fühlte sich jetzt richtig in ihrem Element. Der Palast wurde immer schöner und schöner und auch alle Häuser ringsum. Ständig rumpelten große Wagen auf den Hof und brachten wohlriechendes Zedernholz von weit her. Mutter unterbreitete den Zimmerleuten und Künstlern immer wieder neue Vorschläge für die Verschönerung eines Saals, einer Empore oder eines Simses. Sie regierte wie eine Königin.

Aber da waren noch andere Frauen – Haggit, Abital und Egla waren sehr lieb und zurückhaltend. Sie strahlten Weiblichkeit und

Wärme aus. Sie hatten keine übermäßigen Wünsche. Sie erfreuten sich an dem, was sie erhielten, und waren dankbar dafür. Sie putzten sich gern heraus. Sie waren glücklich über die neuen Duftsalben und die Schönheitscremes. Ihr langes Haar pflegten sie ausgiebig mit Öl.

Sehr früh merkte ich, dass sie alle David gefallen wollten. Auch Mutter tat wieder mehr, um ihre natürliche Schönheit zu unterstreichen. Ihr schwarzes, lockiges Haar bändigte sie mit hübschen Kämmen.

In der Auswahl der Kleider übertrumpften sich die Frauen bald immer mehr: Kleider aus leichten, duftigen Stoffen mit Goldfäden durchwirkt, purpurne Oberkleider mit Verzierung von Stickereien am Saum oder am Abschluss der weiten Ärmel, seidene Gewänder mit scharlachfarbener Ornamentik und Silberfäden. Es war anregend, durch das Frauenhaus zu gehen. Himmlisch war die Buntheit der Gewänder und der Duft überall!

Vater David hatte ein Frauenhaus voll der schönsten Frauen, aber – es kamen immer mehr Frauen hinzu. Die vielen Frauen darin genügten anscheinend seinen Ansprüchen immer noch nicht. Ich verlor bald die Übersicht. So viele Frauen, und überall wurden auch Kinder geboren. Ich wusste schon bald nicht mehr, wer zu wem gehörte. Aber erzähl' doch eine von euch mal weiter, Haggit, Abital oder Egla. Eine von euch, die ihr zu den sechs Hauptfrauen gehörtet.

54. Haggit über Batseba

2. Samuel 11–12 und 1. Könige 1

Das war falsch, Tamar. Es gab in Jerusalem acht Hauptfrauen von David. Du hast vergessen, dass Davids erste Frau schon wieder zurückgeholt wurde, bevor wir in Hebron aufbrachen: Michal, König Sauls Tochter, die vorhin als Erste von uns erzählte.

Ja, und dann – darüber komme ich heute immer noch nicht weg!

Nein, das kann ich einfach nicht fassen! David, unser kriegerischer Mann, König und Heerführer, zog einmal nicht mit in den Krieg gegen die Ammoniter. David, unser von so vielen eigenen Frauen umworbener Mann, zog nicht in das Zimmer einer seiner Gemahlinnen! David, unser frommer, gottesfürchtiger Mann – beging Ehebruch!

Ihn zog es auf die Brüstung der Burganlage. Er schaute hinunter auf seine Stadt, auf sein Jerusalem.

Es war ein heißer Tag gewesen. Im Palast hatten wir Fenster und Türöffnungen nur mit leichten Tüchern verhängt gegen die Sonne, sie aber sonst offen gelassen, um durch Luftzug ein bisschen Kühlung zu schaffen.

Der Palast lag günstig auf dem Südosthügel Jerusalems. Der Kalksteinhügel fiel schräg nach Süden hin ab. Hier kuschelten sich die Häuser der Jebusiter an den Hang. Die Wärme staute sich. Ein Luftzug kam dort selten auf. Viele unserer Leute hatten inzwischen hier kleine Anwesen erstanden. Davids alte Gefolgsleute mit ihren Familien wurden dabei besonders bevorzugt, hier in der Nähe des Palastes. Ganze Straßenzüge gehörten bald den Israeliten.

Jerusalem lag günstig in dem früheren Grenzgebiet zwischen Juda und Israel. Gute Handelswege führten an der Wasserscheide entlang nach Norden und Süden, ohne das Stadtgebiet unmittelbar berühren zu müssen. Handelspartner und Kuriere konnten von Osten her über Jericho und auch vom Küstengebiet leicht die Stadt erreichen.

Entspannt und doch den Kopf voller Pläne mag David über das Stadtgebiet und das freie Land dahinter geblickt haben.

Er war nie protzig oder größenwahnsinnig. Er blieb eigentlich immer ein bescheidener Mann, der dankbar Kraft, Sieg und Führung von Gott, seinem Herrn, annahm und auch immer wieder Gott befragte. David fühlte sich unwohl bei dem Gedanken, jetzt in einem schönen Zedernhaus zu wohnen und für Gott noch kein würdiges Haus errichtet zu haben. Er plante, einen Tempel zu bauen.

Aber auch viele Häuser waren noch neu zu errichten. Immer

mehr seiner Gefolgsleute gründeten Familien. Platz musste geschaffen werden. Die Mauern der Stadt mussten ausgebessert oder erneuert werden. Es war noch viel zu tun.

Über den Dächern der Stadt flimmerte es von der mittäglichen Hitze. Doch bald würde auf den Dachterrassen reges Leben herrschen. Die Frauen würden dort das Getreide zu Mehl mahlen. Sie würden sich um ihre Vorratskrüge kümmern. Durch die engen Straßen würden sie fröhlich schwatzend mit ihren Tonkrügen ziehen, um Wasser zu schöpfen. Nur Frauen, Kinder, Alte und Krüppel würden heute zu sehen sein. Alle kriegsfähigen Männer waren zur Zeit im Kampf gegen die Ammoniter.

Davids Augen müssen wohl plötzlich magisch angezogen worden sein von einer leichten Bewegung in einem kleinen Hof. Mit sichtlich großem Wohlbehagen stieg dort eine junge Frau aus einem Wasserbottich. Die Hitze des Tages hatte sie mit einem erfrischenden Bad abgestreift. Ihre Unpässlichkeit war vorbei. Sie fühlte sich wie neugeboren. Sie streckte sich und dehnte ihren Körper. Die herabperlenden Wassertropfen mögen in der schon schräg stehenden Sonne geglitzert haben. Es muss ein Gleichnisbild für die Schöpfung gewesen sein: Aus dem Wasser steigt anmutiges junges Leben, das alle Glieder und Poren der Sonne entgegenstreckt.

David muss von diesem Anblick fasziniert gewesen sein! Ob er noch zusah, wie die junge Frau ihr Untergewand überstreifte und ihr weites Oberkleid an sich zurechtzupfte, weiß niemand.

Das Drängen in ihm gewann so stark die Oberhand, dass er sofort Diener losschickte, um sich nach der Frau zu erkundigen. Es war Batseba, die Frau des Uria, einer seiner zuverlässigsten Hauptleute. Uria war hetitischer Abstammung und führte jetzt eine Abteilung gegen die Ammoniter.

Noch einmal: Wir alle konnten es nicht begreifen! Wir Frauen waren alle da und freuten uns, dass David dieses Mal nicht am Kriegszug teilnahm. Fast jede von uns hätte liebend gern David in die Arme genommen, wäre bereit gewesen für ihn!

Nein – David ließ die Frau seines Hauptmanns Uria in den Palast holen und schlief mit ihr.

Ein Skandal! Ehebruch! Darauf stand die Todesstrafe! – Ein Palast mit so vielen Frauen, mit halbwüchsigen Kindern, mit Dienern und Mägden hat tausend Augen, ebenso viele Ohren und viele Münder. Die Gerüchteküche dampfte geradezu. Und sie dampfte lange!

Als Uria, Batsebas Mann, zum Feldrapport in den Palast bestellt wurde, wusste kaum jemand, welcher Aussage, welchem Gewispere Glauben geschenkt werden konnte. David musste wohl sehr leutselig mit Uria über den Verlauf des Krieges und dabei auftretende Schwierigkeiten geredet haben. Sehr freundlich muss Uria entlassen worden sein zu seiner Frau. Doch Uria, als getreuer Kriegsmann, blieb bei den Soldaten des Königs. Er wollte keine Vergünstigungen. Oder hatte ihm jemand etwas von Batsebas Ausflug in den Palast zugeflüstert?

Es half wohl nichts. Da wuchs ein Kind in Batsebas Leib, gezeugt vom Trieb im Ehebruch, und David konnte es dem Ehemann nicht unterschieben. Auch die Macht eines Königs hat ihre Grenzen.

David, der sonst nach Gottes Weisung Fragende, ließ nach der ersten großen Sünde gleich eine zweite folgen. Dem Ehebruch folgte Mord.

Mit dem eigenen »Todesurteil« in der Tasche verließ Uria Jerusalem. Er wurde an eine Stelle des Kampfes beordert, wo es kein Entrinnen gab. Uria wurde getötet; im Kampf getötet durch die Feinde, aber gewollt und geplant durch seinen eigenen König.

Danach erhielt unser Frauenhaus Zuwachs. Batseba wurde die achte Hauptfrau Davids. Mit einem sich bereits rundenden Leib zog sie in unseren Harem ein.

Wir konnten es nicht fassen, aber auch Batseba schien verwirrt.

Batseba schlich wie eine Traumwandlerin durch die Gänge des Palastes. Sie hatte Uria geliebt, von Herzen geliebt. An Uria hatte sie nur den eifrigen Gehorsam gegenüber Joab, Davids Heerführer, auszusetzen gehabt und den gegenüber den Wünschen des Königs selbst. Weil Uria so gewissenhaft, einsatzbereit und treu Befehle und Anordnungen ausführte, war er ständig außer Haus, laufend mit Sonderaufträgen oder Kuriertätigkeiten beschäftigt. Batseba, die glücklich in den Armen ihres Mannes war, wurde deshalb zornig über seinen Herrn, den König David.

Nun musste Batseba das passieren! Sie wurde von dem König entehrt. Nicht sie oder der König mussten dafür sterben, sondern ihr Ehemann Uria, des Königs übertreuer Diener. Dazu kamen noch spitzfindige Andeutungen aus dem Haremshaus, die sie wie Dolchstöße trafen. Sie hätte, unglaublich geschickt, den König verführt! Sie konnte doch damit rechnen, dass der König sie sehen müsste von dem erhöht gelegenen Palast! Sie hätte es doch sicherlich mit Bedacht darauf angelegt und sich nach dem Bad besonders lange in der Abendsonne gedreht und gewendet! Sie wusste doch von der besonderen Schönheit ihres Körpers und hatte von Davids Vorliebe für schöne Frauen längst gehört!

Im Palast gab es damals Frauen, und auf der weiten Erde gibt es heute Männer, die meinen, Batseba hätte ihre Gefallsucht eingesetzt, um David bewusst zu betören. Andere urteilten, Batseba hätte sich doch gegenüber Davids Begehren wehren können. Das ist Unsinn!

Wie sollte das eine Frau, der vielfach alle Rechte abgesprochen wurden! Eine Frau sollte sich gegen den König sperren? Ehebruch wurde bestraft, gewiss! Aber doch nicht bei dem König, dem obersten Richter eines Landes!

Batseba erzählte mir, wie sehr sie unter diesen Anspielungen litt. Glaubhaft gab sie mir zu verstehen, dass sie bei dem damals so ersehnten und genossenen Bad an keine Männer gedacht habe. Sie waren doch alle auf dem Feldzug gegen die Ammoniter. Und König David war bei so etwas immer dabei. Das wusste sie von ihrem königsbegeisterten Mann Uria.

Batseba gebar einen Sohn. Keiner hatte es gewagt, König David »die Leviten« zu lesen. Gott selbst griff ein. David hatte Gottes Gesetz gebrochen! Der weise Prophet Nathan kündigte ihm im Auftrag Gottes harte Strafen an: Batsebas Kind musste sterben. Batseba und David durften in ihm nicht weiterleben. Das war ihre Strafe.

Der Todeskampf dieses Kindes nahm David sehr mit. Es war, als ringe er selbst mit dem Tode. Er war sich voll bewusst, dass dieser Tod eine Strafe für seine Schuld war. Er rang mit Gott, er betete und fastete und lag nachts im Bußgewand auf dem Fußboden. Wir sahen es alle, dass sein Schmerz groß war - größer noch als der Batsebas.

Nach dem Tod des Kleinen reinigte er sich und ging zum Heiligtum. War es neue Weisung? War es Läuterung? Davids alte Lebenskraft und Regierungsfähigkeiten waren mit einem Schlag wieder da.

Batseba dagegen lief geistesabwesend herum, eine schöne, aber teilnahmslose Frau. Die reich ausstaffierten Räume, die Düfte und die Musik im Haus konnten sie nicht blenden. Ihr ging das Buhlen der Frauen um die Gunst des Mannes David auf die Nerven. Sie litt geradezu körperlich und seelisch darunter.

Sie fühlte sich in ihrer Eigenschaft als Frau schutzlos ausgeliefert an die Männer! Ihren Mann Uria hatte sie geliebt, aber er liebte noch mehr den König und dessen mörderischen Krieg. Gegen David hatte sich alles in ihr gesperrt, aber sie war schutzlos. Ihr offener Körper empfing, empfing in Sünde und Not, während ihr vorher eine Empfängnis in Liebe verwehrt war.

Seltsame Wege gehen wir Menschen. Seltsame Wege werden wir von unserem Gott geführt.

König David suchte nun nicht nur den Körper, sondern auch Batsebas Seele zu gewinnen. Damit hatte er es aber sehr schwer. Wir alle hatten das Gefühl, dass sich Batseba weiter innerlich gegen David sträubte. Sie hatte sich eigene, innere Schutzbarrieren gezimmert. Sie wollte nicht wieder verwundet werden.

Batseba war jedenfalls nicht durch Reichtum oder Gunst zu betören. Sie wurde nie stolz oder herablassend, weil sie die offensichtliche Lieblingsfrau Davids wurde. Und das alles ohne ihr Zutun!

Batseba gebar wieder einen Sohn. Salomo bekam von klein auf als Lehrer und Schirmherrn den Propheten Nathan zur Seite. Das war ein Stück der Größe König Davids. Der über ihn das Gerichtswort Gottes ausgesprochen hatte, wurde nicht getötet oder zumindest in die Wüste geschickt. Fast alle Herrscher hätten dies getan.

Nein, David sah in Nathan den Rufer Gottes, den weisen Mann. Nathan wurde anerkannt, gehört und hoch in Ehren gehalten.

Dieser Sohn Salomo war ein besonderes Kind und wurde auch ein hervorragender junger Mann mit hohen Geistesgaben. Warum gerade das Kind der Batseba so ausgezeichnet wurde, blieb mir ein Rätsel.

Batseba lebte jedenfalls nur noch für diesen Sohn, obwohl sie, durch die Gunst Davids bevorzugt, noch drei weitere Söhne gebären durfte.

Auch Batseba kam schließlich zu hohen Ehren durch Nathans und ihre Fürsorge und Zuwendung zu Salomo.

— 55. Batseba über Abischag von Schunem —

1. Könige 1

Es war wohl so, dass Davids physische Manneskraft vorzeitig verbraucht war. Der agile, allzeit bereite Mann David hatte genug Frauen gehabt, genug Kinder gezeugt. Die Hitze war vorbei, nicht einmal Wärme stellte sich mehr ein. König David fror am Tage und in der Nacht. Er wurde schlaff. Das machte sich auch in seinen Regierungsgeschäften bemerkbar. Die Großen sorgten sich; nicht wir Frauen. Eine enge Beziehung bestand schon lange nicht mehr zwischen David und einer der Hauptfrauen. Das junge Gemüse, die hübschen jugendlichen Nebenfrauen, die er immer wieder in den Harem neu angeschleppt hatte, waren meist dann auch abgeschrieben, wenn sie das erste Kind säugen und nähren mussten. Da wuchs keine intensive Liebesgemeinschaft mehr.

Vielleicht war dies die Rache. David, der Frauen nur zu nehmen brauchte - und immer die schönsten -, hatte jetzt im Alter keine, mit der er hätte »ein Fleisch sein« können. Eine eheliche, intime Zweierbeziehung, die von jung bis ins hohe Alter durch Glück und Leid geht, war durch solch einen Lebenswandel nicht gegeben.

David war in seinem siebenten Lebensjahrzehnt ohne die Wärme einer Frau. Ihn fror.

Die Hofbeamten suchten im ganzen Land nach einer jungfräulichen Schönheit, die ihm aller Voraussicht nach Wärme schenken könnte. In Abischag von Schunem fanden sie sie auch tatsächlich. Sie war ein liebenswertes hübsches Mädchen, das in voller Lebensblüte stand. Ihre üppigen Brüste und ihre rosigen runden Wangen ließen Wärme und liebevolle Zuwendung zu allem Lebendigen erspüren.

Abischag verließ Schunem, den kleinen Ort am Südwesthang des Hügels More, nördlich Gilboa, und zog in den Palast nach Jerusalem, um König David zu wärmen.

Abischag wohnte nicht bei uns im Frauenhaus. Sie war Tag und Nacht für David da. Sie umsorgte ihn, sie diente ihm. Rührend las sie ihm seine Wünsche von den Augen ab. Abends legte sie sich auf sein Lager, noch ehe er sich selbst zur Ruhe begab, um sein Bett vorzuwärmen. Die ganze Nacht über blieb sie als warmes, lebendiges Etwas Davids Wärmequelle. Doch ein Feuer wurde nicht mehr entfacht. Das war vorbei. Vielleicht solltest du selbst einmal über dich weitererzählen, Abischag!

56. Abischag von Schunem

1. Könige 1 und 2

Ich werde nicht über König David und mich erzählen! – Nachtragen will ich das, was ihr alle hier zu sagen vergessen habt, und ich werde über eure Söhne sprechen. Nehmt es mir nicht übel, aber ich fand euer Benehmen gegenüber dem alternden König unerhört!

Habt ihr nicht genug schöne Dinge, gute Erlebnisse, ein sorgenfreies Leben und eine Menge Bequemlichkeiten durch David am Königshof gehabt? Es wäre doch wohl selbstverständlich gewesen, dass eine von euch dem weißhaarigen König beigestanden hätte. Ihr wart ihm dem Alter nach näher, so dass viel mehr natürliche

Brücken hinüber und herüber bestanden, die durch gemeinsame Erlebnisse hätten gestärkt werden können. Ich war erbost über euch, und deshalb habe ich umso mehr Kräfte bekommen, David zu helfen. Der König war ein so liebenswerter Mann! Ich habe ihm gern gelauscht, wenn er zur Harfe griff und dazu mit brüchiger Stimme eines seiner Lieder sang. Gelegentlich stimmte ich auch mit ein, bei Texten, die mir schon vertraut waren wie »Du aber, Herr, wollest deine Barmherzigkeit nicht von mir wenden; lass deine Güte und Treue allewege mich behüten.« Dann sah mich David sehr freundlich an und antwortete so oder ähnlich: »Herr, mein Gott, groß sind deine Wunder und deine Gedanken, die du an uns beweisest; dir ist nichts gleich! Ich will sie verkündigen und davon sagen, wiewohl sie nicht zu zählen sind.« Und er pries und lobte Gott.

Eure Söhne hättet ihr besser im Zaum halten sollen! Doch ihr habt sie noch unterstützt in ihrem Machthunger. Einige von euch wären nur zu gern Königinmutter geworden, hätten gern ihren Spross als den Höchsten in Israel gesehen! Euch und David wäre viel Leid erspart geblieben, wenn ihr euch hättet bescheiden können!

Da war Absalom, der wirklich schöne Jüngling. Maacha, du hättest ihn nicht mit deinen heidnischen Königsidealen vollpfropfen sollen! David wollte nicht den heidnischen Prunk. Absalom und du, ihr wart versessen darauf. Weil es legal nicht ging, wollte Absalom die Königswürde voller Tücke an sich reißen. Es sah natürlich ganz gut aus, dass er seine Schwester Tamar rächen wollte. Er ließ den Blutschänder Amnon ermorden. Doch war das nicht nur ein willkommenes Motiv? Mit Amnon war der Kronprinz ausgeschaltet, und nun war er selbst der Thronerbe.

Erst fünf Jahre danach fand Absalom wieder Gnade in den Augen des Vaters. Doch statt demütig aufzutreten, kam ein Blender an den Königshof zurück. Was sollte das protzige Gehabe? Er, der junge Mann, musste einen prächtigeren Wagen fahren als sein Vater, der ein langes Leben voller Kampf und Einsatz hinter sich hatte. Die Erde musste erzittern, über die seine fremdländischen Pferde stampften. In der entferntesten Gasse Jerusalems musste jeder die

Heroldstimme des Leibgardisten hören: »Platz da, hier kommt Prinz Absalom!« Blendwerk und Geltungssucht!

David litt wegen dieser Großspurigkeit.

Wie schäbig war es von Absalom, wenn er draußen vor dem Tore die Bittsteller abfing, die durch Davids Urteilsspruch nicht Recht erhalten hatten. Welche miesen Versprechungen machte dann Absalom, nur um das Vertrauen in den König zu schmälern. Vier Jahre lang stahl Absalom bewusst das Herz der Männer Israels. Mit unwahren oder schmeichlerischen Reden hatte er den Boden für einen Aufruhr gegen den König vorbereitet. Sehr schön eingefädelt, sammelte er die Aufrührer in Hebron, wo die Menschen es immer noch nicht verwunden hatten, dass David den Regierungssitz nach Jerusalem verlegt hatte.

David räumte dem Aufrührer das Feld. Er verließ mit allen Hauptfrauen, Kindern und einem großen Tross von Kriegern Jerusalem. Viele haben darin auch die Größe Davids gesehen. Er wollte nicht hier in Jerusalem gegen seinen Sohn antreten. Er wollte sein Lebenswerk nicht wieder zerstören.

Die Nebenfrauen ließ er zu Hause in Jerusalem. Absalom besaß die Frechheit, sie vor den Augen des Volkes zu schänden. Er schlief mit ihnen in dem Zelt auf dem Dach des Hauses, um öffentlich zu zeigen, wer jetzt hier das Sagen hatte, wer jetzt König war. Das alles konnte nicht Gottes Wille sein. Dies habe ich später im Hören auf die Lieder Davids selbst erfassen können.

Ausgerechnet Absaloms Haarpracht wurde ihm zum Verhängnis. Bei der Verfolgung durch Davids Krieger blieb er mit seinen Haaren in dem Geäst einer Eiche hängen und wurde von Speeren getroffen.

Friede jetzt im Königshof? Keineswegs.

Dann hast du, Haggit, wohl deinen Sohn Adonija unterstützt, die Initiative um die Königsnachfolge zu ergreifen.

David war alt, die Nachfolge sollte schon geregelt werden. Dein Sohn war jetzt der Älteste. Nur, da war noch Batsebas Sohn Salomo. Er war zwar jünger, nicht so ein großer Kriegsmann wie dein Sohn, aber ein kluger Spross, der von dem Propheten Nathan viel

Weisheit und Diplomatie mitbekommen hatte. Adonija imponierte nun ebenfalls mit Wagen, Rossen und Leibgarde. Mit Freunden, Davids Heerführer Joab und dem Priester Abjatar, feierte er schon die heimliche Thronbesteigung.

Da zeigte sich, dass du, Batseba, inzwischen eine Politikerin geworden warst. Mit Trick, politischer Raffinesse und Hilfe durch den Weisen Nathan habt ihr den etwas zaudernden David dazu gebracht, Salomo als seinen Nachfolger zu bestimmen.

Der Priester Zadok nahm das Ölhorn aus dem Zelt Gottes und salbte Salomo zum König über Israel. Und sie bliesen die Trompeten, und alles Volk rief: »Es lebe der König Salomo!«

Ich konnte miterleben, wie David Salomo in die Regierungsgeschäfte einwies. David sah in Salomo seinen von Gott erwählten Nachfolger und einen mit Weisheit ausgezeichneten Mann. Er ermahnte ihn inständig, auf Gottes Weisungen und seine Gebote zu achten.

Ich musste die Pläne für den Tempelbau holen, die David Salomo erklärte. Möglichst bald sollte er mit dem Bau beginnen.

David hatte seine Nachfolge geregelt, sein Haus bestellt. Er starb, satt an Jahren, Reichtum und Ehre. Er starb in Frieden.

Aber im Haus gab es noch keinen rechten Frieden. Du, Batseba, wurdest Königinmutter, die erste in Israel. Du hattest zu deinem Sohn ein enges Verhältnis und er zu dir. Er verschaffte dir Rechte, die ungeheuerlich groß waren. Die Königinmütter von Israel bekamen durch eure vorgelebte Regentschaft eine imposante Stellung.

Nur einmal wurde euer gutes Vertrauensverhältnis getrübt, vielleicht auch erschüttert.

Adonija hatte ein Auge auf mich geworfen. Er hätte mich gern geheiratet. Und ich muss gestehen, ich wäre nicht abgeneigt gewesen. Adonija war ein gutaussehender junger Mann. Batseba sollte vermitteln und König Salomo bitten, dass ich Adonijas Frau werden könne.

Ich nehme an und hoffe es sehr, dass Adonija mit seinem Brautwunsch keine bösen Hintergedanken hatte. Doch dem König war das sicher. Wie vom Skorpion gestochen schrie Salomo daraufhin seine Mutter an. Noch saß wohl Salomo nicht fest genug auf dem Thron. Durch die Heirat Adonijas mit der Frau seines Vaters hätten wieder Ansprüche des älteren Bruders auf den Thron aufsteigen können.

Es war alles so kompliziert! Ich hatte dafür kein Verständnis, und für mich hatte es wohl auch keiner. Adonija musste seine Bitte um mich mit seinem Leben bezahlen.

Ich kam als Erbstück in den Harem Salomos. Doch darüber möchte ich nicht sprechen.

57. Amme von Mefi-Boschet, dem Enkel König Sauls

2. Samuel 4,4

Ich hatte ein Kind geboren, eine Tochter; allein, ohne Hilfe. Mein Mann hatte mich verlassen.

So ganz wusste ich noch nicht, wie es mit uns weitergehen sollte. Ich war gesund und kräftig, konnte überall arbeiten. Bisher lebte ich so ganz gut. Doch nun musste ich auch für meine Tochter sorgen. Sie brauchte ein Zuhause. Das einmal Hier- und einmal Dortsein müsste jetzt eigentlich aufhören. Ein Kind braucht etwas Stabiles, die Geborgenheit eines Heimes.

Eine Streifschar kam vorbei. Ihr Anführer Jonathan sah, wie ich mein Kind stillte. Er machte mir ein Angebot. Ich sollte mit ihm kommen. Auf der Burg im Gibea Sauls lebte er mit seiner Frau. Sie hatte vor wenigen Tagen auch geboren. Ihre Milch drohte jedoch zu versiegen, obwohl sie Unmengen Eselsmilch trank.

Von schnellen Entschlüssen war ich schon immer. Dies hier sah ich als Glücksfall, als großes Angebot, ja als Geschenk!

Bedingung für mich war natürlich, dass ich meine kleine Tochter mitnehmen konnte. Jonathan hatte nichts dagegen. Er sah wohl, wie die Milch aus meinen Brüsten rann, wie mein Säugling längst nicht alles trinken konnte.

Einer der Männer musste mir und dem Kind das Reittier überlassen. Er führte es am Zügel. Nach einem etwas beschwerlichen Ritt über Stock und Stein – in mir war wohl noch nicht alles wieder gefestigt und heil – hatten wir den kleinen Ort nördlich von Jerusalem erreicht.

Jonathan entpuppte sich für mich als der Sohn König Sauls. Dementsprechend war auch die Wohnstatt. Ich wurde in einem geräumigen festen Haus willkommen geheißen. Ja, ich wurde geradezu herzlich begrüßt von Jonathans Frau. Sie war recht blass und schmal und machte sich große Sorgen um den kleinen Jungen in ihrem Arm. Er schrie und plärrte. Er hatte Hunger. Er wurde nicht satt.

Es gab keine Schwierigkeiten. Mefi-Boschet, so hieß der Kleine, nahm meine Brust, sog und schmatzte, dass es mir geradezu weh tat. Satt und müde schlief er an meinem prallen Busen ein, während Milch noch an seinen Mundwinkeln herab rann.

Jonathans Frau hatte Tränen in den Augen vor Glück. Sie nahm mir Mefi-Boschet ab und sah auch noch zu, wie ich meiner Tochter die andere Brust reichte.

Ich hatte meinen Einstand geleistet. Ich wurde in der Familie voll akzeptiert. Mit freudigem Herzen tat ich auch weiter mein Bestes. Ich fühlte mich so wohl im Gibea Sauls.

Ich hatte ein geordnetes Heim und eine wichtige Stellung. Mit Dankbarkeit, aber auch mit Ehrerbietung hing ich an der Familie, ja am ganzen Haus König Sauls.

Auch als die beiden, Mefi-Boschet und meine Tochter, entwöhnt waren, blieb ich im Haus und machte mich nützlich. Vorrangig versorgte ich jedoch die Kinder, die sehr an mir hingen.

Als ich im Burghof das Geschrei von den Geflohenen aus Jesreel hörte und ihren Weheruf, dass König Saul und seine Söhne gefallen seien, packte ich die beiden am Boden spielenden Kinder. Ich floh mit ihnen die Treppe zum Garten hinunter. Sie waren mit ihren fünf Jahren schon recht schwer. Ich stolperte und Mefi-Boschet rutschte mir aus dem Arm. Er fiel so unglücklich, dass er seit dieser Zeit an beiden Füßen gelähmt blieb. Ich litt mit ihm . . .

Später machten wir uns Gedanken, ob dieser Sturz und seine Folgen Führungen Gottes waren. Wahrscheinlich wäre sonst Mefi-Boschet als möglicher Thronfolger auch im Kampf oder dem Mord zum Opfer gefallen . . .

— 58. Die Pförtnerin am Haus Isch-Boschet —

2. Samuel 4,1–3 und 4,5ff.

Warum steht von mir überhaupt etwas geschrieben in dem großen Buch?

Weil eine Frau versagt hat. Eine Frau war eingeschlafen, statt zu wachen. Auf sie war kein Verlass. Sie war doch als Pförtnerin bedienstet!

Eine Frau hat nicht müde zu sein, wenn sie Pförtnerin ist! Auch wenn die anderen alle in des Tages größter Hitze ein Nickerchen machten. Frau Pförtnerin hatte zu wachen! Gewerkschaften gab es noch nicht. Die hätten vielleicht gemerkt, dass ich überbeansprucht wurde!

Sogar der Schreiber des Verses hat festgehalten, warum ich müde war und wohl erschöpft eingeschlafen war: Ich hatte Weizen gereinigt. Eine staubige Angelegenheit! Eine Arbeit, die die Augen tränen lässt und die Kehle zum Husten reizt.

Nach getaner Arbeit breitete ich die sauberen Weizenkörner auf ein Tuch in der Sonne, trank aus einem Tonkrug eine Unmenge Wasser und setzte mich unter das Tor.

Da muss ich wohl eingenickt sein. Und diese Schurken Baana und Rechab schlichen an mir vorbei ins Haus und ermordeten meinen Herrn.

Nur weil eine pflichtvergessene Frau nicht aufgepasst hatte, wurde der letzte Sohn König Sauls, der König Isch-Boschet, ermordet! Und David konnte König über ganz Israel werden.

Glaubt ihr so etwas?

Zum Ersten könnt ihr euch sicherlich vorstellen, dass es außer mir noch weitere Bedienstete gab. Männer waren für die Sicherheit des Königs auch noch da.

Zum Anderen: Als einzelne Frau hätte ich nie zwei tatkräftige Krieger aufhalten können, die mit einem bestimmten Vorhaben vor mir erschienen.

Zum Weiteren: Die beiden, Baana und Rechab, waren mir gut bekannt. Sie waren Hauptleute von König Isch-Boschet. Ich hätte sie ohne Zögern an mir vorbeilaufen lassen.

Was also soll dieser Satz? »Die Pförtnerin des Hauses hatte Weizen gereinigt und war fest eingeschlafen.

Da schlichen sich Rechab und sein Bruder Baana hinein und kamen ins Haus. Da lag er auf seinem Bett in seiner Schlafkammer. Und sie stachen ihn tot und hieben ihm den Kopf ab . . .«

Heimtückische Verräter und Mörder waren Rechab und Baana! Die beiden wollten ihr Fähnchen nach dem Wind hängen. Nachdem Abner, der Feldhauptmann, ermordet war, und daraufhin König Isch-Boschet mutlos seine Arme hängen ließ, wollten sie das »sinkende Schiff« verlassen. Zu König David, dem aufgehenden Stern, wollten sie überlaufen und sich gut einführen mit dem abgeschlagenen Kopf von Isch-Boschet.

Doch Unrecht gedeiht nicht. König David erregte sich sehr über die beiden gottlosen Verräter und ließ sie aufhängen.

59. Zeruja (die Mutter von Abischai, Joab und Asael)

1. Chronik 2,16 und 2. Samuel 2,18ff.

Ich bin eine Halbschwester von König David. Wir haben eine gemeinsame Mutter, deren Namen niemand aufgeschrieben hat. Da wir sie nur Mutter nannten und wir ihren Namen nie zu schreiben brauchten (ich konnte das auch gar nicht), kann ich den Namen auch gar nicht nennen. Ich finde das jetzt zwar mehr als beschämend; doch früher war ich noch nicht so selbstbewusst. Ich erkannte noch nicht den hohen Wert einer Frau und Mutter als Trägerin des Lebens.

Mutter war zuerst die Ehefrau Nahas und gebar mich und kurz danach meine Schwester Abigal. Mit Isai, dem Enkel Ruts, hatte Mutter noch acht Söhne.

Wir wohnten in Bethlehem, besaßen einige Streifen Wiesen und Ackerland und eine Schafherde.

Meine Schwester Abigal und ich waren schon einige Jahre verheiratet, als der fromme Samuel mit einer jungen Kuh und einem Horn voll Öl Bethlehem besuchte. Abigal und ich waren in den Häusern unserer Männer. Abigal und ihr Mann Jeter hatten einen Sohn Amasa. Ich gebar hintereinander drei Söhne. Sie waren wilde Knaben zu der Zeit, als Samuel die Ältesten Bethlehems und Isai mit allen Söhnen zum Opferfest einlud.

Ganz Bethlehem sprach nachher von dem recht eigenartigen Zeremoniell. Alle sieben Söhne, die Isai begleitet hatten, mussten einzeln an Samuel vorbeigehen.

Alles war neugierig; nichts passierte, außer einem kleinen Gespräch zwischen Samuel und Isai. Doch plötzlich kam der jüngste Sohn Isais, David, munter herangesprungen. Isai hatte ihn vom Feld holen lassen, wo er die Schafe hütete.

Zur Verblüffung aller wurde der kleine braungebrannte Knabe von Samuel mit Öl aus dem Füllhorn gesalbt. Ich hätte nun gedacht, der weise Mann würde David als seinen Adjunkt mitnehmen. David war ein frommer Junge und konnte gut Harfe spielen. Solch ein junger Musikant wäre doch dem heiligen Mann recht nützlich gewesen bei seinen Zeremonien.

Doch nein - Samuel zog allein weiter. David hütete wie vorher die Schafe. Ein kleines Intermezzo, eigenartige Spinnereien eines senilen Mannes - nichts weiter, so dachte ich.

Jetzt sind wir natürlich alle klüger.

Jeder, der heute die Geschichte in der Bibel liest, weiß von vornherein, dass dies die Salbung zum König war. Doch ich habe lange gebraucht, bis ich das erkannte.

Ich war zornig auf meine drei Söhne, die kaum flügge geworden, sich Davids Freischärlern anschlossen.

Leichtsinnig war mein Ältester mit David einmal ins Lager König Sauls eingebrochen. Dort hatten sie aus Schabernack einen Wasserkrug und den Spieß Sauls mitgenommen.

David wurde König in Hebron. Meine drei Söhne blieben seine Waffengefährten, wurden harte Kriegsleute.

Hatte ich als Mutter versagt? Eine Mutter hat Leben geschenkt und ist für das Leben, nicht für den Krieg. Sie sorgt sich und müht sich, zieht Leben zur Selbständigkeit auf.

Hatte ich geboren, um mit diesem neuen Leben anderes Leben zu zerstören? Leben, das andere Mütter geboren hatten? Was ist das für eine Welt!

Ich hatte keinen Einfluss mehr auf meine Söhne. Das Kriegshandwerk hatte sie in seinen Klauen. Einer gründete zwar eine Familie und schenkte mir einen Enkel, den Sebadja. Doch weder seine Frau noch sein Sohn, noch ich konnten ihn zu Hause halten. Das Kriegsgeschrei und der Schwerterkampf war für meine drei Söhne ein sie erfüllendes Leben. Ein zerstörerisches Leben!

Noch bevor David König in Jerusalem wurde, wurde einer meiner Söhne getötet. Asaël, der Vater des kleinen Sebadja. Der gegnerische Feldhauptmann Abner hatte meinen flinken Asaël mit dem Spieß durchbohrt.

Hatte die Mutter Abners inständiger um Siegeskraft und um sein Leben gebetet? War sie gottesfürchtiger gewesen? Doch was soll eigentlich der allmächtige Gott machen, wenn aus beiden Lagern Bitten, Wünsche, Gebete aufsteigen? Ich war sehr irritiert.

Voller Trauer und Sorge durchlitt ich die nächste Zeit.

Könige bekriegten sich. Der Sohn König Sauls, Isch-Boschet, den der Feldhauptmann Abner zum König über Israel ausgerufen hatte, und David, der in Hebron residierte. Beiden Königen standen verbohrte, kämpferische Männer zur Seite.

Mein Ältester, Abischai, hatte eine hervorragende Stellung unter den Helden Davids. Joab, mein zweiter Sohn, war Davids Feldhauptmann. Er war bald der oberste und wichtigste Mann neben David. Er ging für seinen König durchs Feuer!

War das falsch? Hätte ich für einen andauernden Frieden beten sollen, für Einsicht? Für welche Einsicht? Wer kann einsehen in die Entschlüsse Gottes? Und warum wurde meinen beiden Söhnen verübelt, dass sie ihren getöteten Bruder rächten? Sie haben doch so viele im offenen Kampf erschlagen. Ich habe diese Tötung Abners als gerechtfertigte Selbstjustiz meiner Söhne angesehen, fühlte mich dadurch geradezu erleichtert.

Doch dies Gefühl war nur von kurzer Dauer. König David war sehr böse über Joabs eigenmächtigen Mord an Abner. Er verordnete eine Totenklage – für den Mörder meines Sohnes! Für den Mörder des Bruders seines Feldhauptmanns! David soll sogar einen schlimmen Fluch über unser Haus ausgestoßen haben.

Alles, was noch das Leben lebenswert machte, verschwand für mich danach. Ich war in der Tiefe getroffen. Alles Äußere wurde für mich Blendwerk, das zu schnell ausgelöscht, in die Dunkelheit gestoßen werden konnte. Mich konnte nichts mehr verblenden. Trügerisch erschien mir der aufstrebende Wohlstand in Jerusalem und die unübersehbare Achtung, die die Männer David entgegenbrachten.

Da war dieser Fluch, von dem mich die Gefolgsleute Joabs wissen ließen. War dies der Grund für Krankheit und Not in mir? Joabs Kriegsglück wurde legendär, doch menschlich wurde er skrupellos. War er nicht mitschuldig am Tode des Hetiters Uria, Batsebas erstem Mann? Warum musste er Davids Sohn Absalom erstechen, als der so wehrlos mit seinen Haaren an den Ästen der Eiche hing?

Es konnte nicht gut gehen, es konnte nicht gut gehen

Auch Abischai soll David zu Mordanschlägen geraten haben. Schlimme Worte hat König David darauf gesagt: »Was hab ich mit euch zu schaffen, ihr Söhne der Zeruja, dass ihr mir heute zum Satan werden wollt?«

Ich musste es erleben, dass Neffe Amasa, der Sohn meiner Schwester Abigal, Feldhauptmann wurde an Joabs statt. Und ich musste davon hören, dass mein Sohn bei erster Gelegenheit Amasa hinterhältig ermordete.

Oh, Gott, warum habe ich als Mutter, die unter Schmerzen Leben gebar, versagt? Warum habe ich es nicht geschafft, dem von mir geborenen Leben Ehrfurcht vor anderem Leben tief ins Herz hineinzugeben, einzupflanzen? Wieso habe ich Krieger geboren, erzogen? Wieso Haudegen geboren, die heldenhaft (!) unzählige Männer in den Tod brachten und dazu auch noch einzelne heimtückisch ermordeten?

Oh, Gott, hilf uns Frauen! Was können wir dazu? Kannst du, Gott, zukünftige Frauengenerationen vor so etwas Sinnlosem nicht bewahren?

Was hatten meine Söhne von all ihrem kriegerischen und ihrem aufopfernden Tun? Sie sind zu Ruhm gekommen durch Taktieren und Töten. Sicherlich war davor auch Angst, Schwäche, Verzagtheit. Danach kam Stolz, laute Überheblichkeit, neuer Ansporn. Und zum Schluss?

Wie jämmerlich ist das Ende. Joab starb am Altar im Zelt Gottes. Nichts Schlimmeres scheint es zu geben.

60. Abigal

1. Chronik 2,17

Zum Leiden haben wir geboren, wir alle hier.

Soll ich meiner Schwester Zeruja gram sein, dass einer ihrer Söhne, der Joab, meinen Einzigen getötet hat? Nein – Zeruja kann ich nicht böse sein. Sie leidet wie wir an dem Wahnwitz des kriegerischen Tuns, das uns die Söhne und Männer wegnimmt. Nein, wir Frauen müssen zusammenhalten. Wir müssen uns zu einer Solidarität zusammenfinden, die Männern den Krieg verleidet, die sie schwach macht für den mörderischen Kampf und ihnen ihr kriegerisches Handwerk legt. Der Prophet Micha hat ein gutes Wort gerufen: »Schwerter zu Pflugscharen!« Vielleicht sollten wir Frauen uns *alle* verweigern, wenn wir nicht diese Garantie erhalten: Schwerter zu Pflugscharen!

Es war nicht einmal ein ruhmvolles Ende, das mein Sohn Amasa erleben musste. Es war Meuchelmord. Amasa war Davids Feldhauptmann. Er war es gerade geworden. Obwohl er zu den Aufständischen um den Kronprinzen Absalom gehört hatte, schenkte ihm König David sein Vertrauen.

Nun war er tot. David war schon zu schwach, um seinen altgedienten Joab dafür zu strafen.

So ließ er es später durch seinen Sohn Salomo ausführen.

61. Rizpa

2. Samuel 3,7ff. und 21,8ff.

Aber nicht Salomo, dem schöngeistigen, friedlichen Mann möchte ich diesen Mord zur Last legen. Es war David, der auf dem Totenbett seinem Sohn die Vergehen Joabs ins Gewissen schrieb.

Nein – ich bin auf König David nicht gut zu sprechen! Wohl – er ist Israels größter König gewesen. Der weiseste war er jedenfalls nicht! Und ich kann mir auch nicht vorstellen, dass er der gottesfürchtigste gewesen sein soll. Kann denn dieser Gott so viel Tod wollen? Kann dieser Gott so viel unnütz Geborenes wollen? »Du Schöpfer des Lebens«, singen einige.

Wer hat den Tod erschaffen? Ich weiß, die Gottesgelehrten werden mir, der Ungebildeten, sagen: »Der Tod ist der Sünde Sold.«

Was haben meine Kinder getan?

War der Tod meiner beiden Söhne und der ihrer fünf Blutsverwandten ein zu zahlender Wechsel auf vergangene Schuld König Sauls? Ich habe dies Vergehen Sauls, das ihm zur Last gelegt wurde, nie verstanden. Das kann Sauls Tochter versuchen zu erklären.

Ich hockte auf dem dunklen Sackgewand, das ich als Zeichen der Trauer oben auf der Höhe über den nackten Fels ausbreitete. Über mir hingen die übel geschundenen, leblosen Körper meiner beiden Söhne. An Pfählen hatten die Gibeoniter sieben tote Körper aufgehängt. Eine große Schmach! Öffentlich sollten sie als von Gott Verfluchte dargestellt werden. Die Gibeoniter verstanden ihre Rache, und sie kannten die israelitischen Gesetze.

Meine Augen hätten blind sein müssen von der Flut der Tränen. Körper und Geist hätten ausgebrannt sein müssen, halbtot von Verzweiflung und Not. Doch eine seltsame Wachheit und Stärke erfüllte mich, mein Denken, mein Reagieren. Ich wollte dieses unsinnige Sterben nicht akzeptieren. Ich musste rebellieren, musste etwas tun!

Meine Söhne waren noch so jung, und wie schmal waren ihre Körper von der schon lange währenden Hungersnot. Ich wollte es nicht zulassen, dass die gequälten Körper meiner toten Söhne nun auch noch von Geiern zerrissen wurden!

Immer wieder sprang ich auf und verscheuchte die gierigen Tiere. Es konnte doch nicht lange dauern, mein grässliches Wächteramt da auf der Höhe! Ich wusste doch von einem Gesetz, dass ein Leichnam nicht über Nacht am Holz hängen soll, damit das Land nicht unrein würde.

Nun - ich musste sogar einige Nächte wachen und wilde Tiere verjagen. Hatte man dies mir bekannte Gesetz vergessen? Wollte sich kein Mann unrein machen durch die Berührung dieser von Gott Verfluchten? Hatte Gott wirklich die sieben jungen Männer aus Sauls Geschlecht verflucht? Waren solche Aussagen nicht Ausgeburt menschlicher Gehirne? Wo lag ihre Schuld, ihre Sünde? Wo lag die meine?

War es böse von mir, dass ich damals voll Freude König Saul in seine Burg gefolgt war? Er hatte mich zu seiner rechtmäßigen Frau gemacht. Vielleicht war es Ahinoam, seiner ersten Frau, am Anfang nicht recht, dass er mich als junge Nebenfrau einziehen ließ. Doch wir kamen gut miteinander aus. Ihr war es bald sehr lieb, dass ich da war und dass sie sich ganz ihren Kindern, den vier Söhnen und zwei Töchtern, und den Enkelkindern widmen konnte.

Ich gebar Armoni und Mefi-Boschet und freute mich von Herzen über die beiden fröhlichen Knaben. Auch mit Saul, der noch immer ein schöner, sehr großer Mann mit aufrechtem Gang war, verlebte ich glückliche Stunden. In meinen Räumen ließ ich es nicht zu, dass über Kampf, Mord und Totschlag oder über Ränkespiele um Macht gesprochen wurde. Vielleicht war es deshalb eine so schöne Zeit, die wir gemeinsam verleben konnten.

Ich war sehr traurig, als König Saul mit seinen Söhnen eines Tages nicht mehr aus dem Kampf zurückkehrte.

Trotz meiner liebenswerten Söhne war ich einsam. Ich sehnte mich nach den glücklichen Stunden der Zweisamkeit. Vielleicht bestand darin meine Schuld, dass ich nicht spröde war, als lange nach der Trauerzeit Feldhauptmann Abner mir den Hof machte. In mir erwachte noch einmal die Liebesfreude der Frau. Abner war ein Verwandter Sauls, und ich hatte ihn bald von Herzen gern. Auch er liebte mich. Das spürte ich. Doch diese neue Liebe wurde mir nicht vergönnt. Der einzige noch lebende Sohn Sauls, den Abner selbst zum König ausgerufen hatte, regte sich fürchterlich über unser Verhältnis auf. Dieser König Isch-Boschet fürchtete, Abner sei ehrgeizig und wolle mit mir schlafen, nur um sich Rechte auf die Krone zu verschaffen.

Das hatte Abner nicht verdient, wo er den Isch-Boschet doch selbst zum König erhoben hatte. Abner schäumte daraufhin vor Wut und wurde zum Verräter am Haus Sauls. Er ging mit seinen Mannen nach Hebron und bot König David seine Dienste an.

Indirekt war ich zum Zünglein an der Waage geworden. Der lang andauernde Kampf um die Königsherrschaft wurde jetzt zu Gunsten Davids entschieden.

Doch Abner hatte nichts davon. Er wurde von Joab ermordet. Musste er vor Gott büßen, weil er mich, die Witwe Sauls, zu seiner Geliebten gemacht hatte?

Musste ich dafür büßen, indem er mir wieder genommen werden musste? Und musste ich bis zu meinem bitteren Ende büßen, so dass mir auch die beiden Söhne, die Früchte meiner Liebe mit Saul, genommen wurden?

All diese quälenden, zweifelnden Fragen, die Selbstanschuldigungen, auch bittere Anklagen kamen tropfenweise aus mir heraus, da oben auf dem Felsen.

Warum, Gott, lässt du solche Menschenopfer zu?

62. Merab

2. Samuel 21,8

Ja, das waren Menschenopfer!

Die Gibeoniter haben die Not unserer hungernden Leute ausgenutzt. Reingefallen war David. Aber vielleicht war es ihm auch ganz recht so. Nun waren alle Nachkommen Sauls ausgelöscht. Er brauchte nun nicht mehr zu fürchten, dass ein Saulsohn oder Saulenkel ihm den Thron streitig machen würde.

Ihr müsst wissen, die Gibeoniter waren keine Israeliten. Damals bei der Landnahme gelang es ihnen mit List und durch Betrug, einen Vertrag zu schließen, der sie unter den Israeliten wohnen bleiben ließ. Sie wurden als Holzhauer und Wasserträger für die Gemeinde und unser Heiligtum eingesetzt.

Es gab also einen uralten Eid, den die Israeliten den Gibeonitern geschworen hatten, dass sie weder Gut noch Leben der Gibeoniter je antasten würden.

Diesen Eid hatte mein Vater Saul gebrochen. Er wollte die Gibeoniter aus irgendeinem Grund ausrotten. Das vergalten sie mit dieser Blutrache.

Als David Gott nach den Ursachen der lähmenden Hungersnot fragte, wurde er auf die ungesühnte Schuld Sauls hingewiesen.

Alles andere wird dann wie gewünscht abgelaufen sein. Heilige Zahlen wurden genannt. Unsere sieben Söhne mussten deshalb sterben. Meine fünf und die beiden der Rizpa.

Der Zeitpunkt war günstig. Normalerweise musste jetzt die Erntegabe als Opfer dargebracht werden. Heidnisches Opfer hat sich mit dem Opfer Israels vermischt. Es war kein Mose, es war kein echter Gottesmann da, der hier Fürbitte oder den wahren Willen Gottes ausgesprochen hätte.

Unsere Söhne waren die Opfer und – Gott hat nicht eingegriffen! Er hat uns Frauen alles genommen – Warum? Fünf Söhne habe ich geboren. Alle fünf mussten so früh sterben. Warum?

63. Ahinoam

1. Samuel 14,50

So viele Kinder habe ich Saul geboren. Alle männlichen Nachkommen sind dahin. Das Haus Saul ist ausgelöscht. Und wie zur Bestätigung, dass alles so rechtens war, fiel nach dem Menschenopfer der Gibeoniter der Regen vom Himmel über das Land. Nach diesem Regen hatten Mensch und Tier schon lange gedürstet.

Mich wundert es noch immer, dass unsere Leute nicht schon zu Davids Zeiten in Scharen zu den Göttern der Heiden liefen, ihren Moloch mit Menschenopfern fütterten, um alles Heil der Welt zu erkaufen!

Alles, alles war weg. Kinder bedeuten Zukunft! Für uns gab es keine mehr! Wir Frauen waren und sind die Geschlagenen! Gebären, pflegen, leiden. Warum? Warum musste dann Saul erst so hoch erhoben werden?

Er hatte das Königtum nicht erstrebt. Uns ging es gut auf dem bäuerlichen Anwesen seines Vaters Kis und in den darauf neu erbauten, geräumigen Häusern. Wir führten ein beschauliches Landleben. Saul hatte einen friedlichen Arbeitsplatz zu Hause, und ich konnte ihm bei allem zur Hand gehen. Friede und Harmonie herrschten, unsere Kinder wurden geboren. Ab und zu begleitete ich Saul nach Jerusalem auf den Markt. Er verkaufte dort Wolle, ich erstand Gewürze für den Haushalt und manchmal auch ein kleines Schmuckstück für mich, einen neuen Armreif oder auch eine silberne Fußspange.

Nachdem Saul so überraschend zum König ausgerufen wurde, war es mit unserer Idylle vorbei. Sie wurde abgelöst durch Unruhe, Missgunst und Kriegsgeschrei.

Als Saul über die Ammoniter siegte, konnte ich mich noch mitfreuen. Das Königtum wurde bestätigt. Eine kleine bescheidene Residenz wurde für ihn errichtet mit einer kräftigen Mauer ringsum und vier Ecktürmen.

Der Umzug brachte für mich Neues; Einrichtungsarbeiten und Gestaltungsideen. Doch als das vorüber war, merkte ich bald, was wir mit diesem lauten, öffentlichen Leben eingetauscht hatten. Die friedvolle, bebauende und pflegende Arbeit meines Mannes war dahin. Eine zänkische, rauhe, kriegsmännische folgte. Eine Arbeitsteilung oder Mithilfe war für mich nicht mehr möglich. Meistens war er mit seinen Männern tage- und nächtelang in kriegerisches Tun verstrickt.

Ich saß oft auf der Höhe unter dem Tamariskenbaum und ließ meine Gedanken schweifen. Macht, Kontrolle und wiederum Hader machten sich allenthalben breit. Ich war wohl die Königin, aber ein sinnerfülltes Leben hatte ich nur in den ersten Ehejahren als junge Bäuerin erlebt. Ruhe und Frieden waren für uns nicht einmal in den eigenen vier Wänden mehr möglich. An den wenigen Tagen, die Saul zu Hause war, war das Burggelände überfüllt von seinen lärmenden Männern. Und Saul sorgte für diese mehr als für unsere Familie.

Eines muss ich noch berichtigen. Im wieder aufkommenden Schmerz habe ich mich vorhin fortreißen lassen. Ein männliches Glied unserer Familie existierte noch. Ich habe ihn nur nie zu sehen bekommen. Es ist Micha, ein Enkel meines Sohnes Jonathan.

König David hat die Freundschaft mit Jonathan weit über dessen Tod geachtet. Jonathans gehbehinderter Sohn durfte am Hof in Jerusalem aufwachsen. So denke ich, wenn ich Gutes bei David suchen will. Aber meine anderen Gefühle ihm gegenüber haben meistens die Oberhand. Dann sage ich mir, David lud den Sohn Jonathans nach Jerusalem ein, um ihn unter Kontrolle zu haben. Keiner aus dem Hause Sauls sollte ungesehen wieder erstarken! So wurde mir auch Micha, mein Urenkel, entfremdet.

Ich war eine Königin, nicht durch Geburt, mehr durch Zufall. Dieser Stand hat mir nur Unruhe, Einsamkeit und Leid gebracht. Ich würde jedem abraten, selber nach einer solchen Stellung zu trachten. Eigentlich sollten wir so weise sein, Veränderungen vorher zu bedenken, ob sie Leib und Seele schaden. Zu dieser Weisheit würde dann allerdings auch der Mut gehören, dem Streben nach Macht zu widerstehen. Weisheit und Mut, wer hat wohl beides?

64. Die kluge Frau von Tekoa

2. Samuel 14

So steht es in dem großen Buch: »Die kluge Frau von Tekoa.« Dort habe ich keinen Namen, aber mein Wohnort Tekoa, etwa zwei Wegstunden südlich von Bethlehem gelegen, ist angegeben worden.

In verschiedenen Orten Israels gab es Frauen wie mich. Sie wurden als weise oder kluge Frauen angesehen. Mir ist das Wort »weise« lieber und wohl auch passender. Klugheit setzt bei mir etwas mehr eigene Aktivität voraus. Klugheit kann ich mir erwerben. Weisheit ist ein großes Geschenk. Es sind besondere Gaben, die uns der allmächtige Gott geschenkt hat und die uns eine gewisse Autorität verleihen. Ich sage »uns«, denn es gab viele weise Frauen. Viele solcher Frauen wurden um Rat gefragt, viele weise Ratschläge von Frauen wurden befolgt. Wenige Frauen wurden erwähnt in jenem großen Buch, und keine wurde benannt. Eine Ausnahme möchte ich nennen: Es ist Hulda, die Prophetin.

Gerade an dieser Prophetin kann ich mir den Unterschied deutlich machen zu uns, den einfachen weisen Frauen. Ein Unterschied, so wie ich ihn sehe. Die Weisheit gründet in der Einsicht der Fülle von Dingen und Lebensumständen. Die Weisheit, zu der wir gekommen sind, war eine gewisse Veranlagung oder Vorherbestimmung, geschah jedoch weiter durch das Lernen und durch Hören auf Gottes Wort. Weisheit im Umgang mit der Welt und den Mitmenschen bedingt lebenslanges Lernen.

Nun brauchten das nicht immer nur geistreiche Reden zu sein, die eine weise Frau kennzeichnen. Die vielfachen Lebensumstände konnten Weisheit genauso auch bei anderen Dingen hervorbrechen lassen. Mit dem Geist der Weisheit konnte Gott auch das Tun unserer Hände erfüllen.

Zu den Propheten kam Gottes Wort direkt. Sie konnten mit der Autorität Gottes sagen: »So spricht der Herr . . .«

Diese direkte Verbindung zu Gott fehlte uns, zumindest mir. So konnte ich, wenn ich um Rat gefragt wurde, auch nie mit einem Gebot antworten. In der Regel gab ich einen Rat weiter, den ich aus der

Erfahrung gewonnen hatte. Wenn dieser dem Ratsuchenden zu wehe tun würde oder ihn gar erzürnen mochte, so dass er ihn nicht beherzigen konnte oder wollte, griff ich auch zu einer Umschreibung. Ich wählte dann für meinen Rat die Verpackung in eine Geschichte. Eine Art Gleichnisrede hielt ich dann, aus der mein Gesprächspartner sich die Weisheit heraussuchen konnte.

Nun das zu meinem Beruf.

Ich stehe in der Bibel, weil ich Joab, Absalom und David geholfen habe.

Liebe Zeruja, diesen Wesenszug deines Sohnes Joab, Davids Feldhauptmann, kanntest du nicht. Joab war klug. Er wusste von der besonderen Weisheit mancher Frauen und wusste dies zu nutzen.

Die Thronfolgeabsichten Absaloms waren von viel Jammer und Schuld begleitet. Drei Jahre Exil für Absalom wegen des Mordes an seinem kronprinzlichen Bruder waren in den Augen von Joab wohl genug. Vater David sollte ihn wieder aufnehmen. Doch der König verschloss sich immer wieder diesem Ansinnen. Joab machte sich um das Königreich Gedanken. In Absalom sah er wohl einen fähigen Nachfolger für den König.

Joab gab mir seine Absicht kund. Ich sage bewusst »Absicht«. In dem Buch der Bücher steht: »Und Joab legte ihr die Worte in den Mund, die sie reden sollte.« Ja, das tat er; aber dann sagt man doch, was Gott und das eigene Herz einem eingeben. Nachplappern kann niemand überzeugen.

Er gab mir auch Ratschläge in der Kleider- und Kosmetikfrage. Die Weisheit verbot mir, gegenüber solch intimen Vorschlägen verschnupft zu sein.

Ich ging zur Audienz und spielte König David eine Witwe vor, die betrübt war über den Streit ihrer beiden Söhne. Einer hätte dabei im Affekt den anderen erschlagen. Die habgierige Verwandtschaft wollte nun den Totschläger richten, damit sie selber in den Besitz von Grund und Boden käme. Ich wäre dann nicht nur diesen letzten los, sondern auch den Namensträger und Erben.

David, der gerechte König, wollte dem sofort nachgehen und helfen, die Sache in Ordnung zu bringen.

Es ging zu schnell. Ich musste psychologisch klug weiterarbeiten. Ich musste ihm die Ernsthaftigkeit dieser Notlage bewusst machen und ihn auch Gott als Zeugen anrufen lassen, so dass unser Gespräch verpflichtend wurde.

Danach kam das Schwierigste. Ich musste das gleichnishafte Bild von den Söhnen und dem Erbe nun selbst aufdecken, dem König deutlich machen, was ich eigentlich wollte. Er sollte doch seinen Sohn Absalom wieder aufnehmen! Absalom sollte wegen des Mordes an seinem Bruder nicht länger in der Welt herumirren, vielleicht gar vogelfrei werden.

Nun, David war ein sehr weiser Mann. Es bedurfte nicht viel, und er hatte alles durchschaut. Sicherlich war es nicht nötig, dass ich seine Weisheit lobte; zu meinem Schutze sicher nicht nötig. Es war mir jedoch ein Herzensbedürfnis.

Der Ausgang der Audienz verlief so, wie Joab es erwartet hatte. Ich verschwand wieder aus dem weisen Buch. Ich verschwand auch aus dem Sinn der drei Männer Joab, David und Absalom. Ich verschwand in die Kleinstadt von Tekoa; war weiter geachtet, wurde gefragt und auch in Ruhe gelassen.

— 65. Die kluge Frau von Abel-Bet-Maacha —

2. Samuel 20,13–22

Der Feldhauptmann Joab kam bei der Verfolgung des Aufrührers Scheba bis vor die Tore unserer Stadt. Ein langer Zug von König Davids Getreuen! Denn Abel-Bet-Maacha ist eine Grenzfestung hoch im Norden Israels, ungefähr fünfundvierzig Kilometer nördlich vom See Genezareth.

Wahrscheinlich lag es an unserer exponierten Stellung, dass wir treu zu Israel standen. Die Bürger der Stadt waren friedlich und von einer sprichwörtlichen Weisheit. Es gab da ein Sprichwort, das lautete: Brauchst du Rat, dann geh nach Abel! Die Abeler kannten sich gut aus in der Geschichte und wussten um die Erfahrungen des Volkes Israel mit seinem Gott. Friedlich gingen sie miteinander und mit ihrem Handwerk um. Das Land ringsum wurde bewässert und gab genügend Frucht.

Doch nun schien der Ertrag von Arbeit und Handel in Gefahr. Der Aufrührer Scheba hatte sich in der Stadt verschanzt. Doch für den Feldhauptmann des Königs war die hohe Stadtmauer kein Grund, die Verfolgung Schebas aufzugeben. Er schüttete einen Wall auf, um ungesehen von der Vormauer aus die Hauptmauer zu unterwühlen und sie so zu Fall zu bringen. Doch unseren Wächtern blieb das natürlich nicht verborgen. Da war es eine Eingebung, dass ich das Wort ergriff. Ich bin nicht so vermessen zu glauben, dass ich allein dazu fähig gewesen war. Aus dem von Müttern und Vätern Erlernten und Erfahrenen formulierte sich ein Weisheitsspruch auf meinen Lippen. Ich zitierte das obige Sprichwort und forderte das Verantwortungsgefühl des königlichen Feldherrn für eine »Stadt und Mutter in Israel« heraus.

Joab war einsichtig. Er gab sich zufrieden mit der Herausgabe des von ihm verfolgten Empörers. Wir hielten eine Versammlung ab. Man hörte auf mein Wort. Wir schlugen dem Aufrührer den Kopf ab und warfen ihn Joab vor die Füße. Ein Leben wurde vernichtet. Doch durch diesen Tod konnten viele andere Leben errettet werden.

Joab blies die Posaune, und sie zogen ab von der Stadt. Das tägliche Leben ging weiter.

Ich war eine ganz normale Frau. Wie jeder weise Rat, wurde auch der Rat einer Frau gehört.

66. Bäuerin und Magd

2. Samuel 17,17ff.

Ich soll auch zu den weisen Frauen gehören. Nun, mit meinem Reden sicher nicht. Aber ich handele schnell und wohl oft auch richtig, wie mein Mann mir versicherte.

Es war schrecklich, was da unserem guten, tüchtigen und gottesfürchtigen König David geschah!

Sein eigener Sohn, der Absalom, hatte das Vertrauen in des Königs Rechtschaffenheit erschüttert. Durch üble Nachrede, durch Herausstellen eigenen, besseren Tuns und mit schmeichlerischem, schöntuendem Geschwätz hatte Absalom das Herz der Männer Israels gestohlen.

Wir waren empört über den Nestbeschmutzer, der nur nach eigener Macht gierte. Mein Mann und ich hielten natürlich zu König David, der vorsorglich aus Jerusalem geflohen war. David wollte sein so schön erbautes Jerusalem nicht im Kampf zerstört wissen. Deshalb ging er und überließ seinem aufrührerischen Sohn Absalom die königliche Residenz, in der dieser sich böse ausließ.

Unsere Magd hier – ich, die Bäuerin, soll für sie mitreden – war eine Art Verbindungsglied zwischen Jerusalem und David. Sie war zuverlässig und treu. Ihr täglicher Weg zum Brunnen war üblich, deshalb unverfänglich. Zwei Priestersöhne am Brunnen waren die Boten zu David hin.

Doch ein naseweiser Junge beobachtete die Szene am Brunnen und verriet es Absalom.

Aber auch das erfuhren wir, und die jungen Priester konnten in unser Dorf flüchten. Wir hatten eine trockene Zisterne. In die verkrochen sich die beiden. Ich deckte flugs eine Matte darüber und schüttete von den gerade am Morgen gedroschenen Getreidekörnern darauf. Die musste ich sowieso zum Trocknen auslegen. Ein plausibler Trockenplatz, die Matte über dem Loch der Zisterne. So mussten wohl auch die Häscher denken. Sie inspizierten den Brunnen nicht.

Als sie weg waren, stiegen die beiden heraus und eilten zu David. Sie konnten dem König und damit dem Reich Israel einen rettenden Rat weitergeben.

Des Nachts zog David mit seinem Heer über den Jordan. Der Sieg um die königliche Vorherrschaft war damit eingeleitet. Ich konnte ein kleines Stück dazu helfen.

67. Die Nebenfrauen König Davids

2. Samuel 16,22ff. und 20,3

Zu uns kommt wohl niemand und fragt nach unserem Ergehen. Deshalb wollen wir selbst die Initiative ergreifen. So etwas müssen wir erst üben, denn das war uns früher nicht beschieden. Wir mussten das tun, was angeordnet war. Wir mussten uns unterwerfen.

Wir sind die Nebenfrauen von König David. Kebsweiber wurden wir früher sogar genannt. Ein ganz entsetzliches Wort!

Wir haben sehr unterschiedliche Schicksale hinter uns, kommen zum Teil aus entfernten Gebieten und fremden Kulturkreisen.

Als Davids Reich immer größer wurde und sein Ansehen wuchs, holte er sich immer mehr Frauen an seinen Hof. Eigentlich hatte er schon genug Hauptfrauen. Ob sie seinen Ansprüchen nicht mehr genügten, oder hatten sie selbst zu viele Ansprüche?

Doch Frauen bedeuteten auch Reichtum! Sie vermehrten den Hausstand mit Erben aus königlichem Blut.

Die meisten von uns Nebenfrauen wurden auf Kriegszügen geraubt und waren damals blutjung. Im Harem schlossen wir stets Wetten ab, ob David nach einem Streifzug wieder ein Mädchen mitbringen würde.

Recht unterschiedlich hatte jede Einzelne von uns auf den Einzug in den Harem reagiert. Einige waren neugierig auf das, was sie erwartete. Manche von uns gaben auch später ganz ehrlich zu, dass sie es in Jerusalem gut und schön hätten. Zu Hause hätten sie sich bei der Feldarbeit abplacken müssen. Solche Speisen, Spezereien und Gewänder wie am Königshof hätten sie wohl sonst nie kennen gelernt.

Andere von uns weinten monatelang. Einige waren so jung, hatten Heimweh. Manche waren schon einem Mann versprochen oder waren eben eine Ehe eingegangen, begannen gerade ihren Mann zu lieben und zu schätzen.

Solche hatten es erst sehr schwer, und Mitfühlende unter uns versuchten zu trösten.

In Jerusalem hatten wir über David nicht zu klagen. Er war

freundlich zu uns. Die meisten von uns waren glücklich und stolz zugleich, wenn sie von David einmal gerufen wurden. Das kam selten genug vor.

David war sehr kinderlieb. Die Söhne seiner Hauptfrauen spielten ihm jedoch böse mit. Die großen Führungsqualitäten, die von David gerühmt wurden, verließen ihn zu Hause. Er wollte sie wohl auch nicht nutzen, wollte in seinem Palast mit Liebe führen. Er versuchte die jungen Leute zu verstehen, sich in die Gedanken der Söhne hineinzuversetzen.

Aber auch Königssöhne brauchen eine starke Führung. Er hätte ihnen einmal »die Leviten lesen« sollen! Der hübsche Absalom, der Sohn der stolzen Maacha, verjagte König David regelrecht aus der Jerusalemer Residenz.

Uns zehn Nebenfrauen ließ David damals zurück, um das Haus zu verwahren. Wir waren darüber nicht böse. Die Strapazen einer Flucht reizten uns nicht gerade.

Hier im Frauenpalast würden wir vermutlich ein angenehmeres Leben führen können.

Doch Absalom war infam! Er nahm uns in Besitz; uns, die Frauen seines Vaters!

Damit wollte er dokumentieren, wer jetzt in Israel der Herr war. Die Provokation war vollkommen. Damit es auch alle Welt sah und wahrnahm, es nicht nur als Gerücht kursierte, ließ er das Brautzelt auf das Dach des Palastes schleppen. Dort trieb er es mit uns.

Wir waren keine Huren! Wir schämten uns.

Wie konnte ein Sohn nur so etwas tun? Die Gerüchteküche brodelte im aufgestörten Harem. Eine von uns glaubte zu wissen, dass Ahitofel Absalom den Rat gegeben hatte: »Schlafe mit den Nebenfrauen deines Vaters!«

Ahitofel war ein weiser Mann. Seine Ratschläge galten viel in Israel. Aber war Ahitofel nicht ein Verwandter von Königin Batseba? War er nicht sogar der Großvater Batsebas? Wollte der alte Mann seine Enkeltochter rächen, weil David so schändlich an ihrem früheren Mann gehandelt hatte? Aber das müsste dann wohl mehr eine Familienrache, eine einzulösende Ehrensache gewesen sein.

Batseba wäre das zu diesem Zeitpunkt sicher gar nicht recht gewesen. Sie hatte doch einen sehr guten Platz in der Rangordnung. Wir hatten das Gefühl, sie sah sich schon in der begehrten Stellung einer Königinmutter.

Wir hatten genügend Gesprächsstoff. Empörende Worte über Absalom, recherchierende Gedanken wegen des Tuns Ahitofels, Spekulationen über den dramatischen Kampf zwischen Vater und Sohn.

Absalom nahm ein böses Ende. David kam wieder heim nach Jerusalem. Aber es wurde nichts mehr wie früher.

Wir, die wir uns durch Absaloms böses Tun lächerlich gemacht fühlten und sehr darunter litten, wurden nun von König David keines Blickes mehr gewürdigt. Er ließ uns in ein besonderes Haus bringen, das abseits stand. Er ordnete an, dass wir gut versorgt wurden. Aber er mied unser Haus, besuchte nicht mehr eine Einzige von uns, ließ keine von uns mehr zu sich rufen.

Uns fehlte es materiell an nichts, aber wir lebten wie Witwen. Dazu waren wir eingeschlossen und abgeschlossen von der Welt.

Initiative ergreifen und aus dem Haus ausbrechen? Wie sollte das geschehen?

– 68. Zwei junge Frauen aus dem Gerichtssaal –

1. Könige 3,16ff.

Wir beide lebten in einem gemeinsamen Haus, ohne eigenen Mann, ohne Dienstboten, oft auch ohne Brot. Es ging uns manchmal sehr schlecht, und so lebten wir von unserem einzigen Besitz: von unseren jungen Körpern.

Wir wurden beide schwanger und gebaren im Abstand von drei Tagen beide einen Sohn. Trotz unserer Armut war jede von uns sehr glücklich über die Geburt ihres Sohnes. Unser Leben hatte einen Sinn erhalten.

Eines Morgens erschrak ich. Ich hörte keinen Atem mehr aus

dem winzigen Körperlein meines Säuglings. Ich rührte ihn an. Er war kalt.

Ich holte die Öllampe. Mein Kleiner war tot. Ich schluchzte. Meine Augen waren blind vor Schmerz.

Als der helle Morgen durch das Fenster brach, ergriff ich mein kleines Bündel und trat damit vor die Tür. Aber – das war ja gar nicht mein kleiner Sohn, durchzuckte es mich wie ein Blitz.

Ich stürmte in das Nachbarzimmer. Meine Gefährtin lag noch auf ihrer Matte. Sie hatte ihr Tuch hoch über Schulter und Kopf gezogen. Auch vom Baby sah ich nichts. Eine unmögliche Lage bei der bereits aufgekommenen Wärme. Es war ganz eindeutig. Sie stellte sich nur schlafend. Doch das nützte ihr nichts.

Ich riss die Decke von ihrem Körper. Und da lag mein Kind! Mein Sohn in ihrer Armbeuge!

Sie stellte sich überrascht, nichts wissend. Doch ich wusste Bescheid. Sie hatte ihr eigenes Kind im Schlaf erdrückt. Voll Not und Schmerz vertauschte sie in einer Kurzschlusshandlung unsere beiden Kinder.

Doch sie beharrte auf der Lüge, das lebende Kind sei das ihrige.

Es half nichts. Wir mussten zum Richter.

König David war gestorben. Sein junger Sohn Salomo war sein Nachfolger, hatte mit dem Königsamt auch gleichzeitig das höchste Richteramt inne.

Wir gingen erbost, doch mit schlotternden Knien hinauf auf die Königsburg.

Im Audienzsaal haben wir uns als keifende Weiber benommen. Jede beschuldigte die andere.

Wem sollte der Richter, König Salomo, glauben? Der, die besser reden konnte? Der, die schönere Augen hatte? Der, die verstand, Mitleid zu erregen? Zeugen waren nicht da. Der Streit war eine schlimme Geschichte, ging es doch um das Wohl dreier Menschenleben – zwei Mütter und ein Kind!

Der König Salomo war sehr jung. Er saß noch nicht lange auf dem Richterstuhl. Doch sein Urteil war so weise, dass ganz Israel davon erfuhr und dass er legendären Ruhm erhielt.

Salomo ließ ein Schwert holen. Zu seinen strafausführenden Hofbeamten sprach er: »Teilt das lebendige Kind in zwei Teile und gebt dieser die Hälfte und jener die Hälfte.«

Das war zuviel für mich! Ich schrie auf. Mein Kind sollte mit dem Schwert zerteilt werden, sollte sterben? Ich fiel zur Erde und bat für das Leben des Kindes. Unter diesen Umständen würde ich es lieber der anderen Frau geben.

Diese schien allerdings mit dem Urteil zufrieden zu sein: Wenn sie nicht, dann keine!

Aber so konnte eine Mutter doch nicht handeln!

Für Salomo war es nun offenbar, wer die wirkliche, die leibliche Mutter des Jungen war. Ich, die für das Leben des Kindes bat, erhielt den strampelnden Säugling in meine Arme. Ich hatte meinen Sohn wieder!

Das gerechte und weise Urteil König Salomos wurde in ganz Israel verbreitet. Viele hatten Hochachtung vor der Weisheit dieses jungen Herrschers. Die Bösen im Lande bekamen Angst vor seinem gerechten Urteil.

69. Die Königin von Saba

1. Könige 10

Ich werde nicht aus meinem Leben erzählen. Jede Frau kann einiges davon in eurem dicken Glaubensbuch nachlesen. Das, was da geschrieben steht, reicht völlig aus.

Richtig und wichtig ist, dass ich König Salomo unbedingt kennen lernen wollte. Deshalb machte ich mich auf.

Es war ein langer, beschwerlicher Weg von Saba an der Südküste des Roten Meeres bis nach Jerusalem, so hoch im Norden.

Erwähnenswert ist allein, was in eurem Buch steht. Nur möchte ich doch die seltsame Festlegung korrigieren, dass ich allein deshalb gekommen sei, um Salomo mit Rätselfragen zu prüfen.

Durch meinen Besuch habe ich dem Chronisten wohl so viele

Rätsel aufgegeben, dass er mir das Rätselfragen als Besuchsgrund zuschob.

Gewiss ist Rätselraten eine beliebte Unterhaltung im ganzen Orient, besonders auch bei uns im südwestlichen Arabien. Rätsel gehörten zur Unterhaltung Gebildeter und Ungebildeter. Auf den langen Reisen, an den Abenden und während der Feste pflegte man sich Rätsel aufzugeben. Doch dazu hätte ich wahrhaftig keine solche lange Reise unternommen.

Hundert Tage brauchten wir auf unseren Kamelen, die die dreitausendvierhundert Kilometer lange »Weihrauchstraße« entlang trotten mussten.

Manchmal überholten uns schnelle Karawanen, die unsere begehrten Schätze an Räucherwerk, Weihrauch und Myrrhe in den Norden brachten.

Männer aus solchen Handelskarawanen und Seefahrer hatten mir Kunde gebracht von Salomos großer Weisheit. Weil ich interessiert war an vielen Problemen und Fragen der Zeit und der Zukunft, und weil ich von meinen Hofbeamten nicht überall genügend oder glaubhaft informiert wurde, wollte ich diesen Salomo danach fragen. Gewissermaßen gab mir der Verlauf der Geschichte tatsächlich tausend Rätsel auf, so dass der Chronist vielleicht doch nicht so ganz falsch lag?

Dass sich eine Frau aus eigener Initiative zu einer so gefahrvollen Reise aufmacht, um einen Mann, einen fremdländischen König, zu besuchen, war für die Menschen damals und wohl auch für viele von heute eine fremde Vorstellung, ja eigentlich gänzlich unvorstellbar. Deshalb sprossen und rankten um meine Person die seltsamsten Geschichten.

Offen gesagt: Mir ging es auch um erweiterte Handelsbeziehungen. Doch das kam kaum jemandem in den Sinn.

Weißt du, da hat sich die Welt nicht verändert.

Lass doch heute eine Frau einmal etwas tun, was bisher nur ein Vorrecht der Männer war; lass doch heute eine Frau in eine Männer-Domäne eintreten: Es passiert Ähnliches. Klatschmäuler werden aufgerissen, Besserwisser kennen plötzlich genau das persönliche Leben, die »sicher verkorkste« Intimsphäre. Mann und Frau weiß um Machtansprüche, um Erlebnishunger, um zügelloses Beachtetseinwollen.

Indes, die gehaltvollen Gespräche mit Salomo, sein Wesen, seine Lebensart erfüllten mich so, dass ich geradezu in Ekstase geriet. Was war das für ein Mann! Sein Gott musste mit ihm und seinem Volk etwas Besonderes vorhaben! Wie sonst konnte ein einziger Mensch so viele Vorzüge und Güter besitzen!

Es war mir eigentlich alles ganz fremd. Aber ich konnte seinen Gott nur loben und preisen und all die Männer und Großen beneiden, die allezeit um Salomo stehen und seine Weisheit hören konnten! -

Ich spüre, dass du noch mehr von mir hören möchtest. Doch - denke daran, was ich vorhin sagte! Menschen versuchen bei Rätselhaftem vieles zu ergründen, versuchen zu kombinieren und wollen dann auch noch etwas ganz genau wissen.

Ich merke, auch du bist neugierig. Du willst wie so viele hören, ob zwischen einer solchen Frau und einem solch bemerkenswerten Mann es nicht ein Tête-à-tête gab. Es ist wohl nicht vorstellbar, dass in dieser luxuriösen Umgebung, dort hinter verschlossenen Türen nicht mehr geschah, als das Ergötzen an klugen Reden und weisen Antworten auf meine Fragen.

Nun, das Geheimnisvolle hat seinen Reiz. In eurem Glaubensbuch steht das, was wichtig und wahr ist. Spekulationen über Salomo und mich, Phantasien über mich? Ich will und kann sie euch nicht verbieten.

Weil ich für viele wie eine Königin aus dem Märchenland Fragen stellte - erstaunlich, dass es nicht auch noch dazu *sieben* Fragen waren! -, weil ich und alles um mich herum ihnen märchenhaft erschien, ich aber aus Fleisch und pulsierendem Blut war, musste etwas Sagenhaftes um mich gewoben werden. Warum nicht? Sagen sind geschichtsträchtig.

Lass doch in den Annalen des äthiopischen Königshofes nachforschen, ob der Gründer der äthiopischen Dynastie, Menilek I., mein Sohn und der König Salomos war!

Das willst du doch wissen! Nur – von mir wirst du es nicht erfahren!

Seit fast dreitausend Jahren erzählt man sich die seltsamsten Geschichten über mich, die Phantasie der Erzähler treibt abenteuerliche Blüten quer durch verschiedene Kulturen und über viele Grenzen hinweg. In den großen Religionen macht man ein eigenes Bild von mir, lässt es zwischen Schlechtigkeit und Heiligkeit, Dämonie und Engelgleichheit hin und her pendeln, so dass du hier das verklärte Bild einer besonders frommen Königin findest und gleich daneben das einer Wüstendämonin oder auch eines satanischen Weibes.

Die großen Religionsbücher wissen alle etwas über mich: Das Alte Testament, der Koran, das Neue Testament und auch die koptische Dichtung.

Lies nach! Von mir erfährst du keine weiteren Details!

— 70. Die namenlose Königin – Salomos Frau —

1. Könige 11

Aus machtpolitischen Erwägungen der Männer wurde ich Königin in Israel. Mein Vater, der Pharao von Ägypten, gab mich Salomo, dem König in Israel, zur Frau.

Ausgesprochen fremd und unwohl fühlte ich mich zuerst in der Stadt Jerusalem. Aus einem mir nicht verständlichen Grund der Pietät sollte ich nicht im Palastbezirk wohnen. Ich erhielt Wohnung in einem geräumigen Haus auf dem Südosthügel. Die Nähe zur Bevölkerung machte mir Angst. Ich hörte und sah eine Menge religiöser Eigenarten. Sie wurden begründet mit einer Art liturgischer Formel: »Wir waren Knechte des Pharao in Ägypten, und der Herr führte uns aus Ägypten mit mächtiger Hand . . .« Und dieser Herr hatte ihnen Gebote und verschiedene Gesetze gegeben.

Nun, ich war auch aus Ägyptenland geführt. Aber ich wollte meinen Göttern opfern und ihnen dienen! Doch Salomo verbot es mir, jedenfalls in den ersten Ehejahren.

Salomo war ein großer Baumeister und sehr, sehr reich. Er baute dreizehn Jahre lang an den Königshäusern. Ich wurde schon ungeduldig und hatte die Hoffnung manchmal aufgegeben, je in das für mich geplante Haus einziehen zu dürfen.

Salomo baute auch einen pompösen Tempel für seinen Gott. Ungeheure Schätze wurden dort hineingetragen und verarbeitet. König Hiram von Tyrus sandte ihm kostbare Materialien und kunstfertige Handwerker dazu. Viele Orte wurden zu Festungen ausgebaut und im ganzen Land Vorratshäuser und Wagenstädte errichtet. Platz musste geschaffen werden für die vielen Kostbarkeiten, für die Wagen und Gespanne, für die vielen reichen Geschenke, die von nah und fern gebracht wurden.

Ich freute mich sehr, als ich endlich in mein Haus ziehen konnte, das innen und außen überaus kostbar gestaltet war. Nun fühlte ich mich etwas wohler, geradezu erleichtert. Mein Stand einer Königin war gar nicht so gesichert. Salomo war reich. Er hatte auch noch andere Frauen an seinem Hof, die neben mir standen. Auch kamen immer wieder neue Frauen dazu. Mein Vorzug war allerdings, dass ich – im Gegensatz zu den anderen – die Tochter eines Herrschers über ein machtpolitisch wichtiges, selbständiges Königreich war. Mein Vater, der Pharao, hatte seine eigenen Vorstellungen von verwandtschaftlicher Hilfsbereitschaft. Er belagerte die wichtige Grenzstadt Geser und eroberte sie. Er verbrannte die Gebäude, erschlug die Kanaaniter und schenkte die Stadt mir, seiner Tochter. Nun konnte Salomo diese wichtige Stadt an der Straße von Jerusalem nach Japho mit Hilfe von Fronarbeitern wieder aufbauen und von seinen Leuten besiedeln lassen. Der »Dank des Vaterlandes« war dem Pharao gewiss. Ein seltsames Brautgeschenk.

In meinem Haus konnte ich mich ganz nach meinem Belieben einrichten. Aus Ägypten ließ ich mir virtuose Schalmeienspieler kommen. Dichter und Weise aus meiner Heimat lasen mir vor.

Meinen Mann, König Salomo, sah ich selten. Er hatte mit den Jahren siebenhundert Hauptfrauen und dreihundert Nebenfrauen, die er sein Eigen nannte! Langsam fehlte ihm wohl die Übersicht und vielleicht auch die Weitsicht, wie mir ein Weiser einmal bedeutete.

Salomo nahm es auch nicht mehr so genau mit den Geboten seines Gottes. Wir vielen fremdländischen Frauen - wir waren in der Überzahl - hingen unseren Gottheiten jetzt sogar öffentlich an. Salomo hatte nichts mehr dagegen.

Im Alter diente Salomo sogar selbst der Astarte und auch dem Milim, dem gräulichen Götzen der Ammoniter. Auf dem Berge, der vor Jerusalem lag, baute Salomo dem Götzen der Moabiter ein Mal. Warnende Stimmen von alten Männern waren zu hören. Doch die Jugend wollte solche Worte nicht hören. Sie gab nichts darauf.

Israel war eine Großmacht geworden. Jerusalem hatte Gäste und Händler aus aller Herren Länder. Warum nicht allen Ideen gegenüber offen sein? Die Zeiten ändern sich; auch der Glaube an Gott kann sich wandeln. Warum so monoton orthodox?

Und dennoch - der Zenit war erreicht. Das fühlten jene warnenden Alten. Lag es an der Vielgötterei? Lag es daran, dass Salomo die Arbeitskraft seiner Leute für die umfassende Bautätigkeit in einem Maße beanspruchte, dass ihnen keine Zeit zur Besinnung mehr blieb? Wo blieben die herrlichen Feste des Herrn? Wo der Sabbat für Mensch und Vieh?

Schwierigkeiten entstanden immer mehr. Feinde traten auf von Norden, von Süden, sogar in Jerusalem selbst.

71. Frau Hadad

1. Könige 11,14ff.

Ich bin die Frau Hadad und die Schwester der ägyptischen Königin Tachpenes.

Einst kam ein sehr junger Edomiter aus königlichem Geschlecht nach Ägypten.

Hadad war auf der Flucht vor dem israelitischen König David und dessen Feldhauptmann Joab.

Pharao, der Gemahl meiner Schwester Tachpenes, fand Gefallen an ihm. Er schätzte seine Tatkraft und Umsicht. Bald übertrug der Pharao ihm ehrenvolle Aufgaben.

Auch ich mochte den ansehnlichen jungen Mann.

Der Pharao ließ uns Mann und Frau werden.

Nach einem Jahr gebar ich einen Sohn, den wir Genubath nannten. Er war unsere ganze Freude. Im königlichen Palast wuchs er mit den Kindern des Pharao auf und erhielt eine vorzügliche Erziehung.

Hadad erzählte mir oft mit etwas Wehmut von seiner Heimat Edom und auch von seinem Hass gegen Israel. Davids Feldhauptmann Joab hatte vor Jahrzehnten ein halbes Jahr lang Edom besetzt und alle Männer getötet. Nur wenigen, wie dem jungen Hadad, war die Flucht gelungen.

Hadad war ständig begierig auf Nachrichten aus seinem Vaterland. Mit Empörung hörte er von der Ausbeutung der Erzgruben südlich des Toten Meeres.

Um den Zugang zu den Minen zu schützen, ließ der Sohn König Davids, König Salomo, ein starkes Fort bauen.

Hadad hielt es nicht mehr aus in Ägypten. Wir siedelten nach Edom um.

Das hört sich so leicht und problemlos an.

Für mich wurde es eine entsetzliche Umstellung: Den Pharaonenhof mit seinen Kostbarkeiten und Köstlichkeiten, wo sich alles einfand, was Weltgeltung hatte - gegen Edom auszutauschen mit seiner grauen Provinzialität. Nichts gab es dort von dem, was ein Leben schön und leuchtend macht.

Hadad war auch zumeist nicht zu Hause, so dass ich gezwungen wurde, allein mit meinen Problemen und Umstellungsschwierigkeiten zurechtzukommen.

Manchmal bekam ich Nachricht von meiner Schwester Tachpenes, der Frau des Pharao - ach, wie ich mich nach dem Leben dort sehnte! Ich wagte ihr kaum etwas von meiner Situation hier mitzuteilen. Wenn sie mir – was gar nicht so selten geschah – Parfüm, duftende Seifen oder Schmuck schickte, weinte ich nur – wie und wo und für wen sollte ich mich schmücken?

Hadad sammelte Männer um sich. Er war mit seinen Leuten für Salomo eine ernst zu nehmende Bedrohung aus dem Süden.

Doch es erwuchsen König Salomo noch andere Widersacher. Zu einer ernstlichen Auseinandersetzung kam es zur Zeit Salomos allerdings nicht.

Aber ich sah das Großreich Israel noch zusammenbrechen. Achtzig Jahre davor hatte König David es zu einer Großmacht aufgebaut mit festen Grenzen und Anerkennung in allen Ländern ringsum. Unter seinem Enkel Rehabeam zerfiel es in ein Südreich und ein Nordreich. Die zehn Stämme im Nordreich – Israel – regierte König Jerobeam. Im Südreich – Juda – blieben nur noch zwei Stämme, die unter der Herrschaft von Salomos Sohn Rehabeam standen.

72. Zerua

1. Könige 11,26ff.

Mein Sohn Jerobeam war ein zuverlässiger Junge, nur ein bisschen hitzig. Er lernte gut und leicht und wurde schon als Knabe gern zum Anführer gewählt.

Für eine Witwe gibt es nichts Schöneres, als wenn ihr Sohn »einschlägt«. Ich war stolz auf Jerobeam und auch auf mich. Wir hatten es geschafft!

Schon als sehr junger Mann wurde Jerobeam zu den Arbeiten bei der Auffüllung des Jerusalemer Walles herangezogen. Ich war erst ärgerlich darüber, weil das eine Frondienstarbeit war. Doch Jerobeam unterstand ein kleiner Zug kanaanäischer Fronarbeiter. Als Salomo die Tüchtigkeit Jerobeams erkannte, wurde er Einsatzleiter einer großen Truppe.

Unter den Nordstämmen, zu denen wir als Ephraimiter gehören, war schon lange berechtigte Unruhe wegen der vielen Frondienstleistungen, die Salomo für die riesigen Baumaßnahmen verlangte. Die Unzufriedenheit wuchs. Der König entdeckte, dass mein Jerobeam unter den Empörern war, und fürchtete seine Führungsfähigkeiten. Jerobeam sah sich plötzlich in Lebensgefahr und floh zum Pharao nach Ägypten. Ich war verzweifelt. Dem alten Mann Ahija von Silo gab ich die Schuld. Der hatte Jerobeam »den Floh ins Ohr gesetzt«, dass er einmal König werden sollte!

Als mein Sohn geflohen war und es bekannt wurde, dass er sich gegen den König erhoben hatte, mieden mich die Königstreuen der Stadt. Wie eine Aussätzige wurde ich behandelt. Niemand wollte mehr mit mir Kontakt haben.

Das Lebensblatt wendete sich schnell, als Salomo gestorben war. Jerobeam wurde sofort aus Ägypten zurückgerufen. Er sollte gleich nach Sichem kommen, wo man ihn zum König machen wollte.

In Sichem gab es schon Verhandlungen mit Rehabeam, dem Thronfolgersohn Salomos und seiner ammonitischen Frau Naama. Doch da sich Rehabeam störrisch und hart stellte, fielen die zehn Nordstämme Israels endgültig von ihm ab.

Das Großreich Israel war damit zerbrochen in das Nordreich Israel und das Südreich Juda mit der Hauptstadt Jerusalem. Die zehn Stämme des Nordreichs wollten Jerobeam zum König.

Ich freute mich mit ihm und litt mit ihm. Denn Jerobeam hatte es nicht leicht. Achtzig Jahre hatte das Großreich Israel bestanden, war gewachsen, hatte geruht und Wohlstand angehäuft. Die Hauptstadt Jerusalem mit dem kostbaren Tempel, dem Haus des Herrn, blieb der Mittelpunkt Judas. Das war gleichzeitig eine Gefahr für den Nordstaat Israel. Jerobeam befürchtete, dass die gläubigen Israeliten aus dem Nordreich über die Grenze gehen würden, um in Jerusalem im Haus des Herrn Opfer darzubringen.

In seiner Not ließ er zwei goldene Kälber gießen, stellte eines im Norden und eines im Süden Israels auf und bedeutete den Menschen, dass dies ihr Gott sei, der sie aus Ägypten geführt habe. Der

Weg zum Tempel sei viel zu weit für sie. Er baute auch ein Höhenheiligtum in Bethel, das an der Grenze zu Juda liegt. Dort feierte er ähnliche Feste wie die in Jerusalem, nur, dass er vor den Kälbern opferte, die er gemacht hatte.

Ich war sehr stolz auf Jerobeam, weil er so umsichtig war. Aber mein Stolz war töricht, denn Jerobeams Tun war in den Augen des Herrn, unseres Gottes, todeswürdiger Götzendienst. Meine Mutterliebe hatte mich Wesentliches vergessen lassen.

Mein Sohn wurde hart gestraft. Aber vielleicht sollte hier meine Schwiegertochter weiter erzählen.

73. Frau Jerobeam

1. Könige 14

Ich wurde benutzt als Objekt, zum Botengang und zum Leiden. Als Person bin ich nicht wichtig, deshalb wurde mein Name nicht überliefert. Ich lasse es so.

Unser Sohn Abija war sterbenskrank und sollte doch Thronfolger werden! Nach Jerobeam König in Israel.

In großer Sorge bat mich Jerobeam, ich solle verkleidet zum Propheten in Silo gehen, der ihm doch einst geweissagt habe, dass er König werde. Bei ihm sollte ich erkunden, was mit unserem Sohn geschehen werde.

Voller Angst machte ich mich in fremden Kleidern auf den langen Weg. Allen Mut riss ich zusammen, als ich mich dem Alten in Silo näherte. Das Verstellen und Verkleiden half nichts. Der Alte war ein wahrer Seher. Er erkannte mich sofort, und er gab mir schonungslose Vorhersage von einem bitteren Ende. König David wurde in der Strafrede als leuchtendes Vorbild dargestellt, dessen Weg Jerobeam nicht eingeschlagen habe. Er sei abgefallen von den Geboten und Wegen Gottes, habe sich Götterbilder gemacht und diese angebetet. Das ganze Geschlecht Jerobeams werde wieder ausgerottet werden!

Wie ich den langen Weg nach Hause geschafft habe, weiß ich nicht mehr. Zu schwer lag die Last des Gehörten auf mir. Gleich als ich die Schwelle meines Hauses betrat, starb mein Sohn.

Ganz Israel hielt ihm die Totenklage. Ein Trost? Für mich gab es keinen Trost mehr.

Wie konnte ich mit diesem grausamen Zukunftswissen auch noch weiterleben? Es gab für das Haus Jerobeam kein Weiterleben! Der Alte in Silo hatte es gesagt.

Frauen im geteilten Reich

74. Die Witwe von Zarpat

1. Könige 17

Es war trocken und heiß. Auch bei uns in Zarpat, der phönizischen Mittelmeerstadt. Über drei Jahre hatte es nicht geregnet. In dieser Trockenheit konnte nichts mehr wachsen. So gab es auch keine Ernten. Eine große Hungersnot breitete sich aus, die auch die Städte Phöniziens erreicht hatte.

War es schon immer schlimm, Witwe zu sein, so gab es in Notzeiten nichts Ärmeres als ein Witwendasein.

In normalen Zeiten erhielten mein Sohn und ich von Nachbarn etwas zugesteckt. Außerdem half ich anderen Frauen beim Waschen, wodurch ich kleine Einnahmen hatte. Doch jetzt waren auch diese verdienten Geldstücke nichts wert, denn Brot war Gold wert!

Das letzte Fladenbrot würde ich gleich backen. Das gesammelte Holz zum Anheizen des Ofens hatte ich unter dem Arm. Da holte mich dieser Israelit am Stadttor ein. Er mochte lange in der Einöde herumgeirrt sein. Seine Kleidung war zerrissen, sein langes Haar ungepflegt.

Er bat mich um Wasser. Ich wollte es holen. Er bat mich um Brot. Ich musste schlucken. War das ein Unverschämter oder ein Unwissender? Er sah doch an meiner Kleidung, dass ich Witwe war! So musste er sich doch denken können, wie schwer ich in diesen Zeiten an Brot kam!

Ich sagte es ihm. Ich würde das letzte Brot backen, dann müssten wir sterben. Doch das machte wenig Eindruck auf ihn. Der bärtige Israelit erwartete auch noch, dass ich ihm das erste Stück des Fladenbrotes herausbrächte.

Lag es an der Art seines Redens, an seinem zwingenden Blick? Oder war es schon die aufkommende Gleichgültigkeit bei mir, die sich jetzt über meine Verantwortung für mein Leben und das meines Sohnes legte? Warum sollte ich nicht von dem letzten Mehl und Öl einen Brotfladen backen, der allen drei Hungerleidenden zum letzten Male etwas in den Magen führte? Wir gehörten doch alle drei zu den Elendesten der Armen: ein Fremdling, eine Waise, eine Witwe. Warum sollte dieser Fremdling also nicht an unserer notvollen Mahlzeit teilhaben?

Ich schüttete mein Mehl auf das Backholz, goss das letzte Öl darüber, um einen geschmeidigen Teig zu bekommen. Für das wenige Mehl war es etwas reichlich Öl. Der Teig geriet zu weich, und kein Mehl war mehr da! Ich wollte vom Rand des Topfes noch Mehlreste abstauben. Zu meiner Verwunderung war der Mehltopf jedoch so voll wie zu Beginn meiner Backvorbereitung.

Verstehen konnte ich es nicht, aber ich konnte es greifen: immer wieder neues Mehl im Topf und auch Öl im Krug!

Es war so, wie der Fremdling mir in einer Art Formel gesagt hatte. Ich hatte sie kaum wahrgenommen, weil ich sie als bloße Beschwichtigung ansah. Arme Witwen werden oft betrogen. Man scheut sich nicht, ihnen das Letzte zu nehmen. Sie werden oft für dumm angesehen, leicht zu überreden. Geschwätz solcher Art überhörte ich stets.

Doch der seltsame, Leben schenkende Zustand der beiden immer wieder gefüllten Krüge brachte mir die Formel des Israeliten wieder ins Gedächtnis. War er nun ein Zauberer, oder stand dahinter die Kraft des israelitischen Gottes, auf den er sich berufen hatte?

Ich war eine Phönizierin; eine Heidin, wie die Israeliten sagen. Ich kannte mich da nicht aus.

Der Fremde nannte mir seinen Namen. Elia hieß er. Die länger währende Tischgemeinschaft mit ihm zeigte mir eine starke Gottverbundenheit, die tiefe Ehrfurcht des Mannes vor seinem Gott.

Ohne Sorgen um das tägliche Brot leben zu können ist ein großes Geschenk. Ich habe dieses Wunder genossen.

Doch auf die guten Tage folgten Stunden der Todesangst. Mein

Sohn wurde sterbenskrank. Musste ich das Leben meines Kindes dem Israeliten und seinem Gott als Opfer für das Essen geben? Oder für eine andere Schuld? Ich wurde böse meinem Gast gegenüber. Ich klagte ihn an. Mein Sohn starb!

Ruhig und mit einer gewissen Demut nahm Elia meinen Sohn von meinem Schoß und ging ins Obergemach, wo ich ihm für die Zeit seines Hierseins sein Bett gerichtet hatte. Ich war voller Unruhe und Anklage mir selbst gegenüber und gegen den Fremden, als den ich ihn nun wieder sah. Der Schmerz übermannte mich. Wie im Nebel hörte ich dann den Ruf: »Dein Sohn lebt!«

Er kam mit dem Jungen herunter. Mir stürzten die Tränen aus den Augen – aber ich lachte erlöst, als ich die Arme meines Sohnes sah, die er mir entgegenstreckte; o Gott, ich danke dir!

Voller Ehrfurcht erkannte ich, dass dieser Mann Elia ein großer Gottesmann war.

Sein Gott war allmächtig, und Elia war sein Priester, so glaubte ich.

Muss ich noch erzählen, dass ich in späteren Tagen versuchte, noch viel von diesem Gott zu hören, dem einzigen Gott der Israeliten?

Ich bin eine Phönizierin . . .

75. Isebel

1. Könige 21

Hätte ich einen Partner gehabt, der Glaubensgewissheit ausstrahlte, hätte der mich vielleicht von seinem Gott überzeugen können. Von diesem einen unsichtbaren Gott, der keine Götter neben sich duldet. Der nicht einmal erlaubt, dass man Bilder von ihm macht! Dem es zuwider ist, dass im Nordreich Israel für ihn goldene Stierkälber aufgerichtet wurden, um wenigstens Mittelpunkte für religiöse Kultfeiern zu haben.

Ja, hätte mein Mann, König Ahab, uns die Gegenwart seines Herrn glaubwürdig bezeugen können, manches wäre anders gelaufen. Mir stand nur einer gegenüber, der versuchte, ein Zeuge zu sein. Aber die Drohungen und die Schelte, die er im Namen seines Herrn aussprach, gingen mir auf die Nerven. Er wurde mein Feind, der Prophet Elia.

Mein Mann war schwach und gefühlsbestimmt. Waren wir oben im Palast von Jesreel, betete er zu seinem Gott. War er mit mir in Samaria, opferte er den Baalen wie die anderen. Er ließ auf mein Bitten hin auf den Höhen Steinmale aufrichten und Ascherabilder.

Du musst wissen, ich bin eine Königstochter aus der phönizischen Hafenstadt Sidon. Mein Vater Etbaal war früher selbst einmal Priester der Fruchtbarkeitsgöttin, die wir dort Astarte nennen. Die Feste – ihr sagt verächtlich Orgien – zu Ehren der Göttin waren Lustbarkeiten für das ganze Volk.

Nach meiner Heirat – von den Männern eingefädelt, weil außenpolitisch wichtig – und meinem Umzug nach Samaria fehlten mir die bunten Feste. Aber es gab sie auch hier. Die Kanaanäer feierten ihre Feste zu Ehren ihrer Gottheiten nur mehr im Verborgenen. Ich sorgte dafür, dass sie offiziell wurden. Ich konnte König Ahab überzeugen, dass auch die Israeliten den Schutz der Baale und der wichtigen Göttin Aschera brauchten. Sie war die Fruchtbarkeitsgöttin!

Bei den wegen der häufigen Dürre immer wiederkehrenden Hungersnöten hatten wir den Schutz dieser Göttin doch bitter nötig. Ich bekam Ahab auch dahin, einen Baalstempel in Samaria zu errichten. Nun waren Baal und Aschera offiziell, und ihnen wurde sichtbar Ehre gezollt.

Die phönizische Baukunst inspirierte mich und meinen Mann, Elfenbeinschnitzer und andere Kunsthandwerker nach Samaria zu holen. Samaria, die von König Omri, dem Vater Ahabs, aus dem Boden gestampfte Stadt, war unfertig. Sie musste verschönert und der Palastbezirk erweitert werden; mehr Kultstätten mussten her – das Volk wollte Baal und Aschera huldigen!

Durch die israelitischen Propheten bedrängt, wurde Ahab auch in Samaria im Glauben an Gott oder Baal hin- und hergerissen. Ich versuchte, unseren Söhnen baalsverwandte Namen zu geben. Hier setzte sich jedoch Ahab durch. Alle drei Söhne erhielten Namen, die eine Anlehnung an den Gott Israels ausdrückten, auch meine einzige Tochter Atalja. Mir wurde immer klarer: Die israelitischen Propheten mussten weg! Ich ließ sie ermorden. Nur mein Oberfeind Elia entkam und wohl einige, die unser Hofmeister versteckt hielt. Ich selbst unterhielt vierhundertfünfzig Baalspropheten und vierhundert Propheten der Aschera. Sie waren recht eifrig. Sie munterten das Volk auf. Sie ließen kleine Ascherafiguren backen, auch aus anderen Materialien formen, so dass die Göttin in allen Häusern stets sichtbar dabei war. Aber Elia, mein Todfeind, machte auch diese Freude und meinen Missionseifer kaputt. Durch ein unglaubliches Wunder am Karmel verwirrte er meine Leute und ließ sie später töten.

Es ärgerte mich an Ahab, dass er selten mit der Würde und Vollmacht eines Königs auftrat. Einst wollte er in Jesreel den Palastgarten erweitern. Der Weingärtner Nabot wollte jedoch sein Land nicht abgeben, weder getauscht noch gut bezahlt. Statt es ihm einfach zu nehmen, wie das eines Königs würdig wäre und ihm auch zustand – ich kenne es aus Sidon nicht anders –, legte er sich wie ein schmollendes Kind ins Bett. Er drehte das Gesicht zur Wand und mochte nicht mehr essen.

Ich war wütend. Wenn er so schwach war, musste ich eben handeln. Und ich konnte es nur mit den mir zugänglichen Mitteln. Alles ging schnell nach meinem Wunsch, und Ahab erhielt Nabots Weinberg. Aber diese Geschichte wird immer wieder herangezogen, um Übertretungen der Gebote Gottes zu demonstrieren. Ich ging als Prototyp der Sünde in die Geschichte ein.

Doch vergiss nicht: Ich war eine phönizische Prinzessin! Hätte sich Ahab wie ein König benommen, oder wäre er mir wenigstens als Mann von Glaubensstärke gegenübergetreten, er hätte vieles verhindern können.

—— 76. Die Witwe des Prophetenjüngers ——

2. Könige 4,1-7

Mein Mann war jung und kaum zu Hause. Wahrscheinlich hatte er keine Lust, in dem engen Raum zu hocken, sich um Milch und Brot zu sorgen, das Geplärr unserer Kinder ertragen zu müssen. Es trieb ihn nach draußen in die Gemeinschaft von Männern. Studieren wollte er. Sein Lehrer war der kahlköpfige Prophet Elisa. Dem lief er mit Freunden ständig hinterher.

So vegetierten meine beiden kleinen Söhne meistens mit mir allein in der armseligen Unterkunft. Selten hatten wir genug zu essen. Mein Mann schwärmte umher, und in Ekstase taten er und die anderen Studenten seltsame Dinge.

Kaum war einmal Brot oder Geld in seinem Beutel, wenn er zu uns kam. Um die Söhne nicht zu viel Not leiden zu lassen, musste ich Schulden machen.

Schlimm wurde es, als mein Mann plötzlich starb. Keiner wollte mir mehr Korn oder Geld leihen. Zudem kam der Schuldherr und wollte meine Söhne als Sklaven zu sich nehmen.

In meiner Not lief ich zu Elisa. Er würde sich vielleicht verantwortlich fühlen für die Familienangehörigen seiner Prophetengemeinschaft.

Und Elisa half auf seine Weise: Auf eine wundersame Art vermehrte sich das Öl in meinem Krug. Meine Söhne holten alle Gefäße, die wir hatten - und alle füllte ich mit dem kostbaren Öl! Ich hatte nun genug, um Öl zu verkaufen und mit dem Erlös meine Schulden zu bezahlen; wir hatten genug zu essen und dazu noch Mut und Hoffnung, in die Zukunft zu schauen. Es war nicht nur genug zu essen da, es war eine neue Kraft in mir, die mich vorantrieb.

77. Die Schunemiterin

2. Könige 4,8ff. und 8,1ff.

Die Witwen bei uns waren arm dran. Aber ich war eine reiche Frau. Ich spürte, dass dieser Elisa ein von Gott geheiligter Mann war. Und alles, was ich über ihn hörte, bestätigte mir diesen Eindruck, so dass ich ihn, der häufig bei uns vorbeikam, zum Essen einlud und dies zu einer festen Gewohnheit machte. So kehrte er regelmäßig bei uns ein. Aber mit dem Essen allein war es nicht getan. Ich sprach darüber mit meinem Mann, und so richteten wir Elisa in der oberen Etage unseres Hauses ein Zimmer ein, wo er sich zwischen seinen Wanderungen ausruhen konnte.

Elisa schien sich revanchieren zu wollen: Er forschte nach, ob ich Fürsprache beim König oder Feldhauptmann brauchte. Nun – das war es nicht. Wir lebten in Ruhe und freuten uns unangefochten unseres Besitzes. Nur – wir hatten keinen Sohn! Das allein war mein großer, großer Kummer! Trotz meines Reichtums war ich arm. Unser Geschlecht würde mit uns aussterben.

Meinem Mann war der Prophet in unserem Haus recht gleichgültig. Er sah ihn mehr als Träumer und Phantast an. Ich versuchte, etwas aufzufangen von den geheimnisvollen Kräften, die in ihm zu wohnen schienen und die ich selbst auch irgendwie an ihm spürte.

Nun, dieser fromme Gast in unserem Haus brachte es in seiner engen Beziehung zu Gott fertig, mir einen Sohn zu verheißen.

Ich wurde tatsächlich schwanger und gebar übers Jahr einen quicklebendigen, gesunden Knaben.

Große Dankbarkeit erfüllte mich und bestimmte von nun an mein Leben. Ich nahm am religiösen Leben teil, feierte den Neumond und den Sabbat und versuchte das, was ich über Gott wusste, meinem Sohn weiterzugeben.

Aber dann kam das Unglück über uns: An einem heißen Erntetag – unser Sohn hatte das erste Lebensjahrzehnt noch nicht ganz vollendet – war er mit dem Vater aufs Feld gegangen und bekam dort starke Kopfschmerzen. Mein Mann ließ ihn zu mir ins Haus bringen. Da wurde er ganz schlaff in meinen Armen. Er starb.

Wie von einer magischen Kraft gezogen, nahm ich den leblosen Körper, trug ihn ins Obergeschoss und legte ihn in das Bett des Gottesmannes.

Kurzentschlossen ließ ich mir von meinem Mann einen Esel und einen Knecht geben, um zu Elisa zu eilen.

Nichts sagte ich ihm von Anlass und Zweck. Ich wollte weder Zeit mit Reden vertun, noch mich durch unnütze Einwände von meinem Vorhaben abhalten lassen. Hoffnung und mein starkes Vertrauen richteten sich ganz auf den Mann Gottes. Gott hatte mir nach Elisas Fürbitte den Sohn geschenkt, er würde ihn mir auch wiederschenken können!

Ich glaubte an die Macht Gottes und dieses Gottesmannes.

Und nun erfuhr ich diese Macht erneut! Elisa konnte mir den Sohn wieder gesund in die Arme geben.

Keines Wortes war ich mächtig. Ich spürte die Wirkung der Anwesenheit Gottes und konnte nur noch anbetend niederfallen.

Kraft und Schutz Gottes durfte ich in meinem ganzen Leben weiter verspüren.

Elisa vergaß uns nicht.

Als eine Hungersnot über das Land kam, riet er mir, aus Schunem wegzuziehen.

Wir konnten die schlimme Zeit - es waren sieben lange Jahre - im Lande der Philister gut überstehen. Dann kehrten wir nach Schunem zurück. Aber dort musste ich feststellen, dass unser Haus und das Ackerland in den Besitz des Königs übergegangen waren. Wieder einmal musste ich schnell und entschlossen handeln, und wiederum erfuhr ich sofortige Hilfe. Auch hier kam mir meine Verbindung mit Elisa zugute: Gehasi, der Knecht des Elisa, war gerade beim König, als ich dort ankam, und seltsamerweise fragte der König den Gehasi über die großen Taten des Elisa aus. Natürlich kam er dabei auch auf uns zu sprechen, und da stand ich in der Tür und konnte das alles bestätigen.

Daraufhin schickte der König seinen Kämmerer mit mir: Wir erhielten unseren gesamten Besitz zurück und dazu noch den Ertrag der letzten Jahre.

Großes ist mir geschehen. Ich habe Gott zu danken.

78. Frau Naaman und ihre Dienerin

2. Könige 5

Auch ich habe zu danken.

Mein Mann war der Feldhauptmann des Königs von Aram. Er war tüchtig, erfolgreich auf den Feldzügen und deshalb hoch angesehen bei König und Soldaten.

Doch auf einem der Kriegszüge musste er sich wohl angesteckt haben. Oder war es die Folge einer großen Brandwunde am Arm? Erst bedeckte ein leichter Ausschlag seine Oberarme, den wir mit Salben und Puder behandelten. Aber die Bläschen breiteten sich auch auf dem Körper aus, und am Rücken und Gesäß erschienen große helle Flecken. Es gab keinen Zweifel mehr: Naaman hatte den Aussatz.

Das Leben wurde schwierig. Er durfte in keinen Hautkontakt mit anderen Menschen kommen. In der Familie gingen wir sehr behutsam damit um. Wir hofften noch alle, dass wir uns irrten. Vielleicht war es doch etwas anderes. Auch der König wollte auf seines Feldhauptmanns treue Dienste und kluge Führung nicht verzichten.

Noch konnte die Krankheit von Fremden nur geahnt werden. Die Kleidung verdeckte die bisher betroffenen Hautstellen.

Als Dienerin hatte ich ein junges Mädchen. Es war eine Israelitin, die unsere Soldaten aus Israel geraubt hatten. Naaman nahm sie den Soldaten ab und gab sie in unser Haus. Sie war mir eine liebe Dienerin, hilfsbereit und fleißig. Mit mir zusammen war sie besorgt um Naaman. Als wir feststellten, dass die kleinen Härchen auf den mit dem Ausschlag befallenen Stellen weiß wurden, wurde es uns zur Gewissheit: Naaman war vom Aussatz befallen.

Nun wurde diese junge Israelitin eine Missionarin für ihren Gott! Sicherlich hatte sie in ihrem jungen Leben noch nicht solche fast unglaublichen Zuwendungen Gottes erfahren dürfen wie andere, ältere Menschen in Israel: Sie war geraubt worden aus ihrem Heimatland. Ihre Glaubensgenossen hatte sie zwangsweise verlassen müssen. Statt diesen Gott nun anzuklagen, ihm abzusagen, wurde sie bei uns in Syrien zu einer Verkündigerin seiner Macht und Menschenliebe.

Sie kannte ihre Propheten, die oft genug Mund und Hand Gottes waren. Mit glühendem Gesicht und bewegten Worten erzählte sie von deren Reden, von Drohworten und von gelegentlichen Heilungen. Zum Schluss ihres Wortschwalls, der auch ihr Heimweh nach Israel und die kultische Fremdheit in Aram erahnen ließ, stieß sie einen Stoßseufzer aus – mitfühlende Worte eines jungen Menschen: »Ach, wenn doch mein Herr bei dem Propheten in Samaria wäre! Der könnte ihn von seinem Aussatz befreien!«

Seltsam! – Diese Glaubensaussage der jungen Israelitin fand nicht nur bei meinem Mann Gehör, sondern auch beim König.

Zu der Zeit hatten wir wohl Frieden mit Israel, doch Israel stand in einem Abhängigkeitsverhältnis zum König von Aram. So konnte dieser dem israelitischen König einen Brief schreiben mit der Forderung, seinen Feldhauptmann gesund zu machen.

Er ahnte nicht, was er damit anrichtete!

In unserer Verzweiflung waren die Heilungsmöglichkeiten, die uns die junge Sklavin eröffnete, eine Botschaft, die uns mit großer Hoffnung erfüllte. Wir trieben Gold und Silber und kostbare Gewänder auf, um so den Gottesmann zur Heilung willig und bereit zu machen.

Naaman zog nach Israel inmitten einer Karawane, die wir mit all den wertvollen Gütern zusammengestellt hatten. Unsere junge Magd sprach mit ihrem Gott und bat für Naaman.

Ihr ist es zu verdanken, dass Naaman wieder gesund werden durfte. Mit seiner wieder reinen, neuen Haut brachte er auch einen neuen Geist mit. Persönliches Ansehen und großer materieller Besitz wurden für ihn Nebensache. Er brachte andere Wertvorstellungen mit. Es begann ein großer Umdenkungsprozess in unserem Haus.

Was war in Samaria geschehen?

Als der israelitische König den Brief gelesen hatte, zerriss er seine Kleider. Er betrachtete das Ansinnen unseres Königs als eine Gotteslästerung. Er, der König, sei doch kein Gott!

Naamans König suche nur wieder Streit mit dem Nachbarvolk.

Aber dieser Prophet Elisa, von dem eben schon erzählt wurde, hörte davon und ließ meinen Mann holen. Er machte ihn gesund. Er veränderte nicht nur seine kranke Haut. Er veränderte sein Leben.

Mein Mann erzählte uns, wie sich Elisa überhaupt nicht imponieren ließ von diesem glänzenden Zug von Rossen und Wagen, der vor seinem Haus anhielt. Nur durch einen Diener gab er Naaman simple Anweisungen für die Heilung: Er solle sich siebenmal im Jordan waschen!

Diese Behandlung aus der Ferne fand Naaman empörend. Zornig zog er weiter. Doch die selbst erdachten Vorstellungen, wie Gott einzugreifen habe, verhindern wohl zuweilen die großen Taten Gottes wie auch Heilungen, meinte Naaman rückblickend. Seine von Stolz nicht so geblendeten treuen Diener hätten ihn schließlich auf den richtigen Weg hingewiesen.

Und Elisa? Als Naaman ihm für die befreiende Heilung danken wollte, nahm er weder Gold noch Silber. Er verlangte auch sonst keine Gegengabe.

Als Naaman Gott dankte und nun keinem andern Gott mehr dienen wollte, da fiel ihm etwas ein: Es war sein Amt, seinen alten König zu stützen, wenn dieser sich vor dem aramäischen Gott Rimon verbeugte. Elisa verwehrte ihm das nicht. Nein, Elisa gab noch zusätzlich etwas. Elisa sprach zu ihm: »Zieh hin mit Frieden.«

79. Zwei namenlose Frauen

2. Könige 6,24ff.

Uns half kein Elisa. Uns half kein Gott. Uns half kein Mensch, nicht einer.

Wir hatten wohl nicht die richtigen Verbindungen! Wir waren mehr als arm. Nichts mehr war im Haus, was wir hätten versetzen können für ein Stückchen Brot. Die Hungersnot war so groß, dass du für einen mageren Eselskopf achtzig Silberstücke zahlen musstest. In unserer Not betrogen wir eine die andere. Wir waren keine Menschen mehr. Wir wurden zu Menschenfressern.

Es ist uns peinlich und unerträglich, jetzt hier zu erzählen, was wir in irrsinniger Not taten.

Not verändert, Not macht kaputt. Und es bleibt auch so auf dieser Welt. Seht euch doch um auf der Erde!

Menschen, zum Gottesvolk gehörend wie du und ich, Menschen, die zu den »Erlösten« gehören, wie die Christen es sagen, Menschen, die dem einen Gott dienen. Es gibt in allen diesen großen Völkern Gruppen oder Einzelne, die nicht genug zum Leben haben.

Soll ich Einzelne nennen, die in den Sozialstaaten »durch die Maschen des sozialen Netzes fallen«, wie ihr es heute nennt? Soll ich die Ärmsten in den unterdrückten Völkern nennen, die keine Beziehungen haben? Soll ich die nennen, denen Mächtigere auch das letzte Stückchen Land noch wegnehmen?

Der Ölkrug ist leer – es kommt keine Hilfe.

Ihre Kinder sterben – und es gibt keine Hilfe.

Eine Hungersnot kommt – und die Staatsmacht ist unfähig, die entsprechenden Vorkehrungen zu treffen.

Auch heute werden Menschen durch Not so verändert, dass sie nicht mehr menschlich handeln. Getrieben durch Not, sei es Hunger oder Unterdrückung oder Ungerechtigkeit, werden unmenschliche Dinge praktiziert.

Auch heute wird einem Einzelnen geholfen; wird der »Ölkrug« gefüllt. Ein Brunnenbau oder eine Werkstatteinrichtung besiegen hier und da den Hunger, wecken Hoffnung und neues Leben. Kinder werden durch Einzelne oder Gruppen versorgt, Kranken wird geholfen. Doch längst nicht allen. Es gibt noch grauenhafte Not. Verschließt nicht eure Ohren! Uns beide gibt es auch heute noch!

Hunger in der Welt, grausamer Hunger in manchem Land! Ernte im Überfluss – und Zurückhalten oder Vernichten des Überflusses durch Politik oder Wirtschaft? Was ist da zu machen, Gott?

Uns gibt es auch heute! – Wer hilft uns?

80. Joscheba und Atalja

2. Könige 11

Meine Mutter Atalja ist die Tochter von Isebel und dem König Ahab aus dem Nordreich. Sie wurde verheiratet mit Joram, dem König von Juda, einem Sohn des Urenkels von König Rehabeam. Das war der Einfall des Bösen im Südreich und wurde der Grund unseres Stellenwertes in der Bibel! Verzeih mir, dass ich so über meine Mutter spreche! Mutter Atalja hat jedoch unendliches Leid über unsere Familie und das Land Juda gebracht.

Doch solange mein Großvater Joschafat lebte, ging alles gut. Er und sein Vater Asa waren gottesfürchtige Herrscher in Juda. Diese beiden judäischen Könige hatten alle heidnischen Heiligtümer auf den Höhen vernichtet, hatten Steinmale und Pfähle geschleift, die zu Ehren und zur Anbetung von Baal und Aschera auf nahezu jeder Erhöhung standen. Die Hurer und Huren, die im Dienst der Fruchtbarkeitsgöttin standen, waren vertrieben. Allerdings untersagten sie beide nicht völlig die Verehrung der Gottheiten auf den Höhen. Dadurch flackerten ab und zu erneut heidnische Kultfeiern auf. Doch mein Großvater handelte wohl in Weisheit und Geduld. Nicht mit Gewalt, sondern mit Belehrung ging der König vor. Er sandte die Priester und seine Beamten mit dem Gesetzbuch des wahren Herrn und Gottes in alle Städte, damit sie es erklärten und daraus lehrten. So wollte er sein Volk zu Gott zurückführen.

Und Gott segnete sein Tun und ließ ihm alles wohl gelingen. Überall wurde Großvater geachtet und auch gefürchtet. Die Nachbarkönigreiche fingen keine kriegerischen Händel mit ihm an, die Philister zollten freiwillig einen Tribut. Die Araber brachten ihm riesige Herden von Widdern und Böcken. Die Einwohner Judas freuten sich über den Wohlstand im Land und über die gerechte Gesetzgebung, auf die ihr König achtete. Ganz Juda gab Joschafat Geschenke, und er hatte großen Reichtum und viel Ehre. So wurde Joschafat immer mächtiger. Er baute in Juda Burgen und Städte mit Kornspeichern, errichtete neue Befestigungsanlagen und bildete seine Streitmacht weiter aus. König Joschafat versuchte auch, in

Frieden und Freundschaft mit den zehn Stämmen des Bruderreichs Israel auszukommen. Er zog sogar gemeinsam mit König Ahab in den Krieg nach Ramot in Gilead, wo Ahab tödlich verwundet wurde. Joschafat selbst kam in Lebensgefahr und wurde danach in Jerusalem zudem noch wegen seiner Beihilfe am Kampf dieses bösen Ahab vom Propheten Jehu getadelt.

Das gute Einvernehmen mit Israels gottlosen Königen brachte für Juda auch wirklich nur Unglück, besonders eben die Verheiratung seines Sohnes Joram mit Atalja, Ahabs und Isebels Tochter. Als Joschafat nach fünfundzwanzigjähriger segensreicher Regierungszeit starb, wurde mein Vater König und erlag ganz den Einflüsterungen Ataljas. Skrupellos und energisch wie ihre Mutter Isebel wollte sie persönliche Macht festigen und ausbauen und den Baalskult wieder einführen. Recht und Unrecht waren plötzlich verdreht im Lande. Es war fast unbegreiflich, welcher Einfluss von dieser gottlosen Frau, meiner Mutter, ausging: Vater Joram ließ seine sechs Brüder töten; ebenso viele andere Obere des Volkes, die ihm nicht genehm waren.

Mein Bruder Ahasja fühlte sich jedoch wohl in unserem Haus. Mit Eifer war er dabei, die von Atalja erwünschten Heiligtümer wieder zu errichten. Durch meine Ehe mit dem Oberpriester Jojada konnte ich die religiösen Veränderungen hautnah erspüren. Es ist schon erstaunlich, wie schnell ein Volk vom Glauben seiner Väter ablässt, wenn seine Staatsmacht Veränderungen einführt!

Durch die weise Regierungspolitik der Vorväter war nicht nur Macht, sondern auch genügend Geld vorhanden. So konnten die Kultorte für Baal schnell erneuert und wertvoller als je ausgestattet werden. Die Herstellung von Steinmalen und Pfählen erlebte einen Boom.

Kunstvolle Ascherabildnisse wurden gefertigt und um die Altäre angeordnet. Nach dem Glauben der Heiden soll Aschera mit dem höchsten Gott, dem Sonnengott, siebzig Kinder gehabt haben. Darunter waren Gott Baal und viele andere. Aschera, als Fruchtbarkeits- und Liebesgöttin, forderte kultische Handlungen, die unsere Priester nur als grobe Unzucht bezeichnen konnten.

Die lustvollen Orgien auf den Höhen nahmen überhand. Sie konnten durch mahnende Worte der Priester nicht gebremst werden. Der Tempelbesuch in Jerusalem wurde immer geringer. Gottes Wort klang antiquiert. Angeblich zukunftsorientiert lief das Volk auf die Höhen, opferte, prasste und liebte dort.

Der König setzte viel Geld für die Baalstempel ein. Gelder für Restaurierungsarbeiten an unserem Tempel in Jerusalem blieben aus.

Doch unser Gott beobachtete das abgöttische Treiben. Erst wurde der König gewarnt durch einen seherischen Brief des Propheten Elia. Plagen, Krankheit und Feinde sollten über ihn kommen, weil er Gott abtrünnig geworden war. Dann traf das prophetische Wort ein. Philister und Araber fielen in Jerusalem ein und raubten aus dem Palast all die aufgehäuften Reichtümer. Alle Söhne des Königs, seine Frauen und Nebenfrauen wurden als Beute mitgeschleppt. Nur sein jüngster Sohn, mein Bruder Ahasja, und unsere Mutter Atalja blieben übrig. König Joram wurde bald darauf von einer schrecklichen Krankheit befallen und starb unter Qualen als Mann von knapp vierzig Jahren.

Ahasja wurde nun König zu Jerusalem. Atalja war Königinmutter. Dies war im Nord- und Südreich Israels die höchstmögliche Stellung einer Frau. Als Anhängerin des Baalskultes, als Initiatorin der Wiedererweckung des heidnischen Götterwesens erhielt sie darüber hinaus eine hohe göttergleiche Stellung. Es gab bald viele in Juda, die sie als Göttin verehrten.

Doch wer nicht Gottes Ehre sucht, sondern seine eigene, stößt eines Tages auch an Grenzen.

Anweisungen und Ratschläge für Regierungsgeschäfte kamen jetzt aus dem Nordreich, aus dem väterlichen Hause Ahab. Mit den Soldaten des Nordreichs zogen Ahasja und seine Mannen auch in den Krieg. Ahasja wurde dort getötet. Noch war kein Jahr seiner Regierungszeit vorüber.

Nicht Trauer beschattete die Augen Ataljas, der Königinmutter, der Gebira. Machthunger und Ehrgeiz loderten in ihnen auf. Sie witterte Möglichkeiten, noch höher aufzusteigen. Für den Thron in

Jerusalem gab es keinen erwachsenen Anwärter. Sie waren alle getötet. Nur noch königliche Kinder konnte Atalja in den Schlafgemächern überraschen und töten.

Doch ich hatte kurz vorher den kleinen Joasch, Sohn meines Bruders Ahasja, mit seiner Amme aus dem Palast herausgeholt. So wurde er bewahrt vor dem bösen Zugriff seiner kaltherzigen, machthungrigen Großmutter.

Atalja wurde Königin. Das höchste Amt und die höchste Macht gehörten ihr; gottgleich war sie in den Augen vieler. Gerade diese Auswüchse eines Königtums hatte Israel früher gefürchtet und sich deshalb so lange gegen einen König gesperrt. Jetzt hatten wir eine Königin, und ihr Machthunger und ihre Selbstdarstellung waren nicht geringer als die von Männern in ihrer Position.

Mein Mann, der Oberpriester Jojada, besorgte uns für den aus dem Palast geraubten Joasch und seine Amme ein gutes Versteck im Tempelbezirk. Früh sprach ich zu Joasch von Gott. Ich lehrte ihn das Beten und erzählte ihm aus der Geschichte des Volkes Israel.

In dieser Zeit nahm ich aus Vorsicht und Fürsorge für Joasch kaum am Leben in Jerusalem teil. Von Jojada erfuhr ich viele erschreckende Auswirkungen des abgöttischen Treibens in Jerusalem und im weiten Land.

Im Laufe der Zeit hatte Jojada sich vorsichtig nach vertrauensvollen Hauptleuten umgesehen, die zudem noch die Dienste der Priester begleiteten. Nach sechs Jahren wurden Spieße und die kampferprobten goldenen Schilde des Königs David, die im Tempel verwahrt waren, an die Eingeweihten verteilt. Nach einem genauen Plan bezogen die Hauptleute ihre Plätze. Dem kleinen Königssohn wurde die Krone aufgesetzt, und Jojada und unsere Söhne salbten Joasch und riefen: »Es lebe der König!«

Als Atalja das Geschrei des Volkes hörte, das herzulief und den König umjubelte, eilte sie in den Tempel. Sie sah das gekrönte Kind, hörte die Trompeten, die Sänger und Saitenspieler und erkannte die Situation.

Unter dem festen Griff zweier Hauptleute wurde sie aus dem

Tempel geführt und draußen außerhalb des geweihten Bezirks getötet. Keine Reaktion. Alles blieb still.

Der Oberpriester Jojada zelebrierte einen feierlichen Gottesdienst. Das Volk versprach erneut Gehorsam gegenüber Gott. Eifrig liefen die Menschen zum Baalstempel und rissen ihn nieder. Sie zertrümmerten seine Altäre und Bilder und erschlugen den Baalspriester.

Der neue König war noch ein Kind. Er brauchte Rat und Hilfe. Durch das lange Versteck im Tempel, durch unsere Zuwendung und das notgedrungen abgeschlossene Beisammensein hatte unsere Familie auch ferner einen großen Einfluss auf Joasch. Der Tempel wurde wieder restauriert und erstrahlte bald in neuem Glanz.

Schnell veränderte sich alles, als mein Mann, der Hohepriester, starb. »Und sie begruben ihn in der Stadt Davids bei den Königen, weil er an Israel und an Gott und seinem Hause wohl getan hatte.« Mit diesen Worten wurde ihm in der Bibel ein Denkmal gesetzt. Doch ich weiß, meinem Mann wäre es lieber gewesen, er wäre weiter nicht erwähnt worden, sondern seine Arbeit hätte dafür über seinen Tod hinaus Frucht getragen. Wie sehr hatte Jojada für seinen Gott geeifert! Kraft, Geist, Leben und seine ganze Familie hatte er voll eingesetzt im Dienst für Gott!

Gott, warum gabst du dem Samen, den der Priester in Herz und Geist des Königs und des Volkes ausgestreut hatte, nicht mehr und länger Frucht?

Es ist seltsam, wie schnell sich Menschen beeinflussen lassen. Und wie stark ist die Macht des Bösen! Es sieht manchmal so aus, als gäbe es davor kein Entrinnen. Sind wir Begnadete, wenn wir vielleicht nur durch äußere Umstände nicht abtrünnig werden? Ist es mein Verdienst, wenn ich einen geraden Weg gehen kann?

Nach dem Tode des Hohen Priesters wurde Joasch von seinen Oberen böse und schlecht beraten. Sie huldigten ihm und taten ihm schön.

Ein Mensch widersteht dem nur schwer! Er hört die schmeichelnden Worte, möchte sie bewahren. Er will die Schmeichler nicht verärgern durch zurückweisen ihrer vielleicht nicht gerade genehmen Vorschläge, durch Ablehnung von Ratschlägen, die dem eigenen Herzen oder Verstand eher widersprechen.

Die Bilder der Aschera und anderer Götter kamen jedenfalls wieder hoch in Kurs. Gott schickte seine Rufer, die Propheten. Aber sie fanden kein Gehör.

Schließlich wurde des Hohen Priesters Sohn, unser Sohn Secharja, vom Geist Gottes ergriffen. Er stellte sich vor das Volk und tadelte es und seinen König wegen des Abfalls von Gott und der Übertretung seiner Gebote. Daraufhin machten sie eine Verschwörung gegen Secharja und steinigten ihn auf Befehl des Königs im Vorhof des Tempels.

König Joasch gedachte nicht der Barmherzigkeit, die wir an ihm einst getan hatten. Er tötete unseren Sohn.

Das war das Ende. Bald wurde auch Joasch erschlagen; der große König - das kleine Kind, das ich einmal rettete. Dafür?

81. Die Prophetin Hulda

2. Könige 22

Ich lebte in Juda zur Zeit König Manasses, der den heidnischen Gottheiten Altäre baute. Manasse war böse vor Gott. Er trieb Zauberei und bestellte Geisterbeschwörer. Das konnte nicht gut gehen. Ich war wach und kritisch. Mit meinem Mann Schallum, dem Kleiderverwalter, wohnte ich in Jerusalem, nordwestlich des Tempel- und Palastbezirkes. Die Wasserleitung, die der fromme König Hiskia einst gebaut hatte, berührte auch unser Grundstück. Die Säuberung verschmutzter Kleider war uns deshalb leichte Arbeit.

Ich hatte Visionen von einem bösen Ende: Ende des Wohlstandes, Mord am Königshof, Ende der Freiheit. Gottesfürchtige Frauen und Männer aus der Nachbarschaft kamen oft zu mir. Wir beteten gemeinsam zu unserem Gott, der uns aus Ägyptenland geführt hatte. Der eine oder die andere fügte etwas hinzu, das wie eine Weisung Gottes klang.

Auch ich wurde immer öfter von einer Stimme bedrängt. Ich musste manchmal sprechen: »Gott, der Herr, sagt . . .« Menschen, die bedrückt waren durch das lasterhafte Heidenleben und die Verachtung der Gesetze unseres Gottes, was allenthalben zu beobachten war, gingen gestärkt aus unserem Haus. Das sprach sich herum.

Manasse hatte Juda und die Einwohner Jerusalems verführt, dass sie es ärger trieben als die Heiden. Und wenn Gott zu Manasse und seinem Volk reden ließ, hörten sie nicht darauf. Wie mein großer Prophetenbruder Jeremia und andere Prophetenfreunde aus Jerusalem rief ich: »So spricht der Gott Israels: Siehe, ich will Unheil über Jerusalem und Juda bringen, so dass dem, der es hören wird, beide Ohren gellen sollen . . ., weil sie getan haben, was mir missfiel.« Doch für Menschen, die Gott nicht suchen, waren wir, die auf Gott hörten und im Namen Gottes mahnten, Spinner, Träumer, ja sogar Feinde.

Das Volk opferte weiter auf den Höhen den heidnischen Gottheiten. Manasses Sohn Amon tat es ebenso und häufte als König noch mehr Schuld auf Volk und Land.

Erst Amons junger Sohn Josia brachte die Wende. Er bemühte sich, seinem großen Vorvater David nachzueifern. Er trachtete danach, Gott wohlgefällig zu leben und zu regieren. Mit zwanzig Jahren begann er, Jerusalem und ganz Juda von den heidnischen Götzenbildern und Kultstätten zu befreien. Wir konnten Gott loben und danken. Und wir baten Gott, dem jungen König auch weiter Kraft zu schenken im schweren Kampf gegen den Götzenglauben.

Eines Tages fand man bei Restaurierungsarbeiten im Tempel eine Buchrolle. Josia ließ sie vorlesen und erschrak über die Fülle der Gottesgesetze, die darin geboten, aber nicht eingehalten worden waren. Voll Not zerriss er seine Kleider und gebot, Gott zu befragen, was zu tun sei.

Josia musste von mir gehört haben. Vor meiner Tür standen plötzlich fünf hoch gestellte Persönlichkeiten Jerusalems, darunter der Priester Hilkija. Sie erzählten von ihrem Auftrag.

Große Ruhe und Sicherheit breitete sich über mich aus. Mit Autorität kam ein Gotteswort aus meinem Mund: »So spricht der Herr: Siehe, ich will Unheil bringen über diesen Ort und seine Einwohner, weil sie mich verlassen und anderen Göttern geopfert haben.« Ein Gerichtswort.

Es tat mir Leid für diesen frommen König. Aber Gott sah die Demut Josias, und ich durfte noch ein Gnadenwort anfügen für den König von Juda: ». . . deine Augen sollen nicht sehen all das Unheil, das ich über diese Stätte bringen will.«

Das Wort Gottes, das aus meinem Munde kam, veranlasste König Josia zu einer tief greifenden Kultreform. Das 2. Königsbuch gibt einen anschaulichen Bericht davon. Bei dieser Reform habe ich eine maßgebende Rolle gespielt. Aber nicht laut. Nein, leise lenkend, auf die Weisungen Gottes hörend. Und das bewirkt viel, ganz gleich ob durch Mann oder Frau.

82. Nehuschta

2. Könige 24

Drei Monate war ich eine Gebira, Königinmutter. Mein achtzehnjähriger Sohn Jojachin hatte ein schweres Erbe übernommen. Das Königreich Juda hatte seit zehn Jahren, seit dem Tod meines Schwiegervaters, des großen Königs Josia, sehr unter den Babyloniern und Ägyptern zu leiden. Wie hatte sich Jerusalem in dieser Zeit verändert! Wie war es arm geworden! Ich stamme aus einer vornehmen, alten Beamtenfamilie und weiß, was ich da sage.

Mein Mann Eljakim wurde vom Pharao als König eingesetzt, nachdem dieser Eljakims Bruder gefangen genommen und abgesetzt hatte. Sie gaben meinem Mann den Namen Jojakim und verlangten hohe Abgaben an Gold und Silber. Die Beamten und andere Bürger der Stadt mussten viel von ihrem Vermögen abgeben, um dem Pharao den Tribut zu zahlen.

Schließlich zog Nebukadnezar, der König von Babel, herauf, und Jojakim musste ihm untertan sein.

Als sich nach drei Jahren mein Mann gegen die Herrschaft Babels auflehnte, rüstete König Nebukadnezar einen Feldzug gegen Jerusalem, um einen König einzusetzen, der ihm besser zu Willen war, einen, der sich ihm gänzlich untertan machte.

In dieser unglücksträchtigen Zeit übernahm gerade mein Sohn die Regierungsgeschäfte in Jerusalem, wurde König von Juda. Das feindliche Heer zog heran. Bald begann die Belagerung. Ich riet meinem Sohn, sich mit seinem Feldherrn zu beraten. Als Nebukadnezar vor der Stadt ankam, ging Jojachin, der König von Juda, mit mir, der Königinmutter, und mit seinen hohen Beamten hinaus zum König von Babel, um mit ihm zu verhandeln. Doch Nebukadnezar nahm ihn gefangen. Damit hatten wir nicht gerechnet. Es wurde ihm erlaubt, mich und seine Frauen, seine Kinder und seine Kämmerer mit nach Babel zu nehmen.

Mir gestattete man, noch einige persönliche Gegenstände aus dem Königshaus zu holen. Es ist nicht zu beschreiben, was ich da zu hören und zu sehen bekam. Babylonische Horden wüteten wie wilde Tiere. Sie raubten in den Königshäusern und im Tempel alles, was wertvoll war. Sie schleppten Kessel, Leuchter, goldene Schaufeln, Töpfe und Schalen auf ihre Wagen und Karren. Und was sie nicht mitnahmen, zerschlugen sie.

Dazu nahm Nebukadnezar viele Kriegsleute gefangen und die besten Handwerker und Beamten der Stadt.

Der lange Weg nach Babel begann. Jojachin verbrachte im Exil mehr Zeit seines Lebens als in Israel. Er, ein junger König aus dem Stamm Davids! Warum?

Sag nicht, ich soll im Buch nachlesen! Ich weiß auswendig, was da steht. »Und er (Jojachin) tat, was dem Herrn missfiel, wie sein Vater getan hatte.«

Was konnte Jojachin in nur einem Vierteljahr Regierungszeit getan haben, was dieses Urteil gerechtfertigt hätte? Mein Sohn war noch sehr jung und stand unter meinem Einfluss. Mein Großvater hatte unter dem gottesfürchtigen König Josia gedient! Ich weiß, was

Gott, der Herr, von uns erwartet, und habe meinen Sohn danach erzogen.

Die politischen Zeiten waren schwierig. Babylonien war stark. Nebukadnezar war wegen des Abfalls meines Mannes in Rage. Das war doch das Übel!

Oder war wirklich alles Gottes vorherbestimmtes, entsetzliches Gericht?

83. Hamutal

2. Könige 24,18ff.

Auch ich als nachfolgende Königinmutter möchte noch etwas hinzufügen. Ich kam ganz überraschend zu dieser Würde. Nebukadnezar wollte wohl die Menschen im Lande nicht unnötig verstören. So setzte er einen König ein, der zur königlichen Familie gehörte; meinen Sohn Mattanja, den die eigentlichen Machthaber in Zedekia umbenannten.

Nebukadnezar schloss mit ihm einen Vasallenvertrag, den sie beide vor dem Gott Israels und den Göttern Babels beeideten. Hohe Abgaben waren zu zahlen, und Zedekia standen wenig Männer zur Seite, die Erfahrung oder Führungsqualitäten hatten.

Solche Männer waren mit König Jojachin zusammen ins Exil nach Babel geführt worden. Wir hofften auf ihre Wiederkehr, und mein Sohn sah sich deshalb auch mehr als Verwalter, denn als König.

Doch Zedekia wurde und blieb der letzte König Judas. Auch er lehnte sich schließlich gegen den Vasallenvertrag mit Babel auf. So erschien Nebukadnezars Heer erneut vor den Toren der Stadt.

Zedekia hatte in seiner zehnjährigen Regierungszeit Führungsqualitäten entwickelt und sich tüchtige Männer herangezogen. Doch das feindliche Heer war groß. Wir hielten der Belagerung lange stand. Nach einem Jahr wurden die Verhältnisse in

Jerusalem allerdings unerträglich. Wir wurden regelrecht ausgehungert.

Das babylonische Heer drang schließlich von Norden her in die Stadt ein. Unsere Kriegsleute flohen durch das südliche Tor und die königlichen Gärten. Zedekia wurde in der Jordanniederung von den Verfolgern eingeholt. Der König und seine Söhne wurden nach Norden zu Nebukadnezar geführt, der zu der Zeit in Ribla, nördlich von Damaskus stand. Vor Zedekias Augen sollen sie seine Söhne, meine Enkel, erschlagen haben. Danach haben sie ihn selbst mit ihrer barbarischen babylonischen Strafe gerichtet: Mit einem glühenden Stift wurde Zedekia, der letzte König Judas, geblendet.

Ich wurde krank vor Schmerz und Kummer. All meine Nachkommen waren dahin. Nichts konnte mir noch Leid zufügen, so dachte ich. Ich war leer und halb tot. Aber nur halb tot. Meine Leidenszeit war noch nicht vorüber.

Nebukadnezar kam nach Jerusalem zurück. Was an kostbarem Gerät vor einem Jahrzehnt noch nicht aus dem Tempel geraubt war, fiel nun den räuberischen Barbaren in die Hände. Und das war nicht wenig. Vieles war versteckt gewesen; manches hatte sich wieder eingefunden, was die bestialischen Heiden auf ihrem Beutezug verloren hatten. Aber es kam noch schlimmer: Nebukadnezar verbrannte das Haus des Herrn!

Dies bereitete mir noch einmal so viel Schmerz wie die Nachricht über die schreckliche Rache an meinem Sohn und den Enkeln.

Ich nahm danach kaum noch wahr, dass fast die ganze Stadt brannte. Auch mein Haus brannte. Die dicken Mauern Jerusalems wurden geschleift oder durchbrochen.

Alle Menschen wurden ins Exil nach Babel verschleppt. Es blieben nur Leute zurück, die den Babyloniern eine Last geworden wären. Dazu gehörte auch ich.

Lahme und Kranke, Diebe und Gesindel blieben in Jerusalem. Ich war krank und konnte mich des räuberischen Gesindels dort nicht erwehren. Königinmutter – es war einmal . . .

– 84. Die schwelgerischen Frauen von Samaria –

Amos 4,1-3

Baschankühe - fette Kühe nannte er uns!

Wir fühlten uns nicht angesprochen von diesem Maulbeerzüchter Amos. Er kam aus dem Südland, aus Juda. Dort soll er als Schafzüchter große Herden und Maulbeerfeigenbäume besessen haben. Er fühlte sich von Gott gerufen und gedrängt, nach unserem Nordreich zu ziehen.

Hier in Israel rief er mit seiner drastischen Sprache zur Umkehr und kündigte Strafgerichte Gottes an.

Wir schüttelten den Kopf über ihn. Sollte doch der hergelaufene Fremde in seinem eigenen Land Unruhe stiften! Seine Weherufe und Anklagen gingen uns auf die Nerven.

Uns wohlhabende Frauen in Samaria nannte er doch tatsächlich »Baschankühe«. Uns mit Kühen zu vergleichen ist schon schlimm genug. Was Baschan ist, werden nicht viele wissen. Als Beleidigung setzt das Wort Baschan dem Vergleich mit den Kühen noch die Krone auf.

Baschan ist eine sehr fruchtbare Ebene östlich des Jordans. Sie ist bekannt durch ihre fetten Weiden und ihr wohlgenährtes Vieh. »Baschankühe« bedeutet also, und so haben es Übersetzer des Amosbuches auch genannt: »fette Kühe«.

Ihr könnt euch vorstellen, dass wir auf so einen ungehobelten Burschen nicht hörten. Es war schon schlimm genug, dass manche unserer Männer das Wort aufgriffen, um uns zu ärgern. Besonders hart dann, wenn die eine oder andere von uns auch eine rundlichere Figur hatte.

Sonst aber nahm kaum jemand seine Unkenrufe ernst. Uns ging es doch gut im Nordreich Israel! Unter der langen Regierungszeit von König Jerobeam II. erlebten die zehn Stämme Israels eine wahre Blütezeit. Jerobeam eroberte alle Gebiete wieder zurück: von Hamat hoch im Norden bis an das Salzmeer. Wohlstand breitete sich überall aus.

Besonders bei uns in Samaria, der Hauptstadt Israels, ging es rapide bergauf. Geradezu sprunghaft wurden Reichtümer angesammelt. Unsere Stadt hatte gute Straßenverbindungen, außer nach Osten in alle Himmelsrichtungen. Der Handel blühte.

Zur Burg hinauf schleppten sich oft Eselskarawanen von den königlichen, verpachteten Ländereien, die große Ernteanteile als Pachtzins brachten. Krüge mit Öl und Wein wurden auf tönernen Täfelchen notiert. Die Bauern brachten Gemüse und Getreide auf unseren Markt und kauften in der Schmiede Geräte und beim Töpfer die nötigen Krüge.

Jeder konnte zu Ansehen und Wohlstand kommen. Wer arm blieb, war selber schuld. So dachten wir.

Natürlich mussten wir fleißig sein, mussten wissen, wie und wo die besten Geschäfte zu machen waren. Zum Faulsein gab es wenig Zeit. Jedermann trachtete danach, den Wohlstand zu vermehren. Wir neideten zum Teil dem Nachbarn den Winterpalast oder dem Oheim das elfenbeingeschmückte Sommerhaus. Doch das war gut zum Ansporn, selber noch mehr Pracht zu entwickeln.

Samaria war eine prunkvolle Stadt geworden. Es machte uns Freude, in diesem Wohlstand zu schwelgen. Kann uns das jemand verdenken?

Ist es heute nicht auf der Welt ebenso?

Unsere Männer verwöhnten uns mit Schmuck, edelsteinbesetzten Stirnbändern, goldenen Fuß- und Armspangen und kostbaren Stoffen. Sie selbst trugen goldgestickte Umhänge. Auch die Priester und die Berufspropheten oben auf der Burg trugen Gewänder aus teuren Stoffen.

Auf den vielen Festen wurden Geschichten aus der Altstadt erzählt. Die von der Magd eines Hofbeamten, die am Morgen plärrend zur Arbeit gekommen war: Ihr Vater in der unteren Stadt sei wegen seiner Schulden beim Sandalenaufkäufer als Sklave abtransportiert worden! – Ein Gutsbesitzer hatte einen Töpfer gepfändet und dessen Kinder verkauft, weil er bei ihm eine größere Getreideschuld hatte. – Der Richter unten am Tor ließ sich mit ein paar Goldstücken oder anderen Geschenken bestechen.

In der Altstadt lebten die Menschen noch in baufälligen Hütten und stritten sich manchmal um ein Fladenbrot. Für unsereins war es nicht gut, sogar gefährlich, dort hinzugehen. Aber was sollten wir da auch?

Doch dieser Amos war dorthin gegangen!

Er brauchte ja auch keine gesellschaftlichen Rücksichten zu nehmen. Gerade in unserer Stadt Samaria war Amos überwältigt von der großen Pracht und dann erschüttert von tiefster Armut und Not, die es in der Altstadt wohl tatsächlich gegeben hat.

Nun – hätte er es etwas diplomatischer angefangen, wären wir vielleicht hellhörig geworden. Einige von uns hätten sich für mildtätige Liebesdienste erwärmen lassen oder hätten ihre Männer um rücksichtsvolleres Umgehen mit Schuldnern gebeten.

Aber so – »fette Kühe« – wir fühlten uns nicht gemeint. In Wirklichkeit wappneten wir uns gegen die harte Sprache des Amos.

In einer modernen Übertragung las ich das anstößige Amos-Wort so: »Hört ihr Frauen von Samaria, rundlich und schön wie Baschans Kühe . . .«

Nun, das hört sich schon besser an. Vielleicht wären wir so zur Vernunft gekommen, wie es Amos wollte. Denn später hat ein Teil von uns schmerzlich erleben müssen, dass Pracht und Reichtum, ein Leben in Luxus nicht alles ist. Manche meiner Freundinnen begann das alles zu langweilen. Der Überfluss wurde zum Überdruss. Nichts von alledem, wenn überhaupt etwas bis zum eigenen Ende erhalten blieb, konnten wir mit in den Tod nehmen. Doch so manche von uns hat, wenn auch keine materiellen Schulden, so doch große Schuld mit ins Grab genommen. In den alten Tagen, auf dem Krankenbett oder Sterbelager hat manche von uns gedacht, es wäre gut gewesen, von dem Reichtum abzugeben, zu teilen mit denen, die in Not waren.

Im Alter, so haben wir es erlebt, bedeuten Haus, Silber und Gold oft nur Ärger, weil die Erben es nicht nach unseren Vorstellungen nutzen. Aber eine gute Tat, ein mildes Wort, eine Hilfe in des anderen Not wird zur Freude, zum Lichtblick noch nach vielen Jahren.

Und auch das Sterben erleichtert es. Wir wären dann nicht so unnütz auf der Welt gewesen; hätten unser Leben nicht vertan.

So, wie Amos das sieht, haben wir unser Leben und auch das unseres Volkes vergeudet.

85. Gomer Hosea

Hosea

Ich kann es mir nicht vorstellen, dass Hosea auf Anraten seines Gottes mich geheiratet hat, um ein Zeichen zu setzen!

Hosea hat mich geliebt! Das habe ich doch gespürt!

Ich weiß, ich war ein bisschen flatterig. Schon als junges Mädchen ging ich, geschmückt mit Amuletten, mit auf die Höhen, um Baal und Aschera die Ehre zu geben. Die Feste zogen mich an. Es waren sehr fröhliche Kultfeiern, und ich gab mich gern den Männern hin. Das gehörte bei den Baalsfesten doch dazu!

Das Ackerland war eine Muttergottheit, die von Baal befruchtet wurde. Durch magische Riten und besondere Praktiken musste ich doch die Götter beeinflussen, dass auch ich fruchtbar sein konnte – so hatte ich's von meiner kanaanitischen Freundin gehört.

Freilich, als ich verheiratet war, hätte ich das Tanzen und Huren, wie es die frommen Israeliten nennen, sein lassen sollen. Zumal ich nicht mit einem Kanaaniter oder einem abtrünnigen Israeliten verheiratet war.

Hosea war ein Prophet Gottes.

Zuerst habe ich das nicht geglaubt. Wie sollte ich auch, wo ich nie Gott habe sprechen hören! Und – wenn Hosea so fromm war, hätte er sich dann nicht auch eine Frau aus frommen Kreisen oder mit frommem Sinn nehmen können?

Meine Zweifel, ob Hosea ein Rufer des Gottes Israels war, waren schon berechtigt.

Ich gebar einen Sohn. Ich gebar eine Tochter und nach der Stillzeit wieder einen Sohn.

Hosea benahm sich eigenartig bei der Namensgebung. Es waren

harte, abstoßende Namen. Ich konnte keinen Einfluss darauf nehmen.

Er versuchte, mir zu erklären, er tue dies auf Anweisung Gottes, und das habe die und die Bedeutung. Mir war das zu hoch, zu kompliziert und überhaupt alles zu unwahrscheinlich.

So tat er nichts aus eigenem Impuls. Dabei kam ich mir wie fremdgesteuert vor. Das waren wir bei Baal auch - aber Baal war uns vertraut.

Dieser Gott Hoseas, von dem es kein Bild, keine Statue gab - wie sollte man diesem Gott irgendwelche positiven Gefühle entgegenbringen? Existierte er überhaupt?

Sollte ich wegen möglicher Phantasievorstellungen meines Mannes als Trauerkloß zu Hause hocken?

Ich verließ Hosea.

Mein altes Leben nahm ich wieder auf. Ich wollte Baal, die Männer und mich selbst ergötzen.

Aber wie es mir in Wahrheit erging, darüber möchte ich hier lieber nicht sprechen. -

Es kam jedenfalls so weit, dass Hosea mich auslöste. Fünfzehn Silberstücke und fünfzehn Scheffel Gerste bezahlte er.

Du siehst, wie tief ich gesunken war. Es war der Gegenwert für eine Sklavin, den er zum Teil in Geld, zum Teil in Naturalien zahlen konnte.

Ich war froh, in die Geborgenheit, wieder unter Hoseas Schutz zu kommen.

Aber mein Gemahl ergriff erzieherische Maßnahmen, die mein tägliches Leben sehr hart - für mich sehr hart - veränderten.

Ich war dem Schreien nahe vor Not. Hosea sperrte mich geradezu ein. Mit anderen Männern lief jetzt nichts mehr. Zusätzlich strafte er mich damit, dass auch er nichts in Sachen intimer Liebe von mir wissen wollte.

Und immer wieder seine unverständlichen Reden. Ich begann einen göttlichen Sinn dahinter zu vermuten, den ich nur nicht verstand. Hoseas Handeln an mir, das ja auch im Auftrag seines Gottes geschah, dass er mich auslöste und rettete - war das etwa auch der

Wille seines Gottes? So wäre das, was Hosea mit mir tat, ein Zeichen für Gottes Handeln an Israel?

Auch die Menschen in Israel, die Gott so sehr liebe, seien ihm immer wieder untreu. Auch Israel würde von Gott erzogen werden!

In meinen Kopf ging das nicht hinein. Was war das für ein Gott? Und was hatte ich nur für einen eigenartigen Mann! Liebe - Strafe - Liebe - Verzeihen - Liebe - keine Gleichgültigkeit, kein Linksliegenlassen.

Noch einmal: Mein Mann hat mich echt und tief geliebt, mich, eine gewesene Hure in Israel.

86. Hiobs Frau

Hiob

Ich habe versagt. Ich weiß es. Deshalb lasse ich mich auch ohne Widerspruch Hiobs Frau nennen, statt Frau Hiob, wie es mir schon lieber wäre.

Dass ich versagt habe, konnte ich jedoch erst nachher erkennen. Zur Zeit des Geschehens war ich blind.

Ich verkannte die Größe meines Mannes. Er war einfach viele Nummern zu groß und weise für mich. Er war gottesfürchtig und vertraute Gott in einer Weise, die mir auf die Nerven ging. Ja, in meinen Augen war das Irrsinn!

Uns ging es gut. Unserer ganzen Familie ging es gut. Der Grund war, so sehe ich es im Nachhinein, die Rechtschaffenheit meines Mannes. Und ich war ihm sicher auch eine ebenbürtige tüchtige Frau.

Aber so wie Josef in Ägypten »glückte« meinem Hiob alles, weil Gott mit ihm war. Wir hatten Tausende von Schafen und Kamelen, viele Rinder und Esel und sehr viel Gesinde. Wir waren reich an materiellen Gütern. Unsere Familie war groß und angesehen. Sieben Söhne und drei Töchter hatte ich geboren, die alle wohlgeraten waren. Es war kein Streit unter ihnen. Sie besuchten sich untereinander zu gemeinsamen Festmahlen und hatten sich lieb.

Doch dann wurden wir plötzlich vom Unglück verfolgt. Alles stellte sich gegen uns.

Die aus Saba und die Chaldäer fielen über unsere Herden her und machten die Knechte nieder. Feuer und Sturm brach aus. Das Haus unseres Erstgeborenen brach zusammen und erschlug unsere Kinder, die dort alle in festlicher Stimmung zusammen saßen.

Ich war wie von Sinnen vor Schmerz und schrie und tobte. Ich haderte mit Gott und der Welt. Ich war verzweifelt.

Es machte mich rasend, wenn ich Hiobs Demut sah. Wohl zerriss er seine Kleider und schor sein Haupt als sichtbares Zeichen seiner Trauer. Doch ergeben sprach er: »Der Herr hat's gegeben, der Herr hat's genommen; der Name des Herrn sei gelobt!«

Das machte mich schier wahnsinnig! So konnte ich das wahrlich nicht sehen! War wirklich alles allein von Gott gegeben? Waren nicht unser menschliches Tun, unser Eifer, unser Fleiß, unsere Aufopferung der Grundstein unseres Wohlstandes? Hatte ich nicht unter Schmerzen zehn Kinder geboren? Hatte ich ihnen nicht meine ganze Kraft gegeben? Hatte nicht Hiob geschuftet und Entbehrungen auf sich genommen, um alles dies zu schaffen?

Ich stritt ja nicht ab, dass Gott ihm und uns dabei geholfen, uns gesegnet hatte.

Aber warum entzog uns nun Gott seinen Segen? Gott, was sollte all die Plackerei, wenn der Erfolg keinen Bestand hatte? Gott, was sollte das? Gott, warum? Was hatte er gegen uns? Waren wir nicht rechtschaffene Leute, als gottesfürchtig überall bekannt?

Nach all dem Unglück traf es bald auch Hiob am eigenen Leib. Ich sah ihn an bösen Geschwüren leiden. Er schabte sich mit einer Scherbe, weil die Haut juckte und brannte. Er saß in der Asche und war stumm vor Schmerz.

Hiob, der überall geachtete Mann, wurde ein verachteter Mann. Die mit ihm im Tore saßen, zu den Honoratioren der Stadt gehörten, wollten nichts mehr von ihm wissen. »Hiob muss eine große Sünde getan haben, dass Gott ihn so straft«, wurde gemunkelt.

Auch ich dachte ähnlich. Gab es da heimliche Sünden, die mein Mann vor mir verborgen hatte? Was mochte das wohl sein?

Drei Freunde aus guten Zeiten besuchten ihn. Sie erkannten ihn nicht mehr, so elend sah er aus. Tagelang saßen sie mit ihm in der Asche und sagten kein Wort. Schließlich drängten sie Hiob, seine Schuld vor Gott zu bringen.

Doch Hiob blieb halsstarrig. Stritt jedes böse Tun oder Denken ab. Gott hätte ihn einfach verlassen. Gott wäre ihm vom Freund zum Feind geworden.

Zu so einer unvorstellbar harten Äußerung war Hiob tatsächlich fähig.

Die Freunde erschraken. Das war doch Gotteslästerung!

Ich selbst hatte nur noch Angst um mein eigenes Leben. Alles andere war ja schon dahin.

Die Männer stritten laut und heftig um den rechten Glauben, um die Ursache und den Sinn von Leiden und Strafe Gottes.

Hiob geriet dabei schließlich doch in schmerzliche Zweifel an Gottes Gerechtigkeit und an seinem Erbarmen. Zweifel an seiner eigenen Gerechtigkeit kamen ihm seltsamerweise nicht. Gereizt flehte er Gott an, dass er für ihn eintreten möge.

Doch dann passierten seltsame Dinge. Gott selbst soll mit Hiob gesprochen und die drei Männer getadelt haben. Darauf wurde ein großes Brandopferfest gefeiert. Hiobs fast verdorrte Gestalt schleppte sich mühsam zum Opfertisch. Seine schwarze Haut, die sich überall in Fetzen von seinen Gebeinen ablöste, gab ihm etwas Gespenstiges.

Ich schauderte und konnte nur lächeln über diesen unnützen Kräfteverschleiß.

Die Männer opferten. Hiob tat Fürbitte für seine Freunde. Er tat Fürbitte für diese Männer! Er schien mir völlig verwirrt in seinem Tun.

Was dann geschah, ging völlig über meinen Verstand: Hiob ging mit kräftigen Schritten zurück ins Haus. Sein Körper erholte sich zusehends. Unter seiner zerfetzten dunklen Haut wuchs neue, zarte Haut nach. Hiob wurde gesund.

Die aus dem Ort und Frauen und Männer aus den Städten ringsum besuchten Hiob bald wieder und brachten Geschenke mit.

Ich wollte mich erst auflehnen und ihnen die Tür weisen. Wo waren sie in der Not, in unserem Unglück geblieben? Waren das Freunde? Hatten sie nicht sogar böse Worte über Hiob gesagt?

Doch ehe ich den ersten von der Tür wies, fiel es mir wie Schuppen von den Augen. War ich nicht noch schlechter als sie gewesen? Ich hatte meinen Mann höhnisch aufgefordert, Gott abzusagen! Ich hatte ihn belächelt, verachtet. Ich habe ihm nicht geholfen. Und ich war doch seine Ehefrau!

Ich verhielt mich ganz still und war ganz klein. Behutsam und leise versuchte ich, gutzumachen, was ich an Hiob und Gott gesündigt hatte.

Hiob wurde wieder ein Mann, dem alles glückte. Jeder sah es. Gott war wieder mit ihm. In rasendem Tempo verdoppelte sich sein Besitz.

Ohne dass wir darüber sprachen: Hiob verzieh mir! Er kam zu mir. Er schlief mit mir. Ich durfte noch einmal Söhne und Töchter gebären. Und nicht ohne Stolz darf ich mit dem Buch der Bücher sagen, dass unsere drei Töchter schöner waren, als ich je Mädchen gesehen habe.

Hiob verstand es großartig, alle ihm nun nach all diesem Elend geborenen zehn Kinder einträchtig zusammenzuhalten. Ich spürte es, mein Mann war voll angenommen bei Gott. Der Herr hatte seine Treue belohnt.

Wie war es mit mir? Ich hatte teil an Hiobs neuem Reichtum, war die Mutter seiner Kinder.

Teil am inneren Glück Hiobs hatte ich nicht. Stets nagten Zweifel in mir, ob Gott mir auch verziehen hatte.

Man kann es selbst nachlesen im Buch Hiob: Der Versucher Satan und ich, Hiobs Frau, wurden nach unserem bösen Tun überhaupt nicht mehr erwähnt.

87. Hiobs Töchter:
—— Jemima, Kezia und Keren-Happuch ——

Hiob 42,13ff.

Wir drei Töchter möchten nur darauf hinweisen, dass wir einen ungewöhnlichen Vater hatten. Er war ein Vorbild an Gottesfurcht und Gottestreue. Er war ein wahrer Diener Gottes.

Und er war uns ein guter Vater. Wir Mädchen waren ihm genauso viel wert wie seine sieben Söhne. Er sorgte dafür, dass wir ebenso erbberechtigt wurden wie die Brüder. Das war in unserem Land und ringsum nicht üblich.

Gott ließ unseren Vater sehr alt werden. Er überlebte alle seine Altersgenossen. Er erreichte ein Alter wie die Erzväter Israels. Unsere Enkel sah er noch heranwachsen und freute sich an dem Wohlergehen unserer großen Familien.

Im Ausland

88. Frau Nebukadnezar

Daniel

Auch ich war Königin und Königinmutter! Ich hatte Pracht und Macht und genoss beides. Dabei war ich nicht großspurig und hochmütig, eher aufmerksam und dankbar.

In Babel zu leben war wunderbar, jedenfalls für mich als Frau und Königin. Unsere hohe Kultur ermöglichte es, Körper und Geist zu verwöhnen und zu stärken. Ich nutzte alles in vollen Zügen.

Unsere Leute hatten mit Hilfe der Meder die Vorherrschaft der Assyrer gebrochen. Ninive, die große Welt- und Handelsstadt, zu der sich alles hinzog, was Geld hatte oder haben wollte, war zerstört worden. Das mit starken Mauern geschützte Ninive war nicht allein durch den Ansturm der Babylonier und Meder gefallen. Die Götter halfen mit: Der Tigris trat über die Ufer. Seine Wassermassen überschwemmten den breiten Graben vor der Stadtmauer und brachen schließlich eine Bresche in die trutzige Wallbefestigung.

Einige unserer damals in diese Stadt eingedrungenen Soldaten haben mir später von dem Wunder dieser Residenz und ihren prachtvollen Bauten erzählt. Um den Königspalast lagen nicht nur Parks, sondern auch Tiergärten. Da gab es eine breite Prachtstraße, die sie Königsstraße nannten. Unsere Eroberer hatten noch nie so viele imposante Bauwerke und so viele Kostbarkeiten gesehen, wie sie in dieser Stadt angehäuft waren. Sie fielen in einen rauschartigen Zustand. Alles wurde geraubt und geplündert, was nur transportabel war. Das Übrige wurde ein Raub der Flammen, die die Stadt zerstörten.

Eine Reihe wertvoller Dinge kam nach Babel. Dazu gehörten für mich auch Ideen, die bei uns in Babel umgesetzt wurden. Mit aufbrechender Kreativität, unterstützt von viel Gold, wurden prächtige Bauten in Angriff genommen und verwirklicht.

Babel sollte schöner werden als das untergegangene Ninive. Babel sollte Weltstadt werden! Handel sollte Wohlstand und Reichtum stabilisieren helfen. Damit sich Einwohner und Fremde in Babel wohl fühlen und der Ruhm der Stadt in aller Welt besungen wurde, errichtete mein Mann, König Nebukadnezar, die ausgefallensten Bauten.

Es entstanden prunkvolle Paläste und glanzvolle Tempel mit einer pompösen Prozessionsstraße. Hierzu mochte wohl die Königsstraße von Ninive Vorbild gewesen sein.

Mit dem gewagtesten Bau hat Nebukadnezar sich und uns allen ein Baudenkmal gesetzt, das zu den sieben Weltwundern gezählt wurde: »die hängenden Gärten«. Über den Gewölbekellern des Königspalastes wurden kunstvoll Berg- und Gartenlandschaften mit Bäumen und einheimischen sowie exotischen Pflanzen angelegt. Ein ausgeklügeltes Bewässerungssystem sorgte für das notwendige Wasser auf diesen terrassenartig angeordneten Gärten.

Wasser hatten wir genug. Ich konnte baden, sooft und solange ich wollte. In den Palästen waren Badezimmer, Wasch- und Toilettenräume eingerichtet. Für mein Wohlbefinden brauchte ich stets ein Bad und genoss dabei das fließende Wasser im Badezimmer.

Am Hof lebten Dichter und Weise. Flinke Schreiber hielten Gedichte und Geschichten in gestochener Schrift auf ägyptischem Papyrus und Pergamentrollen fest. Die Anziehungskraft der prächtigen Stadt und des gastfreundlichen Palastes lockte auch fremde Künstler und Geister zu uns, so dass das gesellschaftliche und kulturelle Leben interessant und immer anregender wurde.

Das einzige, was nicht schön war in meinem Leben, war das ständige Fernsein meines Mannes, des Königs. Aber ich muss zu seiner Entschuldigung sagen, dass die Ägypter ein dauernder Unruheherd waren. Ägypten lag eigentlich weit genug von uns entfernt. Aber es ging, wie stets bei Zerwürfnissen unter Männern, um die Macht.

Nachdem wir Babylonier und Meder das assyrische Reich zerbrochen hatten, äugten die Ägypter nach der Vorherrschaft in diesem Gebiet vom Mittelmeer bis zum Indischen Ozean. Palästina und Syrien mit seinen berühmten Handelswegen hatten für sie hohe Anziehungskraft, aber auch für meinen Mann. Die Ägypter zogen immer wieder nach Nordosten; unsere Leute mit Unterstützung unserer tüchtigen Chaldäer nach Südwesten. Irgendwo und irgendwann stießen sie aufeinander und fielen übereinander her.

Schon als Kronprinz musste Nebukadnezar gegen die Ägypter kämpfen, die bis an den oberen Euphrat vorgedrungen waren. Mein Mann besiegte sie und folgte Pharao Necho und seinen Leuten bis an die ägyptische Grenze.

Wer weiß, was er in Ägypten noch alles getan hätte, wenn er nicht wegen des Todes meines Schwiegervaters, des Königs von Babel, hätte zurückkommen müssen. Aber auch noch auf diesem Rückweg konnte er das Taktieren nicht lassen. Oder brauchte er eine Ruhepause für seine Mannen? Er belagerte jedenfalls Jerusalem, das bereits für Ägypten tributpflichtig war. Als Jerusalem fiel, machte er sich den judäischen König untertan. Einige Gefangene und kostbare Tempelgegenstände aus dem Haus des jüdischen Gottes brachte er mit. Vier junge Gefangene bekam ich bald täglich zu sehen. Ich hatte meine Freude an ihnen. Es waren ausgesuchte, hübsche junge Burschen, die aus königlichem Geschlecht sein sollten. Sie wurden in der chaldäischen Schrift und Sprache unterwiesen und im höfischen Dienst und Zeremoniell eingesetzt.

In Palästina gab es bald wieder Unruhe. Einmal waren es die Ägypter, dann wieder die Israeliten. Der von uns unterworfene judäische König in Jerusalem wurde abtrünnig. Nebukadnezar rüstete zum Vergeltungsfeldzug.

Es war eine traurige Gefangenenschar, die Nebukadnezar nach Babel zurückbrachte. Ein junger König war darunter. Nur drei Monate hatte er nach dem Tode seines Vaters in Jerusalem regiert. Der junge König Jojachin musste büßen, dass sein Vater sich von Babel lossagen wollte. In Begleitung des königlichen Gefangenen waren Königinmutter Nehuschta, seine Frauen und Kinder und Kämmerer. Ich freute mich, dass Nebukadnezar dem armen König diesen Liebesdienst erwiesen hatte.

Sicher mit durch mein Bemühen bekam die gefangene königliche Familie ein Haus zugewiesen. Sie waren dort besondere Gefangene. In ihrem Terrain durften sie sich frei bewegen. Nahrungsmittel und Wein bekamen sie von unseren Beamten geliefert. Mit der Königinmutter Nehuschta hatte ich bald ein fast freundschaftliches Verhältnis. Ich besuchte sie und lud sie ein zum Lustwandeln auf den Terrassen und in den Parks.

Das große Heer der Gefangenen, Männer, Frauen und Kinder, wurde im Land verteilt. Sie hielten Ruhe und versuchten, sich hier im Exil ein neues Leben aufzubauen. Maßgeblich für diese fast problemlose Eingliederung schien ein Brief zu sein, den ein Prophet mit Namen Jeremia über meinen Mann an die weggeführten Ältesten, Priester und Propheten in Babel geschickt hatte. Darin gab er im Namen des Gottes Israels den Verschleppten die Anweisung, sich in der Fremde häuslich einzurichten, zu bauen, zu pflanzen, zu heiraten und Kinder zu zeugen. »Suchet der Stadt Bestes, dahin ich euch habe wegführen lassen, und betet für sie zum Herrn; denn wenn's ihr wohl geht, so geht's auch euch wohl«, schrieb Jeremia. Dies hat mich sehr angerührt. Die Heimatvertriebenen sollten für uns und unsere Städte beten? Sollten für die Sieger und Eroberer beten?

Obwohl Nebukadnezar in Jerusalem selbst einen König seiner Wahl eingesetzt hatte – übrigens einen Onkel unseres königlichen Gefangenen –, versuchte auch dieser König Zedekia, wieder unabhängig zu werden. Nicht einmal ein Jahrzehnt hatte er Treue gehalten und für Ruhe und Ordnung im Sinne Nebukadnezars gesorgt.

Über diesen erneuten Abfall wurde mein Mann bitterböse. Er rüstete ein riesiges Heer aus und blieb für lange Zeit fern von Babel.

Dieses Land Juda mit seinen glücklosen Königen in Jerusalem interessierte mich immer mehr. Ich ließ mir israelitische Priester und auch Propheten kommen. Ich forderte sie auf, mir zu erzählen. Sie sprachen dann von den Führungen ihres allmächtigen Gottes.

Ihr Glaube an diesen Gott erschien mir sehr widersprüchlich. Wie schlecht führte sie doch dieser Gott! Von dem großen König Josia, von dem sie alle voll Ehrfurcht sprachen, waren drei Söhne in den letzten Jahren Könige in Jerusalem. Einer saß im Gefängnis beim Pharao in Ägypten. Einer starb, und für ihn war sein Sohn Jojachin mit seiner Mutter unser freizügig gehaltener Gefangener in Babel. Der letzte Sohn, König Zedekia, würde sicherlich auch bald als Gefangener Nebukadnezars hier in Babel erscheinen. Juda, ein Spielball zwischen den großen Mächten Ägypten und Babylonien. Wo blieb der allmächtige Gott, auf den die Israeliten sich verlassen hatten? Ich würde mir noch einige andere Götter und Göttinnen zulegen, war mein Ratschlag. Aber die judäischen Priester wehrten ab. Gerade das dürften sie nicht!

Es sei im Gegenteil ihre große Sorge, dass die Israeliten hier in der Fremde von ihrem Gott abfielen. Sie sähen doch, wie gut es den Babyloniern geht, die so viele verschiedene Gottheiten verehrten. Mit Kummer beobachteten sie, wie junge Israeliten schon mit der einheimischen Bevölkerung Sonne, Mond und Sterne anbeteten, wie sie mehr und mehr von ihren Gesetzen abfielen.

Um ihren Ermahnungen mehr Gewicht zu geben, waren Priester und Propheten dabei, dem Volk den Schöpfungsglauben wieder in Erinnerung zu rufen. Darin sollte allen wieder bewusst werden, wie doch allein ihr allmächtiger Gott alles geschaffen hat: das Licht, die Feste zwischen Himmel und Erde, Wasser, Land und Pflanzen, die Gestirne, Tiere im Wasser und in der Luft, Landtiere und Menschen. Weil Gott der Schöpfer aller Dinge sei, könnten sie nicht seine Geschöpfe als Gottheiten anbeten wie etwa die Sonne oder einen besonderen Baum.

Seltsam erschien mir der Verbannte Hesekiel, ein Priester und Prophet. Er sprach in Rätseln und Gleichnissen. Er benutzte Bilder und Geschichten, um seinen Volksgenossen kundzutun, was in Jerusalem zuzeiten passierte. Lange bevor Meldereiter von Nebukadnezar in Babel ankamen, gingen aufgrund von Hesekiels weissagenden Bildgeschichten Gerüchte um, die sich dann als Gewissheiten herausstellten.

Nach fast zwei Jahren kehrte Nebukadnezar zurück. Ihm folgte ein riesiger Zug von Gefangenen und ein Heer von Lasttieren, voll bepackt mit goldenen und silbernen Gefäßen und einem immensen

Gewicht an Kupfer. Das waren abgebrochene Teile der Inneneinrichtung aus dem Jerusalemer Tempel.

Einer der Hauptleute erzählte mir, dass Jerusalem vollständig zerstört wurde. Mauern und Tempel wären eingerissen, und überall sei Feuer gelegt worden.

Den mitgeführten König aus Jerusalem durfte ich nicht sehen. Er muss zu sehr ein Anblick des Jammers gewesen sein. Nebukadnezar wollte wohl mit mir keine Diskussion darüber, ob eine so harte Bestrafung nötig war: König Zedekia von Jerusalem war blind. Durch das harte Urteil Nebukadnezars war er geblendet worden, nach Babel geführt und hier ins Gefängnis geworfen. Ich bekam ihn nie zu Gesicht.

Es ist wohl nicht gut, dass ein Mensch Macht und Geld im Überfluss hat! Mein Mann, König Nebukadnezar, war zeitweilig übergeschnappt. Er wurde von Träumen geplagt und war manchmal dem Wahnsinn nahe.

Als Traumdeuter bewährte sich einer von den vier israelitischen Jünglingen, die seit Jahren in Weisheit, Sitte und Kultur unseres Landes erzogen wurden. Ich behielt ihn im Auge, den Beltschazar, den die Juden Daniel nannten.

Einige Male musste ich ihn rufen lassen, damit er prekäre Situationen rettete. Sein Wissen und seine große Weisheit wurden offensichtlich von göttlichen Eingebungen unterstützt. Auch wurde sein mehrmals bedrohtes Leben auf wunderbare Weise gerettet. Ich spürte: Diesem Daniel begegnete dieser israelitische Gott als der Allmächtige. Und dies merkten wiederum auch die Israeliten. Das merkte auch der König nach einem fürchterlichen Zusammenbruch – es war die Folge seines Ungehorsams gegenüber den Warnungen, die der Gott Israels durch diesen Daniel aussprechen ließ. Es war schrecklich – auch für mich. Nebukadnezar war kein Mensch mehr. Aber dann, als er sich Gott im Himmel zuwandte, war alles wie ein Spuk vorüber. Der König von Babel pries den Gott Israels, und so genas er Ich wurde oft sehr nachdenklich und versuchte, die Erzählungen der fremden Priester und Propheten mit dem, was in unserem Haus vorging, in Einklang oder zumindest in einen Zusammenhang zu bringen.

89. Frau Hesekiel

Hesekiel

Ich habe es schon immer geahnt, dass die Liebe meines Mannes zu mir etwas Besonderes war! Immer noch steigen mir Tränen in die Augen, wenn ich im Buch meines Mannes, des Propheten Hesekiel, lese. Gott, der Herr, der doch alles sieht, auch in das Herz eines Menschen sehen kann, sagte zu Hesekiel: »Ich will dir deiner Augen Freude nehmen durch einen plötzlichen Tod.« »Der Augen Freude«, damit war ich gemeint, Hesekiels Frau.

Das tröstet mich, tröstet mich sehr. Wir haben uns geliebt. Liebe, lang währende Liebe zwischen zwei Menschen ist ein Geschenk!

Unsere Liebe war großen Belastungen ausgesetzt. Und wir mussten ja sehr viel Schweres erleben. Wir zogen mit König Jojachin von Jerusalem nach Babel in die Gefangenschaft; der junge Priester Hesekiel und ich, seine Frau. Wir mussten die Heimat aufgeben. Nun, das mussten viele. Wir wurden nicht wie bösartige Gefangene gehalten, nicht von Ausbeutern unterdrückt. Wir durften mit anderen Deportierten an einem Kanal, nahe Babel, siedeln. Hesekiel und ich konnten ein kleines Häuschen erstehen.

Doch dann hatte mein Mann Gesichte, Erscheinungen. Er sagte mir, er hätte Gott gesehen. Gott hätte zu ihm gesprochen. Hesekiel veränderte sich. Er schien mir verwirrt. Einmal sagte er mir, er hätte eine ganze Schriftrolle essen müssen, und sie hätte wie Honig geschmeckt. Ich konnte damit nichts anfangen. Aber ich machte mir doch Sorgen um seinen Gesundheitszustand. Und die waren berechtigt. Eines Tages kam Hesekiel nicht mehr von seinem Lager hoch. Er war gelähmt, konnte auch nicht mehr sprechen.

Dann wieder sprach etwas aus ihm, worin ich ihn nicht als den wiederfinden konnte, den ich doch so liebte. Er wurde mir fremd.

Die Leute nannten ihn einen Propheten. Doch er tat so verwirrte Dinge. Gleichnishaft soll er die für Israel getan haben oder sie haben machen müssen. Gleichnishaft soll das auch gewesen sein mit meinem Tod. Dies kann ich bis heute noch nicht verstehen. Gott soll mich, meinen Tod benutzt haben, um den Untergang Jerusalems zu zeigen. Und Hesekiel durfte nicht um mich trauern; nicht um seine Frau trauern, die er doch so geliebt hatte!

Nun, wenn ich auch Hesekiel in den letzten Jahren unseres Zusammenlebens immer weniger verstehen konnte, so glaube ich doch zu wissen, wie er in den Stunden und Tagen nach meinem Tod gefühlt haben muss. Er wird als guter Hörer auf das Wort Gottes auf die üblichen Trauersitten verzichtet haben. Doch tief in seinem Herzen wird er sehr traurig und verzagt gewesen sein. Dies glaube ich ganz fest zu wissen, und deshalb bin ich auch jetzt nicht bitter. Äußerlich gezeigte Trauer – was ist sie wert, wenn das Herz nicht mitweint? Aber wenn »der Augen Freude« genommen ist, ist doch sicher tiefe innere Traurigkeit da. Oder?

90. Die falschen Prophetinnen

Hesekiel 13,17

Wir waren in der babylonischen Gefangenschaft.

Die alten Israeliten sehnten sich mit allen Fasern ihres Herzens danach, in die Heimat zurückzukehren, Jerusalem wieder zu sehen!

Die Jungen waren dabei, sich in Babel einzurichten. Sie vergnügten sich mit heidnischen Altersgenossen. Sie nahmen die Weisungen unserer Priester nicht mehr so genau, überhörten ihre Mahnungen. Auch darunter litten die älteren Deportierten.

Eine Gruppe von Frauen versuchte zu helfen. Wir machten Hausbesuche, trösteten, sprachen von Hoffnung und Leben. Wir sprachen nicht von Gericht, wie das nur allzu oft der Prophet Hesekiel tat. Der war wie ein geistlicher Wächter, der mahnte und Strafreden hielt.

Doch die Deportierten fühlten sich ohnehin schon gestraft! Sie mussten aufgerichtet werden. Wir versuchten es. Wir wollten helfen.

Doch die Art und Weise, wie wir das taten, gefiel dem Propheten Hesekiel gar nicht.

Immerhin, das Tun von uns Frauen wurde bemerkt. Eine ganze Gruppe von Frauen hat Hesekiel angeredet! So kamen wir in das Buch der Bücher.

Aber warum war Hesekiel so hart zu uns?

Wir haben nicht Liebestätigkeit geübt, um Seelen zu fangen. Wir wollten helfen und trösten!

Wie viele litten in der babylonischen Gefangenschaft an Heimweh? Wie viele waren von ihren Angehörigen getrennt durch Tod oder Entfernung?

Gewiss, wir trösteten auch mit besseren Tagen, die wieder kommen müssten. Wir machten vielleicht auch Heilszusagen. Aber war das so schlimm, wenn wir dadurch einem Menschen die Lebensangst zu verscheuchen suchten?

Hesekiel schalt uns im Namen Gottes - so sehen wir das heute -, weil wir im Namen Gottes redeten, ohne immer auf Gottes Stimme zu hören. So trösteten wir, wo wir hätten ermahnen sollen; wir waren so hingenommen vom Leid der Menschen, dass wir nach unserem Herzen urteilten, das doch Gottes Herz nicht kennt. Wo sind die Frauen, die, wenn sie in »Gottes Namen« reden, nicht ihr Herz, sondern Gottes Wort sprechen lassen?

Sind die Menschen heute auf der Welt anders?

Wie viele »Heiler« - des Leibes oder der Seele -, wie viele Ärzte oder Pfarrer versuchen zu trösten, wo's nichts zu trösten gibt, wo die Wahrheit über den Tod oder vielleicht auch über das Gericht gesagt werden müsste?

91. Die Israelitinnen in Ägypten

Jeremia 44

Baruch, der Schreiber des Propheten Jeremia, schrieb auf: »Da antworteten dem Jeremia alle Männer, die sehr wohl wussten, dass ihre Frauen anderen Göttern opferten, *und alle Frauen,* die dabeistanden . . .«

Wir waren ganz normale Menschen, Frauen. Wir taten das, was die Menge tat.

Wir taten nicht immer das, was die Priester wollten. Wir taten nur selten, was die harten Propheten wollten.

Solch ein harter Prophet, der ständig Gerichtsworte von sich gab, war Jeremia.

Wir hatten es so schwer in Jerusalem, wurden gebeutelt durch die Ägypter und dann durch die Babylonier.

Als unser letzter König Zedekia nach Babel weggeführt wurde, hatte Nebukadnezar einen Statthalter über Jerusalem gesetzt. Der und dessen Getreue wurden jedoch von einigen der Unsrigen ermordet. Aus Furcht, Nebukadnezar könnte noch einmal zum Vergeltungsangriff heranziehen, flohen alle in Juda Zurückgebliebenen nach Ägypten. Jeremia warnte uns vor dieser Auswanderung. Doch die Männer schleppten Jeremia und seinen Schreiber Baruch einfach mit.

In Ägypten hofften wir in Sicherheit zu sein und Ruhe zu finden. Die beiden letzten Jahrzehnte waren in Juda voll Unruhe, voll Angst und Not und Kriegsgeschrei gewesen. Wir aber wollten leben und fröhlich sein können! Wir wollten uns mit den Einheimischen anfreunden, wollten mit den Ägypterinnen tanzen, singen und lachen können.

Wie wir zuzeiten auch in Juda manchmal ein kanaanäisches Fest besuchten, so tanzten und opferten wir jetzt der Himmelskönigin, zusammen mit unseren neuen Freunden. Die mächtigen Götter, die prächtigen Heiligtümer und fröhlichen Feste hier im fremden Land hatten für uns schon eine besondere Anziehungskraft. Aus dem von unserem Gott versprochenen Land Kanaan waren wir ja weit weg. Unser Heiligtum, der Tempel, das Haus des Herrn, war zerstört. Ist es nicht verständlich, dass einige von uns zu Suchenden wurden, zu religiös Suchenden? Einige waren das bestimmt, andere gingen mit, ohne nachzudenken. Mitläuferinnen. Andere wollten fröhlich sein, wollten die dunkle Vergangenheit vergessen, wollten auf die Alten nicht mehr hören. Die sprachen im Gebet immer noch: »Der Herr, der uns aus Ägyptenland geführt hat . . .«

Wir waren nach Ägypten zurückgekehrt! Wir haben in Ägypten unsere Zuflucht gesucht!

Vielleicht sollten wir uns um die Hilfe oder die Fürsprache der hiesigen Götter bemühen. Vielleicht der ägyptischen Mutter- und Liebesgöttin? Kann eine Mutter mit ihren Kindern so hart umgehen wie unser Vatergott? Bekamen wir nicht leichter Zugang zu einer Frau, zu einer weiblichen Gottheit, zu der Himmelskönigin?

Wir buken Kuchen in Formen der Himmelskönigin, buken süße Kekse in den Formen von Sonne, Halbmond und Sternen. Die Männer sahen es und freuten sich, wenn aus ihrem Hause Räucher- und Trankopfer herbeigeschleppt wurden und schleppten aus eigenem Antrieb mit.

Jeremia sah das und machte uns Vorwürfe: Wir würden mit diesen Götzendiensten nur Unheil über den Rest Judas hier in Ägypten bringen. Aber wir hatten kein offenes Ohr für solche Reden. Jeremia meinte wohl, wir Frauen hätten unsere Männer zu diesen Götterfesten verführt. Wie kommen manche Männer nur auf den Gedanken, dass wir Frauen so viel Macht hätten? Dass wir solch einen starken Hang zur Sünde hätten oder gar gottlos wären?

Adam: »Das Weib, das DU mir gegeben hast« – gibt Gott etwas Schlechtes? Jeremia: »Ihr und eure Frauen« – sind es nicht überall die Frauen, die nach der Gottheit fragen?

Sacharja hat sogar eine Vision von einer Frau in der Tonne. Die Tonne sei die Sünde und die Frau sei die Gottlosigkeit!

Gottlos – wir Frauen?

Nein – wir sind Gott-Suchende.

Damals wie heute sind gerade wir Frauen diejenigen, die Gott suchen. Wir wollten und wollen Gott nahe sein. Wir wollen ihm dienen und lobsingen. Aber oft konnten oder können wir ihn nicht erkennen. Sein Handeln an uns, seine Führungen sind eben nicht jedes Mal für uns erkennbar als seine Taten. Er bleibt uns unverständlich und undurchschaubar. Deshalb suchen wir dann nach anderen, nach neuen Spuren Gottes.

Doch die Propheten hatten Recht: Im Nachhinein sehen wir, dass wir uns damals in Ägypten, auch schon vorher in Kanaan, bei der Spurensuche nach Gott selbst verloren haben. Wir sind auf Abwege gekommen. Doch das merkt man erst später. Hinterher sind ja viele klüger.

Gott selber sah es und warnte uns durch seine Diener. Doch wir verstanden nichts. Auch unsere Männer nicht. Oder wollten wir nur nicht?

Zu bedenken ist auch, dass wir stets in der Gefahr der Religionsvermischung standen. Wir mussten ja immer mit anderen Völkern zusammenleben! Aus der Vermischung mit anderen Religionen – auch schon aus ihrer Anerkennung – entstehen Schwierigkeiten und Nöte.

Nicht nur damals. Heute ist es nicht anders!

92. Wasti

Ester 1

In dieser Frauenrunde werde ich von den meisten geschätzt wegen einer Weigerung, die ich gründlich bedacht hatte. Die Achtung der Männer für meine Aufmüpfigkeit habe ich natürlich zu spüren bekommen.

Ich bin etwa fünfhundert Jahre vor Christus geboren und wurde sehr jung zu einer der reichsten Frauen der Welt. König Ahasveros holte mich auf sein Schloss. Ich wurde seine Frau, wurde persische Königin.

Mein Mann war Herrscher über ein Riesenreich, das 127 Länder vereinte. Es reichte von Indien bis Kleinasien und vom Kaukasus bis zur arabischen und nubischen Wüste. Ein großes Völkergemisch gehörte zu seinen Untertanen. Viele Unruhen machten Ahasveros das Regieren nicht leicht. Wir residierten in verschiedenen Städten, liebten aber besonders Susa, die Hauptstadt im Lande Elam. Susa war eine lebhafte Stadt, schön gelegen im südwestiranischen Hügelland am Fluss Ulai, der später Kercher genannt wurde. In allen Jahrhunderten wurde Susa auch geschätzt wegen seiner wirtschaftlich günstigen Lage. Der Nordwestzipfel des Persischen Golfs war nur etwa 250 km entfernt. Leider waren die herrlichen, unter sumerischem und babylonischem Einfluss entstandenen Bauten im Jahre 639 vor Christus zerstört worden, als das Land an unser Persisches Reich fiel. Doch unsere Könige schmückten Susa als eine der wichtigen Hauptstädte des Reichs von neuem mit prächtigen Bauten. Der Vorgänger meines Mannes, König Darius I. (521-485), befestigte wieder die 150 m hoch aufragende Akropolis, auf der die alten Paläste lagen. Auf dem Nordhügel der Stadt errichtete er einen neuen, großen Palast für sich selbst. Aus dem ganzen Reich wurden kostbare Hölzer, Elfenbein und Gold nach Susa geholt. Handwerker und Künstler kamen von überall her.

Als mein Mann die Regierung übernahm, war der Palast noch längst nicht fertig. Außerdem kamen noch zusätzliche Bauwünsche und detaillierte Vorstellungen von uns persönlich hinzu. Die Kosten spielten keine Rolle. Es waren genügend Mittel vorhanden. Gäste kamen aus aller Welt, brachten viel Fremdes mit und zogen dann mit reichen Geschenken weiter.

Ich lebte im kostbar ausgestalteten Frauenpalast, der durch einen Gang mit dem inneren Hof des Königspalastes verbunden war.

Als Ahasveros mit den Bauarbeiten fertig war und sich auch die Unruhen im Lande gelegt hatten, lud er im Jahre 482 alle Großen des Reiches zu einem Riesenfest ein. Über ein halbes Jahr wogte und tobte das Festgepränge in unserer Stadt und in dem Palastgebäude. Du würdest es als maßloses Open-air-Festival bezeichnen. Die täglichen Gastmahle wurden ausnahmslos in unseren herrlichen Palastgärten serviert. Aber denk nicht, dass dies euren modernen Gartenpartys ähnelte, wo sich jeder am schönen Wetter erfreut und dafür manche Unbequemlichkeit in Kauf nimmt. Bei uns wurde aufdringlicher, exotischer Luxus geboten. Du solltest es daran erkennen, dass in eurem Buch der Bücher, der Bibel, das sonst so knapp berichtet, an dieser Stelle doch einiger Luxus aufgezählt wird. Das Fest wurde ein Zurschaustellen all des unermesslichen Reichtums und anderer Großartig- und Großspurigkeiten. König Ahasveros war mächtig eitel und stolz.

Zum Essen gab es die erlesensten Speisen. Nun, mehr als essen kann keiner. Sie wurden alle einmal satt und konnten nichts mehr verspeisen. Das Trinken nahm allerdings ungeheure Ausmaße an. Viele Gäste wurden ausfallend. Es wurde laut und unschön. Für uns Frauen war da kein angemessener Platz mehr. Deshalb lud ich die Damen zu einem eigenen Fest in meinen Palastbereich. Es gab auch dort genügend Vergnügliches. Und die Damen erfreuten sich sehr an Gesang und Spiel und am Vortragen von Gedichten.

In unser fröhliches Fest kamen plötzlich sieben prächtig gekleidete Kämmerer hereinstolziert, ihrer vermeintlichen Würde voll bewusst. Dies allein hat mich schon maßlos erregt. Ich versuchte jedoch, sie würdevoll anzuhören. Als ich erfuhr, dass sie mich auf Befehl meines Gemahls, des Königs Ahasveros, zu ihm holen sollten, wurde es mir eiskalt. Ich, die Königin Wasti, sollte mitsamt der Krone seinen Gästen gezeigt werden! Ich ein Vorzeigeobjekt! Ein Schaubild von Macht und Luxus! Ich sollte vor Männern erscheinen, die voll von Wein und gar nicht mehr im Besitz von natürlichem Anstand waren?

Ich weigerte mich, mit den sieben Männern, den Kämmerern des Ahasveros, mitzugehen. Die Folgen sind bekannt. Ungehorsam gegen den König. Majestätsbeleidigung! Das war dem Ahasveros noch nie begegnet. Nicht einer am Hof widersetzte sich, verweigerte sich seinen Anordnungen. Außerdem kam hier der Ungehorsam noch von einer Frau, selbst wenn es die eigene war. So etwas hatte es einfach nicht zu geben!

Weder von Ahasveros noch von einem der klugen Männer, die um Rat gefragt wurden, wurde bedacht, ob nicht vielleicht die Forderung des Königs unzumutbar gewesen sei. War es von einer Frau, einer Königin, überhaupt zu erwarten, sich einer betrunkenen Männergesellschaft vorzeigen zu lassen? Aber nicht Vernunft regierte hier, sondern Angst – Männerangst. Es schien, als ob alle Männer im Land nun befürchteten, dass ihre Frauen wegen Königin Wastis »Nein« jetzt nicht mehr demütig und ihnen gehorsam sein würden. Königin Wasti hatte durch ihre Widersätzlichkeit ein schlechtes Beispiel gegeben. Welche Gefahr! Der musste sofort Einhalt geboten werden!

Ich durfte nun nicht mehr vor Ahasveros erscheinen. Ich wurde als Königin abgesetzt, als Frau verstoßen. Und - das war wichtig - dies wurde aller Welt mitgeteilt. »Da wurden Schreiben ausgesandt in alle Länder des Königs, in jedes Land nach seiner Schrift und zu jedem Volk nach seiner Sprache, dass ein jeder Mann der Herr in seinem Hause sei.«

93. Ester

Ester 2-9

Dem würdevollen Verhalten Wastis verdanke ich meinen Aufstieg. Sie hatte ihre Würde als Frau mutig gewahrt und öffentlich bezeugt. Ihre Tat konnte nur deshalb nicht nachahmenswert für uns Frauen werden, weil zu den Ratgebern des Königs keine Frau wie unsere Schwester, die Richterin Debora, gehörte. Sie hätte solcher Anmaßung gewehrt!

Wasti hat auch durch ihr Verhalten für mein Zusammenleben in der Ehe mit Ahasveros viel getan. So etwas pflegen die Männer zwar nicht aufzuschreiben. Gefühle der Frauen sind nicht erwähnenswert. Aber ich muss euch bezeugen: Ahasveros trat mir gegenüber niemals so anmaßend und herrisch auf. Ich glaube, Wasti hat ihn doch tief angerührt, hat sein Herz weicher werden lassen.

Nun, die Ratgeber des Königs gingen auf Brautsuche, und ich wurde Königin. Alle jungen Mädchen, die in den Augen der Werber Schönheit versprachen, wurden ins Frauenhaus in Susa gebracht. Fremdartige, bezaubernde Geschöpfe waren dabei. Ich war ja nur aus Susa, kam aus einem kleinen Haus in der Nachbarschaft des königlichen Palastes. Ich war Jüdin und durfte das nicht sagen. Warum? Ach, es war alles so schwierig.

Ich hatte keine leiblichen Eltern mehr. Sie waren gestorben. Ein älterer Cousin mit Namen Mordechai hatte mich als Tochter angenommen. Er sorgte gut für mich. Ich liebte meinen Pflegevater und war ihm sehr zugetan. Mordechai nannte mich zu Hause zärtlich Hadassa, das heißt Myrte. Das klang in meinen Ohren wie eine Liebkosung. Unsere Vorfahren waren vor einhundertzwanzig Jahren von den Babyloniern in Gefangenschaft hierher verschleppt worden. Seitdem lebt unsere Sippe hier in der Stadt und in der Umgebung von Susa.

Oh, ich weiß gut in unserer jüdischen Geschichte Bescheid. Mordechai hat mich das alles gelehrt. Wir Juden leben in der Diaspora, in der Zerstreuung. Mordechai und alle anderen frommen jüdischen Hausväter sahen das als Strafe unseres Gottes an. Nach Israels fortlaufendem Abfall von Gottes Geboten und Ordnungen war im Jahre 597 Gottes Geduld zu Ende. So schickte der Herr als Strafe den Richter in Gestalt des babylonischen Königs Nebukadnezar und seines Heeres. Der junge judäische König Jojachin und all seine Oberen, seine Kriegsleute und seine Handwerker wurden mitsamt dem geraubten Tempelschatz in die babylonische Gefangenschaft geführt. Zu den Tüchtigen, die erniedrigt und verschleppt wurden, gehörten auch unsere Vorfahren. Sie waren verzweifelt wegen ihres Schicksals. Aber sie waren tüchtig und ließen sich in der Gefangenschaft nicht unterkriegen.

Das Volk wurde gestärkt durch Jeremia, durch das Wirken der Priester, durch Gott selbst. Andere völkische Minderheiten gaben ihr Volkstum auf. Wir Juden nicht. Wir hielten immer fester zusammen. Jeden Tag mögen fromme Familienväter von den wundersamen Taten unseres Gottes gesprochen haben, so wie ich das mit Mordechai erlebte. Täglich erzählte Mordechai von der wunderbaren Rettung aus der Knechtschaft in Ägypten am Schilfmeer. Unsere Hoffnung blieb dadurch lebendig, wurde immer neu genährt.

Und in der Tat, schon früher als erwartet konnten die ersten Juden zurückkehren. König Kyrus hatte ihnen nach sechzig Jahren Deportation, in einer Anwandlung von Großmut und Dankbarkeit, diese Rückkehr ermöglicht.

Er gab ihnen sogar, zum Erstaunen vieler, die von Nebukadnezar geraubten Tempelschätze zurück und beauftragte sie, den Tempel wieder neu zu errichten.

Viele gingen nach Juda zurück. Aber viele Juden blieben auch in der Fremde, die ihnen durch Arbeit und Umweltbezug zur neuen Heimat geworden war. Zwei neue Generationen waren in der babylonischen Gefangenschaft geboren worden. Die Verschleppten waren gestorben oder zu alt für eine Rückkehr.

In Jerusalem zog sich mühsam und schleppend der Aufbau des Tempels hin. Die Juden im Exil hörten davon und halfen mit Gebeten. Im Jahre 515 war der Tempel fertig. Mordechai erzählte es mir damals mit leuchtenden Augen.

Im Perserreich wurden wir Juden geduldet, aber auch bespitzelt und beargwöhnt. Die anderen völkischen Minderheiten fielen nicht so auf, weil sie sich dem religiösen Leben der Perser anpassten. Dies eben taten die Israeliten nicht. Sie waren ein Volk, das trotz vieler Versuchungen an seinem einen, unsichtbaren Gott festhielt. Das allein schon gab immer wieder Grund zu Verdächtigungen.

Wir Juden hielten in starker Treue an unseren Gesetzen fest. Es kam mich deshalb hart an, als ich mich ins Frauenhaus des Königs begeben musste. Ob ich hier die Reinheitsgesetze und Speisevorschriften einhalten konnte? Aber Mordechai, ein eifriger Lehrer jüdischer Sitte und des Gesetzes, wollte nicht, dass ich mein Judentum verriet.

Zum Glück wurde mir viel erspart. Der Hüter des Frauenhauses, Hegai, mochte mich gern leiden. Ich bekam genügend Speise, so dass ich das Reine aussuchen konnte. Und die mir extra zugesellten Dienerinnen wies ich an, dafür zu sorgen, dass vor jeder Mahlzeit Wasser zum Reinigen der Hände bereitstand. Sie sahen das als eine Prinzessinnen-Marotte an. Sie kamen nicht auf den Gedanken, dass dies zum Ritus einer Jüdin gehörte.

Fast ein Jahr wurde ich im Frauenhaus gepflegt mit Balsam und Myrrhe und kostbaren Spezereien, deren Namen und Vielfalt ich nicht erklären kann. Heute habt ihr auf der ganzen Erdkugel kein so feudales Schönheitsparadies aufzuweisen.

Die sieben Dienerinnen hatten mit meiner Körperpflege vollauf zu tun. Meine Haut straffte sich, wurde geschmeidig, rosig und sehr weich und zart. Bei solch intensiver Pflege musste eigentlich jede Frau schön werden und aufblühen. Wir alle sahen wunderschön aus. Doch die Gunst des Königs fiel auf mich. Ahasveros legte mir die Krone auf das Haar. Ich wurde Königin. Ich erschrak. Vor Freude und Angst gleichzeitig war ich erregt und konnte nur mit Mühe meine innere Anspannung verbergen. Was sollte ich als Jüdin am persischen Königshof? Und was, wenn ein Spürhund oder Neider herausfand, dass die Königin eine Jüdin ist?

Ein großes Fest um meinetwillen wurde gefeiert. Die Untertanen erhielten Steuererlass. Kostbare Geschenke wurden verteilt, so dass alle glücklich waren, eine neue Königin bekommen zu haben. Nichts hörte ich mehr über Wasti. Sie wurde einfach vergessen. Keine Frau ergriff ihre Partei, sei es mit Worten der Hochachtung oder des Mitleides. Sie war abgeschrieben. Das Leben ging weiter. Jeder ist sich selbst der Nächste.

War ich glücklich? Nein, ich war eher verwirrt. Ich ließ mich treiben und tat alles, was von mir erwartet wurde.

Es war nur gut, dass mein Pflegevater Mordechai in meiner Nähe war. Er verstand es immer wieder, sich mir bemerkbar zu machen. Schon wenn ich ihn nur von meinem Fenster aus sehen konnte, fühlte ich mich den ganzen Tag über gestärkt. Als Mordechai von einer Verschwörung gegen den König erfuhr, erzählte ich es meinem Gemahl in Mordechais Namen und Auftrag. Als sich seine Nachricht bestätigte, wurde Mordechais Name in das goldene Buch für besondere Verdienste eingetragen.

Als wieder einmal Gerangel am Hof war, wer wohl der Größte neben dem König sei, setzte Ahasveros den Haman als Großwesir ein. Alle wollten sich mit ihm gutstellen und beugten die Knie vor ihm. Nicht so Mordechai. Das wollte er nicht mitmachen. Ein frommer Jude huldigte allein seinem Gott. Als ich das hörte, lief es mir kalt über den Rücken. Was habe ich da um meinen Pflegevater, von dem noch keiner am Hof wusste, gebangt!

Ein paar Tage später wurde ich starr vor Angst um ihn. Eine Dienerin erzählte mir, dass Mordechai in Sack und Asche gekleidet unter dem Tore saß. Ein lebensgefährliches Unternehmen! Niemand durfte sich so dem König nähern! Ich ließ ihm schnell Kleider hinunterbringen. Er nahm sie nicht. Ich musste einen Kämmerer ins Vertrauen ziehen. Er sollte den Grund der Trauer Mordechais erforschen. Mit der Abschrift eines Gesetzes, das in Susa ausgehängt war, kam er zurück. Am 13. des Monats Adar hätten danach alle Juden im ganzen persischen Reich umgebracht werden sollen. Ob jung oder alt, Kinder und Frauen, alle Juden sollten getötet werden. Ihr Hab und Gut sollte zur Plünderung freigegeben werden.

Ich spürte sofort hinter dieser Unmenschlichkeit Haman. Die Weigerung des Juden Mordechai, vor ihm das Knie zu beugen, war in Hass gegen das ganze jüdische Volk umgeschlagen.

Mit der Abschrift dieses schaurigen Gesetzes brachte mir der Kämmerer Mordechais Gebot, mich unverzüglich beim König durch Fürsprache für mein Volk einzusetzen. Ich war vor Schreck wie gelähmt. Ich sah mich meinem Tode nahe.

Der Gunst des Königs war ich mir nicht mehr so sicher. Zu lange schon hatte er mich nicht mehr rufen lassen. Aber Mordechai wurde wegen meines zaghaften Zögerns ungeduldig und hart. Ich könnte meine Haut sowieso nicht alleine retten, ließ er mir mitteilen; »denn wenn du zu dieser Zeit schweigen wirst, so wird eine Hilfe und Errettung von einem andern Ort her den Juden erstehen, du aber und deines Vaters Haus - ihr werdet umkommen. Und wer weiß, ob du nicht gerade um dieser Zeit willen zur königlichen Würde gekommen bist?«

Nun, das war mir ein deutlicher Hinweis und zugleich eine Stärkung. Sollte ich ein Werkzeug unseres Gottes sein? War ich von Gott ausersehen, etwas für mein Volk zu tun? War mein Aufstieg zur Königin, den ich noch immer nicht mit meinem Verstande erklären konnte, eine der vielen Wundertaten Gottes, die etwas anderes einleiten sollte?

Ich war bereit. Doch geläutert und richtig vorbereitet wollte ich an meine Aufgabe gehen. Ich wollte fasten und mich in dieser Zeit verstärkt Gott zuwenden. Ich erbat mir von Mordechai ein Mitfasten von drei Tagen, von ihm und allen Juden zu Susa. Am dritten

Tag kleidete ich mich besonders sorgsam, setzte die Krone auf mein Haar und machte mich bereit für die Begegnung mit dem König. Er hielt Audienz im Thronsaal. Der Thron stand mit Blickrichtung zum inneren Hof, eine Wand dorthin fehlte. Der Gang, der vom Frauenhaus zum inneren Palasthof führte, endete genau gegenüber. Ahasveros sah mich sofort, als ich aus dem Gang trat. Vielleicht war es eine äußerst langweilige Audienz. Vielleicht hatte der König auch zu viel Schweres oder Hässliches anhören müssen. Er sah mich und streckte das goldene Zepter mir entgegen. Das war für alle ein Zeichen, dass ich des Königs Wohlwollen hatte; denn ungerufen vor den König zu treten, bedeutete sonst meist den Tod.

Es erschien mir, und euch sicherlich auch, einfach märchenhaft, was jetzt passierte. Mein Gemahl, König Ahasveros, war ungewöhnlich liebevoll und einfühlsam. Er spürte, dass mir etwas auf dem Herzen lag, dass ich mir etwas wünschte. Hatte er über das Empfinden von uns Frauen nachgedacht, nachdem er das selbstbewusste Verhalten seiner ersten Gemahlin erlebt hatte?

Ehe ich ihm etwas sagen konnte, bot er mir die Hälfte des Königreichs. Ich war perplex, aber gleichzeitig auch hellwach. Konnte ich dem trauen, was mir da so völlig unerwartet entgegenschlug? Durfte ich alles auf eine Karte setzen? Ich brauchte ein bisschen Ruhe nach der ungeheuren Anspannung, ein bisschen Zeitaufschub.

Einer plötzlichen Eingebung folgend, lud ich meinen Gemahl und seinen neben ihm stehenden Großwesir, den Judenhasser Haman, zum Essen ein in meinen Palast.

Doch nach dem Festmahl fehlte mir immer noch der Mut für ein Geständnis meiner Herkunft und zur Fürsprache für mein jüdisches Volk. Einmal musste ich noch darüber schlafen! Ich wollte nichts überstürzen, nichts falsch machen.

Die Gunst des Königs spürte ich deutlich in seinen Blicken und den kleinen werbenden Aufmerksamkeiten. Ich konnte den Zeitpunkt noch ein bisschen hinausschieben.

Abermals lud ich zum Festmahl für den nächsten Tag. Ich glaube, Gott hat mein Aufschieben gesegnet. In der Zwischenzeit hat er Dinge geschehen lassen, die eine völlige Umkehr der Situation bewirkten. Ich möchte ein Sprichwort Salomos benutzen: »Wer andern eine Grube gräbt, fällt selbst hinein.« Seresch wird davon erzählen. Seresch hat dies hautnah erlebt. Ich kann nur sagen, dass nach Not und Todesangst die Situation sich nun völlig veränderte. Mordechai kam zu königlichen Ehren. Haman musste sterben. Er starb am Galgen, den er für Mordechai hatte bauen lassen. Mordechai, ein Jude, bekam die höchste Macht nach dem König. Ich musste an ein Kapitel aus der Geschichte meines Volkes denken, das mir mein Pflegevater oft erzählt hatte: Josef in Ägypten. Dieser große Sohn Israels wurde auch nach vielen Widrigkeiten von Gott so geführt, dass er die rechte Hand des Königs, des Pharaos von Ägypten, wurde. Ein Jude in Ägypten, ein Jude in der Fremde.

Aber Gott erwartete auch Einsatz. Noch bestand das Edikt zur Vernichtung der Juden. Ich musste Ahasveros daran erinnern und ihn bitten, es zurückzunehmen. Ein Erlass des Königs konnte zwar nicht widerrufen werden. Aber Ahasveros selbst zeigte uns einen Weg. Zu mir und Mordechai, der jetzt mit viel Macht ausgezeichnet war, sagte er: »So schreibt nun ihr wegen der Juden, wie es euch gefällt, in des Königs Namen und siegelt's mit des Königs Ring.« Welch ein Vertrauen, welch ein Geschenk! Welch eine von Gott geschickte Gnade!

Mordechai rief sofort die Schreiber und ließ die Juden im weiten Land aufrufen, sich an dem zur Vernichtung ausgelosten Tage kräftig zu verteidigen.

Es geschah so. Der 13. des zwölften Monats wurde ein fürchterlicher Tag voll Gemetzel und Geschrei. Aber die Juden waren überall siegreich. Sie freuten sich über ihre Rettung und feierten. Und Mordechai schrieb erneut an alle Juden. Sie sollten in Zukunft als Feiertage den vierzehnten und fünfzehnten Tag des Monats Adar annehmen und jährlich halten als die Tage, an denen die Juden zur Ruhe gekommen waren vor ihren Feinden. Welch ein Segen! Welch ein Beistand unseres Gottes! Zur Erinnerung und zum freudigen Dank dafür wird heute noch überall das Purimfest unter den frommen Juden gefeiert.

94. Seresch

Ester 5-6

Ich bin die Frau des Haman und heiße Seresch. Ich bin fehlgeleitet worden. Zu meinen Eigenschaften gehörten nicht Würde, Mut und Stärke. Ich war eine Mitläuferin. Ich ließ mich in die Judenfeindlichkeit hineintreiben. Inzwischen weiß ich, dass das immer wieder in aller Welt geschieht. Judenpogrome hat es immer wieder gegeben. Ihr Leser dieser Berichte wisst das genau. Zurück bleibt nur Beschämung und Schuld. Auch bei mir.

Warum wurde ich zum Judenfeind? Ganz einfach: weil mein Mann einer war. Ich machte da mit, ohne nachzudenken. Mein Mann sagte, die Juden seien gefährlich. Obwohl als Fremde im Land, seien sie überall zu Wohlstand gelangt. Man müsse sie beobachten, man müsse sie unter Kontrolle halten. Man müsse versuchen, sie klein zu halten, sonst würden sie zu einer ernsten Bedrohung. Die Mittel dazu waren Verachtung, Isolierung und Mord.

Als mein Haman zu hohen Ehren kam und als Mordechai ihn nicht durch Kniefall ehrte, ärgerte sich mein Mann fürchterlich. Er konnte nachts nicht schlafen vor verletztem Ehrbedürfnis. Er aß nur wenig, weil sein Magen rebellierte und seine Galle schmerzte. Was kann da ein liebendes Weib tun? Ich wurde so wütend auf den Juden Mordechai wie Haman auch. Ich wollte, dass Haman sich weiter in Stolz und Glück sonnte. Auch für mich fiel dann ja Sonnenwärme ab. Dieser Judenmann im Palasttor, der so ungebührlich handelte, musste weg! Ich bestärkte Haman darin.

Wie stolz kam Haman von dem Festmahl der Königin Ester, wo nur er und der König namentlich geladen waren. Welche Auszeichnung für ihn! Und morgen sollte er gleich noch einmal kommen!

Doch der Zorn übermannte ihn, als er auf dem Nachhauseweg durch das Tor musste, und dieser Jude ihn dort wieder ignorierte.

Haman ließ sofort seine Freunde und mich rufen. Er war in Hochspannung. Vielleicht weil er sich überaus erhöht und von anderer Seite so gedemütigt fühlte. Er protzte mit seinem Reichtum, mit unseren vielen Söhnen, mit der Gunst des Königs und der Königin Ester. Der einzige Stachel in seinem Hochgefühl war in der Tat dieser Jude Mordechai.

Wir alle wollten Haman nicht wegen solch eines Menschen leiden sehen. Wir, Hamans Freunde und ich, wollten mit ihm den unbeschwerten Weg des Reichtums und Wohllebens gehen. So rieten wir Haman, einen hohen Galgen zu bauen, an dem man Mordechai am nächsten Morgen in der Frühe aufhängen sollte.

Das Unglück wollte es, dass just in dieser Nacht König Ahasveros nicht schlafen konnte. Er ließ sich aus dem goldenen Buch vorlesen, in das täglich besondere Vorkommnisse geschrieben wurden. So hörte er vom Anschlag auf des Königs Leben, den dieser Mordechai aufgedeckt hatte. Der König erinnerte sich, dass er sich dafür noch nicht erkenntlich gezeigt hatte. Staatsgeschäfte hatten ihn nicht mehr an diese Affäre denken lassen. Er wollte das Versäumte schleunigst nachholen.

Haman war früh zum Palast gegangen. Sein drückender Magen und seine Gift sprühende Galle hatten ihn nicht schlafen lassen. Er wollte am Morgen, so früh wie nur möglich, um Erlaubnis bitten, den Juden Mordechai am Galgen aufzuhängen.

Der ebenso schlaflose König entdeckte ihn im Vorhof und ließ ihn rufen. Beide dachten an Mordechai. Der eine voll Dank, der andere voll Zorn. König Ahasveros fragte Haman: »Was soll man dem Mann tun, den der König ehren will?« Das Herz meines Mannes Haman muss wie rasend geschlagen haben. Vergessen war der Ärger mit Mordechai. Wen anders als ihn wollte der König ehren, so spukte es in seinem Hirn. Schnell zählte er alles das auf, was noch zu seinen kühnsten Träumen zählte. Dazu auch ein Pferd, auf dem schon der König geritten war. Das Aufsteigen auf solch ein Reittier gehört zu dem Zeremoniell einer Thronbesteigung. Hamans Selbstverständnis musste sich krankhaft verändert haben. Glanz und Macht zerstörten ihn. Er wurde größenwahnsinnig.

Doch Hochmut kommt vor dem Fall. König Ahasveros nahm den Vorschlag Hamans als Ehrung für seinen Lebensretter Mordechai auf, und Haman, der Großwesir, musste selbst die Auszeichnung Mordechais ausführen: Er nahm »Kleid und Ross und zog

Mordechai an und führte ihn über den Platz der Stadt und rief aus vor ihm her: So geschieht dem Mann, den der König gern ehren will.«

Danach setzte sich Mordechai wieder ins Tor. Haman aber schleppte sich als gebrochener Mann nach Hause, traurig und mit verhülltem Haupt.

Wir, seine Freunde und ich, waren entsetzt. Mir lief es eiskalt über den Rücken. Ich fühlte, dass der Gott der Juden dies alles so bestimmt hatte. Einer der Freunde sprach es auch aus: »Ist Mordechai vom Geschlecht der Juden, so vermagst du nichts gegen ihn . . .«

Aber wir hatten gar keine Zeit, weiter zu beraten. Die Kämmerer kamen, um Haman für das Festmahl bei der Königin abzuholen. Und wir mussten alle Hand anlegen, um ihn noch würdig zu kleiden. Haman drehte sich nicht um, als er das Haus verließ. Entsetzlich muss es gewesen sein, was Haman im Palast der Königin erlebte. Nach der Speisefolge sagte Ester ihrem Gemahl, dass es Haman sei, der alle Juden im Land töten wolle und damit auch sie, die von Geburt Jüdin sei.

Ahasveros erschrak in tiefer Betroffenheit. Voll Grimm erhob er sich. Er wollte in dieser schlimmen Hofintrige wohl besonnen handeln und ging zum Nachdenken in den Palastgarten.

In höchster Not fiel mein Mann vor Ester auf die Knie und bat um sein Leben. In diesem Moment kam der König zurück. Er muss die Situation falsch gedeutet haben! Er glaubte wohl, Haman wolle der Königin Gewalt antun, und wurde bitterböse.

Ein Galgen stehe vor dem Haus des Haman, den er für den Mordechai errichtet hätte, petzte ein Übereifriger. Der König sprach: »Hängt ihn daran auf!«

Noch am gleichen Tag verließ ich das Haus durch die Hintertür und suchte bei Verwandten Zuflucht. Das Eigentum Hamans wurde sofort beschlagnahmt und fiel an die Königin. Diese setzte Mordechai über das Haus meines hingerichteten Mannes. Der zog wie ein König gekleidet in unser Haus ein und diktierte königliche Briefe und Erlasse. Nach der schnellen Verbreitung der Schreiben war die Freude und der Jubel der Juden im ganzen Land grenzenlos. Viele aus den Völkern des Landes nahmen den Glauben an den Gott Israels an. Ein Schrecken vor den Juden und ihrem mächtigen Gott hatte sie befallen.

An dem ausgelosten Tag, an dem die Juden auf Befehl Hamans und des Königs ermordet werden sollten, kehrte sich alles um, wie beim Geschick von Haman und Mordechai. Am 13. des Monats Adar kämpften auf Anweisung von Mordechai die Juden mit aller Kraft um ihr Leben. Überall wurden sie unterstützt von den Oberen des Königs, wohl aus Angst vor dessen neuem Günstling Mordechai. Die Juden siegten an jedem Ort.

Meine mit Haman aufgezogenen zehn Söhne waren auch unter den Opfern. Unsere Familie war damit ausgerottet. Hamans Geschlecht war ausgelöscht. Mein Leben war kaputt. Über meine Gefühle, über meinen Schmerz, brauche ich Frauen nichts zu sagen.

Für mich stand fest: Dieser Gott Israels, der den Juden so offensichtlich beigestanden hatte, ist ein eifernder, ein mächtiger und grausamer Gott! Wehe dem Menschen, der sich ihm oder seinem Volk - seinem Augapfel! - entgegenstellt!

95. Die Frau des Königs Artahsasta

Nehemia 1 und 2,6

Ich war die Schwiegertochter von Ahasveros, von dem ihr eben schon gehört habt. Mein Mann, König Artahsasta, hat vierzig Jahre lang das große Perserreich regiert.

Ich kann mich noch genau an den Winter 445/444 erinnern. Wir saßen im Speisesaal unserer Winterresidenz in Susa. Unser Mundschenk Nehemia, der das besondere Wohlwollen des Königs besaß, hatte Kummer. Mein Mann erfuhr von ihm, dass er betrübliche Nachrichten aus Jerusalem erhalten hatte. Die Stadt, in der seine Väter begraben waren, liege wüst und ungeschützt vor räuberischem Volk. Weil die Zurückgekehrten um Jerusalem keine Stadtmauern bauen dürften, würde aus Unsicherheit, aus Sorge und Angst vor Überfällen der Wiederaufbau der Stadt gelähmt.

Ich traute meinen Ohren kaum: Mein Mann beurlaubte Nehemia von seinen Diensten in Susa. Er könne zu seinen Glaubensgenossen nach Juda eilen. Er könne Jerusalem wieder aufbauen und die Stadt befestigen. Dann solle er wieder zurückkehren.

Hatte nicht König Artahsasta vor einigen Jahren ausdrücklich verboten, die Mauer um die jüdische Hauptstadt wieder zu errichten? War er nicht von seinem Kanzler und dessen Schreiber darauf hingewiesen worden, dass Jerusalem auf keinen Fall wieder zu einer Festung werden dürfe? Jerusalem würde sich sonst schnell wieder selbständig machen, keinen Tribut mehr zahlen, eine Gefahr werden! Mit dieser Stadt und ihren judäischen Königen hätte es nur Ärger, Aufruhr und Krieg gegeben, wie in der Chronik nachzulesen sei.

Jetzt dieser Sinneswandel. Warum? Lag dem König so viel an Nehemia? Hatte dieser gläubige Israelit sein Herz so gewonnen? Oder fühlte sich mein Mann von dem jüdischen Gott angezogen? Stand er womöglich unter dessen Einfluss?

Vor dreizehn Jahren schon hatte König Artahsasta nach Beratungen mit seinen Ministern den Schriftgelehrten und jüdischen Rechtsgelehrten Esra nach Jerusalem geschickt. Er wurde begleitet von einer größeren Gruppe Israeliten, von Priestern, Leviten, Tempeldienern und Sängern. Esra sollte die Zustände in Juda und Jerusalem überprüfen und dafür sorgen, dass wieder nach dem jüdischen Gesetz gelebt wurde.

Silber und Gold wurde ihm aus der Staatskanzlei mitgegeben. Zusätzlich erhielt er noch eine Sammelerlaubnis für weiteres Gold und Silber, um genügend Opfergaben einkaufen zu können für den Dienst und die Feiern zur Ehre ihres Gottes.

Voller Verwunderung hörte ich weiter, dass Esra auch Briefe an die Statthalter jenseits des Euphrat mitgegeben worden waren. Sie erhielten darin Anweisungen, Esra bei der Beschaffung von allem, was für den Tempeldienst nötig sei, behilflich zu sein. Esra bekam sogar die Vollmacht, Richter in Juda einzusetzen.

Mein Mann sagte mir damals, er tue das, um den Juden eine Freude zu machen. Er wolle sie für sich gewinnen. Sie würden dafür dankbar sein. Sie würden Persien loben und nicht bei der nächsten Gelegenheit abtrünnig werden. Ägypten war zwar auch von uns unterworfen, doch es war für uns kein zuverlässiger Vasallenstaat. Es war zu befürchten, dass die Ägypter nur zu gern mit den Leuten aus Palästina wieder gemeinsame Sache gegen uns machen könnten.

Dies leuchtete mir ein. Syrien und Palästina bildeten eine Art Pufferzone zwischen zwei Machtblöcken. Es war sicher wichtig, die dortigen Einwohner nicht nur tributpflichtig zu machen, sondern sie möglichst auch zu politischer Treue anzureizen.

Über meine Einsicht freute sich mein Gemahl. Ich war sicher, dass er auch die nächsten politischen Erwägungen mit mir besprechen würde.

Nach einiger Zeit kamen Nachrichten aus Jerusalem. Esra hatte es wohl geschafft, für die Juden wieder einen geistlichen Mittelpunkt zu schaffen. Er eiferte geradezu um die Gesetzestreue Israels. Mit Gesetzesübertretern ging er hart um. Von verlassenen Frauen und Kindern drangen Klagen bis zu uns herüber. Die jüdischen Ehemänner hatten sie zu ihren Sippen zurückschicken müssen, weil sie nicht zum Volk Israel gehörten und weil ihr Gott solche Mischehen verboten habe.

Das schienen mir nun sehr harte göttliche Gesetze zu sein! Was können kleine Kinder dafür, dass ihre Mütter Kanaaniterinnen oder Moabiterinnen sind? Sollten sie deshalb vaterlos aufwachsen?

Nehemia kam nach Jahren wieder zu uns zurück und gab König Artahsasta seinen Bericht. Er erzählte und erzählte – es war wirklich aufregend. Es stellte sich heraus, dass Nehemia nicht nur ein guter Mundschenk war. Er war ein vorzüglicher, tatkräftiger Statthalter. In einer Rekordzeit hatte er die Mauer um Jerusalem wieder errichten lassen, trotz massiver äußerer und innerer Schwierigkeiten.

Mein Mann und ich kamen überein, Nehemia wieder nach Jerusalem zurückzuschicken. Er blieb dort als persischer Statthalter in Juda – er war für uns der richtige Mann.

Wieder in Jerusalem

96. Die Tochter von Sanballat

Nehemia 13,28

Die Juden wollten mich nicht, sie nahmen mich nicht an. Deshalb will ich mich unter meinem Mädchennamen vorstellen.

Ich liebte, wir liebten einander und gingen eine Mischehe ein. Ich sah da keine Schwierigkeiten.

Zwar machte mein Vater Sanballat, der Statthalter von Samarien, oft abfällige Bemerkungen über die Juden. Doch das war für mich ein Sammelbegriff: die Juden.

Mein Mann war einmalig, zwar ein Jude, sogar ein Priester, aber ein liebenswerter Mann.

Natürlich fragte ich mich später, wieso eigentlich mein Vater den Brautpreis von einem Juden entgegennahm. Wieso gab er seine Tochter einem Juden, wenn er doch die Juden so hasste? Hatte er Hintergedanken? Mein Mann war ja nicht einfach nur Jude. Er war Priester. Wollte er sich mit dem Priestergeschlecht versippen? Wollte er sich Verbindungen schaffen bis in den Tempelbezirk von Jerusalem? Wollte er bei Plänen und Vorstellungen der Priester mitmischen können? Wurde ich, seine Tochter, Mittel zum Zweck?

Ihr glaubt es gar nicht, welche Gewissensqualen und Seelenangst solch egoistische Machenschaften von Eltern einem jungen Mädchen bereiten können!

Ich liebte und wurde wiedergeliebt. Ich war glücklich. Mit nichts wollte ich mein Glück gefährden. Meinem Mann wollte ich eine gute Frau sein. Ich bemühte mich in allem. Sogar im religiösen Leben versuchte ich mich schnell einzugewöhnen. Auch darin wollte ich eine gute Ehefrau sein.

Doch ich konnte machen, was ich wollte. Wir wurden zwischen zwei Fronten aufgerieben. Vater war nicht nur ein Feind des frommen Juden Nehemia. Er sah in ihm auch einen Beschneider seiner Macht. Seit Nehemia Statthalter von Juda war, gehörte zu Vaters Gebiet nur noch Samarien. Die gute Verbindung nach Jerusalem wurde abgeblockt.

So ließ sich Vater mit anderen benachbarten Statthaltern zu bösem Tun gegen Nehemia hinreißen.

Als Nehemia mit dem Mauerbau von Jerusalem begann, verspotteten und verhöhnten sie ihn. Danach versuchten sie mit Waffengewalt die halb fertige Stadtmauer zu stürmen.

Doch Nehemia blieb wachsam. Er ließ die Hälfte seiner Leute am Bau arbeiten, die andere Hälfte aber hielt Spieße, Schilde, Bogen und Panzer bereit.

Schließlich versuchte es mein Vater mit Rufmord. In einem offenen Brief bezichtigte er Nehemia, er wolle sich von Jerusalemer Propheten zum König ausrufen lassen und dem persischen König abtrünnig werden.

Nehemia ließ sich durch nichts irritieren. Auch nicht durch bestochene Handlanger meines Vaters, die ihm falsche Weisungen geben wollten.

Ich schämte mich für das Tun meines Vaters Sanballat. Nehemia dagegen bewunderte ich.

Doch ich war eine Ausländerin, die Tochter des Horoniters Sanballat. Nehemia fand meinen Mann wegen seiner Mischehe nicht mehr tragbar für den Priesterstand. – Wir mussten Jerusalem verlassen. Viel Leid ist uns damit zugefügt worden.

Abgesehen von meiner Bitterkeit darüber muss ich gestehen, dass die Verselbständigung der Provinz Juda, ihre Loslösung von Samarien und das fromme Vorbild Nehemias der jüdischen Gemeinde sehr zur Stabilisierung geholfen haben.

Doch das konnten wir nur aus der Ferne beobachten. Mein Mann tat das mit blutendem Herzen. Der Priesterdienst, den er doch so liebte, war ihm verwehrt. Er musste sich als Landarbeiter verdingen.

Er tat mir so Leid. Und ich fand es so ungerecht ihm gegenüber. Mein Mann hätte mich ja fortjagen können. Er tat es nicht - aus Liebe zu mir, aber auch aus Verantwortung mir gegenüber.

Fern dem jüdischen Volk, aber ganz nah meinem jüdischen Ehemann habe ich mich in die Geschichte des Volkes Israel mit seinem Gott vertieft. Als Priester wusste mein Mann viel, und Liebe und Interesse an seinem eigentlichen Beruf ließen ihn auch in der Fremde weiterforschen. Einige Fragen beschäftigten ihn immer wieder.

Wie geht es mit Israel weiter? Es ist das Volk Gottes.

Gott hat sein Volk gesegnet, Gott hat sein Volk gestraft. Gott hat mit diesem seinem Volk etwas vor.

Was ist mit dem Geschlecht Davids?

Wir zeichneten die Geschlechterfolge von Abraham über David bis in unsere Zeit nach. Dabei machten wir eine erstaunliche Entdeckung: In Davids Stammbaum gab es auch drei Frauen, die keine Israelitinnen waren! Der große König David hatte also nicht nur rein israelitisches Blut in seinen Adern.

Und mein Mann wurde als Priester verstoßen, weil ich keine Israelitin war!

War Nehemia zu starr in seiner Gesetzesauslegung?

Ich hoffte für meinen Mann, und er hoffte auch insgeheim, um mir nicht wehzutun, dass sich für uns noch einmal der Weg nach Jerusalem öffnen werde.

Gab es doch ein Gesetz, Gott zu lieben und den Nächsten wie sich selbst. Das tat ich doch! Das tat ich aus vollem Herzen. Und bei den Gesetzen zur Heiligung des täglichen Lebens stand ausdrücklich: »Wenn ein Fremdling bei euch wohnt in eurem Land, den sollt ihr nicht bedrücken. Er soll bei euch wohnen wie ein Einheimischer unter euch, und du sollst ihn lieben wie dich selbst.« Doch in der notvollen Aufbausituation fehlte im Volk ein Gesetzeslehrer, der mit Vollmacht von der Liebe Gottes sprach und sie vorlebte. Die frohe Botschaft von der grenzenlosen Liebe Gottes erreichte erst die Menschen des Neuen Bundes.

97. Die Trümmerfrauen Jerusalems

Nehemia 3,12

Ja, uns gab es auch damals schon; uns, die Trümmerfrauen! Wir lebten in Jerusalem, waren aus Babylonien Zurückgekehrte oder schon wieder in Jerusalem Geborene.

Doch in Jerusalem zu wohnen, das war ein Leben voller Angst und Schrecken. Wir Einwohner fühlten uns wie Freiwild. Wir hatten zwar wieder einen Tempel, aber uns fehlte sonst jeglicher Schutz in der Stadt. Die einst so starken Mauern waren vor weit mehr als einem Jahrhundert vom König von Babel zerstört worden. Witterungseinflüsse hatten das Ihre getan, und seit Jahrzehnten holten Einwohner von Jerusalem aus den Schuttbergen Baumaterial zum Ausbessern ihrer eigenen Häuser.

Ein trauriger Anblick, diese ehemalige Stadtmauer! An manch schiefer Ecke hingen noch Türangeln mit verkohlten Torresten. Doch obwohl das Fehlen einer starken Stadtmauer eine große Bedrohung für uns war, durfte nichts daran instand gesetzt werden.

Dann kam Nehemia, der vom persischen König als Statthalter in Juda eingesetzt wurde. Nehemia war ein glaubensstarker und tatkräftiger Israelit. Durch ihn wurden wir alle mit Glaubensmut und Zuversicht erfüllt.

Nehemia hatte die Erlaubnis für den Wiederaufbau der Stadtmauer mitgebracht. Das war eine Freude! Wir alle wollten dabei helfen und möglichst so schnell, dass die Feinde ringsum gar nicht erst zum Zuge kommen konnten.

Alle halfen. Die Händler und Beamten, die Goldschmiede, die sonst nur mit feinem und weichem Material umgingen, die Salbenmischer mit ihren zarten Fingern und auch wir Frauen. Wir Frauen halfen, die Trümmer unserer Stadt zu beseitigen.

Wir putzten 444 vor der Zeitrechnung in Jerusalem den zerbröckelnden Mörtel von den Mauersteinen. Wir schichteten das gesäuberte Material ordentlich auf. Unsere Brüder und Männer fügten daraus neue Mauerwände oder besserten die noch vorhandenen

Reste aus. Die vielen Tore Jerusalems wurden wiederhergestellt. Es wurden schwere Torflügel gebaut und eingesetzt, stabile Schlösser und Riegel geschmiedet und angebracht.

In den ersten Wochen ging alles glatt. Alle waren mit großer Freude und neuer Hoffnung dabei. Doch es blieb nicht bei allen so. Die armen Familien litten Not, weil ihr Ernährer vom Mauerbau kein Geld mit nach Hause bringen konnte. Und die Feinde Judas wollten keine befestigte Stadt. Wir mussten bald mit Überfällen rechnen. Schließlich arbeiteten auch wir Frauen am Bau, während die Hälfte der Männer mit Speeren bewaffnet zur Abwehr bereit stand. Und dies von der Morgenröte bis zum Aufgang der Sterne! Unser aller Rücken schmerzten.

Es lag wohl an Beistand und Hilfe unseres Gottes, dass wir durchhielten. Arme und Reiche, Männer und Frauen errichteten unter Nehemias Anweisungen in nur zweiundfünfzig Tagen die lange Stadtmauer um Jerusalem und setzten alle vierzehn Tore instand.

98. Die Prophetin Noadja

Nehemia 6,14

Ich war eine Widersacherin Nehemias. So hat er mich jedenfalls gesehen. Eine, die ihn abschrecken wollte. In einem Atemzug werde ich mit seinen strategischen Gegnern, den benachbarten Statthaltern der Perserregierung genannt.

Nun, ich war nur nicht so streng wie Esra und Nehemia. Auch lag es mir mehr, den Leuten das zu sagen, was sie gerne hörten. Zu dem anderen schwieg ich lieber.

Ich sah, dass viele arme Familien hungerten, weil ihr Ernährer beim Mauerbau voll beschäftigt war und seinen Angehörigen nicht helfen konnte. Sie mussten ihr weniges Land verpfänden. Ja, einige mussten sogar ihre Kinder zu Knechts- und Magddiensten weitergeben.

Ich machte mich zu ihrer Sprecherin. Aber schon vor dem Mauerbau hatte ich mich zur Fürsprecherin für die armen nichtisraelitischen Frauen gemacht. Aufgrund von Verordnungen des Schriftgelehrten Esra mussten diese von ihren Männern verstoßen werden. Ich wollte nicht die Vertreibung dieser Frauen! Wisst ihr, wie viele fremdländische Frauen wegen Esras Gebot von ihren jüdischen Männern vertrieben wurden? Einhundertundneun Frauen wurden buchstäblich in die Wüste geschickt. Sogar ihre Kinder mussten ihnen folgen. Könnt ihr euch vorstellen, welches Schicksal die Ärmsten erwartete?

Das spottet jeder Beschreibung! Auch mit aus diesem Grunde waren die ringsum wohnenden Völker aufgebracht gegen Israel.

Öffentlich wies ich auf die menschliche Not und die grausame Situation hin. Darüber war mir Nehemia wohl böse. Ich säte Zweifel an der rechten Auslegung des göttlichen Gebots. Es war ja auch ein brisantes Thema. Andererseits musste ich auch selbst das starke Bemühen Esras und Nehemias anerkennen, das Volk rein zu erhalten. Ein uneingeschränktes, klares Ja zum Gott Israels ist nur in einer Ehe möglich, wo auch nicht die kleinste heidnische Kulthandlung zugelassen wird.

Toleranz - wie weit darf sie gehen? War nicht der Grund für die großen Strafen über Israel - die Vernichtung Jerusalems und die Vertreibung - der immer neue Abfall von Gottes Weisungen? Hatten Esra und Nehemia damit nicht Recht?

Aber stand bei dem hohen Anteil von fremden Frauen in dieser nachexilischen Zeit nicht auch ein menschliches Problem dahinter? Es werden viel mehr Männer nach Juda zurückgekehrt sein als Frauen. Darum sahen sich die jungen Israeliten nach den Mädchen des Landes um. Warum wurde ein Übertritt dieser fremden Frauen zu unserem Glauben gar nicht erwogen? Die harte Einhaltung des göttlichen Gesetzes entsprach sicher der Angst, Gottes Wohlwollen zu verscherzen nach all den Tragödien, die die Geschichte unseres Volkes prägten.

Gott hat mit diesem seinem Volk etwas vor. Es ist der mit dem Segen Gottes verbundene Auftrag an die Völker der Welt. »Ich will dich segnen, und du sollst ein Segen sein!« Dieser weltweite Auftrag ist offensichtlich Gottes Wille für dieses kleine Volk. Und er selbst, der Gott Abrahams, Isaaks und Jakobs, achtet darauf, dass es seinem Auftrag nachkommt. Seine unterstützenden und korrigierenden Maßnahmen wurden schon in diesen Frauenschicksalen angedeutet. Die Bibel selbst ist das Dokument dafür. Wir haben hier erzählt, wie Frauen eben erzählen, wenn sie sich zwischen Haushalt, Garten und Politik, Gottesdienst und Nachmittagstee ein wenig Zeit herausstehlen und sich erinnern – auch sie eingebunden in den großen Auftrag, ein Segen zu sein.

Die Frauen
des Neuen Testaments

Frauen, die Jesus sahen

99. Elisabeth

Lukas 1,5ff.

Neben Maria gehöre ich zu den Ersten, die erfahren durften, dass der Christus geboren werden sollte. Gerade ich –. Welch verheißungsvolles Jahr wurde mir doch geschenkt! Und gerade da geschenkt, als ich mit meinem Leben abschloss.

Ich hatte gelebt, auf Hoffnung gelebt.

Ich hatte gelebt und geliebt. Doch ein Hoffnungsträger wurde mir nicht geschenkt. Ich blieb kinderlos. So gehörte ich nach Aussage der Schriftgelehrten zu den von Gott Verworfenen, und mit mir mein Mann.

Damals sah alles so gut aus, als der junge Priester Zacharias mich zur Frau nahm. Ich war nicht nur von jüdisch-reinem Blut, wie das für eine Priesterfrau obligatorisch zu sein hatte. Ich stammte sogar von dem hoch ehrwürdigen Geschlecht Aarons ab.

In meinem Elternhaus wurde viel Zeit darauf verwendet, die Geschichte des jüdischen Volkes zu lehren und zu lernen. »Sklaven waren wir beim Pharao in Ägypten. Aber der Herr hat uns mit starker Hand aus Ägypten herausgeführt, und er tat große Zeichen und Wunder und führte uns von dort heraus, um uns das Land zu geben, das er unsern Vätern zugeschworen hat . . .« So oder so ähnlich sprach Vater vor jeder morgendlichen Mahlzeit. Zu dem Geschwisterpaar Mose, dem Anführer, und Aaron, dem Verhandler und späteren Priester, gehörte auch noch die Schwester Mirjam, die Prophetin, die mit ihrem Tamburin die Frauen zum fröhlichen Tanz anspornte aus lauter Dankbarkeit und Freude über das Handeln des großen Gottes.

Ich liebte all diese Geschichten. Ich war stolz, von Aaron abzustammen, von Aaron und seiner Frau Elischeba. Deshalb wurde es mir auch nicht über, die lange Reihe meiner Vorfahren zu lernen.

Bei der langwierigen Prozedur des Kornmahlens sprach Mutter die Ahnenreihe vor, und ich wiederholte sie. Unser Mahlstein stand in einer Ecke des kleinen Hofes, im Schatten eines kräftigen Feigenbaumes. Ich liebte es, die runden Weizenkörner zwischen die Mahlsteine zu schieben. Der obere Stein hatte zwei Haltegriffe, von denen Mutter den einen und ich den anderen ergriff. Wenn wir dann den richtigen Drehrhythmus hatten, ging es los: »Aaron, Eleasar, Pinhas, Abschua, Bukki, Usi, Serachja . . .«

Waren die Körner genügend zerquetscht und gemahlen, gab es eine kleine Pause. Mutter holte aus der Vertiefung am Rande des unteren Steins das Mehl und füllte es sorgfältig in ein danebenstehendes Tongefäß. Ich stellte in der Zeit meist meine Fragen:

»Wieso weißt du die vielen Namen?«

»Ich lernte sie wie du von meiner Mutter beim Mahlen«, war die Antwort.

»Wieso weißt du nicht die Namen der Frauen, die doch die Kinder geboren haben?«

»Die kannte meine Mutter auch nicht. Das Geschlecht des Vaters ist wichtig. Deshalb sind die Namen der Frauen in Vergessenheit geraten. Aber du kannst gern die Namen von Großmutter und von mir an deine Kinder weitergeben. Das wäre doch ein neuer Anfang. Tu das ruhig!« Ja, das wollte ich auch tun.

Als ich verheiratet war, merkte ich jedoch schnell, wie schwierig das werden würde. Jetzt wollte ich ja auch den Stammbaum meines Mannes Zacharias kennen lernen. Diesen musste ich doch auch meinen Kindern weitergeben. Meinen Kindern? Die Jahre vergingen. Ich bekam kein Kind. Die Kinderlosigkeit wurde mir ein schmerzvolles Rätsel.

Was habe ich nur falsch gemacht? Warum lässt Gott mich kein Kind gebären? Warum schenkt er mir nicht diese Gnade?

Wir lebten in einem kleinen Ort im Gebirge. Mein Mann hatte zwei gute Wegstunden zum Tempel nach Jerusalem zu gehen. Es wohnten viele Priester in unserer Gegend. Ja, es gab deren viele! Alle direkten Nachkommen Aarons wurden automatisch Priester. Ihren Dienst im Tempel teilten sie ein. Aber zum Passafest und zum

Laubhüttenfest, wenn es in Jerusalem von Festgästen aus allen Himmelsrichtungen wimmelte, waren sie alle gemeinsam im Tempel. Das große Aufgebot der würdig schreitenden und zelebrierenden Priester machte alles besonders feierlich. Sie trugen schneeweiße Ärmelgewänder und einen mit Purpur gefärbten Leinengürtel.

König Herodes hatte den nach der Zerstörung durch die Babylonier wieder aufgebauten Tempel Salomos enorm vergrößert und verschönert, und das ummauerte Gebiet war nun doppelt so groß wie früher. Im Inneren waren die alten Maße wohl beibehalten worden.

Hell leuchteten der weiße Marmor und die massiven Goldplatten des Tempels, so dass die Beschauer ihre Augen abwenden mussten, wenn die Sonne darauf schien. Der Anblick des gewaltigen Bauwerkes ließ auch mich stets erschauern. Eingefriedet war der ganze Tempelbezirk mitsamt dem Vorhof durch zwei riesige Säulenhallen, die auf der starken Mauer ruhten. Mitten im Vorhof lag der eigentliche, etwas erhöhte Tempelbezirk, der von einer niedrigen Mauer umgeben war. Durch neun Tore konnte man weiter ins Innere gelangen.

Ich war stets ganz aufgeregt, wenn ich durch eines der Tore in der mächtigen Mauer in den Vorhof des Tempels eintrat. Auf welch geschichtlichem Pflaster bewegte ich mich da! Wir jüdischen Frauen gingen meist durch die Schöne Pforte in den Vorhof der Frauen. Die Türen und das Innere des Heiligtums waren mit bunten Vorhängen geschmückt. Aber wir durften nicht über den Vorhof hinaus. Eine Rundtreppe von fünfzehn Stufen führte weiter in den schmalen Hof der Männer. Dahinter lag, getrennt durch eine Brustwehr, der Vorhof der Priester, die ihn nur barfuß betraten. Dort stand der Brandopferaltar und das große Kupferbecken zum Aufnehmen des Speisopfers und des Opferblutes. Zwölf Stufen führten weiter zur Vorhalle des Tempels. Von hier aus segneten die Priester das Volk. Der Vorhalle schloss sich das Heiligtum an. Vor einem Vorhang befand sich der Räucheraltar, wo von einem Priester zweimal täglich, in der Morgen- und in der Abenddämmerung, Rauchwerk angezündet wurde.

Wären stets alle Priester zugegen gewesen, hätten sie sich beim normalen Dienst nur behindert. So teilten sie sich in Ordnungen, in Gruppen ein. Zweimal im Jahr hatten die einzelnen Mitglieder der Ordnung dann für je eine Woche Dienst im Tempel auszurichten.

Darauf freute sich Zacharias stets. Das waren für ihn die Höhepunkte des Jahres. Doch zu einer Ordnung gehörten auch mehrere hundert Priester. Unter ihnen musste deshalb noch das Los entscheiden, welche Arbeit im Tempel zu verrichten war.

Im Tempel wurde jeden Morgen und Abend für das Volk ein Brand- und ein Speisopfer dargebracht. Für das Brandopfer wurde ein makelloses männliches Tier genommen, ein Rind, ein Schaf, ein Ziegenbock, eine Taube. Das Speisopfer bestand aus der Darbringung von Mehl, Öl und Wein. Vor dem Morgen- und nach dem Abendopfer wurde auf einem besonderen goldenen Altartisch Weihrauch angezündet. Dieser Dienst – durch das Los erhalten – war der Wunschtraum aller Priester.

Für Zacharias war jeder Dienst im Tempel hoch und heilig. Erfüllt und gestärkt erzählte er mir alles bei seiner Rückkehr. Doch damals kam er stumm nach Hause. Nichts kam über seine Lippen. Was hatte er nur erlebt! Er schien mir völlig verwirrt zu sein. Ich bemühte mich besonders warm und herzlich um ihn.

Und dann wurde alles noch unbegreiflicher – in mir wuchs das Kind. Ich, die alte Frau, war schwanger geworden. Ich, Elisabeth, bekam ein Kind! Hatte ich mir das nicht jahrzehntelang heiß und innig gewünscht? Jetzt war ich doch ein wenig erschrocken. Ich blieb zu Hause. Ich hatte nicht die Kraft, anderen jubelnd davon zu erzählen. Ich horchte in mich hinein. Konnte ich der neuen Aufgabe überhaupt noch gerecht werden? Ich hielt in Gedanken Zwiesprache mit meinem immer noch stummen Mann.

Und dann – ein halbes Jahr Schwangerschaft war vorüber, auch unter dem lockeren Faltenwurf konnte man meinen runden Leib sehen – trat Maria in unser Haus. Unangemeldet. Meine junge Verwandte Maria. Wie eine Lichtgestalt stand sie in der Tür.

Ich wurde plötzlich eine ganz andere. In mir spürte ich Bewegung. Und aus mir sprudelten Worte und Sätze, wie ich sie bisher noch nie formulieren konnte.

Wir waren beide Hoffnungsträgerinnen! Unsägliche Freude stieg in uns auf. Wir wurden in dieser Stunde der Begegnung zu wahren Prophetinnen. Wir waren Auserwählte für Gottes großen Heilsplan.

Ich, die alte Frau, und Maria, die junge. Ich erkannte, dass in Marias Schwangerschaft sich noch mehr ankündigte als in der meinen, und, vom Heiligen Geist erfüllt, pries ich Maria selig. Maria antwortete darauf mit einem Lied, das zu einem Hoffnungslied vieler geworden ist.

Drei Monate blieben wir werdenden Mütter zusammen. Wir haben endlos geplaudert, viel gelacht, haben im Garten dem Zirpen der Grillen gelauscht, haben zusammen gearbeitet. Wir gingen im Gebirge spazieren, freuten uns an Gottes Schöpfung und an dem Wachsen in uns. Im Mittelpunkt unseres Denkens und Sagens stand jedoch Gott: Was er getan hat, an uns getan hat und noch tun wird.

Mein Sohn Johannes, der Name bedeutet: Gott – ist – gnädig!, wurde der Wegbereiter für Jesus, Marias Sohn.

100. Maria

Ich werde nichts von mir erzählen. Vom Anfang bis zum Ende am Kreuz war ich dabei. Das wisst ihr. Das ist mehr als zehnmal so lange wie die getreue Maria von Magdala oder einige andere hier, die die Möglichkeit hatten, Jesus die letzten drei Jahre zu begleiten.

Ihr habt alle gewisse Vorstellungen von mir. Dabei möchte ich es lassen. Sie sind alle richtig, wenn sie euch helfen, euch im Glauben an Jesus zu stärken. Das allein ist wichtig. Nur – überhöht mich dabei nicht! Das steht mir nicht zu. Es könnte den Blick trüben zu dem, der Himmel und Erde gemacht hat. Gott hat seinen Sohn auf die Erde geschickt und mich dazu ausersehen, dabei zu helfen, dass er – wahrer Gott – auch wahrer Mensch sein konnte.

Gebt Gott - Vater, Sohn und Heiligem Geist - die Ehre! Dann ist alles gut und alles kann nur wohlgelingen. Halleluja!

101. Hanna

Lukas 2,36-38

Alt war ich. Weise nannte man mich. Ob ich es war? Jedenfalls nicht, wenn ihr weise mit klug gleichsetzt. Aber wenn ihr weise mit einer Rückkoppelung zu Gottes Führungen und Gottes Willen verbinden wollt, dann war ich wohl weise.

Ich verstand mich auch nicht als Prophetin, wie ich in dem Heiligen Buch bezeichnet werde. Meine wenigen gesprochenen Worte gingen nicht aus Offenbarungen hervor oder aus dem direkten Auftrag Gottes. O nein, so groß war ich nicht! Meine Worte waren eher die Frucht der Offenbarungen, welche das geistliche Leben der Menschen schon seit Jahrhunderten durchleuchteten, die sich mit Gottes Wirken und Wollen intensiv beschäftigten.

Alt war ich, hatte keinen Mann mehr und keinen Sohn. Für viele Frauen in gleicher Situation ein schier unerträgliches Unglück, ein unnützes Leben; eine, die am Rande steht; eine, die nicht teilhat am großen Heilsplan Gottes.

Vielleicht hatte ich auch mal solche niederschmetternden Gedanken, eine derartig negative Phase. Doch das scheint mich nicht übermannt zu haben, hat keinen Eindruck in meiner Seele hinterlassen.

Meinen Mann hatte ich vor sechs Jahrzehnten verloren. Er starb an einer heimtückischen Krankheit. Er starb, ohne mir einen Sohn hinterlassen zu haben. War es seine Schuld, war es meine Schuld? Wessen Schuld war es, dass er so früh sterben musste, ich allein blieb? Sollte ich anklagen, sollte ich bitter werden? Sollte ich vielleicht zwei Jahrzehnte lang hoffen, dass mich noch ein Mann zur Frau begehrte? Wer täte das wohl? Eine Frau, die sieben Jahre lang mit ihrem Mann zusammenlebte, ohne geboren zu haben; was konnte die ihm Bleibendes geben? Ein Wunder wie bei meiner Namensvetterin Hanna, der Frau des Elkana, oder bei Sara, unser aller Stammmutter, wiederholte sich kaum. Zumindest – wer glaubt daran?

Mir blieb die Wahl, bitter zu werden, griesgrämig, unwirsch gegenüber jedermann, oder mich in mein Schicksal zu fügen, das Beste aus allem zu machen. Ich war noch jung, als mein Mann starb, noch keine fünfundzwanzig Jahre alt. Ich begann, mich darauf zu konzentrieren zu fragen, was wohl Gott von mir in dieser oder jener Situation erwartet. Schon meine Mutter und mein Vater hatten mich dies gelehrt, mich angehalten, so zu fragen und zu tun. Als ich keinen mehr hatte, der mich führte – keinen Vater, keinen Mann –, begann ich intensiv auf Gottes Stimme zu lauschen, seine Führungen bewusst wahrzunehmen, seinen Willen zu erforschen; füllte meine Tage mit Fasten und Beten.

Wie die anderen Frauen und Männer um mich herum erwartete ich den Messias. Gott würde ihn bald schicken – ich war dessen ganz gewiss. Es war doch sicher nicht von Gott gewollt, dass schon jahrzehntelang die heidnischen römischen Soldaten mit dröhnendem Schritt durch die heilige Stadt zogen! Und lehrten die Rabbinen nicht ständig, Gott im Gebet zu bitten, den Messias zu schicken? Achteten die Pharisäer nicht unablässig darauf, dass Gottes Gebote – und mehr als das – eingehalten wurden, um Gott gnädig zu stimmen für das Senden des Erlösers?

Ich glaubte fest daran, dass ich den Messias sehen würde. Es gab wohl Menschen, die wegen meines hohen Alters diesen meinen Glauben belächelten. Dann müsse der Messias doch wohl recht bald erscheinen! Indes, ich wünschte es mir so fest, dass ich davon träumte. Ich hatte Tag- und Nachtträume, Wach- und Schlafträume, die in dem beseligenden Gefühl gipfelten, dem Messias ganz nahe zu sein, ihn zu sehen, ihn zu berühren.

Träume sind für manche nur Schäume. Träume sind für andere Bilder der Seele. Träume sind für mich ein Zeichen, ein Deutlichmachen Gottes. Mir wurde ganz deutlich zuteil, dass ich den Messias sehen würde.

Dies wurde für mich zur Gewissheit. Dabei spielte die Zeit für mich keine Rolle. Ich wusste, ich würde ihn sehen, den Messias. Sooft ich nur konnte - Zeit hatte ich genug, doch nicht täglich die körperliche Kraft - ging ich hinauf zum Tempel. Dort - wo sonst? - würde ich dem Messias nahe sein können.

»Die alte Hanna quält sich mal wieder ins Haus Gottes hinauf«, hörte ich hinter mancher Fensteröffnung. Aber auch: »Hanna, bitte für mein krankes Kind im Haus des Herrn!«

Ja, und dann das Paar im Tempel. Auf dem Arm der jungen Frau ein Kind. Eines von unzähligen Paaren, die ihren Sohn in den Tempel brachten, um ihn Gott darzustellen und die vorgeschriebenen Opfergaben zu bringen. Doch da war etwas Helles, Lichtes, Strahlendes um sie. Ich trat wie hypnotisiert - nein, von Gottes Willen geführt - in die Aura, in den wärmenden Lichtkranz dieser Gruppe. Und da wusste ich es: ER war es - das Kind, der Säugling im Arm seiner Mutter, war der Christus, war der von Gott Gesandte, der Erlöser der Welt.

Gelobt sei der Gott des Himmels und der Erden, der mich die frohmachende Erscheinung seiner Herrlichkeit hat erfahren lassen!

102. Die Schwiegermutter des Petrus

Matthäus 8,14ff.

Eigentlich hatte ich mir das Zusammentreffen mit Jesus von Nazareth ganz anders vorgestellt.

Ich wollte mir ihn erst ein wenig aus der Ferne ansehen, diesen Jesus, der mir meinen Schwiegersohn wegnahm. Simon war immer so verlässlich gewesen, ein Schwiegersohn, wie man sich keinen besseren wünschen konnte!

Dieser Jesus hatte ihn ganz durcheinander gebracht, nein, besser gesagt: wohl gar aus seiner Bahn geworfen. Er gab ihm sogar einen anderen Namen. Petrus nannte er ihn. Petrus, das heißt Fels. Ja, als eine Art starkes Felsgestein konnte man Simon in seiner Beständigkeit schon bezeichnen. Konnte!

Unser Simon war ein sturmerprobter Fischer am See Genezareth. Seine Gesellen vertrauten ihm. Sie schafften mit ihm. Manche Gefahr hatten sie gemeinsam überstanden auf dem oft tückischen See.

Stets hatten wir genug zum Leben. Meist brachten sie einen guten Fang mit. Und war mal wenig in den Netzen, so konnten wir von dem leben, was Simon zur Seite gelegt hatte, was er für Notzeiten hütete.

Simon war mir ein guter Sohn und meiner Tochter ein guter Ehemann gewesen. Wir drei waren füreinander da, waren eine gute Gemeinschaft. Meine Tochter besorgte das Haus und die Hühner; ich kochte und wusch, er brachte Fische und Geld.

Doch jetzt? Was war mit Simon los? Warum vernachlässigte er Haus, Geschäft und Familie?

Seit einiger Zeit ging es mir nicht gut. Ich fühlte mich elend und schlapp, vielleicht wegen der Sorgen um Simon. Meine Tochter musste das Essenkochen übernehmen, schließlich auch meine Pflege. Sie hatte alle Hände voll zu tun. Simon war weg. Doch er war nicht auf dem See. Er zog mit diesem Jesus herum, wie die Leute sagten. Ich merkte, wie ich auf meinen Schwiegersohn wütend wurde. Ich versuchte es vor meiner Tochter zu verbergen, um sie nicht noch mehr gegen ihren Mann aufzubringen; denn auch sie konnte ihn nicht verstehen.

Was dachte sich Simon bloß? Wieso ließen er und sein Bruder Andreas sich von so einem Mann aus Nazareth einfangen? Simon und Andreas waren doch keine labilen jungen Burschen mehr! Nun – ich werde diesem Jesus schon gehörig die Leviten lesen, wenn er hier vorbeikommt – dachte ich. Und das würde bald sein. Ich musste mit ihm reden, ehe es zu spät war! Doch es kam ganz anders.

Es war Sabbat. Ich hatte hohes Fieber. Nicht einmal der Arzt würde heute am Feiertag vorbeikommen! Mir war entsetzlich heiß. Mein Herz pochte rasend.

Plötzlich standen in der Tür mehrere große Gestalten, alles Männer. Meine fieberglänzenden Augen erkannten Simon und unseren Andreas. Daneben – das musste Jesus sein! Er kam auf mich zu. Er nahm meine fieberheiße, verschwitzte Hand –. Er sah mir in die Augen –.

Durch meine Adern schoss ein unsagbarer Kraftstrom; anders kann ich es nicht ausdrücken. Das Fieber schien mich schlagartig verlassen zu haben. Mein Arm fiel nicht kraftlos auf die Bettdecke zurück. Kaum brauchte ich die leichte Führung, die von Jesu Hand ausging. Ich erhob mich von der Lagerstatt; nichts von Schwäche war mehr zu spüren. Ich holte Brot und Wein und Früchte und bot sie den Männern an. Außer den drei, die ich vom Bett aus gesehen hatte, waren da auch noch die Söhne des Fischers Zebedäus mit im Raum. Ja, ja, ich erinnerte mich: Auch diese beiden Nachbarssöhne Johannes und Jakobus sollten zu den Mitläufern von Jesus gehören.

Gefolgsleute von Jesus. Ich sah mir den Mann näher an. Er saß bescheiden und anmutig zugleich am Tisch. Er schien leicht erschöpft. Von einem Aufrüher hatte er gar nichts an sich.

Alles, was ich diesem Jesus zu sagen gedachte, die harten zurechtgelegten Worte, kamen mir nicht über die Lippen. Nicht nur, weil er mir so wunderbar geholfen hatte – diese ganze Tragweite kam mir erst später zu Bewusstsein; nein, dieser Jesus war etwas Besonderes! Welche Kraft und Stärke, welche innere Freude gingen von diesem Menschen aus!

Ich freute mich, für diese fünf Männer das Beste auf den Tisch bringen zu können. Ja, ich freute mich, diesen großen Meister in unserem Heim als Gast zu haben. Ich freute mich riesig, als ich hörte, dass mein Schwiegersohn Jesus gebeten hatte, mit ihm zu gehen, weil ich krank war. Simon Petrus! Ich wollte Simon jetzt auch Petrus nennen.

Wie ich durch das Gespräch der Männer weiter erfuhr, kamen die Fünf direkt aus der Synagoge. Jesus musste dort eine großartige Predigt gehalten haben, voll Verkündigungskraft und spürbarer Vollmacht. Dann erzählten sie, wie sich in der großen Sabbatgemeinde plötzliche Unruhe bemerkbar machte. Unter ihnen war ein Mann, der von übermenschlichen Kräften geschüttelt und gequält wurde. Er schlug um sich und rief Jesus laut mit Namen an; seltsam aber, als wären es mehrere, die brüllten von Vernichtung und bezeichneten Jesus als den Heiligen Gottes! Jesus soll den Dämon angesprochen, ihm auszufahren befohlen haben – und der Mann wurde ruhig.

Darauf war große Bestürzung in der Synagoge. Dieser Jesus aus Nazareth gebot unreinen Geistern! Und sie gehorchten ihm!

Dies war in der Synagoge. Und was geschah eben hier in unserem Haus? Ich, die seit Tagen bettlägrig war, stand da und diente ihnen. Welche heilenden Kräfte und Worte hatte dieser Mann! Insgeheim tat ich Petrus Abbitte. Diesem Mann würde ich auch nachlaufen, geisterte es durch meinen Sinn.

Indes, ich kam aus dem Staunen und der Bewunderung nicht heraus. Als der Sabbat vorüberging, die Sonne untergegangen war, hörten wir ein großes Gemurmel vor der Tür. Ich forschte nach und sah eine Menschenmenge vor unserem Haus. Alle Kranken und Besessenen der ganzen Stadt Kapernaum schienen sich hier versammelt zu haben. Viele waren von ihren Verwandten gebracht oder begleitet worden. Jesus – unser Gast – ging hinaus, legte jedem die Hände auf und heilte sie.

Im Haus wurde darüber nicht mehr gesprochen. Ich bereitete den Männern ein Nachtlager.

Frühmorgens, als ich mit der Milch und dem Fladenbrot kam, war Jesus verschwunden. Petrus und die anderen eilten sofort hinaus und fingen an, Jesus zu suchen. – Petrus erzählte mir später, dass Jesus sich häufig zurückzieht, um zu beten; das war auch dieses Mal der Fall. – Als sie ihn gefunden hatten, gingen sie mit ihm in die anderen Städte Galiläas. Ich hatte nichts mehr dagegen, dass Petrus mit Jesus zog. Wir litten keine Not. Wir waren gesund.

Jedes Mal, wenn Jesus mit seiner Schar wieder in Kapernaum war, diente ich ihnen mit Freuden. Die innige Verbundenheit zwischen dem Meister und seinen Jüngern machte einen starken Eindruck auf mich. Jesu Worte zogen mich immer mehr an. Ich wurde Jesu Jüngerin.

Wisst ihr, ich bin stolz darauf, die Schwiegermutter des Petrus genannt zu werden. Wer hat schon einen so prächtigen Schwiegersohn aufzuweisen! Und wäre Petrus nicht ein so enger Freund von Jesus gewesen, wäre ich wahrscheinlich gar nicht dem Meister begegnet.

Für Jesus hatte ich eigenen Wert. Für Jesus war jeder Mensch wichtig und wertvoll. Oh, was war ich glücklich, mit Jesus unter einem Dach zu sein! Ich hätte mir ja nie träumen lassen, dass so etwas überhaupt möglich war. Durch Jesus begann für uns Frauen etwas ganz großes Neues!

103. Die blutflüssige Frau

Matthäus 9,20ff.

Ich war krank und einsam. Nach einer meiner vielen Geburten wurde ich nicht mehr rein. Das Blut in mir kam nicht mehr zum Stocken. Ich litt unter Blutfluss.

Nun ist das an sich schon sehr schlimm. Ständig fühlt man sich schwach, man sieht blass und elend aus. Alle habt ihr das schon mal für kurze, begrenzte Zeit mitgemacht. Doch mein Blutfluss war grenzenlos. Bald war ich bekannt als die »blutflüssige Frau«.

Euch wäre das peinlich; für mich war das fast dem Aussatz gleich. Eine Frau, die ihre Tage hatte, oder eine Frau nach der Geburt war nach unseren Gesetzen »unrein«. Bei der Geburt eines Jungen eine Woche und dreiunddreißig Tage; bei der Geburt eines Mädchens gar zwei Wochen und sechsundsechzig Tage!

Ehe diese Zeit nicht vorüber war, durften wir Frauen nicht in die Synagoge, durften auch nicht von anderen berührt werden oder jemanden berühren. Kein Frommer in Israel mochte sich verunreinigen. Der Stuhl, auf dem eine Wöchnerin gesessen hatte, wurde in der Sorge um eigene Verunreinigung gemieden.

Ja, und diese Zeit, diese Zeit der Unreinheit dauerte bei mir schon zwölf Jahre! Mein Mann und ich waren nicht unvermögend. So hatte ich Geld genug, Ärzte zu besuchen und zu bezahlen. Doch der Erfolg blieb aus, obwohl ich so viele Mittelchen probierte. Viele

Heilkräuter, gewöhnliche und kostbare und wohl auch viel Scharlatanerie. Ich war nicht abergläubisch, aber was tut man nicht alles in der Not.

Mein Mann und die Kinder mieden mich. Die Freundinnen blieben aus. »Du musst schon eine schwere Sünde begangen haben, dass Gott dich nicht gesund werden lässt. Gott straft dich.« Das hörte ich immer wieder. Bald hatte ich all mein Geld, das mir als Erbe gehörte, aufgebraucht. Auch mein Mann gab mir nichts mehr zur Bezahlung der Ärzte. Die Krankheit war noch schlimmer geworden und meine Einsamkeit immer größer. Keiner, aber auch wirklich keiner und keine wollte mit mir noch zu tun haben. Auch die Frauen machten einen großen Bogen um mich, um ja nicht in Berührung mit mir zu kommen.

In dieser Situation war ich noch dankbar, dass mir mein Mann nicht den Scheidebrief gab. Vom Gesetz her hätte er das gekonnt.

Von meiner Nachbarin Judith hörte ich einmal, dass ein Wanderprediger durch Galiläa ziehe, der schon manchem Leidenden geholfen habe; Kranke, Krüppel und Besessene soll er gesund und heil gemacht haben.

Hoffnung flackerte erneut in mir auf.

Der Zufall oder Gottes Fügung bewirkte es, dass dieser Mann Jesus dann tatsächlich auch in unsere Gegend kam. Da konnte mich nichts zurückhalten – ich musste ihn sehen, ihn sprechen, ihn bitten – anflehen würde ich ihn. Meine letzte Hoffnung! Als ich mich ihm vorsichtig näherte, stand der Synagogenvorsteher Jairus vor ihm und bat den Meister inständig, zu seiner schwer kranken Tochter zu kommen. Jairus hatte sich nicht um das Gerede der Leute geschert, als er diesen umstrittenen Jesus um Hilfe anrief. Jairus' Hoffnung war größer als seine Standesrücksichten. Er holte den Lehrer aus einer großen, ihm zuhörenden Volksmenge am See Genezareth, und da die Leute an Jesu Lippen hingen, zogen sie mit ihm zur Krankenstätte, zum Haus des Jairus.

Das war meine Chance. Meine Hoffnung, dass dieser Jesus helfen konnte, wurde mir so stark zur Glaubenszuversicht, dass ich etwas Verbotenes tat: Ich mischte mich unter die Menge. Mehr oder weniger unbedacht habe ich wohl ein gutes Dutzend Menschen berührt. Doch kein Gesetzesdenken konnte mich zurückhalten. Ich musste zu Jesus vordringen!

Das Volk – mit Jesus in der Mitte – eilte die Straße entlang. Wie konnte ich ihn nur bewegen, stehen zu bleiben und mich anzuhören? Da wurde es mir fast zur Gewissheit, dass ich nur einen Zipfel von Jesu Kleid zu berühren brauchte, um zu genesen, um rein zu werden, keine Ausgestoßene mehr zu sein! Oh, welche Wonne verbarg sich hinter dieser Hoffnung! Ich riss all meine Kraft zusammen, um etwas schneller als die Menge zu sein. Ich musste zu Jesus vordringen!

Wenn mich nur niemand erkannte! Jeder würde mich laut und aufgebracht schimpfend weggedrängt haben! Sofort wäre ich isoliert gewesen, ein weiter Kreis von Leere hätte mich umgeben.

Aber da war das helle Gewand von Jesus. Schnell berührte ich es von hinten. Nur ganz sachte hatte ich es angefasst, da wurden wir schon wieder getrennt. Aber in diesem kurzen Augenblick der Berührung spürte ich, wie die Quelle des Blutes in mir versiegte. Ich glaubte! Ich war geheilt!

Aber nun stieg noch einmal Angst und Not in mir auf. Jesus blieb plötzlich stehen und fragte, wer ihn berührt hätte. Wenn das herauskam, dass eine Unreine den großen Meister berührt hatte! Gesteinigt würde ich werden!

Die Gefolgsleute von Jesus kamen mir unbewusst zu Hilfe. Sie fragten Jesus fast ein bisschen ironisch, wie er wohl ohne Berührungen in der Menge gehen könne.

Doch Jesu Blicke gingen suchend umher und fanden mich: eine zitternde Frau mit angstvollen Augen. Ich fiel vor ihm nieder. Ich bat für mich, die die starke Kultschranke durchbrochen hatte. Ich war mir meiner Schuld durchaus bewusst. Aber meine Not hatte mich geradezu durch die Schranke des Reinheitsgesetzes gepresst.

Etwas Seltsames geschah nun: Kein böses Wort kam aus Jesu Mund. Wie ein Vater sprach er zu mir, die ich doch einige Jahre älter war als er. »Dein Glaube hat dich gesund gemacht. Geh hin in Frieden.«

Oh, welche Wonne! Es kann mir kaum jemand nachfühlen, wie mir war! Ich fühlte mich gesund, und zusätzlich hatte ich eine friedvolle Weite in mir.

Einen Moment zauderte ich. Sollte ich mich der Menge anschließen? Dieser Jesus brachte Heil und Frieden. War es nicht besser, in seiner Nähe zu bleiben? Doch er hatte zu mir gesagt: »Geh hin in Frieden!« Ich ging zurück in mein Haus, und alles war neu.

Allen, die es hören oder auch nicht hören wollten, erzählte ich von meiner Heilung. Ich erzählte von dem Rabbi und Heiland Jesus. Mein Haus wurde bald ein Treffpunkt für Menschen, die Jesus begegnet waren, und Menschen, die Jesus begegnen wollten.

Als dann nach etwa zwei Jahren Jesus auf das unverständliche Drängen der Vornehmen unseres Volkes hin zum Kreuzestod verurteilt wurde und das Schreckliche geschah, waren wir alle wie gelähmt. Wie konnte man nur einen so friedvollen und hilfsbereiten Menschen verurteilen! Doch dann kam die Kunde von Jesu Auferstehung. Das konnten wir zwar zuerst auch nicht begreifen. Aber es wurde uns schließlich glaubhaft bezeugt, und wir erzählten und erzählten und blieben eine Gemeinschaft von Menschen um Jesus über seinen Tod hinaus.

104. Die Syro-Phönizierin

Markus 7,24ff.

Meine Tochter war behindert. Wisst ihr, was das für eine junge Frau bedeutet? Mein Mann und ich waren beide jung und voll Hoffnung für die gemeinsame Zukunft. Wir freuten uns auf das Kind. Dann die schwere Geburt und die Hebamme: »Ein Mädchen. Es scheint nicht ganz gesund zu sein. Beobachte es, damit es dir nicht erstickt.«

Wir mochten es nicht wahrhaben. War sie nicht süß, unsere Tochter? Griff sie nicht mit ihren Ärmchen nach mir und suchte nach Liebe wie jedes Baby?

Doch nach dem Krabbelalter merkten wir, dass sich unser Mädchen anders entwickelte als die Gleichaltrigen. Zeitweise wurde sie von Krämpfen geschüttelt, Schaum stand vor ihrem Mund. Ihr Blick wurde immer unsicherer, etwas Lauerndes lag darin.

Ich ließ sie nicht aus den Augen. Sie sollte nicht allein sein, wenn sie einen ihrer Anfälle hatte. Sie sollte nicht stürzen. Ich lief von einem Arzt zum anderen. Sie mussten doch meiner Tochter helfen können; meiner Tochter und damit auch mir. Das Kind war ein Stück von mir. Ging es ihm gut, dann ging es auch mir gut. Doch mein Kind litt und ich mit ihm. Oft ging es ihm sehr schlecht. Ich fragte immer und immer wieder: »Warum? Warum geschieht das meiner Tochter? Warum mir?«

Die Nachbarn und Verwandten zogen sich immer mehr von uns zurück; auch mein Mann, ihr Vater. Außer mir konnte keiner und keine etwas mit der Kranken anfangen. Keiner mochte sie richtig ansehen und konnte deshalb auch den nach Liebe bettelnden Blick nicht entdecken; man sah nur das Düstere, Kranke, Verwirrte. Böse Geister sollten in ihr wohnen, so wurde getuschelt. Ich glaubte es bald selbst. Ein guter Geist mochte sicher nicht in diesem geschüttelten Mädchenkörper wohnen.

Nach Tyrus, der phönizischen Hafenstadt, kamen Kaufleute und fremdes Volk von weit her. Stets lief mit der frischen Brise vom Meer ein Gewispere von Aktuellem und häufig auch Aufregendem durch die Straßen der Stadt. Auf den Marktplätzen wurden nicht nur Waren, sondern auch Neuigkeiten und Ratschläge gehandelt. Ich hörte von Wunderdoktoren. Hoffnungen wurden genährt. Ich besuchte einige in der Nähe und Ferne. Viel Geld schleppte ich zu ihnen. Ich sah mich bald völlig ausgebeutet. Es veränderte sich nichts zum Besseren. Im Körper der Kleinen wütete der böse Geist, der das geliebte Kind mehr und mehr zerstörte. Immer fester kettete ich mich an das Mädchen und damit sie an mich. Nichts traute ich ihr mehr allein zu. Alles nahm ich ihr ab. Angst und Wirrnis schaute aus ihren dunklen Augen.

Was nur sollte mit dem Kind werden, wenn meine Kräfte einmal nachließen? Wer würde für sie sorgen, für sie, die doch so viel Hilfe brauchte? Würde überhaupt jemand zugreifen, wenn einer ihrer bösen Anfälle sie schüttelte? Nein, sie würden sie als lästig empfinden, sie einsperren und verkommen lassen.

In dieser Ausweglosigkeit hörte ich wieder einmal von dem Wunderheiler Jesus. Er, der Jude, der Rabbi, sollte in unserer Stadt sein. Das war eigentlich seltsam. Fromme Juden mieden das heidnische Umland. Sie wollten sich nicht im Gespräch oder in der Berührung mit einem von uns unrein machen. Sie hatten da sehr eigene strenge Vorschriften und Verhaltensmuster.

Ich fragte alle Leute nach ihm, und schließlich fand ich ihn in einem Haus am Rande der Stadt. Ich sah ihn und schrie um Erbarmen für meine kranke Tochter.

Doch dieser Jesus war ganz anders, als ich ihn mir vorgestellt hatte. Abgespannt und müde hockte er neben einem niedrigen Tisch. Er sah gar nicht auf. Er hörte mich anscheinend gar nicht. Ich schrie lauter. Im Raum wurde es dunkler, weil sich in der Türöffnung Neugierige drängten. Die Männer um den Rabbi wurden unruhig. »Hilf ihr doch, damit wir sie loswerden!« meinte ich den einen raunen zu hören.

Ich vergaß alle meine Würde. Ich spürte: Hier war Hilfe möglich. Hilfe für mein geplagtes Kind. Ich fiel zu Jesu Füßen. Hier konnte er mich nicht übersehen. Ich bat, er möge den bösen Geist von meiner Tochter austreiben. Doch dieser viel gepriesene Jesus sagte:

»Es ist nicht recht, dass man den Kindern das Brot wegnehme und werfe es vor die Hunde.«

Das hatte ich nicht erwartet. Ein Hund, weil ich eine Heidin bin! Ich weiß, viele können es nicht verstehen, dass ich mich so demütigen ließ. Doch in meiner Lage würde es sicher auch manche andere Mutter um ihres Kindes willen ertragen haben. Mir blieb gar keine andere Wahl. Wem wäre geholfen, wenn ich stolz den Raum verlassen hätte? Mich mit einem Hund zu vergleichen, ist schon schlimm. Die Griechen – und mein Vater war ein stolzer Grieche – nennen dreiste, schamlose Frauen Hunde. Nur wenig abgeschwächt wird für mich das Schimpfwort, wenn ich bedenke, dass fromme Juden die Heiden so nennen, dass sie damit ihre Verachtung für uns ausdrücken. – Hunde sind für sie unreine Tiere!

Aber für mich war da keine Zeit, beleidigt zu sein. Meine mir nachgesagte Schlagfertigkeit half in dieser Situation. Sie half mir, half meiner Tochter – ja, half sogar Jesus. Ich antwortete also: »Ja, Herr; aber doch fressen die Hunde unter dem Tisch von den Brotsamen der Kinder.« Es war ganz die Situation, wie ich sie von zu Hause kannte. Wir aßen mit den Händen. Die fettigen Finger wurden mit Brotstücken gereinigt, die anschließend den Hunden vorgeworfen wurden.

Doch was jetzt geschah, übertraf alle Erwartungen. Jesus sagte: »Um dieses Wortes willen geh hin, der böse Geist ist von deiner Tochter ausgefahren.«

Mir wurde ganz sonderbar zumute. Nicht einmal ein Dankeswort kam über meine Lippen. Ich stürzte nach Hause. Mein Kind lag wie vorher auf dem Bett. Mit fröhlichen Augen im Gesicht fragte sie mich, ob sie nicht aufstehen könne und im Hof spielen dürfe. »Ja, du darfst. Du darfst auch allein nach draußen.« Rasch hüpfte sie aus dem Bett. Sie hauchte einen Kuss auf meinen nackten Arm, schnappte sich ein Umhängetuch und stürmte in den Hof. Noch nie hatte ich sie allein in den Hof gehen lassen!

Ich spürte, etwas Umwerfendes war geschehen. Ein neues Leben hatte begonnen. Ich konnte meiner Tochter etwas zutrauen. Sie würde ihr Leben selbst gestalten können.

Und ich – was war mit mir geschehen? Ich weiß, die Exegeten sagen, mir ist geholfen worden, weil ich glaubte. Auch der Evangelist Matthäus schrieb auf, dass Jesus gesagt habe: »Frau, dein Glaube ist groß. Dir geschehe, wie du willst!« So muss diese Heilungsgeschichte aus dem heidnischen Tyrus in den christlichen Gemeinden erzählt worden sein, als Matthäus sie besuchte. Ich selbst habe dies Wort Jesu gar nicht gehört. Habe ich es überhört? War ich zu aufgeregt? Ich weiß auch nicht, ob ich zu der Stunde in dem dunklen Haus geglaubt habe. Zumindest habe ich nicht so geglaubt, wie die Jünger an Jesus glaubten – oder wie ich jetzt glaube –, dass Jesus der Messias ist. Wie bei jedem Besuch eines Wunderdoktors hatte ich gehofft, dass mir und meiner kranken Tochter geholfen werde. Und doch – als ich ihm zu Füßen lag und um Hilfe bat, da vertraute ich, da glaubte ich, dass er helfen konnte. So war die Hoffnung anders – ich hoffte wirklich, ja – ich wusste: Er kann helfen!

Ich veränderte mich. Ich sah mein Kind froh und frei herumspringen. Dankbar stellte ich das fest. Ich würde meiner Tochter jetzt mehr Freiraum geben können. Sie konnte und würde sich zu einer gesunden jungen Frau entwickeln.

Ich erzählte ihr von der Begegnung mit Jesus. Sie erfuhr, von wem diese neue, diese geschenkte Kraft kam.

Dieser Rabbi Jesus hatte unser Leben verändert. In ihm steckte eine wunderbare Kraft, die er weitergab, die er Menschen in Not schenkte. Ich erkannte, dass dieser Rabbi müde war, als ich ihn in meiner Not da in dem Haus in Tyrus aufspürte. Er wollte ausruhen. Jesus hatte Galiläa verlassen, um Abstand zu finden von seinen Gegnern, die ihn ständig belauerten, und Abstand von den ihn fordernden Anhängern und Hilfesuchenden.

Ich hatte ihn in dieser Ruhepause gestört. Deshalb war Jesus erst nicht ansprechbar.

Jesus der Messias. Ich glaubte es jetzt. Jesus ist der, auf den die Juden warteten. Und er ist der, der Israel erretten sollte. Das war sein Auftrag. Deshalb war er so ablehnend, als ich ihn um Hilfe bat. Ich gehöre ja nicht zu Israel.

Doch im Nachdenken über unsere kurze Begegnung da im dunklen Raum des Hauses merkte ich noch, dass Jesus meine etwas schreiende Bitte gar nicht grundsätzlich abgelehnt hatte. Er hatte nur gesagt: »Lass zuvor die Kinder satt werden; es ist nicht recht, dass man den Kindern das Brot wegnehme und werfe es vor die Hunde.« Wie dumm wäre ich gewesen, wenn ich nur empört das letzte Wort in mir bewegt hätte. Mir – uns – wäre kein Heil widerfahren. Jesus sah, dass hinter meiner Schlagfertigkeit mehr als das Bedürfnis nach etwas Zuwendung steckte.

Jesus hat mir geholfen, hat meiner Tochter geholfen, hat uns und unsere Familie gesund gemacht. Wo ich nur konnte, erzählte ich von Jesus. Seine Heilstat war kein Wegwerfen vor die Hunde. Es wurde ein Bewahren und – ein Fruchttragen.

105. Die bittende Witwe

Lukas 18,1-8

Der Richter Jojachin muss es Jesus gesagt haben! Ja, der Richter hat von mir erzählt. Dies ist die Geschichte vom Richter und mir, der bittenden Witwe.

Jesus hat oft Gleichnisse erzählt. Das sind Geschichten aus dem Erfahrungsbereich der Zuhörer, die aber in der jeweiligen Situation, in der Jesus sie erzählte, eine tiefgründige andere Bedeutung haben. Ich weiß das, denn ich gehörte später zu Jesu Anhängern, zu seiner Jüngerschar - zu Hause in unserer kleinen Stadt.

Früh war mein Mann gestorben. Wir hatten noch keine Kinder. Ohne Mann, ohne Sohn stand ich da, eine »herrenlos Gelassene«. Ohne Ernährer und Beschützer lebte ich am Rande des sozialen und wirtschaftlichen Gefüges. Während unserer jungen Ehe gab es Erbauseinandersetzungen, die noch nicht entschieden waren. Der Tod meines Mannes war willkommener Anlass, mich vom Erbe seines alten Familienbesitzes - es waren Ländereien - auszuschließen. Als Frau hatte ich kein Recht zu klagen. Die Männer hätten mich ausgelacht oder mich einfach überhört. Wir Frauen hatten noch nicht einmal das Recht auf Zeugenaussage. Es blieb mir nur die Möglichkeit, den Richter für mich zu gewinnen.

Richter Jojachin war der einzige Richter in unserem Ort. Weil es bei uns keinen weiteren gesetzeskundigen Mann gab, durfte er ohne Beisitzer allein entscheiden. Dies allerdings nur, wenn beide Seiten öffentlich erklärten, dass sie sich seiner Entscheidung beugen wollten. So hatte ich gehört.

Das Richteramt ist bei uns ehrenamtlich. Ich brauchte ihn also zu meinem Glück nicht zu bezahlen, wenn er mich anhörte.

Doch er hörte mich gar nicht an! Und es war doch so wichtig, dass ich ihn von der Aufnahme eines Prozesses überzeugen konnte! Er wies mir die Tür.

Natürlich wusste ich, wie alle Leute in der Stadt, dass der Richter keinen sehr guten Ruf hatte. Er hätte kein Mitgefühl für die Menschen, die mit Sorgen und Nöten zu ihm kommen. Man tuschelte, dass er auch ungerecht sei. Er nähme auf keinen Rücksicht. Auch Furcht vor Gott sei ihm fremd.

Doch ich machte mich wieder auf den Weg zu ihm. Ich musste es tun. Wovon sollte ich leben, wenn die Familie meines verstorbenen Mannes mein Erbteil unterschlug?

Dann blieb mir als armer, mittelloser Witwe nur ein mühsames Ährenauflesen auf den gut abgeernteten Stoppelfeldern. Fleißig musste ich mich um jede Ähre bücken, sie trocknen und schlagen und jedes Korn fein säuberlich in meinem Tonkrug aufbewahren. Nur so wäre es dann für mich möglich, dass ich im Winter Mehl im Topf hatte, um mir ein Fladenbrot zu backen oder einfach einige Körner zu rösten und notdürftig den Hunger zu stillen. Ein armes Leben, ein Hungerleben stand mir bevor, wenn ich nicht den Richter für meinen Rechtsanspruch gewinnen konnte.

Ich klopfte stürmisch an die Tür des Richterhauses Endlich öffnete er die Tür. Laut trug ich mein Anliegen vor. Hörte er mir richtig zu? Hatte er verstanden, worum es ging?

Nach einer Woche sprach ich erneut bei ihm vor. Hatte er Nachforschungen in meiner Angelegenheit unternommen? Ich bekam eine ausweichende Antwort. Ich sollte noch warten. Doch die Zeit drängte.

Drei Tage später klopfte ich wieder an der Tür. Seine beschwichtigenden Worte wurden mir verdächtig. Er schien noch gar nichts unternommen zu haben. Ich wurde ärgerlich. Laut und vernehmlich schilderte ich ihm noch einmal meine Notlage, die nicht zu bestehen brauchte, wenn er mir das Recht zuspräche. Ziemlich ärgerlich schickte er mich wieder fort. Doch ich kam wieder. Tag für Tag stand ich vor seiner Tür und immer lauter trug ich mein Anliegen vor, so dass die Nachbarn bald wussten, was da los war.

Ich merkte, wie der Richter ärgerlich wurde, wenn er mich nur sah. Auf der Straße wich er mir aus. Ich hatte das Gefühl, er wurde durch mein andauerndes, drängendes Vorsprechen verunsichert. Seine Argumente, meine Sache vor Gericht nicht vertreten zu können, wurden immer schwächer.

Ich ließ nicht nach, an seine Tür zu klopfen. Ich ließ nicht nach, ihn zu bitten, ihn zu rufen, mir Recht zu verschaffen. Manchmal verspürte ich den Drang, mich auf ihn zu stürzen, ihn zu schütteln, die Zusage für eine Prozessaufnahme aus ihm herauszuprügeln.

Doch dann, nach vielen, vielen Tagen, hatte ich endlich Glück. Auf einmal - recht plötzlich - wurde der Prozess eröffnet. Was hatte den Richter endlich dazu gebracht? War ich ihm zu aufdringlich gewesen? War ich zu einem lästigen Faktor in seinem Tageslauf geworden? Hatte er Sorge, dass ich einmal handgreiflich werden oder auf der Straße laut hinter ihm herrufen könnte?

Doch das brauchte mich nicht mehr zu kümmern. Die Erbansprüche wurden zu meinen Gunsten entschieden. Mir wurde Recht verschafft.

Diese meine Geschichte erzählte Jesus. Er erzählte sie recht knapp. Aber der zentrale Punkt der Geschichte war unüberhörbar: Nicht aufgeben! Wie immer sollten die Männer und Frauen, die ihn hörten, darüber nachdenken.

Jesus hat mein hartnäckiges Bitten und die Erfahrung, die ich damit gemacht habe, als Beispiel für unser Bitten zu Gott gebraucht. Nicht ablassen sollen wir im vertrauenden Gebet zu Gott. Wenn schon ein ungerechter Richter dazu gebracht werden kann, einer Witwe Gerechtigkeit zu verschaffen, wie viel eher wird Gott als liebender Vater uns das gewähren, was wir brauchen. Was wir allerdings nötig haben, wird Gott entscheiden. Es kann anders aussehen, als das, um was wir ihn bitten. Aber es ist immer gut. Das ist mir in meinem Leben als Jüngerin Jesu sehr deutlich geworden.

106. Die Samaritanerin am Brunnen

Johannes 4,1-42

Ich hatte meine Probleme. Heute wollte ich keinen sehen. Ich wollte nicht Rede und Antwort stehen. Heute nicht. Ich war dazu nicht in Stimmung. Ich hätte pampig geantwortet, wäre wieder mal hart geworden. Vielleicht wäre es mir auch mit einiger Mühe gelungen, mich stumm abzusetzen. Das hätte dann wieder als hochnäsig gegolten. Nein, heute war es besser, allein zu bleiben.

Deshalb ging ich, um das tägliche Wasser zu holen, in der Mittagshitze zum Brunnen. Eigentlich ein dummes Unterfangen. Es war so heiß, zu heiß, um Wasser zu holen. Doch gerade deshalb konnte ich damit rechnen, niemanden am Brunnen zu treffen.

Aber dem war nicht so. Da arbeiteten zwar nicht emsige Frauen mit ihren Krügen. Da war kein lebhaftes Geschwätz zu hören, kein munteres Lachen. Da war ein Mann. Etwas müde lehnte er am Brunnenrand. Natürlich hatte er keinen Krug. Das Wasserholen war Frauensache. Er hatte auch keine Schöpfkelle. Ich sah nicht einmal das kleine lederne Gefäß, das Reisende für alle Fälle mit sich führten. Dieser Fremde hatte überhaupt nichts bei sich. An seiner Kleidung erkannte ich den Juden.

Ungewöhnlich war deshalb, dass er mich bat, für ihn Wasser zu schöpfen. Ja, er bat mich! Er forderte nicht. Er herrschte mich nicht an. Er bat mich, die Samaritanerin. Für einen frommen Juden war es schon verwerflich, eine Frau anzusprechen. Eine Samaritanerin anzusprechen war einfach unmöglich!

Ein seltsamer Mann war das, der da an unserem Jakobsbrunnen ausruhte. Es war zwar sehr heiß. Doch er sah nicht so aus, als ob er vor dem Verdursten sei, da unter dem Schatten der Palme. Er musste doch wissen, dass er sich verunreinigte, wenn er sich von mir, der Samaritanerin, Wasser geben ließ.

Ich fand das Denken und Verhalten der Juden uns Samaritanern gegenüber schon immer schlicht unverschämt. Sie hatten eine Art Apartheidgesetz uns gegenüber aufgerichtet, das sich auf eine lange zurückliegende Geschichte gründete.

Vor sieben Jahrhunderten war das Nordreich Israel durch Krieg und politische Umsiedlungsaktionen geschwächt worden. Fremde Volksstämme drangen ein. Die wenigen zurückgelassenen Israeliten konnten sich nicht rein erhalten. Sie vermischten sich mit den Einwanderern. So lehrte mich meine Mutter.

Auch die Bewohner des Südreichs Juda wurden später ins Exil getrieben. Doch sie hielten sich in der Fremde aufrecht und frei zum

Gott Israels. Als sie nach sechs Jahrzehnten wieder zurückkamen und den Tempel in Jerusalem aufbauen durften, verwehrten sie meinen samaritanischen Vorfahren die Mithilfe am Bau. Sie seien Unreine, die Samaritaner. Sie würden auch nicht streng die Gesetze des einen Gottes halten. Mit ihnen wollten die Juden nichts zu tun haben.

Von da an gab es nur noch Feindschaft zwischen Juden und Samaritanern. Wenn fromme Juden nach Galiläa im Norden reisen mussten, nahmen sie gewöhnlich nicht den dreitägigen Weg über Samaria. Sie wählten den fast doppelt so langen und zogen am östlichen Ufer des Jordan entlang, mussten den Fluss zweimal überqueren, der zur Zeit der Schneeschmelze im Libanon viel Wasser führte.

Dieses alles schoss mir durch den Kopf, als ich mich über die Anrede des Juden wunderte. Hieß es nicht auch: »Wer ein Stück Brot von einem Samaritaner nimmt, handelt so, als ob er Schweinefleisch äße«? Eine Speise, vor dem sich jeder Jude ekelte und die ihm streng verboten war.

Der Fremde ließ sich durch meine erstaunten Fragen nicht aus der Ruhe bringen. Er sprach davon, mir auch etwas geben zu können: »lebendiges Wasser«. Nun, das war ja fast zum Lachen. Lebendiges Wasser wollte er mir geben, frisches Quellwasser, wo er doch nicht einmal ein Gefäß bei sich hatte. Das erschien mir fast wie eine Lästerung unserem Urvater Jakob gegenüber. Der Erzvater Jakob hatte nämlich diesen Brunnen gebaut, so hatte ich es gelernt. Er war fast dreißig Meter tief und ein Sickerbrunnen. Lebendiges Quellwasser gab es hier nicht. Aber dieses Brunnenwasser genügte uns seit Generationen. Es war Wasser, das Leben ermöglichte.

Wir standen auf geschichtlichem Boden, das wusste ich. Der Flecken Erde gehörte den Enkeln Jakobs, Josefs Söhnen Ephraim und Manasse, und wir waren seine Nachkommen und Erben.

Was war mit dem Mann? War er vielleicht gar nicht so bescheiden, wie er sich gab? Wollte er am Ende größer sein als Vater Jakob?

Ihr werdet es kaum glauben: Ich, die Frau, religiös aufgeschlossen, aber unmündig in dieser Gedankenwelt, verwickelte mich in ein Gespräch mit dem gebildeten Fremden. Und diesem Juden war das gar nicht so unlieb. Er merkte, dass ich eine Unersättliche war, eine Wissbegierige, eine, die nach dem Sinn des Lebens zu fragen bereit war, wenn mir nur je einer zuhörte.

Dieser Mann hörte zu. Er forderte mich heraus, mehr zu fragen und mehr mitzuteilen, als ich sonst zu tun pflege. Bisher konnte ich niemandem meine mich existentiell beschäftigenden Fragen stellen. Den Männern war es nur wichtig, dass die Frau den Haushalt in Ordnung hielt, duldsam und bescheiden war, das Feld bestellte, Kinder bekam und sie aufzog. Damit war sie ihm und Gott recht, sie war »gerecht« und konnte das Heil erfahren. Über Wünsche und Bedürfnisse der Frau zu sprechen, mit ihr über Gott und das Heil zu reden, war unnötig, ja absurd. So dachten alle.

Doch nicht dieser Fremde. Dieser Jude führte mit mir schließlich ein hoch theologisches Gespräch, was mir aber erst viel später richtig zu Bewusstsein kam. Er bekannte sich dazu, größer als Jakob zu sein, Wasser verschenken zu können, das den Durst wirklich löscht, sogar Quellen lebendigen Wassers hervorkommen lässt.

Es erging mir sonderbar. Ich merkte, wie sich in mir etwas veränderte. Hier war einmal ein Mensch, dem ich mein Innerstes aufschließen konnte. Doch bald darauf verschloss ich mich wieder wie eine Auster. Entweder war er unverschämt oder ich war eben doch nur eine Frau, deren Reden nicht gewichtig war.

»Hole mir deinen Mann!«

Was ging diesen Fremden mein Mann an! Was kümmerten ihn überhaupt meine Familienverhältnisse! Hätte er wohl einen Mann aufgefordert, seine Frau zu holen? Ich war verletzt. Das Gespräch hatte mich innerlich doch so tief bewegt und Fragen nach dem Sinn auch meines Lebens in mir aufsteigen lassen.

»Ich habe keinen Mann«, sagte ich spröde, fast trotzig. Es kam noch schlimmer.

»Fünf Männer hast du gehabt und der, den du jetzt hast, ist nicht dein Mann.«

Alles zerran. Wir waren wieder auf der Erde. Ich mochte mich gar nicht rechtfertigen. Allzu schnell tun mich alle, Männer und Frauen, als die große Sünderin oder Hure ab. Haben sie noch nie etwas von Leviratsehe gehört? Noch nie von Tamar gelesen, der Schwiegertochter Judas, wie es ihr ergangen ist? Als Frau weitergereicht an Schwäger. Aber – ich wollte mich nicht verteidigen, konnte auch nichts beschönigen: Denn mit dem Mann, mit dem ich zusammenlebte, war ich nicht verheiratet.

Und diesem merkwürdigen Fremden da am Brunnen war das bekannt. Ich schwankte zwischen Entrüstung und Anerkennung der Größe dieses Mannes. War er ein Prophet? War er . . .?

Ich verdrängte meine spontane Entrüstung. Hier war die Möglichkeit, mehr, ja Lebenswichtiges zu erfahren. Die Chance durfte ich nicht verpatzen! Er konnte mir Klarheiten geben über religiöse Streitigkeiten, die mir schon lange zu schaffen machten:

»Unsere Väter haben auf diesem Berge Garizim Gott angebetet, und ihr sagt, in Jerusalem sei die Stätte, wo man anbeten soll.« Das war kein billiges Ablenkungsmanöver, wie später viele glaubten. Wer in unserer Stadt Sychar hätte auf solche Fragen geantwortet – wer hätte sie überhaupt angehört!

Ich glaube, die frommen Rabbinen hätten ihn gesteinigt, wenn sie seine Antwort gehört hätten. Erst hat er natürlich die Juden herausgestellt. Von ihnen komme das Heil. Aber dann sagte er etwas für mich sehr Tröstliches. Ich verstand ihn so, dass es egal sei und egal sein werde, ob auf dem Garizim oder im Tempel in Jerusalem angebetet wird. Er sprach von Gott als Vater; und die wahren Beter müssen ihn im Geist und in der Wahrheit anbeten. Um ehrlich zu sein: So ganz sicher war ich nicht. »Im Geist und in der Wahrheit« – was mochte er damit meinen? Und dennoch empfand ich, dass darin eine große Befreiung liegen müsse. In den Tempel nach Jerusalem kam ich sowieso nicht, und auch von dem Heiligtum auf dem Berg Garizim, gleich hier in unserer Nähe, blieben wir Frauen ausgeschlossen.

Doch ich gab mich noch nicht zufrieden. »Ich weiß«, sagte ich, »dass der Messias kommt, der da Christus heißt. Wenn dieser kommt, wird er uns alles verkündigen.« Und in Gedanken fügte ich hinzu: ›Der allein kann sagen, was wirklich ist und sein wird.‹

Ganz schlicht sagte da der Fremde: »Ich bin's, der mit dir redet!«

Ich weiß nicht, was ich getan hätte, wenn wir jetzt weiter allein geblieben wären. Mir stockte der Atem. Da sah ich die Freunde des Mannes kommen. Ihre Blicke zeigten Ablehnung oder auch Verwunderung darüber, dass er mit mir, einer samaritanischen Frau, sprach. Nun, das kümmerte mich jetzt wenig. Ich wollte mir nicht diese wunderbare Stunde zerreden lassen.

Ich ließ meinen Krug stehen und lief eilig zurück in die Stadt. Auf dem Markt schrie ich laut: »Kommt mit mir zum Jakobsbrunnen. Dort ist ein Mann, der mir alles sagte, was ich getan habe. Seht, ob er nicht der Christus sei!« Und stellt euch vor: Die Männer von Sychar erhoben sich von der Ruhebank, stellten ihre Trinkbecher ab, verließen ihre Geschäfte und eilten mir, der Frau, nach.

War dies schon Teil des »lebendigen Wassers«? Ich musste beständig daran denken.

Am Jakobsbrunnen hörten die Männer von Sychar andächtig den Worten des Rabbi zu. Sie waren so von ihm beeindruckt, dass sie ihn schließlich baten, in unserer Stadt zu bleiben. So blieb der Rabbi Jesus mit seinen Jüngern zwei Tage bei uns, und es liefen immer mehr Bürger der Stadt zusammen, um seiner Rede zuzuhören.

Als Jesus uns schließlich verließ, sagten viele staunend: »Dieser ist wahrlich der Heiland der Welt!« Und zu mir sagten sie: »Von nun an glauben wir nicht mehr, nur weil du's gesagt hast; wir haben IHN selber gehört und erkannt, dass er es ist.«

Das war mir recht. Ich fühlte mich diesmal nicht gleich wieder als Frau zurechtgewiesen. Jetzt galten andere Maßstäbe für mein Leben. Ich wusste: Hätten sie nur geglaubt, weil ich ihnen von IHM erzählt hätte, dann hätte die Quelle es schwer gehabt. Nur mühsam hätte sie Wasser spenden können. Jesus Christus war wichtig. Es war so wesentlich, dass viele ihn kennen lernten und seine Worte selbst vernahmen.

So wurde unsere Stadt Sychar ein »Quellort lebendigen Wassers«. Wir hatten unseren Heiland – den Heiland der Welt – gesehen und gehört. Wir glaubten und hielten an ihm fest, auch als wir von dem Prozess in Jerusalem hörten. Wir wussten, er ist der Christus. Die Nachricht von seiner Auferstehung bestätigte es uns.

Später wunderten sich Jerusalemer Christen, dass es bei uns in Samarien Christus-Leute gab, dass in Sychar schon eine christliche Gemeinde bestand.

Ja, Jesus hatte mir als randständiger Frau, einer »Unreinen«, als erste so deutlich verkündet, dass er der Christus ist. Dies haben später einige mit Erstaunen festgestellt.

Jesus hat meinem Leben eine Wende und ein Ziel gegeben. Ich war es wert, sein Wort zu hören! Ich bin es wert, Gottes Wort zu hören und weiterzusagen! Ich habe »lebendiges Wasser genossen«, und das Leben blieb in mir. Ständig sprudelte die Kraft zum Zeugnis und zur Nächstenhilfe aus mir heraus. Jesu Zuwendung hat in mir etwas bewirkt. Gelobt sei Jesus Christus!

107. Die Frau eines Barmherzigen

Lukas 10,27-35

Ich bin auch eine Jüngerin Jesu. Ich bin eine von den vielen Namenlosen. Ich heiße Judith. Ich tat mich nicht mit irgendetwas Spektakulärem hervor. Deshalb kennt mich auch niemand.

So wie mir geht es doch heute noch vielen Frauen und auch Männern. Sie sind einfach da. Sie tun ihre Pflicht. Sie tun mehr als ihre Pflicht, sie arbeiten ehrenamtlich - so heißt das heute. Ihre Namen werden nicht notiert. Sie stehen ja nicht auf der Gehaltsliste; sind kein Ausgabeposten. Sie nehmen nicht - sie geben!

Nehmen sie nicht? Dies wage ich zu bezweifeln. Sie nehmen und bekommen kein Geld, keine materielle Zuwendung. Aber sie erhalten Lebensqualität, ein neuer oder gar der wahre Sinn des Lebens tut sich ihnen auf.

Ich stieß ganz zufällig zu Jesus und seiner Jüngerschar. Ich kam dazu, als Jesus eine Geschichte erzählte, eine Beispielgeschichte.

Ich wurde davon nicht nur angerührt, ich wurde aufgewühlt. Aber sicher anders, als ihr denkt.

Jesus erzählte die Geschichte von einem barmherzigen Mann. Es war ein Samaritaner. Der ritt von Jerusalem nach Jericho hinunter und sah da einen Verletzten und Beraubten liegen. Einige unserer Honoratioren waren schon an dem Hilflosen vorbeigeritten. Sie hatten entweder Angst vor einem erneuten Überfall oder Sorge um eine Verunreinigung, die ihnen viele Scherereien bereiten würde. Dann kam der Samaritaner vorbei; einer aus der Volksgruppe, über die die frommen Juden die Nase rümpfen, weil sie es mit den göttlichen Gesetzen nicht so genau nehmen. Der half: Er verband die Wunden, er brachte ihn mühsam zu einem Wirtshaus. Dort pflegte er ihn eine Zeit lang. Als der Verletzte ohne seine Hilfe auskam, zog er weiter. Dem Wirt übergab er für weitere Schontage Geld für Unterkunft und Verpflegung (siehe Lukas 10,25ff.).

Ich bin keine Samaritanerin. Nicht deshalb traf mich diese Geschichte. Ich hatte einen fürsorglichen, einen für diese Welt zu guten Mann. Er war Geschäftsmann. Er hätte ein bisschen härter sein müssen, um genügend Gewinn zu machen. Ich fand, er war zu gutmütig. Immer wieder half er anderen mit Geld, mit Zuhören, mit Zuwendung. Wie oft kam er nach Hause und erzählte, dass er dies und das nicht hatte erledigen können, weil er einem Mitmenschen geholfen habe. Dem einen verhalf er zu seinem Recht, dem anderen durch sein Eintreten beim Arbeitgeber, der anderen – ach, es gab immer wieder etwas Neues.

Einmal war ich so ärgerlich, dass ich laut losschimpfte. Ich muss in meiner Enttäuschung so laut geworden sein, dass die Nachbarn erschrocken zur Tür hereinguckten. Wir wollten den Geburtstag meiner Mutter ganz groß feiern. Verwandte aus Galiläa und aus dem Süden Judas waren da. Wer nicht da war, war mein Mann. Auf einer Geschäftsreise hatte er sich wieder einmal verspätet. Ein Affront gegen meine Verwandtschaft?

Nein. Als die Gäste aus dem Haus waren, erzählte er: In einer einsamen Gebirgsgegend hatte er einen Mann am Wege gefunden, halb totgeprügelt und offensichtlich seiner ganzen Habe beraubt.

Mein hilfsbereiter Mann hatte keine Angst vor etwa beobachtenden und zurückkehrenden Räubern. Wieso eigentlich nicht? Er hatte doch unseren Lastesel dabei, in dessen Tragetaschen kostbare Waren lagen! Mein Mann, so sagte er mir, wusch die Wunden des Fremden, des brutal Verletzten. Er hob ihn auf unser Lasttier. Mich würde es nicht wundern, wenn er dafür von der Ware etwas auslagerte, um das Tier zu entlasten. Doch davon sprach er wohlweislich nicht. Langsam führte er den Esel mit seiner schonungsbedürftigen Last bis zur nächsten Herberge. Der Wirt wollte oder konnte sich nicht um einen Verletzten kümmern. Dazu hätte er keine Zeit und keine Kraft. Nun, mein Mann schien die zu haben. Ich sage »schien«; denn in Wahrheit hätte er unter Zeitdruck stehen müssen. Er hatte doch schon viel Zeit verloren, als er sich um den Verletzten am Wege bemühte und so langsam dann zur Herberge trottete.

Es war zum Weinen, zum Losbrüllen, zum Explodieren. Mein Mann hatte in seinem Bemühen um einen Fremden das Familienfest verpasst! Und obendrein kam er noch ohne Geld nach Hause, denn sein Geschäftspartner hatte sich inzwischen natürlich anders versorgt, sich um einen zuverlässigeren Lieferanten bemüht.

Das Maß war voll. Unsere Ehe hatte einen Knacks bekommen. Etwas zwischen uns war zerrissen. Ich konnte meinem Mann dies nicht verzeihen.

Dann hörte ich Jesus erzählen. War das nicht ähnlich dem, was mein Mann erlebt hatte? Und der vorwitzige Schriftgelehrte bekam von Jesus die Antwort: »So geh hin und tu desgleichen.« Dies nach der Geschichte und dem vom Schriftgelehrten zitierten Gesetzestext: »Du sollst den Herrn, deinen Gott, lieben von ganzem Herzen, von ganzer Seele, von allen Kräften und von ganzem Gemüt, und deinen Nächsten wie dich selbst.«

Wie Schuppen fiel es von meinen Augen: Das war ja die Geschichte meines Mannes! Er hatte hundert Prozent das Richtige getan. Er handelte so, wie es der große Meister als gut beschrieb. Mein Mann war nicht gutmütig, er war barmherzig! Mein Mann war gottesfürchtig. Mein Mann tat das, was Gott von uns Menschen will, vielleicht sogar fordert.

War ich denn blind?

Inzwischen habe ich gehört, dass der Verletzte die Geschichte seiner Rettung überall veröffentlichte, weil er nicht wusste, wer sein Retter war und er ihm danken wollte - vielleicht hatte Jesus auf diese Weise davon gehört?

Mein guter Mann - wenn meine Kritik ihn jetzt von seinem rechten Weg abbrächte? Würde er das nächste Mal an einem Verletzten vorbeieilen, weil er mein Gezetere zu Hause fürchtet?

Würde er hart, wie viele unserer Zeitgenossen? Wie ich? Würde er sein Seelenheil verspielen, weil er mir mehr zuhört als Gott?

Würde ich so nicht doppelt schuldig?

Ich kann nur erzählen, dass sich mein Leben nach dem Hören der Geschichte vom barmherzigen Samaritaner veränderte. Ich war keine Samaritanerin. Ich war eine Jüdin ohne Herz gewesen, ohne Mitgefühl und ohne Gottesfurcht. Jesus hatte mir durch diese Geschichte die Augen geöffnet. So oft es ging, mischte ich mich jetzt unter die Jüngerschaft von Jesus und half mit den Händen und auch mit Geld - und manchmal hatte auch ich Mühe, rechtzeitig zu Hause zu sein.

Es war seltsam: Wir wurden dabei nicht ärmer. Es war immer genügend da - an Zeit und Geld, füreinander und für andere. Mein Mann hatte viel früher als ich das richtige Geben und Nehmen erkannt!

108. Die Ehebrecherin

Johannes 8,1-11

Dieser Stein in meiner Hand sollte mich töten. Ein besonders gesetzestreuer Jude, ein Pharisäer, hatte sich in seiner ehrwürdigen Robe gebückt, ihn aufgehoben, ihn viele Meter getragen.

Der Stein in seiner Hand, mag er ihm schwer geworden sein? Hat er ihn gern getragen? War er vielleicht ein Sadist, der eine Frau leiden und sterben sehen wollte? Hat ihn der Stein vielleicht zwischen den Fingern gebrannt? Oder hat er sich geschämt, ihn zu tragen, und versucht, ihn vor spähenden Blicken zu verstecken? War der Steinträger einfach nur ein Mitläufer? Wollte er sich nicht ausschließen von dem offensichtlich gesetzmäßigen Gericht?

Was nur mag in dem Kopf eines solch frommen Mannes herumgeschwirrt sein? Du sollst nicht töten! Du sollst nicht ehebrechen! Was nur war das höhere, das ernstere Gebot? War er ein Eiferer, der strafen wollte, andere vor Ähnlichem bewahren wollte?

Nun, ich war schuldig. Ich hatte die Ehe gebrochen. Da gab es kein Beschönigen. Das war die Tatsache. Wie es dazu kam, es dazu kommen konnte? Ich lebte nicht im luftleeren Raum. Alles hat seine Ursache. Und in einen Ehebruch sind immer mehrere verwickelt.

Ich wurde jung in eine Ehe gezwungen. Ich liebte nicht, und ich wurde nicht geliebt. Da gab es keine Erotik, nur Sex auf der Seite meines Mannes. Dazwischen war er ruppig und hart zu mir. Er warb nie um mich. Er forderte nur. Es gab noch andere Frauen im Leben meines Mannes. Mir sollte es recht sein. Ich sehnte mich nicht nach der sexuellen Zuwendung eines Mannes.

Aber ich sehnte mich nach Zärtlichkeit, nach einem beschützenden Arm, einer streichelnden Hand, einem - nein, vielen, vielen zärtlichen Worten.

Ich suchte nicht nach dem, der meine Sehnsucht stillen würde. Er fiel mir wie ein Geschenk - so dachte ich - in die Arme. Ein Fremder in unserer Stadt. Einsam, schüchtern, freundlich, höflich, aufmerksam. Ich fühlte mich zu ihm hingezogen. Und er zu mir. Wir wussten beide, dass wir nicht zusammenkommen konnten. Ich war verheiratet.

Aber ich hatte einen Gesprächspartner, einen, dem ich mein Herz ausschütten konnte. Ich fühlte mich erleichtert. Er konnte mich trösten.

In solch einer Situation scheint es schwierig zu sein, Tabus zwischen Mann und Frau bestehen zu lassen. Wir schlitterten in etwas hinein, was wir eigentlich beide nicht wollten. Eine tröstende Umarmung wurde Halt suchend erwidert. Der Mann wurde ermutigt. Küsse folgten. Küsse wurden durstig aufgenommen und erwidert. Und dann folgte das, was nur der Ehe vorbehalten sein sollte. Es war nach diesem Vorspiel die Seligkeit. Es wurde wiederholt, wann es uns möglich erschien. Heimlich und leise. Wir wussten, dass wir gegen das Gesetz verstießen. Es war uns bewusst, dass wir beide des Todes waren, wenn unsere geschlechtliche Beziehung herauskam. Aber – unsere Körper strebten zusammen, zogen sich an.

Anscheinend wurde es doch bekannt. Wieso eigentlich kümmerte sich da plötzlich jemand aus der Stadt um mich? Jahrelang lebte ich schon hier. Es war doch kein Geheimnis, dass mein Mann wie ein Despot über mich und über die Dienstleute herrschte. Es war doch bekannt, dass er es mit der Treue nicht so genau nahm. Gab es da ihm gegenüber schon einmal Vorhaltungen? Übersahen es die Stadtoberen geflissentlich, um ihn nicht zu verletzen, ihm nicht zu nahe zu kommen, seine geldlichen Zuwendungen für das Gemeinwesen nicht künftig in Frage zu stellen?

Im Quartier des Fremden, mir jedoch eng Vertrauten, lagen wir in zärtlicher Umarmung. Plötzlich ein Gepolter an dem Haustor. Die Raumtür wurde brutal aufgerissen. Licht fiel herein und die Schattenrisse von bärtigen Männerköpfen.

Mein Gott, hilf – das sind die Schergen! raste es durch meinen Kopf. Der Mann neben mir hielt mich noch fest. Die Hereinstürzenden zogen die Decke weg, rissen mich aus der Umklammerung. Sie schubsten mich von dem Lager herunter und stießen mich schmähend aus dem Raum. Ich konnte gerade noch meinen Umhang vom Hocker reißen, den ich beschämt und schuldbewusst um mich schlang.

Es wurde ein Spießrutenlaufen durch die Gasse. Wo führten sie mich hin? Unter das Tor der Stadt, wo von Männern Recht gesprochen wurde?

Alles Männer um mich herum. Honorige Männer. Ich kannte einige von ihnen. Nie sah ich sie so schnell, schier würdelos durch die Straßen eilen. Vor mir einige hastend und stolpernd, hinter mir einige drängend, mich zuweilen auf die Fersen tretend. Aus den Türen der eng beieinander stehenden Häuser neugierige, ängstliche, hämische Blicke, ein paar johlende Kinder.

Wo war der Mann, in dessen Armen ich eben noch Schutz und Geborgenheit und Verstehen gespürt habe? Hatte man ihn vergessen? Hatte er mich vergessen?

Ich sollte wegen Ehebruchs angeklagt werden. Zum Ehebruch gehörten zwei. Nein, bei mir gehörten dazu drei! Wo war der Mann, wo waren die Männer? Wo war der, der mir Liebe entgegenbrachte? Wo der, der mir die Liebe vorenthalten hatte? Vorenthielt nicht nach einem Zerwürfnis, sondern schon immer. Eine Frau war für ihn kein Geschöpf aus Fleisch und Blut, mit Empfindungen und Wünschen. Wo war er, der mich die Liebe nicht lehrte, der aufkommende Gefühle mit Füßen trat? Wo war der Mann – wo die Männer?

Wenn es zu einer Gerichtsverhandlung kommen sollte – die zornigen Männer um mich hatten das offenbar unverzüglich vor –, musste das wohl geklärt werden.

Es kam ganz anders. Wir stürmten nicht zum Tor, wir eilten zur Synagoge. Dort lehrte ein Rabbi, ein Wanderprediger. Ich hatte das unbestimmte Gefühl, dass meine Person auf einmal gar nicht mehr so wichtig war. Ich war nur ein Objekt, das wie ein grässliches Etwas vor diesen heiligen Mann geworfen wurde. Er sollte wohl geprüft werden, wie er es mit dem Gesetz hält. Er schien plötzlich die Hauptperson zu sein, ich eine willkommene Statistin. Alle Blicke waren auf ihn gerichtet. Ich meinte zu spüren, wie sie gierig ihre Ohren aufrissen, als ihre Gerichtsforderung im Raum stand. »Meister, diese Frau ist auf frischer Tat beim Ehebruch ergriffen worden. Mose aber hat uns im Gesetz geboten, solche Frauen zu steinigen. Was sagst du?«

Ja, es war merkwürdig. Unterwegs hatten sie sich alle nach Steinen gebückt für die ihnen sichere und baldige Exekution. Jetzt machten sie den Umweg zur Synagoge und fragten einen fremden Rabbi nach seiner Meinung, wo sie doch als Pharisäer und Schriftgelehrte sehr wohl und genau das Gesetz kannten. Auch ich hatte meine Ohren weit geöffnet und die tränenverschleierten Augen auf den Rabbi gerichtet.

Ein seltsamer Heiliger, da in seinem hellen Gewand. Ein Ruhepol in der aufgewühlten Männerrunde. Er bückte sich und malte mit seinem Finger auf der Erde, so, als ginge ihn das alles nichts an.

Das brachte die Männer noch mehr auf. »Die da ist ein Schandfleck für die Frauen Israels. Sie ist eine läufige Hündin! Besser, sie wäre nie geboren worden!« Die Worte und Satzfetzen trafen mich, als wären es schon die Steine. Ich stand wie gelähmt vor Scham und Angst. Selbst zu Stein geworden. Es gab kein Entrinnen für mich. Diese zornigen Männer waren doch schon lange entschlossen, das Gesetz an mir zu vollstrecken, und dieser fromme Mann da vorn konnte doch gar nicht anders als ihnen zustimmen. Es stand doch so in der Tora geschrieben. Nein, da stand sogar noch mehr: »Beide sollen des Todes sterben, Ehebrecher und Ehebrecherin.« Ob jetzt der Rabbi den Mann holen lassen wird, dass wir gemeinsam sterben?

»Was sagst du, Jesus von Nazareth?« drängten die Pharisäer.

Der Rabbi Jesus richtete sich auf und sprach ruhig und deutlich:

»Wer unter euch ohne Sünde ist, der werfe den ersten Stein auf sie.« Und er bückte sich wieder und schrieb auf die Erde.

Reflexartig schnellte mein linker Arm vor das Gesicht. Ich erwartete den ersten Steinwurf. Sie würden mich gleich hier in der Synagoge töten, so erzürnt und aufgeheizt waren sie.

Doch es kam nichts.

Stille.

Ich blinzelte unter meinem Arm hervor. Da sah ich, wie einer der Pharisäer seinen Stein auf den Boden legte und die Synagoge gebeugten Hauptes verließ. Ein zweiter tat es ihm nach, ein dritter. Alle Männer legten die Steine zu Boden, die Ältesten zuerst. Dann die jüngeren, die dabei einen kleinen Steinhaufen errichteten.

Ein Zittern überkam mich. Ich stand allein inmitten der Synagoge. Gut zwei Meter vor mir hockte der Rabbi auf der Erde und malte immer noch.

Dann richtete er sich auf. »Wo sind sie, Frau? Hat dich niemand verdammt?«

»Niemand, Herr«, stammelte ich.

Er sah mich an, streng und gütig zugleich. »Auch ich verurteile dich nicht. Geh, aber ändere dich.«

Ich wusste nicht, wie mir geschah. Er brach nicht den Stab über mich. Er ließ mich leben, öffnete mir den Weg zu einem neuen Leben.

Geschenktes Leben. Ich war wie benommen. Warum lief ich nicht zu Jesus und dankte ihm? Warum küsste ich ihm nicht die Hand, die Füße?

Wie eine Traumwandlerin ging ich zur Tür. Beinahe gefallen wäre ich über einen der abgelegten Steine, die als Todeswaffe gegen mich hier in die Synagoge getragen wurden. Ich hob ihn auf. Er sollte mich begleiten.

Ich habe ihn noch immer. Er soll mich nicht an diese schmerzvolle und zugleich segensreiche Stunde erinnern. Nein – dazu brauche ich nichts Sichtbares. Das ist tief in mir verankert. Diese Zeit in der Synagoge, diese Begegnung mit Jesus, wurde für mich zur Geburtsstunde eines neuen Lebens.

Aber der Stein hier in meiner Hand soll mich immer wieder mahnen: Sei ja keine Mitläuferin, keine Mörderin in Worten oder Taten! Verurteile nicht, wenn die anderen es tun! Sei und bleibe ein freier Mensch! Lass dich nicht manipulieren! Brich nicht den Stab über einen, wirf nicht den Stein auf eine! Nicht weil es die anderen auch tun und es sich doch gehört, da mitzutun. Sei ein eigenständiger Mensch!

Lass den Stein zu Hause. Du darfst keine Steine werfen! Was hat Jesus gesagt? »Wer ohne Sünde ist, der werfe den ersten Stein.« Wer ist ohne Sünde? Wer ist so vermessen, das von sich zu sagen?

Und – wenn eine Frau, wenn ein Mann, wenn ein Kind in irgendeiner Weise gegen ein Gesetz verstoßen hat, frage nach dem Warum! Frage dich: Hättest du nicht vielleicht auch gegen das Gesetz gelebt, wenn du ähnlich schlechte Lebensverhältnisse oder Voraussetzungen gehabt hättest? Hinterfrage selbst das Gesetz! Sieh, ob es dem Menschen in dieser Situation hilft oder ob ihn seine buchstäblich sofortige Anwendung jetzt zerstört!

Ich weiß, wovon ich spreche. Ich hatte etwas Lebenswichtiges nicht bekommen, mir fehlte viel und ich kam deshalb in Versuchung. Ich machte mich schuldig. Ich sah das. Auch Jesus wusste das. Aber er sah noch mehr. Ich hatte das Gefühl, er kannte all meine seelische und leibliche Not. Seine unerwartete Zuwendung zu mir, der Frau, der Sünderin, dem »Schandfleck der Stadt«, hob mich unversehens in einen Lichtglanz mit wohltuender Wärme: Sein »Sündige nicht mehr!« gab mir die Kraft dazu.

Jesus hat mir die Tür zu einem freien, verantwortlichen Leben der Gottesliebe und ganz neuer Menschenliebe geöffnet. Ein reiches Leben. Mit wachen Augen versuchte ich weiter durch die Tage zu gehen. Dieses froh machende Geschenk Jesu wollte ich mit anderen teilen, etwas weitergeben von dieser Menschenliebe.

Ich spürte Frauen und Kinder auf, denen etwas fehlte, und versuchte, nach meinen Möglichkeiten zu helfen.

109. Die gekrümmte Frau

Lukas 13,10–17

Die schönsten Jahre meines Lebens habe ich vertan: Ich habe mich beuteln lassen, habe mich beschimpfen lassen, war der Lastenträger der Familie. Ich habe gemeint, ich sei zu nichts nütze, sei an erlittener Not immer selber schuld; meinte, die anderen hätten Recht, mich zu meiden. Ich fühlte mich von niemandem angenommen, auch von Gott nicht.

Wie ein geprügelter Hund lief ich herum. Keinem wagte ich ins Auge zu schauen. Den Blick, nein, den ganzen Kopf hielt ich ständig gesenkt. Meine Schulterblätter hoben sich immer mehr hervor. Wie ein Lastenträger schob ich mich die Straßen entlang, wie eine, die einen Jochbogen trug und nun darauf achtete, bei niemandem anzustoßen.

Dabei ließ sich mein Leben ganz normal an. Natürlich war Vater enttäuscht, dass ich nur ein Mädchen war. Er wollte einen Sohn. Er ließ das meine Mutter und später auch mich spüren. Ein Mädchen war nicht nur zweitrangig. Sie war ein Nichts, man konnte sie fast vergessen.

Doch in meiner Kindheit konnte ich mich noch freuen: Ich hatte Schwestern, ich hatte Freundinnen. Wir wohnten in einem fruchtbaren Tal. Wir konnten im Freien herumtollen. Es gab eine Vielfalt an Blumen und Kräutern, und ich genoss das Zirpen der Grillen und das Säuseln des Windes in den alten Weiden am Bach.

Jäh wurde ich aus alledem herausgerissen: Ich wurde so gut wie verkauft, wurde, ohne gefragt zu werden, die Frau eines harten, viel älteren Mannes. Er benutzte mich. Es tat weh. Er gebrauchte mich als Wasserträgerin. Doch für den Weg zum Brunnen brauchte ich ihm viel zu lange. Er brauchte mich als seine Fladenbäckerin - die Fladen waren ihm stets zu hart; als Suppenköchin - die Suppe schmeckte ihm stets zu fad; als Bohnenlegerin auf dem Feld - das Ungeziefer, das die Keimlinge abfraß, hatte ich in seinen Augen gleich mit in die Erde gelegt; als seine Sandalenflickerin - die Nähte waren nie fein genug. Sie drückten.

Was konnte ich eigentlich? Nichts! Mein Mann hielt mir das ständig vor. In seinem Jähzorn schlug er mich. Ja, ich war ein Nichts. War da zum Arbeiten, zum Buckel hinhalten. Und ich bekam einen sichtbaren Buckel. Er wurde immer kräftiger, meine Gestalt gebeugter, der Gang schlurfender. Alles war eine Last.

Eine Nachbarin sagte zu mir: »Du nimmst alles zu schwer.« Doch ich konnte nicht anders. So entgegnete ich kein Wort. Sie ließ mich stehen. Sprach nie mehr mit mir. Und ich selbst ließ mich immer tiefer fallen. Die Abende verbrachte ich allein in meiner Kammer. Manchmal dachte ich daran, mir das Leben zu nehmen. Doch dann konnte ich es nicht.

Ich hielt Abstand von den Leuten und meinte trotzdem, ihr Gespött und Geraune über mich zu hören. Keiner mochte mich. Ich mich auch nicht. Und am wenigsten mein Mann. Ich war das Lasttier seiner Launen. Achtzehn Jahre ging das schon so. Ich wurde von Jahr zu Jahr krummer, konnte mich immer weniger aufrichten, konnte kaum noch atmen. Die Angst drückte und krümmte mich. Dazu wurde mir täglich Neues aufgebürdet: Es gab keine Kraft mehr in mir, etwas abzuschütteln. Und bei alledem meinte ich zu wissen, dass es meine Schuld sei. Als ich hörte, dass mein Mann in der Stadt verbreitete, ich sei von Dämonen besessen, war ich ihm noch dankbar, dass er mir nicht den Scheidebrief gab.

Von bösen Geistern wird sie beherrscht – das war es also! Kein Wunder, dass Gott sie so strafte!

Gott. Ich wollte nicht mit ihm hadern. Mir hätte auch die Kraft dazu gefehlt. Hingebungsvoll alles duldsam tragen war der Stoff, aus dem ich geschneidert war.

Gott – ich wäre ihm gern nahe gekommen. Ich versuchte es am Sabbat mit dem Gang zur Synagoge. Mühevoll streifte ich meine Feiertagskleider über. Den Stock nahm ich zu Hilfe für den Weg, denn jeder Schritt schmerzte. Aber eine Besessene im Hause Gottes? Sie ließen es zu, und eines Sabbats ist es dann passiert.

Mühsam hatte ich mich an meinen Stammplatz geschleppt, einen kleinen Mauervorsprung im südlichen Teil der Synagoge. Meinen Stock und meinen Buckel lehnte ich an die Wand. Es strengte mich alles sehr an. Aber es war mir wichtig, die Lesungen zu hören. Sehen konnte ich weder die heilige Torarolle, noch den daraus vorlesenden Schriftgelehrten oder Rabbi. Meine Augen sahen das, was sie jeden Sabbat hier sahen: Mein Blick fiel wie immer auf den Boden, der mit zerschlissenen Gebetsteppichen bedeckt war.

»Lass mich deinen Weg wissen, damit ich dich erkenne und Gnade vor deinen Augen finde«, hörte ich den Schriftgelehrten lesen. Ich seufzte. Gnade!

Meine Augen wurden von einem kunstvoll aufgenähten Flicken auf einem der abgewetzten Teppiche gehalten. Das war neu. Neu, mir jedenfalls unbekannt, war auch die Stimme des nun lesenden Rabbi. Es musste wohl ein im Ort weilender Wanderprediger sein. Er las aus einem Brief des Propheten Jeremia. Mit Vollmacht sprach er die Worte: »Ich weiß wohl, was ich für Gedanken über euch habe, spricht der Herr: Gedanken des Friedens und nicht zum

Unheil, um euch Zukunft und Hoffnung zu gewähren.« Wie gern hätte ich die Augen gehoben, um diesen Rabbi zu sehen. Mein Halswirbel, mein ganzes Rückgrat ließ jedoch eine solche Anstrengung nicht mehr zu. Ein unterdrücktes Schluchzen machte sich frei, kam tief aus meiner Kehle.

Auf einmal hörte ich: »Frau, komm zu mir.«

Ich fühlte mich nicht gemeint. »He, du da, beeil dich! Los, komm Alte!« oder »Verschwinde, Hexe!« wären Aufforderungen gewesen, die ich eher auf mich bezogen hätte.

Ich weiß nicht, wie ich zu dem Rabbi gekommen bin. Man hat mich wohl halb gestoßen, halb geführt. »Du bist gemeint«, hörte ich verschwommen. Der Rabbi legte behutsam und doch mit einem spürbaren Druck seine Hände auf mich und sprach: »Frau, sei frei von deiner Krankheit!«

Etwas Unbekanntes, Ungeahntes geschah in mir. Meine Worte können nur stümperhaft das wiedergeben, was mir geschah. Es war, als wenn alles in mir in Balsam und Öl gebadet würde. Einer hat mich gesehen, meine Last erkannt, hat sich mir wirklich zugewandt! Hat mich berührt, ohne etwas von mir zu fordern. Ich war ein Mensch, eine Frau, die leben sollte! Ich sollte befreit werden von der Krankheit, der Last, die mein Leben zerstörte. Geheilt, gesund, frei sollte ich sein!

Ich fühlte mich auf einmal so leicht, so schwerelos. Wer hatte die unerträglichen Lasten von mir genommen? Engel – Boten Gottes? Gott? Dieser fremde Rabbi?

Ich kannte mich selbst nicht mehr. Ich, die kaum noch einen zusammenhängenden Satz sagte, stand mit aufrechtem Rücken mitten in der Synagoge und lobte und pries Gott mit einem Schwall von halb gesungenen Worten.

Das wurde dem Synagogenvorsteher zu viel. Ärgerlich rief er in die Gemeinde:

»Es sind sechs Tage, an denen man arbeiten soll; an denen kommt und lasst euch heilen, aber nicht am Sabbattag!« Der Rabbi antwortete sofort, aber mit ganz veränderter Stimme. Er nannte sie Heuchler. Sie würden ja am Sabbat auch Ochs und Esel zur Tränke führen.

Aber nicht mit den Tieren wollte mich dieser Mann gleichsetzen. Nein, er hob mich hoch empor: Er nannte mich vor allen »Abrahams Tochter«, die nach achtzehn Jahren Krankheit am Sabbat von dieser Fessel los sein sollte.

Abrahams Tochter! Mir schossen die Tränen in die Augen. Abrahams Tochter! Eine Frau mit Zukunft, eine Frau mit Verheißung! Abraham hatte auch Töchter! Hört, ihr Männer! Es gibt nicht nur Söhne, es gibt auch Töchter. Dieser Rabbi Jesus sieht auch Frauen, sieht Not und Last, in die sie verstrickt werden, die ihnen dazu noch aufgebürdet werden. Dieser Jesus sieht das. Er wendet sich einer Gekrümmten zu. Er hat den Arm um sie gelegt. Er hat ihr alles von der Schulter genommen, was sie niederdrückte, was sie verkrümmt und verzagt gemacht hat. Er richtet auf. Er gibt Hoffnung. Er schenkt einen Blick für das wirkliche Leben.

Ich war nicht die Einzige, die sich freute. Gewiss, ich war am meisten betroffen, war existentiell betroffen. Mein Leben veränderte sich von Stund an. Ich schlüpfte in eine neue Haut. Aber auch die kleine Synagogengemeinde war aufgewühlt vor Freude über diese Heilung. Sie kamen auf mich zu, sie fragten nach mir, sie luden mich ein, sie drückten mir die Hand. Licht, Sonne, Sonne überall! Ich blinzelte ihr entgegen, als ich aus der Synagogentür trat. Ohne Stock. Ich hatte ihn am Mauervorsprung stehen lassen, vergessen. Ich brauchte nicht mehr seine Stütze.

Was hatte ich gesagt? Die achtzehn schönsten Jahre eines Menschenlebens vertan!

Für mich kamen jetzt schöne Jahre, wunderschöne Jahre, die schönsten Jahre meines Lebens. Gewiss, es gab auch Lasten zu tragen. Aber sie drückten mich nicht mehr zu Boden. Seit ich Jesus begegnet war, konnte ich mit ihm vor Gott und den Menschen gerade stehen. Frei konnte ich durchatmen. Frei konnte ich jetzt entscheiden, was zu tun war. Frei in Ausrichtung an den Geboten Gottes. Denen wollte ich getreu bleiben. Gott hatte mich befreit. Gott weiß, was gut ist für den Menschen. Gott hat den Menschen die Gebote als Richtschnur für ihr Leben gegeben, damit sie und die neben ihnen in Freiheit leben können.

Ich wurde achtzehn Jahre lang stückweise getötet. Ich wäre zugrunde gegangen, wenn mich Jesus nicht aufgerichtet, mich heil gemacht hätte.

Ich bekam einen besonderen Blick für Menschen mit Lasten und Nöten. Mit ein bisschen Fantasie versuchte ich zu helfen, fremde Schultern zu entlasten. Kraft für mich, Kraft für andere – es war und ist ein Wunder.

— 110. Eine der Mütter (Segnung der Kinder) —

Markus 10,13–16

Wir hatten von Jesus gehört.

Wir hatten von Menschen gehört, die Jesus begegnet sind. Menschen, deren Leben durch diese Begegnung mit Jesus eine positive Veränderung erfahren hatte.

Da war ein Blinder, der konnte wieder sehen. Da war einer, der sehr krank war. Er hatte diese schreckliche Hautkrankheit. »Aussatz, Aussatz« musste er immer rufen, wenn Menschen ihm zu nahe kamen. Weit draußen vor den Toren der Stadt musste er leben. An einen bestimmten Ort legten ihm seine Angehörigen Brot, Früchte und gekochte Mahlzeiten. Er durfte jedoch keinen körperlichen Kontakt mit ihnen aufnehmen. Wegen der großen Ansteckungsgefahr durfte er sich nur in Rufweite nähern. Eine schreckliche Krankheit, die meist langsam, aber sicher zu einem qualvollen Tod führte. Jesus hatte ihn gesund gemacht, ihn geheilt. Dieser Mann war des Lobes voll von Jesus. Nicht nur, weil er ihn von dieser bösen Krankheit befreit hatte. Er hat ihn später oft predigen hören. Er glaubte an ihn und seine Botschaft. Er richtete sein Leben nach ihm aus. Er war ein fröhlicher und sehr hilfsbereiter Mensch geworden.

Da kannte ich einen Zöllner, vor dem mir immer graute. Gern versteckte ich Feigen und Wein unter meinem Gewand, weil er so viel Zoll für alles verlangte. Doch seitdem er Jesus begegnet ist,

Jesus mit ihm gesprochen hat, Jesus mit ihm in seinem Haus gegessen hat, ist er ein ganz anderer. Freundlich, hilfsbereit und seine Zollforderungen scheinen mir jetzt korrekt. Ich bin es deshalb auch und verstecke vor ihm nichts mehr, lege ihm alles offen vor.

Drei Menschen kenne ich, die durch diese Begegnung mit Jesus sich zum Guten veränderten. Der Segen Gottes soll auf ihnen liegen. War es nicht ganz verständlich, dass meine Freundinnen und ich unsere Kinder von diesem Jesus segnen lassen wollten? Wir wollten doch nur das Beste für unsere Kinder!

Aber unsere Wünsche passten wohl nicht in den Plan der Jünger, die mit Jesus zogen. Stellten sie ihm einen Dienstplan auf? War unser Tun protokollwidrig?

Die Jünger fuhren uns an: Wir sollten den Meister nicht belästigen. Er hätte jetzt Wichtigeres zu tun.

Das hörte Jesus.

Gott sei Dank war er nicht ein Mensch von ordnungheischender Gesetzlichkeit und einer Tagesordnung, die keinen Raum ließ für mitmenschlich freundliche Zuwendung. Er reagierte so, wie wir in guten Stunden auch reagieren, wenn unsere munteren Kinder den Tagesplan durcheinanderbringen. Jesus verstand unsere Wünsche.

Unwillig war er über das eigenmächtige Tun der Jünger, die uns gar nicht in Jesu Nähe kommen lassen wollten. Fast ein bisschen streng fuhr er sie an: »Lasst doch die Kinder zu mir kommen; wehrt ihnen nicht! Ihnen gehört ja das Reich Gottes!« Die Jünger traten verdutzt zur Seite, und wir scharten uns sofort um Jesus. Meinen kleinen Jonathan, den ich trug, nahm er auf seinen Arm und drückte ihn liebevoll. Mit den größeren Kindern unterhielt er sich. Die Kleineren, die sich zu ihm hindrängelten, und die Babys auf unseren Armen streichelte er oder küsste sie. Nachdem er mir Jonathan behutsam wieder zurückgegeben hatte, segnete er alle Kinder. Er legte ihnen dabei seine Hände auf den Kopf und sprach verschiedene Segenswünsche. Auch über uns als ganze Gruppe, über Mütter und Kinder, sprach er seinen Segen. Ganz feierlich wurde uns zumute.

An diese große Stunde denken wir oft zurück und erzählen's

immer wieder unseren Kindern. Wir wissen uns von Gott gesegnet durch den großen Rabbi Jesus. Später erfuhren wir, wem wir da begegnet sind. Gesegnet vom Höchsten - wer soll das begreifen!

111. Johanna, die Frau des Chuza

Lukas 8,1-3

Ja, ich gehörte dazu. Ich war und bin eine Jüngerin Jesu, eine von vielen. Dass mein Name im Buch der Bücher steht, wo doch so viele andere Frauen nicht genannt werden, ist mir peinlich. Es liegt nicht daran, dass ich mehr getan, mich mehr eingesetzt hätte für Jesus, für unsere Gemeinde als andere. Nein, es lag wohl daran, dass mein Mann Beamter bei König Herodes Antipas war.

Es war wie heute. Setzt sich die Frau des Stadtkämmerers für Obdachlose oder Schularbeitenhilfe ein, steht das sofort in der Zeitung. Zehn andere taten das bereits auch seit Jahren in dieser oder ähnlicher sozialer Arbeit. Nichts davon kommt in die Öffentlichkeit. Sie sind Witwen, Hausfrauen, Frauen von Angestellten, Alleinstehende - die haben wohl Zeit. Das ist nichts Besonderes!

So ähnlich mag es wohl gekommen sein, dass mein Name aufgeschrieben wurde. Ja, ich war die Frau des königlichen Finanzministers Chuza. Chuza hatte die Besitzungen von König Herodes Antipas in Galiläa und einem Gebiet im Ostjordanland zu verwalten. Er musste darauf achten, dass sie genügend Gewinn abwarfen. Oft gab es Ärger mit den Pächtern. Auch Klagen der Tagelöhner musste er sich anhören, wenn er die Güter besuchte, um nach dem Rechten zu sehen.

Chuza liebte mich. Er nahm mich auf diese Reisen ins Land gern mit. Ich genoss das. Ich bin auf dem Land aufgewachsen, fühle mich dort wohl, bin mehr ein Landkind. Das laute, hektische Leben in Tiberias mochte ich nicht sonderlich. Ich sagte das nicht laut. Es wäre auch undankbar gewesen. Zudem glaubte man in Tiberias, als Frau des königlichen Verwalters hätte ich den Himmel auf Erden.

Nun, der Himmel sah in meinen Träumen und Vorstellungen anders aus: Begriffe wie Offenheit, Freundlichkeit, Gleichheit, Ehrlichkeit, Geborgenheit kamen mir in den Sinn, wenn ich an den Himmel dachte. Die vermisste ich jedoch in Tiberias.

Das lag nicht an meinem Mann. Chuza war freundlich und liebevoll zu mir. Ich konnte mir keinen besseren Mann wünschen. Chuza war wirklich ein Glücksfall für mich.

Die Missstände am Hof verursachte der König selbst. Er war ein Sohn des berühmten und gehassten Königs Herodes des Großen. Zusammen mit seinen Brüdern war er in Rom erzogen worden. Nach dem Tode des Vaters wurde das Reich unter die drei Brüder verteilt. Der römische Kaiser Augustus hatte das wohl mit Herodes so abgesprochen.

Ich war noch ein Kind, als ich hörte, dass es auch für den König Herodes Antipas nichts Wichtigeres gab als ein gutes Verhältnis zum Kaiser in Rom. Wie sein Vater! Menschen in unserem Dorf fanden das empörend. Die Römer waren und blieben doch unsere Feinde! Schon seit Jahrzehnten waren sie im Land und pressten Steuern heraus.

Es war eine eigenartige Zeit. Wir – das Volk – hassten die Römer, die unsere Ausbeuter und dazu noch Heiden waren. Und doch zog je länger je mehr »Römisches« bei uns ein: Immer mehr Städte und Gebäude erhielten römische Namen. Das lag an unseren Königen, die den Römern schmeichelten, um ihre eigene Stellung zu festigen. Die Hafenstadt Cäsarea war als heidnische Stadt errichtet worden. Der das Stadtbild prägende imposante Augustustempel wurde zu einem bedeutenden Zentrum des römischen Kaiserkults. In Jerusalem hatte schon Herodes der Große Theater nach römischer Weise gebaut. Zwar hatte er auch, um die Juden wieder für sich zu gewinnen, den Tempel in verschwenderischer Pracht erneuern und erweitern lassen. Doch das half wenig, die Gunst des Volkes zu erringen. Die Menschen hassten ihn, seine Römerfreundlichkeit, seine Hartherzigkeit und Grausamkeit gegenüber seinen eigenen Volksgenossen, sogar gegenüber seinen Familienangehörigen.

Während ich die Geschichten um Herodes den Großen nur vom Hörensagen kennen lernte, musste ich mit den Unzulänglichkeiten eines seiner Nachfolger hautnah leben. Die meinem Heimatort nahe gelegene, zerstörte Grenzfestung baute Herodes Antipas wieder auf und gab ihr den Namen Livias, so hieß die Frau von Kaiser Augustus. Die Männer schimpften. Was sollte dieser Römername hier in unserem Gebiet? Die Empörung stieg, als nach dem Tode des Kaisers die Festung den Namen der neuen Kaiserin erhielt: Julias.

Aber es ging noch weiter mit dem Buhlen um die Gunst Roms. Am westlichen Ufer des Sees Genezareth gründete er eine Stadt, die er Tiberias nannte, zu Ehren des Nachfolgers von Kaiser Augustus. Ich spürte die Unruhe unter der Bevölkerung. Beim Aushub für die Fundamente der Gebäude mussten zudem die Bauarbeiter auch alte Gräber verletzen, die noch aus der Zeit der Landnahme unserer Vorfahren stammen sollten.

Kaiser Tiberius in Rom war weit weg, aber sein Name war durch den Bau dieser Stadt in unserem Leben präsent. Unsere jüdischen Männer waren voll Zorn. Die römischen Soldaten freuten sich und nannten sogar unser schönes Meer, den See Genezareth, jetzt See Tiberias.

In dieser Stadt, in die ein frommer Jude nicht ohne Not hineinging, lebte ich als junge Ehefrau. Ich führte hier ein Leben in Luxus. Eine nie geahnte Pracht tat sich mir auf. Chuza und ich bewohnten ein geräumiges Haus im Bezirk der Residenz. Zwei Mägde halfen mir in Haus und Küche. Ein Gärtner hielt die schöne Grünanlage um unser Haus in Ordnung. Ich hüllte mich in kostbare Kleider, pflegte mich mit duftenden Salben und Ölen. An drei Vormittagen in der Woche war ich als Hofdame bei der Fürstin Saudet, der Gemahlin von Herodes Antipas. Sie war eine Tochter des arabischen Fürsten aus Petra, weit aus dem Süden. Sie erzählte oft begeistert von der Handelsmetropole Petra, noch südlich vom Toten Meer gelegen. Dort gab es viele Tempel, einige Theater und Triumphbögen, die die siegreichen Feldzüge dokumentierten. Die Hauptstraße, die von Osten in die Stadt führte, lief durch eine tiefe Schlucht. Sie war in einer Länge von eineinhalb Kilometer in einer durchschnittlichen Breite von sechs Metern gepflastert. Es sei ein prickelndes, großes Gefühl, im Wagen durch diese Straßen zu rollen. Das Getrappel der Pferde echote durch die Schlucht und war für die Prinzessin Musik. Durch die Stadt führten Wasserleitungen, und die Fremden konnten sich an den Marktplätzen und Karawansereien mühelos mit Wasservorräten eindecken.

Schön war es, wenn die Fürstin erzählte. Ich hörte viel. Und lernte viel. Ich wusste bald die richtigen Duftsalben für die verschiedenen Anlässe herauszusuchen, die Haarpomade bereitzustellen und Spangen und Clips in das kunstvoll hergerichtete Haar an die richtigen Stellen einzuklemmen. Ich lernte auch die römische und griechische Götterwelt kennen und Ängste vor Strafen und vor Dämonen.

Oh, war das alles verworren und beängstigend! Was würde der Gott meiner Väter und Mütter sagen, dass ich mich nicht hier laut zu ihm bekannte, dass ich nur stille Zuhörerin war, dass ich nicht für ihn eintrat? Einmal wagte ich es zu sagen, dass die Juden es viel einfacher hätten mit ihrem einen Gott, und dass der sehr mächtig sei. Doch bald musste ich verstummen. Sie lachten mich aus. Sie hielten mir vor, dass die Götter der Römer doch wohl mächtiger seien. Sie wären sonst nicht die Herren hier in Galiläa, in ganz Palästina und in vielen, vielen Ländern rund um das Meer.

Ich erlebte viel. Chuza und mir gehörte viel, mehr als wir brauchten. Alles war da. Doch es erfüllte mich nicht. Vieles war schal oder sehr fragwürdig.

Meine Familie kam nie zu Besuch. Wenn ich in das Heimatdorf kam, spürte ich die Zerrissenheit, mit der sie an mich dachten. Ich lebte in Wohlstand und Reichtum, wie sie es nie für mich zu erhoffen gewagt hatten. Auf der anderen Seite fürchteten sie um mein Seelenheil. Und damit hatten sie wohl Recht. Ich beobachtete, wie in unserer aus dem Boden gestampften, in hellenistischem Stil errichteten Stadt die religiösen und kulturellen Traditionen überfremdet wurden. Das nationale und religiöse Selbstbewusstsein meines Volkes verlor sich in den Mauern von Tiberias.

Wie in allen Weltstädten hatten sich griechische Kultur und griechisches Denken breit gemacht. Das galt als modern. Dazu hatte Herodes Antipas viele römische Bräuche und Spiele eingeführt. Sie mochten zum Teil ganz interessant oder amüsant sein, gaben Kurzweil für die, die es brauchten. Zum Teil waren sie aber auch überaus pervers. Es waren leidenschaftliche Orgien voller Maßlosigkeit mit willigen römischen Frauen, erschrockenen Sklavinnen und lüsternen, weinseligen dicken Männern.

So wie Herodes Antipas dem Kaiser in Rom schmeichelte und ihn umbuhlte, so taten es auch die meisten Beamten mit Herodes. Es war beschämend, wie klein sie sich machten. Sie buckelten nach oben und traten nach unten. Dazu gab es eine Menge Hofintrigen. Günstlinge sollten ausgeschaltet werden, man selber wollte hoch aufsteigen. Denunziationen, Rufmord und Bespitzelungen gehörten zur Tagesordnung. Mich machte diese Art zu leben richtig krank. Ich wurde schwermütig in dieser Stadt mit ihrem Treiben.

Ich freute mich, wenn ich mit meinem Mann dem allen entgehen konnte, wenn er mich auf die Reisen zu den Landgütern mitnahm.

Was mich auch erschreckte und verunsicherte, war das sittenlose Leben von Herodes Antipas selbst. Mein Mann erzählte mir, dass er dies aus Rom mitgebracht habe. Die Römer seien eben Heiden. Ein römischer Kaiser werde wie ein Gott angebetet. Er kann wie ein Despot herrschen und sich alle Wünsche erfüllen. Er kann sich nehmen, was er will, wenn das auch zehnmal einem anderen gehört.

Nun, nehmen was er will, worauf er Lust hat, das tat wohl auch Herodes. Von einem Besuch bei seinem Bruder brachte er dessen Frau Herodias mit, samt deren Tochter Salome. Seine Frau Saudet wies er aus dem Palast. In Hektik konnten wir Hofdamen nur das Nötigste für unsere Herrin zusammenpacken. Die verstoßene Fürstin saß wie gelähmt in ihrem Stuhl. Auf einem Palastwagen, voll bepackt mit einem Teil ihrer Kleider und persönlichen Utensilien wurde sie von niederen Beamten zu ihrem Vater nach Petra zurückgeschickt.

Das Leben bei Hofe ging weiter mit einer anderen Herrin, einer gestohlenen Ehefrau. Die Beamten und die Hofdamen dienten der neuen Fürstin. Gefühlsausbrüche oder gar entrüstete Kritik über das Vorgehen des Fürsten waren nicht angebracht: Herodias hatte Luchsaugen. Sie verfolgte genau, wer ihr vorbehaltlos diente. Sie spürte Voreingenommenheit und unausgesprochene Kritik. Sie degradierte schnell die Betreffenden oder entließ sie. Herodias war herrschsüchtig, besessen von Machtgelüsten und Prachtdemonstrationen. Alles und alle mussten ihren Interessen dienen. Herodes war ihr verfallen, sexuell und geistig. Er ließ sich von ihr einspannen, sich gängeln. Nach ihren Wünschen oder Vorstellungen musste alles geschehen. Das junge Mädchen Salome, ihre Tochter, wurde geradezu dressiert für Tanz und Musik. Sie hatte keinen anderen Kontakt als ihre beiden römischen Lehrer und ihre sie beherrschende und prägende Mutter. Die Zustände am Hofe bedrückten mich immer stärker. Ich wurde depressiv. Die Fürstin konnte mich nicht mehr gebrauchen. Mir war es mehr als recht.

Chuza war um meinen gesundheitlichen Zustand besorgt. Meine Fröhlichkeit, die er so geliebt hatte, war dahin. Düstere Gedanken über unser jetziges Leben und die Zukunft beschäftigten mich. Sie griffen wie dunkle Vögel nach mir, bedrängten mich, ängstigten mich. Nachts wurde ich von grässlichen Alpträumen geplagt.

Meine mich pflegenden Mägde erzählten mir von Warnrufen wider die gotteslästerliche Lebensführung des Fürsten Herodes. Der Prophet und Täufer Johannes würde das besonders unerschrocken tun. Er verkündete laut Gottes Strafgericht über den doppelten Ehebruch des Herodes: Er nahm seinem Bruder die Frau weg und verstieß seine eigene. Herodias drängte ihren Mann, gegen diesen Johannes vorzugehen. Sie wollte ihn töten lassen. Aber das ließ ihr Mann doch nicht zu. Herodes wusste, dass Johannes ein frommer und heiliger Mann war. So ließ er ihn schließlich, auf das fortwährende beschwörende Reden seiner Frau hin, ins Gefängnis setzen.

Aber auch mit seinem Schwiegervater, dem Vater seiner verstoßenen Gemahlin, hatte Herodes jetzt Probleme. Er rüstete zu einem militärischen Angriff und brachte über das südliche Grenzgebiet Angst und Schrecken.

Eines Nachts kam mein ruhiger und mich stets fürsorglich besänftigender Mann völlig aufgelöst nach Hause. Er war auf der Geburtstagsfeier von Herodes gewesen, wohin ich ihn wegen meiner Depressionen nicht begleitet hatte. Zum Glück, ich hätte kaum überstanden, was er mir entsetzt und aufgewühlt erzählte! Das kleine dressierte Mädchen, die arme Salome, tanzte. Ein Geschenk für ihren Stiefvater. Sie tanzte bezaubernd, diese anmutige, etwas scheue Jungmädchengestalt. Alle waren begeistert; alle die Obersten und Vornehmen Galiläas, die als Gäste Herodes' im großen Residenzsaal zusammensaßen. Herodes war stolz und gerührt über dieses unerwartete Geschenk, über den Tanz der Salome. Spontan wollte er ihr mit einem Gegengeschenk danken. Er rief: »Mädchen, was du von mir bittest, will ich dir geben, bis zur Hälfte meines Königreichs.« Ein ungeheuer großzügiger Ausspruch. Nur die Laune des Augenblicks oder das Wissen um ihre anspruchslose, bescheidene Art konnte dieses Versprechen über die Lippen gehen lassen. Vielleicht auch der Alkohol?

Salome war überrascht. Sie wusste nicht, was sie sagen sollte. Mehr Freiheit und Eigenständigkeit zu wünschen, dafür war sie noch nicht alt und reif genug. Dafür hatte sie noch nicht gelernt, selbständig zu denken. Nach einer kurzen Verschnaufpause draußen vor der Saaltür kam sie mit ihrer Mutter, ihrer Dressurmeisterin, zurück. Wie eine aufgezogene Marionettenpuppe eilte sie zum König und bat blass und etwas stockend: »Ich will, dass du mir gibst, jetzt gleich auf einer Schale, das Haupt Johannes des Täufers.«

Herodes wirkte sehr erschrocken. Doch er konnte sein Versprechen nicht zurücknehmen, hier vor den Ohren all seiner Oberen. Er hätte sein Gesicht verloren, so muss er wohl gemeint haben. Die Größe hatte er nicht, mit einem energischen Nein dem bösen Treiben ein Ende zu machen. Dass dies ein bewusst eingefädeltes Spiel seiner Frau war, um endlich ihren verhassten Feind loszuwerden, muss er doch gemerkt haben.

Der Henker wurde ins Gefängnis geschickt. Zurück kam er mit einer silbernen Schale, auf der der abgeschlagene Kopf von Johannes dem Täufer lag. Das Blut schwappte über den Rand, als er die Schüssel Salome reichte. Salome gab sie sofort – als ob sie sich die Finger dabei verbrannte – an die Mutter weiter. Was danach geschah, konnte Chuza nicht sagen. Ihm war übel geworden. Er hatte fluchtartig den Saal verlassen. Ich hörte verschreckt und weinend zu. Von Stund an ging es mir sehr schlecht.

Chuza und die Mägde versuchten rührend, mich abzulenken: Sie erzählten von der Pfirsichblüte, dem Duft von Lavendel und Rosmarin auf den Feldern. Auch von einem Galiläer erzählten sie, einem Rabbi, zu dem viele Menschen strömten. Er sei ein wundersamer Mann. Er könne nicht nur gut predigen über Gottes kommendes Reich, über Frieden und Liebe; er habe auch die Gabe, Menschen gesund und froh zu machen. Er mache sich nichts draus, mit Leuten zu reden, zu essen und fröhlich zu feiern, die für andere schon so gut wie gestorben seien. Er gehe sogar mit Männern, aber auch Frauen um, die von der jüdischen Gemeinde ausgeschlossen seien. Er spreche oder rühre sie an, befreie sie aus ihrer Isolation, und viele von ihnen würden ihm auf den Wegen und Straßen durch Galiläa dankbar folgen. Manche glaubten, er sei Johannes der Täufer, der von den Toten auferstanden sei. Aber seine Gefolgsleute nennen ihn Jesus. Er soll aus Nazareth stammen.

Auch Herodes hörte all dies und wollte ihn sehen. Doch Jesus war nicht einer, der dem Fürst seine Aufwartung machte. Er schien keiner zu sein, der mit den Großen paktierte, um Freiheiten für sich zu gewinnen. Andererseits nehme er sich viele Freiheiten heraus, die andere empörten. Am heiligen Sabbat etwa, wo jeder von seiner Arbeit ruht, habe er Menschen geheilt. Die Pharisäer und Schriftgelehrten seien empört und aufgeregt. Etwa nur wegen des Feiertagsgesetzes oder aber wegen der Überlegenheit dieses Galiläers?

Jesus tat das Gegenteil von Schöntun gegenüber dem Fürsten. »Hütet euch vor Herodes, er ist wie ein Fuchs!« soll er seinen Anhängern geraten haben.

In mir reifte der Wunsch, diesen Jesus zu sehen. Mit Wissen meines Mannes und in Begleitung einer meiner Mägde zog ich nordwärts, am Ufer entlang, wo der Mann seit Tagen am See predigte. Wir stießen auf eine Menschenansammlung. Wir mischten uns in die Menge. »Niemand kann zwei Herren dienen«, hörte ich ihn sagen. »Entweder er wird den einen hassen und den andern lieben, oder er wird an dem einen hängen und den andern verachten. Ihr könnt nicht Gott dienen und dem Mammon.« War das nicht meine Situation? Genoss ich nicht den Reichtum? Und war dieser Wohlstand nicht abhängig vom Dienst an einem zweifelhaften, gottfernen Menschen? »Ihr könnt nicht Gott dienen und dem Mammon!« Dieser Zwiespalt war es ja, den ich nicht verkraften konnte, der mich schwach und krank machte.

Ich drängte weiter in die Menge; ich wollte diesen Galiläer von nahem sehen. Jesus muss meinen hungrigen Blick gespürt haben. Mit seinen entgegengestreckten Armen bahnte er mir noch einen Weg für die letzten Meter zu sich heran. »Johanna, sei frei von deinen düsteren Gedanken. Sei wieder fröhlich! Freue dich an Gottes schöner Schöpfung, die er dir und uns allen bereitet hat. Sieh die Lilien auf dem Feld an, wie sie wachsen und ohne Sorge schön gekleidet sind. Sieh die Vögel unter dem Himmel an: Sie säen nicht, sie ernten nicht, sie sammeln nicht in die Scheunen; und der himmlische Vater ernährt sie doch. Bist du, Johanna, nicht viel mehr als sie?«

Wärme durchströmte mich. Licht drang in mein verdüstertes Hirn. Was war ich doch für ein ängstliches, kleingläubiges Wesen! War ich nicht in Gottes Hand? Es war doch wohl Gottes allmächtiges Tun, dass Chuza mein Mann war, dass wir in der Fürstenresidenz lebten?

Dieser Jesus packte mich mit seinen Worten. Ich konnte meine Gedanken jetzt auf Positives ausrichten. Meine Magd und ich folgten Jesus und seinen Anhängern, die den See entlangzogen.

Ich hatte genug Geld im Beutel, genug für uns und genug zum Abgeben. Ich beobachtete, wie viele das teilten, was sie bei sich hatten. Mir tat sich beim Hören und Sehen auf Jesus eine gänzlich andere Lebensweise und ein ungeheurer Gedankenreichtum auf. Beim Erleben seiner freundlichen Zuwendung zum einzelnen

Menschen und seiner Fürsorge für alle musste man sich einfach selbst verändern. Sein Vorbild verändert das Verhalten der Menschen zueinander.

Viele Geschichten, die Jesus erzählte, erforderten ein sorgfältiges Durchdenken. Sie erschlossen dann eine ganz andere Lebensqualität. Wie war das doch mit dem Gleichnis von den anvertrauten Gaben? Der, der wenig bekommen hatte und das ängstlich vergrub, wurde vom Herrn gescholten und ihm das ängstlich Gehütete abgenommen. Habe ich nicht viel in meinem Leben bekommen? Sollte ich nicht damit wuchern, wie der im Gleichnis so reich Bedachte? Ja, ich muss damit wuchern! Es ist Gottes Wille, dass ich damit arbeite.

Jesus hat mir das nicht gesagt. Es gehört zu Jesu Geschichten, dass seine Zuhörer dort am See Genezareth und heute in den Häusern rund um die Erde die verschlüsselte Botschaft erkennen und umsetzen.

Ich zog weiter mit Jesus und seinem Gefolge. Wir waren eine seltsame Schar. Ganz unüblich wanderten viele Frauen zwischen den Männern mit. Aber unser Meister war ja auch etwas Besonderes. Sein Verhalten, seine hohe Weisheit, solch wirksame Rede fand man nicht bei einem anderen Rabbi!

Ich wurde ein anderer Mensch. Die Last und Sorgen der letzten Jahre in Tiberias waren vertrieben. Ich blühte auf. Die Worte Jesu wurden mir zum »Brot des Lebens«. Ab und an ging ich mit meiner Magd zurück nach Tiberias. Chuza sah die positive Veränderung in mir und an mir. Er liebte mich und freute sich an meiner Genesung. Ohne lange Debatte ließ er mich wieder zurückgehen zu Jesus. Auf einer seiner Reisen lernte er auch selbst Jesus kennen. Wir hörten eine seiner Predigten gemeinsam und führten darüber ein langes Gespräch. Des Öfteren trafen wir uns danach auch außerhalb von Tiberias mit Gleichgesinnten. Chuza bat mich, ihm weiter vom Wirken Jesu zu erzählen. Er brachte mir immer genügend Geld mit für mich und die Freunde. Er sah, dass das Leben in der Nähe Jesu für mich lebenswichtig wurde. Das war besser als eine Kur. Die Heilbäder in Tiberias hätten nicht vollbracht, was der Umgang mit Jesus und seiner Schar bei mir bewirkte. Jesu Worte hatten mich befreit, meine Seele geheilt.

Unser Wohlstand erlaubte es mir, der Jüngerschaft mit geldlichen Zuwendungen zu helfen. Aber auch mit praktischer Arbeit standen wir ihnen bei, ich selbst, aber aus freien Stücken auch meine Magd. Wir folgten Jesus bis nach Jerusalem, bis an sein schreckliches Ende.

Danach kehrte ich zurück zu Chuza. Er hatte eigenartigerweise meinetwegen nie Schwierigkeiten gehabt. Vielleicht war es gar nicht aufgefallen, dass ich eine Anhängerin von Jesus war? Wahrscheinlich hatte jedoch Gott seine Hand schützend über ihn und uns gehalten. Herodes war überhäuft mit so vielen Problemen, dass die Frau eines seiner Beamten mit ihren schwermütigen Träumereien für ihn keinen Gedanken wert war.

112. Salome

Markus 6,17–28

Schamlos, betörend, verdorben, raffiniert und berechnend, Männer verwirrend, herzlos, grausam – man wird nicht müde, mich so zu charakterisieren. Dichter, Maler und Komponisten haben noch ein Vielfaches dazugetan, um das Bild einer Verworfenen von mir zu vervollständigen. Ist nur ihre künstlerische Lust am Gestalten und Komponieren mit ihnen durchgegangen? Oder ist es die erotische Phantasie von Männern – und es waren ja ausnahmslos Männer –, hervorgerufen durch sexuelle Begierden oder durch ein Luftablassen aus prüden Kasteiungen? Der Schleiertanz der Salome – welche Gefühle werden dabei geweckt?

Ich muss gestehen, solch mitfühlende Worte, wie sie eben Johanna sagte, habe ich noch nie gehört. Hätte ich gewusst, dass am Hofe meines Stiefvaters Herodes Antipas in solcher Weise von mir geredet wurde – ich wäre zu ihr gelaufen und hätte mich ausgeweint.

Johanna hat Recht. Ich war ein dressiertes Kind. Ich war noch kein selbständiger Mensch. Wie sollte ich auch bei dieser starken, dominierenden Mutter?

Herodias war die Enkelin von Herodes dem Großen und wie er geprägt von skrupellosem Machtbedürfnis. Mein Vater Philippus war ein Sohn Herodes'. Nach dessen Tod wurde er nicht mit Regierungsgeschäften betraut. So hatte er keinerlei Einfluss auf politische Machtverschiebungen. Das missfiel meiner Mutter. Das Leben mit meinem Vater befriedigte sie nicht. Als dann Vaters Halbbruder Herodes Antipas bei uns zu Besuch war, muss sie den Vierfürsten so umgarnt haben, dass er sie und mich gleich mitgenommen hat.

Herodes Antipas war kein richtiger König. Das Volk nannte ihn nur so, und meine Mutter unterstützte das in Zukunft nur zu gern. Nach König Herodes' Tod war das Reich unter drei von seinen Söhnen aufgeteilt worden. Sie wurden Tetrach oder auch Vierfürst genannt. In Rom sollen sie sich abwechselnd um den Königstitel beworben haben. Anscheinend war Mutter da auch mit beteiligt. Das Schachern, Schöntun und Intrigieren lag ihr.

Meine Mutter kümmerte sich sehr um mich. Ich musste all das lernen und tun, was ihr wichtig war. Dass ich dafür richtig übte und mich abquälte, beobachtete sie streng.

Nach langem Drill in der Tanzkunst sollte ich bei dem Geburtstagsfest meines Stiefvaters etwas von meinem Können zeigen. Ich wusste nicht, dass ich missbraucht werden sollte. Ich wusste auch nicht, dass es sich gar nicht schickt, als Fürstentochter vor Fremden zu tanzen. Erst später kam mir zu Ohren, dass dies nur leichte Mädchen tun; Mädchen, die auch zu anderem bereit waren.

Ich hatte vor dem Auftritt Angst und Scheu. Aber als die Musik erklang, zu der mein Tanz eingeübt war, war ich ganz Ohr, ganz Gefühl, ganz Körper und Kunst. Alles neben mir und um mich herum vergaß ich. Mir war, als sei ich an einem schönen, milden Frühlingstag in meinem Übungssaal, und nur die vertrauten Dienerinnen seien als meine Zuschauer da. Ich hatte mich voll dem Tanz hingegeben, war noch etwas benommen und außer Puste, als mein Stiefvater zu mir sprach: Ich sollte mir etwas wünschen.

Draußen vor der Tür erfuhr ich von Mutter, was ich mir wünschen sollte – für sie! Ich hatte gar keinen, jedenfalls nicht so schnell einen Wunsch parat.

Warum habe ich das nur gesagt, was Mutter mir einflüsterte? Warum habe ich mich nicht wenigstens jetzt einmal gegen sie aufgelehnt?

Nun, ich wurde hart bestraft. Der blutende Kopf des armen Mannes da auf der Schüssel war grauenvoll und hat mich mein Leben lang gequält und verfolgt.

Nach dieser schauerlichen Demonstration lebte ich in einer Art Trance. Wahrscheinlich hatte ich einen Schock bekommen. Ehe ich wieder richtig zu mir kam, war ich einem Mann versprochen. Ich fühlte mich verraten und verkauft. Sehr schnell musste ich mit ihm Tiberias verlassen. Er war alt, hätte mein Großvater sein können. Ich war noch ein Mädchen und blieb es auch in dieser Ehe. Philippus, mein Gemahl, war ein Halbbruder meines Vaters und meines Stiefvaters. Mutters Ehrgeiz war wohl mit dieser von ihr selbst getroffenen Wahl zufrieden. Philippus war einer der Vierfürsten – neben meinem Stiefvater der letzte. Ob da weitere Schachzüge geplant wurden? Nun, zum Zuge kamen sie nicht. Ich wohnte mit meinem ältlichen Gatten hoch im Norden, im Quellgebiet des Jordan. Die alte Stadt Paneas hatte Großvater Herodes vor einem knappen Jahrhundert vergrößert; sein Sohn Philippus, also mein Ehemann, verschönerte sie weiter. Wie üblich wurde sie – Verbeugung in Richtung Rom – dem Kaiser gewidmet. Cäsarea wurde sie genannt. Doch weil wir schon am großen Meer eine Stadt mit diesem Namen hatten, nannte jedermann die Stadt Cäsarea-Philippi.

Mein Ehemann war ein friedlicher und guter Herrscher, der sich milde und gerecht um seine Untertanen kümmerte. Auch zu mir war er gut und rücksichtsvoll. Er sah mich langsam erwachsen werden und beobachtete wohl den nötigen Lösungsprozess von den schrecklichen Fesseln meiner Mutter.

Ich wanderte mit meinen Hofdamen des Öfteren zur Grotte, wo das frische Quellwasser heraussprudelte. Die Quelle war dem griechischen Gott Pan geweiht. Hier war es kühl und angenehm und zum Träumen wie geschaffen. Zurück gingen wir vorbei an dem Marmortempel mit dem Standbild des römischen Kaisers, das mein Großvater errichtet hatte, und an vielen neu errichteten, schmucken Beamtenhäusern.

Einmal traf ich auf diesem Wege den Galiläer Jesus mit seiner Jüngerschaft. Jesus, diesen Mann, von dem zu meinem Erschrecken einige immer wieder erzählten, er sei der von den Toten auferstandene Johannes der Täufer. Jedes Mal, wenn ich das hörte, überfielen mich erneut Alpträume.

Ich raffte all meinen Mut zusammen. Jetzt wollte ich mir aber Gewissheit verschaffen, ob er Ähnlichkeit mit diesem Johannes hatte! Ich erreichte ihn, als er gerade seine Jünger fragte: »Wer sagen die Leute, dass ich sei?« Ich lauschte mit pochendem Herzen. »Einige sagen, du seist Johannes der Täufer, andere, du seist Elia, wieder andere, du seist Jeremia oder einer der Propheten.«

Da fragte er zurück: »Wer sagt denn ihr, dass ich sei?« Ein großer stämmiger Mann antwortete sofort und laut: »Du bist der Christus, des lebendigen Gottes Sohn!« Die Gruppe wurde unruhig. »Nicht so laut!« wurde gerufen. Unsicher sahen sich einige um. Ich drückte mich hinter den Stamm eines Feigenbaumes und setzte mich langsam und behutsam von der Gruppe ab.

In einer seltsamen Stadt lebte ich. Die griechische und römische Götterwelt war präsent, ebenso die jüdischen Rabbinen und Schriftgelehrten und die Synagoge. Propheten und Wunderheiler verbreiteten den Glauben an ein herannahendes Weltende und das Kommen des messianischen Reiches. Und jetzt begegnete ich auch noch diesem Rabbi, von dem sie sagen, er sei der Christus, der Messias!

Diese Begegnung hat mir gut getan. Ich habe es mit eigenen Augen gesehen: Er war nicht Johannes der Täufer. Dieser Jesus war ein Mensch, der großen Frieden ausstrahlte. Es machte mich nachdenklich, und es erschreckte mich später sehr, dass die Vornehmen unseres Volkes ihn als Volksempörer und Gotteslästerer anklagten.

Nicht lange danach starb Jesus, der Christus, den entsetzlichen Tod am Kreuz. Und ich hatte ihn sehen dürfen!

Mein Stiefvater Herodes Antipas soll am Tode dieses Gerechten nicht ganz unschuldig gewesen sein. Ihm wurde so der Tod eines zweiten Gottesmannes mit zur Last gelegt.

Die Anhänger dieses Gekreuzigten haben bis heute nicht aufgehört, von ihm zu sprechen und in seinem Namen zu handeln. Sie nennen sich alle Christen.

Eine unruhige Zeit waren diese dreißiger Jahre. Mein Ehemann Philippus starb im Jahr 34. Bald darauf kam in Rom ein neuer Kaiser an die Macht, Kaiser Caligula. Er verlieh dem Bruder meiner Mutter, Herodes Agrippa, den Königstitel. Das gab dem Ehrgeiz Herodias' neue Nahrung. Mein Stiefvater musste nach Rom reisen, um auch für sich die Königswürde zu erlangen. Doch daraus wurde nichts. Die Intrigen der Herodessippe reichten bis Rom. Statt des begehrten Königstitels erhielt mein Stiefvater die Verbannung nach Südfrankreich. Meine Mutter war wenigstens so anständig, dass sie sich nicht von ihm trennte. Sie zog mit ihm. Ich sah sie nie wieder.

Das aufgeteilte Herrschergebiet Herodes des Großen wurde für seinen Enkel Agrippa I. auf diese Weise wieder zusammengefügt. Palästina erlebte unter seiner milden Herrschaft noch eine letzte kurze Blüte.

Auch ich durfte noch einmal aufblühen. Mir wurde noch das Glück einer wirklichen Ehe geschenkt. Es war Aristobul, einer von meinen Vettern, der sich mit mir vermählte. Drei Söhne wurden uns geboren.

War es Zufall oder Gottes Fügung, wie die Christen sagen? Nach dem von mir erlauschten Gespräch und nach dem Blick auf Jesus, den sie den Christus nennen, war ich in eigenartiger Weise von meiner schreckensvollen Vergangenheit befreit. Ich konnte meinem Gatten Aristobul davon erzählen, von beidem: von meiner entsetzlichen Tat und Schuld und von meiner Befreiung und Erlösung.

Später, als Christen sich in unserer Residenz in Armenien zusammentaten, unternahm mein Gemahl keine Schritte gegen sie. Er ließ sie ruhig gewähren, hielt sogar im Verborgenen seine schützende Hand über sie.

113. Die Frau des Pilatus

Matthäus 27,19–24

Mein Mann hatte eine schwierige Aufgabe in Judäa. Römischer Prokurator in der jüdischen Provinz zu sein, war kein beliebter Posten – im Gegenteil: Er war ein ständiges Ärgernis für die Juden mit ihrem völkischen Selbstbewusstsein und ihrer Ein-Gott-Theologie.

Gleich am Anfang seines Wirkens gab es Streit oder gar Aufruhr. Pontius Pilatus hatte einen Zug Soldaten nach Jerusalem geschickt, die als ihr Feldzeichen das Bild des Kaisers trugen. Das war üblich und ganz normal. Aber nicht für die Juden in Jerusalem. Sofort standen einige Wortführer bei uns in Cäsarea im Audienzsaal und debattierten lange und heftig. Aber sie hatten Erfolg. Die anstößigen Feldzeichen wurden entfernt. Pontius Pilatus war hoher Beamter des Kaisers in Rom, Kaiser Tiberius. Er musste dessen Interessen vertreten, durfte andererseits aber den Gefühlen der Juden nicht zu nahe treten. Ständig fühlten sie sich in irgendeiner Weise verletzt.

So wollte Pontius den Jerusalemern endlich zu einer neuen Wasserleitung verhelfen. In solchen sanitären Dingen war die Stadt in den Augen eines Römers völlig unterentwickelt. Geld war von Rom dafür nicht zu bekommen, so bediente er sich des Tempelschatzes. Sofort gab es wieder Ärger. Pilatus blieb gelassen. Er musste wohl die Rückendeckung des Hohen Rates, zumindest die des Hohenpriesters Kaiphas, gehabt haben. Ohne dessen Zustimmung wäre der Griff in die Tempelkasse unmöglich gewesen. Die verantwortlichen Priester mussten einfach an einer besseren Wasserversorgung interessiert sein. Die rituellen Waschungen und Reinigungsprozeduren für die Geräte im Tempelbezirk ergaben einen ungeheuren Wasserbedarf. Der konnte nur mühsam gedeckt werden. Das in Jerusalem vornehmlich aus Zisternen bezogene Wasser wurde zu Zeiten der großen Feste äußerst knapp. Doch der Tempelschatz bestand vornehmlich aus Spendengeldern. Sie durften nicht für Profanbauten eingesetzt werden. Tätliche Auseinandersetzungen waren zu befürchten. Als mein Mann nach Jerusalem reiste, ängstigte ich mich um ihn. Doch er hatte mit Tumulten gerechnet. Vorsorglich mischten sich verkleidete Soldaten überall zwischen die protestierenden Menschenansammlungen, die den Aufruhr dann sogleich ersticken konnten.

Die Wasserleitung wurde weiter gebaut.

Cäsarea war im Gegensatz zu Jerusalem eine junge Stadt, kaum älter als wir selbst. König Herodes der Große hatte sie sehr großzügig angelegt und sie Kaiser Augustus - dem Cäsar - zu Ehren so genannt. Die Stadt wurde durch ihre günstige Lage am Meer und am alten Karawanenweg, der Handelsstraße von Ägypten nach Damaskus, schnell zu einer Metropole. Neben Juden wohnten hier viele Griechen und Römer. Die Spiele im Amphitheater sorgten für Kultur und brachten den Hauch der großen Welt. Die großen Schiffe entluden hier Massen von Gütern aus aller Welt. Der Hafen war durch zwei Molen zur stürmischen See hin gesichert. Wasserleitungen gab es gleich zwei, die unseren Anforderungen voll genügten.

Wir residierten hier im ehemaligen Königspalast des Herodes. Das aus weißem Marmor errichtete prächtige Gebäude war sehr großzügig angelegt. Wir hatten einen herrlichen Blick über die Stadt und weit hinaus auf das Meer.

Zu den großen Festen amtierte Pilatus allerdings in Jerusalem, in dem von Herodes festungsmäßig ausgebauten Palast. Dieser und die Burg Antonia, in der einige Soldaten stationiert waren, repräsentierten die römische Macht in Jerusalem. Ich begleitete meinen Mann meistens dorthin. Nicht, weil ich es gern tat - ich fühlte mich in Cäsarea viel freier und wohler, das war eher meine Welt -, sondern um ihm nahe zu sein und ihn zu stützen und zu stärken, wenn es wieder Ärger geben sollte.

Die meisten Schwierigkeiten gab es zu Zeiten der Passafeste. Da waren Zigtausende von Pilgern in der Stadt. Sie alle strömten zum Tempel. Zehntausende Lämmer wurden dort geopfert. Es muss immer ein gewaltiges Schaupiel gewesen sein. Ich habe nicht viel davon mitbekommen, außer der von vielen Geräuschen und Düften geschwängerten Luft dieser dann übervölkerten Stadt und der gereizten Stimmung meines Mannes.

Zu gefährlich wäre es für mich gewesen, mich in die Nähe des Tempels zu begeben. Die Juden feierten mit dem Passa eine Befreiungstat ihres Gottes, die vor mehr als tausend Jahren geschehen war. Sie waren damals aus der Sklaverei in Ägypten befreit worden. Jetzt warteten sie auf die Befreiung aus der Hand der Römer. Nein – ich blieb lieber zu Haus!

In dem Jahr, als das mit dem Galiläer Jesus geschah, fühlte ich von Anfang an, dass die Atmosphäre enorm mit Spannungen geladen war. Schon in Cäsarea hatte ich einiges von Jesus gehört: Ein Rabbi, der mit einer großen Gefolgschaft durch die Lande zog und eine große Gabe zur Heilung haben sollte.

Hier in Jerusalem schien es, als ob jeder Zweite ihn kannte. Sie lobten seine Predigten, sie freuten sich über seinen Einsatz für die Schwachen und Kranken. Sie erzählten über sein Streiten mit den Juden, die vor lauter Gesetzestexten und deren Beachtung den Menschen nicht mehr sahen. Im Palast war aber auch zu hören, dass er gesagt habe: »Gebt dem Kaiser, was des Kaisers ist, und Gott, was Gottes ist!« Also musste er wohl doch Ordnungen respektieren.

Jesus war auch zum Passafest gekommen. In einem großen Triumphzug soll er in Jerusalem eingezogen sein. Die Menschen seien ihm jubelnd entgegengelaufen. Sie hatten gerade vorher noch gehört, er hätte einen von den Toten auferweckt! Man stelle sich das vor! Junge Burschen hätten Palmenzweige abgerissen, Männer und Frauen danach gegriffen, damit gewedelt oder sie als Teppich auf die Straße gelegt und gerufen: »Hosianna, dem Sohn Davids! Gelobt sei, der da kommt in dem Namen des Herrn, Hosianna in der Höhe.«

Die Meldungen darüber kamen natürlich sofort in den Palast. Eine Provokation für den Prokurator! Aber Pontius Pilatus blieb gelassen: Schwärmereien der Juden. Auch die verängstigten Stimmen der Pharisäer: »Wir können nichts ausrichten. Alle Welt läuft ihm nach«, tat er so oder ähnlich ab. Pilatus musste sich dann aber doch noch mit Jesus beschäftigen. Es wurde von ihm gefordert. Sie brauchten einen, der die Befugnis zur Verurteilung und zur Vollstreckung eines Todesurteils hatte. Die Juden hatten Jesus gefangen genommen. Jetzt verlangten sie von meinem Mann seine Hinrichtung.

Ich geriet in Panik. Heute morgen hatte ich Pontius nicht gesagt, dass ich von diesem Jesus geträumt hatte. Ich wollte nicht, dass er den Tag gleich mit Nöten begann. Jetzt schickte ich eilig die Magd ins Richthaus und ließ ihm ausrichten: »Habe du nichts zu schaffen mit diesem Gerechten; denn ich habe heute nacht im Traum um seinetwillen viel erlitten.« Aber ich konnte nichts ausrichten. Zu groß war der Einfluss der Hohenpriester und Ältesten. Und – Pilatus war nicht stark genug. Er musste auf die Juden Rücksicht nehmen. Einige Einflussreiche hatten sich schon gegen ihn beim Kaiser beschwert. Es waren keine Nachlässigkeiten gegenüber dem Kaiser, im Gegenteil – aber es waren Verstöße gegen die Empfindlichkeiten der frommen Juden. So musste er die goldenen Schilde mit einer Aufschrift zu Ehren des Kaisers Tiberius aus dem Palast in Jerusalem wieder herausholen und nach Cäsarea bringen lassen. Und die Münzen, die Pontius mit dem Abbild eines römischen Kultgefäßes hatte prägen lassen, mieden die Juden wie das Feuer.

Es war fast rührend, aber so völlig nutzlos: Vor dem Urteilsspruch wusch Pilatus öffentlich seine Hände und sprach: »Ich bin unschuldig an seinem Blut; seht ihr zu!«

Doch seine Hände in Unschuld waschen kann keiner, der etwas gesehen oder gehört hat, dessen Vollzug er hätte ändern können. Er machte sich natürlich schuldig! Pilatus hat einen Unschuldigen zu Tode verurteilt. Das Urteil lastete schwer auf ihm und auf mir.

König der Juden! Diesen friedvollen galiläischen Rabbi, den große Heilkräfte und Mitmenschlichkeit auszeichneten, fürchtete Pilatus nicht. Er fürchtete die Anstifter der Juden. Er war besorgt, dass sie ihn wieder vor dem Kaiser anschwärzen würden.

Doch alles war nur ein Aufschub. Ein paar Jahre später musste er wegen einer anderen Beschwerde doch nach Rom, um sich zu verantworten.

Diese Juden mit ihren religiösen Vorstellungen und erstaunlichen Sonderprivilegien im Römischen Reich wurden ihm zum Verhängnis. Die zehn Jahre in Palästina haben sein Leben vergiftet. Das schwerwiegendste Ereignis war das, das alle Welt kennt: »Gelitten unter Pontius Pilatus.«

114. Die Frau, die Jesus im Hause Simons gesalbt hat

Lukas 7,36ff.

Wer sagt eigentlich, dass ich eine Hure war? Wo steht das? Wer meint zu wissen, dass ich die Maria aus Magdala war? Vielleicht hat Maria Jesus auch gesalbt. Das mag gut sein. Jesus ist sicher von mehreren gesalbt worden. Er, der immer nur Gebende, hat und hätte es verdient!

Aber die, die Jesus im Hause des Pharisäers Simon gesalbt hat, bin ich. Ich bin ein eigenständiger Mensch, eine eigenständige Frau! Ich bin eine Sünderin, aber vielleicht auch nicht mehr oder weniger als du oder ihr.

Ohne Sünde? Ich kenne keinen Menschen ohne Sünde. Man sagt, Jesus sei einer gewesen ohne Sünde. Das mag sein. Doch ich möchte das nicht so ohne weiteres nachplappern. Gewiss, in den fast drei Jahren, in denen ich Jesus begleitete, war er einer, von dem man das sagen konnte. Doch was war vorher? Kann das ein Mensch durchstehen, sich nie in irgendeiner Weise zu versündigen und wenn es auch nur in Gedanken sei? Und Jesus war auch wahrer Mensch!

Die Pharisäer meinten, sie seien ohne Sünde. Es gibt auch gar keinen Zweifel daran, dass sie sich in strengster Weise darum bemühten, Gottes Gesetze und Ordnungen gewissenhaft zu achten und zu halten. Aber schon diese Selbstgerechtigkeit kann Sünde sein.

In den Augen des Pharisäers Simon musste ich wirklich eine Sünderin sein. Könnt ihr euch vorstellen, dass ich meinen Mann verloren hatte, dass ich eine junge Witwe war?

Witwe zu sein in dieser Zeit der Strenggläubigen und Rechtgläubigen war ein schweres Los. Nicht überall waren Kinder da, für die gesorgt werden musste. Nicht überall waren Schwäger vorhanden, die für eine neue Ehe sorgten. Eine allein stehende junge Witwe wurde beäugt und beargwöhnt, von Männern und von Frauen.

Pharisäer achteten auch auf die Einhaltung der Gesetze bei anderen und gaben laut Verweise oder Missfallensäußerungen. In den Augen der rechtschaffenen Pharisäer machte ich mich durch meinen Lebenswandel ständig unrein. Das bekam ich des Öfteren zu hören.

Ich half der schwer kranken Nachbarin, die seit Jahren an einem schrecklichen Blutfluss litt. Sie war in ihren Augen mit dieser Krankheit von Gott gestraft. Doppelt unrein war sie, einmal durch die Krankheit und dann auch noch mit Blut besudelt. Besonders schlimm sei es, dass ich ihr auch am Sabbat die Lagerstatt säubere und das Schmutzwasser draußen in die Gosse schütte.

Ich nahm den alten Bettler mit in mein Haus, um ihn mit einer Suppe zu stärken.

»Wie kann sie nur?«

»Natürlich, die –!« So hörte ich sie hinter ihren Türvorhängen tuscheln.

Und als ich den kleinen Römerjungen, der vor meinem Haus gestürzt war und sich verletzt hatte, gar hereinholte und ihm sein Knie verband, hatte ich auch noch bewussten Kontakt mit den Heiden. Ich war ohne Sitte und Anstand, eine Verlorene, eine, die sich in der Hilfe an Unreinen selbst unrein gemacht hatte und immer neu verunreinigte.

Ich weiß auch nicht, was mir noch alles angedichtet wurde! Jedenfalls erhielt ich keinen Besuch mehr von wohlanständigen Frauen aus dem Ort, wurde von Einladungen ausgeschlossen, wurde gemieden.

Ich litt. Ich litt sehr. Ich hatte meine Einsamkeit durchbrechen wollen, indem ich auf andere Menschen zuging. Das waren natürlicherweise am ehesten Menschen, die Hilfe nötig hatten. Sie waren empfänglich für mein Interesse. Ihnen wurde geholfen und mir.

Meine Tage bekamen wieder einen Sinn. Ich hatte Arbeit, die praktisch vor den Füßen lag. Aber diese meine Arbeit wurde geächtet und damit auch ich. Ich wurde eine Außenseiterin, eine, die außerhalb der wohlanständigen Gesellschaft stand. Ich wurde eine Sünderin und Unreine, die in der gottesdienstlichen Gemeinschaft keinen Platz hatte.

Kontakt hatte ich nur noch mit denen, die meine Hilfe brauchten, denen ich helfen konnte, die ich aufsuchte. So erfuhr ich auch durch sie von diesem Jesus. Der ging auch zu Menschen, die in Not waren. Hatte er keine Angst, dass er sich verunreinigte? Die Menschen, mit denen ich zusammenkam, sprachen in warmen Worten von Jesus. Doch uns kam auch zu Ohren, dass die Pharisäer gegen ihn schnaubten und sich empörten: Jesus, ein Rabbi, und hält Gemeinschaft mit den Sündern!

Als ich dann hörte, dass der Rabbi Jesus in unserer Stadt weilte und bei dem Pharisäer Simon eingekehrt war, gab es für mich kein Halten. Ich steckte nicht einmal mein Haar ordentlich auf, in der Angst, ich könnte Jesus verpassen. Intuitiv kramte ich in der Truhe nach meinem gehüteten kleinen Alabastergefäß, das mit köstlichem Salböl gefüllt war. Zwei solcher Fläschchen mit dem besonders von den Römern hoch begehrten Inhalt hatte ich damals als Hochzeitsgabe von einem reichen Verwandten aus Jericho erhalten. Vor der Römerzeit wuchsen auf dessen Familienbesitz eine Reihe von Balsambäumen. Das noch vorhandene Alabasterfläschchen steckte ich in meine Rocktasche.

Die Gebäude des wohlhabenden Simon waren um einen offenen Hof errichtet, in dem ein kleiner Brunnen und einige Bäume standen. Unter einem riesigen Feigenbaum war ein Tisch gedeckt, an dem zahlreiche Männer auf niedrigen Ruhebetten lagen. Die Beine waren nach hinten abgestützt, während sie mit der rechten Hand die Speisen reichten oder annahmen.

Ich merkte gleich, wer Jesus war. Alle lauschten seiner Stimme. Ich konnte gar nicht anders, ich war getrieben von einer unbestimmten Macht. Den Tisch konnte ich nicht erreichen. Bis zu den Füßen konnte ich herankommen. Sie waren das naheste. Ich weinte vor Freude, diesen Mann zu sehen, ihm so nahe zu sein, und weinte gleichzeitig vor aufgestauter Not und Einsamkeit.

Die Tränen stiegen in mir hoch, brachen sich Bahn und flossen mir die Wangen herunter. Die Füße Jesu wurden dabei ganz nass. Ohne an Würde und Schicklichkeit zu denken, löste ich meine Spange aus dem Haar und trocknete mit ihnen die Tränennässe von den Füßen.

Beim Anblick Jesu war ich mir meiner nach innen schreienden Not bewusst geworden. Dieser Jesus konnte mir aus der Isolation heraushelfen, mir helfen, in der rechten Weise umzugehen mit dem, was ich an Unbotmäßigem tat. Jesus konnte mir zeigen, wo ich versagt habe und immer wieder versage, wo ich anderen wehgetan habe. Jesus konnte mich herausholen aus dem Kreisen meiner Gedanken um mich selbst. Es wurde mir zur Gewissheit: Dieser Jesus konnte mich, konnte mein Leben verändern!

Ich beugte mich noch tiefer über seine Füße und küsste sie. Den Hals des Fläschchens zerbrach ich und goss den Inhalt über seine Füße. Eine Duftwolke erfüllte den Hof oder verband vielleicht auch nur Jesus und mich. Ich fühlte und sah mit meinen tränenverschleierten Augen nichts anderes als die Füße Jesu vor mir, die ich mit dem Duftöl massierte und pflegte. Ich meinte, mit Jesus allein zu sein. Ich war voller Hingabe und hockte da mit weitem Herzen und offenen Gedanken an alles, was ich über diesen Menschen gehört hatte.

Nach einiger Zeit begann ich eine unwillige Unruhe zu spüren, die vom Hausherrn ausging. Ihm, dem Pharisäer, war meine Anwesenheit nicht angenehm. Simon hatte wohl eine Menge Vorbehalte gegen meine Person und gegen mein Verhalten.

Jesus kann in die Herzen und Gedanken sehen. Ich hatte es sofort erkannt. Er sprach zu Simon Sätze, die ich nicht gleich in ihrer Fülle aufnahm. Dazu war ich zu erregt. Aber dann verstand ich doch, dass Jesus mir nicht böse war wegen meines ungewöhnlichen Tuns. Er fühlte sich nicht durch meine Anwesenheit verunreinigt wie Simon. Jesus verglich das, was ich an ihm tat, mit dem, was Simon nicht getan hatte. Und ich muss sagen, im Nachhinein hat mich das geradezu gegen den Hausherrn empört! Der Pharisäer hatte Jesus wohl zum Essen in sein Haus eingeladen. Er wollte seiner Weisheit lauschen und von ihm profitieren, ohne dem Aufsehen erregenden jungen Rabbi zu viel Ehre zu erweisen. In halb gönnerhafter Herablassung muss er ihn in sein Haus geführt haben, verweigerte ihm aber die Ehrerbietung, die einem Gast sonst zukam. Es war üblich, dass der Gastgeber einen Besucher mit dem Friedensgruß empfing. Diener eilten herbei, um die Füße des Gastes zu waschen und zu erfrischen. Dies war eine aus der Not entstandene Aufmerksamkeit; denn die nur mit Sandalen bekleideten oder gar bloßen Füße waren immer staubig und oft müde. Meist waren sie auch grob beschmutzt, denn eine Kanalisation gab es noch nicht, und selten war ein Weg gepflastert. Man tropfte auch gern auf den Kopf des Gastes etwas Rosenöl, verbrannte auf einem Schälchen duftenden Weihrauch. Doch nach den Worten Jesu schien der Pharisäer nichts dergleichen getan zu haben. Simon hatte den Gast Jesus nicht wie ein höflicher Gastgeber geehrt.

Da hatte ich ja das Richtige im richtigen Augenblick getan!, ging es mir durch den Kopf. Was hätte wohl sonst Jesus von der Gastfreundschaft in unserem Dorf gehalten?

Nun ja – er hatte ja Freunde im Dorf: Lazarus, Marta und Maria. Aber Simon? Jesus sagte zu mir noch freundliche, warme Worte. Meine Sünden seien mir vergeben und ich solle in Frieden gehen.

Nun, ich bin gegangen. Aber ich bin auch bald wiedergekommen. Nur kurz war ich in meinem Haus, habe mir dort das Nötigste in ein Tuch zusammengepackt, habe vor der Tür des Simon gewartet und bin dann mit Jesus und seiner Jüngerschar gegangen. Ich wurde eine seiner Jüngerinnen; eine von denen, »die ihnen dienten mit ihrer Habe«. Zu dieser Habe gehörten nicht nur geldliche Zuwendungen, wie viele meinen. Die Habe war die Fülle der Gaben, die vielleicht schon in uns schlummerten, die Jesus in einer unnachahmlichen Weise zu wecken verstand. So konnten auch wir Frauen uns mit unseren Gaben einbringen. Etwas ganz Neues war in dieser Gemeinschaft um Jesus durch Jesus möglich geworden. In seiner Nachfolge gab es immer Situationen und Möglichkeiten, diese

»Habe« einzusetzen, ja, mit ihr zu »wuchern«, wie Jesus das einmal ausgedrückt hat. So wurde ich heil an meiner Seele.

115. Maria Salome Zebedäus

Matthäus 20,20–23 und Markus 1,16–20; 10,35–45

Zweimal in meinem Leben war ich so richtig wütend: Als unsere Söhne so Hals über Kopf Jesus nachfolgten, und auch über die Berichterstattung des Matthäus.

Da kam doch der Sohn meiner Schwester Maria aus dem nahe gelegenen Nazareth vorbei und stiftete meine Söhne an, mit ihm zu ziehen. Was sollte denn das? Wenn dieser Jesus keine Lust mehr hatte, mit dem ehrbaren Handwerk des Zimmermanns sein Geld zu verdienen, dann war das seine Sache. Als Rabbi wollte er durch die Dörfer und Städte ziehen und in den Synagogen die Schrift auslegen. Woher konnte er das überhaupt? Wer hatte ihn das gelehrt?

Er war viel am Ufer des Galiläischen Meers, und viel arbeitsscheues Volk lief mit ihm.

Meine Männer waren gerade beim Netzeflicken, mein Ehemann Zebedäus und unsere beiden Söhne Jakobus und Johannes. Ich war zu Hause dabei, einen großen Topf kräftige Suppe zu kochen für meine stets hungrige Mannsgesellschaft. Doch nach Hause kam nur Zebedäus und das mit einer recht kläglichen Miene. Jesus sei vorbeigekommen mit ein paar anderen Burschen. Er hätte Jakobus und Johannes zugerufen, sie sollten mit ihm gehen. »Ich will euch zu Menschenfischern machen.« Und die beiden seien mitgezogen, hätten ihn, den Vater, einfach allein sitzen lassen, da im Boot mit seinen Netzen.

Blanke Wut stieg in mir auf. Unverschämt! Wie konnten die Bengel nur den Vater mit der Arbeit allein lassen! Die Netze mussten geflickt werden. Sie mussten doch morgen wieder auf großen Fang! Vater Zebedäus sah nicht mehr so gut mit seinen kranken Augen. Und was soll überhaupt dies Geschwätz von Menschenfischern?

Jesus war wohl übergeschnappt!? Ebenso unsere Söhne, dass sie auf so etwas reinfielen! Was für ein Unsinn: »Menschenfischer«!

Die Suppe schmeckte uns nicht. Es war ja auch viel zu viel. Ich stellte sie in den Schatten. Johannes und Jakobus konnten sie heute Abend essen.

Ich ging mit ans Ufer und half Zebedäus voll grimmiger Gedanken und Zorn im Bauch. Die beiden würden heute Abend etwas erleben! Denen würde ich tüchtig den Kopf waschen! Sich am helllichten Tag herumzutreiben!

Doch Jakobus und Johannes kamen nicht nach Hause.

Am nächsten Morgen schlurfte Zebedäus mit hängenden Schultern allein durch das taufeuchte Gras zum Strand. Mit den Tagelöhnern rüstete er das Boot, quälte sich mit den Netzen und Fischtonnen ab.

Wir wohnten dicht am Ufer des Galiläischen Meers, im südlichen Ortsteil von Kapernaum, der »Haus der Fischerei« genannt wurde: Eine Reihe niedriger Fischerhäuschen mit flachen Schuppen oder Unterständen für die Boote waren hier in Gemeinschaftsarbeit errichtet worden.

Durch die weit offene Tür unseres Hauses konnte ich sie unten am Strand herumwerkeln sehen, das Schleifen der Netze und das Quietschen der Angeln hören. Heute dauerte die morgendliche Zeremonie bedeutend länger. Die starken Arme und das forsche Zupacken von Jakobus und Johannes fehlten, auch ihre kurzen Anweisungen für die Tagelöhner, die wohl auch irritiert waren. Es war viel leiser da unten am See. Geräusche von Nachbarbooten, die ich sonst kaum wahrnahm, dominierten heute.

Als die Männer nach dem Fang zurückkamen – kaum, dass ich unser Boot auf dem Meer ausmachte, band ich mir ein grobes Sacktuch um den Bauch, stellte die Körbe ineinander, packte die langen Messer hinein und eilte zum Ufer. Wortlos griff ich mit zu. Ich sortierte die Fische nach ihrer Größe in die verschiedenen Körbe und achtete darauf, dass die Tagelöhner die großen Fische auf dem nassen flachen Stein fachgerecht ausnahmen. Mit Zebedäus tauschte ich wortlose Blicke. Ich musste mich zusammenreißen, wollte vor den Männern nicht meine Wut über die missratenen Söhne herausschreien.

So ging es tagelang. Doch ich spitzte meine Ohren, wenn ich etwas von dem Rattenfänger Jesus hörte und von seiner Bande. Seltsam – ich hörte nur Gutes! Die Männer und Frauen, die Jesus gesehen und gehört hatten, waren begeistert. Das sei ein Rabbi, dem man gut zuhören könne! Er erzähle von einem liebenden Gott, der sich über jeden Einzelnen freue, der zu ihm kommt. Egal wann, bei Gott sei jeder jederzeit willkommen. Jesu Predigten machten geplagte, verzweifelte Menschen froh. »Wie sich ein Vater über Kinder erbarmt, so erbarmt sich der Herr über die, die ihn fürchten«, sei eines seiner vielen Worte. Er sei ein Prophet, ein einzigartiger Rufer Gottes. Er verkünde ein Friedensreich. Er drohe nicht mit dem Gericht Gottes, rufe auf zur Liebe am Nächsten, zur Gemeinschaft mit Kranken und Unterdrückten, mit Fremden und denen, die ins Abseits gestellt waren.

Einige riefen enthusiastisch: Er ist der Messias! Doch die wurden von anderen zur Vorsicht ermahnt. Das war gefährlich! Wir warteten doch schon so lange auf den Messias, der uns von den verhassten Römern befreien soll. In Kapernaum war ein ganzer Trupp Soldaten stationiert, und die etwas südlich liegende Stadt Tiberias war voll davon. Jesus der Messias?! Was waren das nur für Phantasien! Jesus war Marias und Josefs Sohn. Wie sollte ein Zimmermannssohn die Römer vertreiben?

Dann kamen Johannes und Jakobus doch nach Hause. Aufgebracht und hart habe ich sie zur Rede gestellt und ihnen ihr unmoralisches Tun vorgehalten. Doch während ich schimpfte, wurde ich immer kleinlauter. Meine Söhne brüllten nicht zurück. Meine sonst leicht aufbrausenden Söhne blieben sanft und hörten mich geduldig an. Dann erzählten sie mit einem Leuchten in ihren Augen von Jesus. Und sie nahmen mich mit zum Sabbatgottesdienst in die Synagoge von Kapernaum.

Ich traute meinen Augen und Ohren nicht: Da stand dieser Jesus, der Sohn der Maria, und predigte besser als die Schriftgelehrten! Schließlich schloss er: »Kommt her zu mir alle, die ihr mühselig und beladen seid, ich will euch erquicken.« Mir war ganz wunderlich ums Herz. Wie war ich müde und beladen von des Tages Arbeit, von der Ungewissheit um das Fischereigeschäft mit einem alten Mann und mit Söhnen, die davongelaufen waren. Und nun? Das alles trat zurück, als ich Jesus zuhörte – ihm immer konzentrierter lauschte.

Dann gab es noch einen Zwischenfall in der Synagoge: Da war ein Mann, der nicht mehr Herr seiner Sinne war. Der ihn beherrschende Dämon rief aus ihm: »Jesus von Nazareth, du willst uns vernichten. Du bist der Heilige Gottes!«

Mir, und sicher auch den meisten anderen, stockte der Atem. Jesus rief sofort deutlich und bestimmend: »Fahre aus von ihm!« Aus dem Kranken schrie es und – er wurde still. Unruhe, fast Entsetzen in der Synagoge: »Was ist das? Eine neue Lehre in Vollmacht. Er gebietet auch den unreinen Geistern, und sie gehorchen ihm.«

Ich war völlig verwirrt. Allein kehrte ich zum Haus der Fischerei zurück, ohne meine Söhne. Die begleiteten Jesus weiter.

Ich wurde ruhiger und nachdenklich. Was ist das mit Marias Sohn? Er hat wirklich besondere Kräfte.

Mein Tagewerk im Haus und am Ufer wurde jetzt begleitet von Gedanken um Jesus. Immer neue Nachrichten liefen um das Galiläische Meer. Jesus zog mit seinen Anhängern, deren Zahl sich beständig vermehrte, in ganz Galiläa herum. Er lehrte in den Synagogen und predigte die frohe Botschaft von dem Reich Gottes und »heilte alle Krankheiten und alle Gebrechen im Volk«. Alle Krankheiten? Das schien mir doch übertrieben. Er war doch kein Arzt! Er war doch auch kein Schriftgelehrter! Und doch – ich hatte es mit eigenen Ohren gehört – er war mehr als ein Schriftgelehrter! Die Kranken zogen in großen Scharen zu Jesus. Sie waren mit Leiden und Plagen behaftet, Besessene, Mondsüchtige und Gelähmte; und er machte sie alle gesund!

Man wird es kaum für möglich halten: Ich, die alte Fischersfrau, saß auch bald unter seinen Hörern, wenn er am Ufer des Sees lehrte. Ja, bald verließ ich sogar zeitweise meinen angestammten Platz, meine jahrzehntelange Arbeit, und folgte Jesus und seiner Jüngerschar. Es kam die Zeit, dass ich stolz war, dass Jakobus und Johannes zum engsten Kreis seiner Vertrauten gehörten.

Wenn ich dann wieder nach Kapernaum zurückkehrte, stritt ich für Jesus und sein Werk, sobald ich misstrauische Stimmen hörte. »Das ist doch Scharlatanerie! Mit Magie und zweifelhaften Wundern weckt er in kleinen Leuten große Hoffnungen!« sagten die einen. Andere: »Mit geschickter Propaganda werden lauter Geschichten über Jesus erfunden, die er nie getan hat!« »Die Sehnsucht nach einem großen Wundertäter soll geweckt werden - Belastete und Kranke gibt's genug. Jedem Hoffnungsträger laufen die nur zu gern nach! Und da Jesus kein Geld nimmt für seine Heilungen, kann man es doch mal versuchen. Es gibt so viele Schwache, die sich nichts mehr zutrauen. Die sind für solch übertriebenen Wunderglauben wie geschaffen! Das nützt Jesus aus und schürt es immer weiter: ›Dein Glaube hat dir geholfen. Du bist gesund.‹ Mit diesen Worten entlässt er sie.«

Ich hatte inzwischen genug gesehen und gehört - solche Reden liefen an mir ab wie Wasser. »Wenn ihr so redet, dann kennt ihr Jesus nicht«, entgegnete ich. »Geht und hört und seht ihn!« Ich wurde nicht müde, zum Hören Jesu einzuladen. Und ich hatte dabei Erfolg.

Ich war nicht krank. Ich war die arbeitsfähige, starke Fischersfrau. Ich war die aus dem Haus der Fischerei, die ihre tüchtigen Fischersöhne und zukünftigen Ernährer bei Jesus wusste. Ich war eine, die die Jungen nicht beschimpfte, sondern deren Handeln für gut und richtig hielt.

»Geht, geht, überzeugt euch selbst, wie er aus gebeugten und von Sorgen zermürbten Menschen aufrechte, selbstbewusste Geschöpfe Gottes macht! Er vollbringt Wunder im Namen Gottes. Und« - das sagte ich dann nur in kleinerem vertrauteren Kreis - »er ist der Messias, der Christus.« Ich erntete Kopfschütteln. Doch einige wanderten auch aus Neugier zu Jesus und wurden schließlich auch Glaubende.

Jesus war oft in Kapernaum. Von hier stammten einige seiner engsten Vertrauten. Hier kehrte er oft ein. Kapernaum erhielt deshalb einen großen Zulauf von fremden Menschen. Aus nah und fern. Aus Judäa und Jerusalem und auch aus Syrien kamen Menschen, die Jesus hören wollten oder sich von ihm Heilung erhofften.

Viele wurden hier in der Stadt geheilt. Zuweilen geschah das recht spektakulär. In den Privathäusern wurde es oft sehr eng, wenn Jesus als Gast einkehrte. Es dauerte nämlich nie lange, da wurde er gebeten, ihnen Gottes Wort auszulegen. Und weil er das in einer wirklich unnachahmlich guten, verständlichen Art tat – anders als unsere Schriftgelehrten –, kamen immer mehr in das Haus, um ihn zu hören. Meist stand eine Traube von Menschen noch vor der offenen Haustür, weil sie im Raum keinen Platz mehr fanden.

Die Menschenansammlung vor dem Haus war für Vorübergehende ein Zeichen, dass Jesus hier eingekehrt war. Ja, so erfuhren es auch die Freunde eines Schwerkranken. Das war ein Gelähmter, einer, der an schmerzvollen Verknorpelungen seiner Gelenke litt und nicht mehr laufen konnte. Er glaubte, dass allein Jesus ihn von dieser qualvollen Krankheit erlösen könnte. Und mit ihm seine Freunde, die die Matte trugen, auf die sie den Kranken gebettet hatten.

Sie wussten also, wo Jesus war. Aber durch die Menschenmenge konnten sie mit ihrer Last nicht dringen. Es gab da kein Vorwärtskommen, weil jeder den eroberten Platz gern behielt. Kurzentschlossen deckten die Freunde des Gelähmten einfach das Dach ab. Mit Hilfe von zusammengedrehten Tüchern ließen sie ihn herab mitsamt seiner Matte vor den lehrenden Jesus im Raum.

Über diesen großen Glauben und das Vertrauen des Kranken und seiner Freunde staunten und freuten sich die im Haus. Jesus auch, denn er sprach: »Mein Sohn, deine Sünden sind dir vergeben.«

Ich hab zunächst gar nicht gehört, ob der Kranke auch wirklich gesund geworden ist. Nur von großer Aufregung wurde mir berichtet. »Wie kann Jesus zu dem viel älteren Gelähmten sagen: ›mein Sohn‹?« Und die Schriftgelehrten und Pharisäer entrüsteten sich: »Sünden vergeben kann allein Gott.«

Immer mehr lernte ich die Gemeinschaft um und mit Jesus lieben. Es war etwas Neues, was sich da für mich auftat. Ich hatte das

Gefühl, ich tauchte in einen Jungbrunnen. Dort war ich eine von vielen und doch eine wichtige Person. Mir wurde zugehört, wenn ich etwas fragte oder sagte. Mir wurde auch etwas zugetraut. Ich war nicht allein für die Nahrung zuständig. Dafür sorgten auch die anderen Frauen und mit uns ganz selbstverständlich die Männer. Jeder diente dem anderen, und das ohne Murren.

Es murrten nur immer wieder die Pharisäer und Schriftgelehrten. Sie regten sich auf, dass Jesus Gemeinschaft mit den »Zöllnern und Sündern« hatte. Ja, der Matthäus aus unserer Zollstation in Kapernaum war auch einer der Anhänger Jesu. Er hat die Zollpacht aufgegeben. Das dauernde Feilschen um das Geld für die über die Grenze mitgeführten Waren war ihm endgültig zuwider. Außerdem sehnte er sich nach Gemeinschaft mit Menschen, und als Zöllner war er immer ein Ausgestoßener. Jesus hat ihn gerufen, und er hat mit Freuden ja gesagt. Er arbeitet und feiert, er isst und trinkt nun mit Jesus und uns anderen. Wir hielten unsere Mahlzeiten oft auf freiem Feld. Auf wunderbare Weise war fast immer genug da. Zuweilen kehrten auch einige von uns mit Jesus in Privathäusern ein. Jesus hatte überall in Galiläa und Judäa Freunde wohnen.

Als ich mit in Jerusalem war, durfte ich mit Jesus und einer Reihe anderer Gast im Haus eines reichen jungen Mannes sein. Seine Frau war Jesus in doppelter Weise dankbar. Ihr junger Ehemann war früher so unruhig gewesen. Er war einer, der das Leben nicht leicht nahm. Er war keiner, der den ererbten Reichtum nur einfach genoss und zu stupid war, sich tiefere Gedanken zu machen. Sie waren sehr reich. Sie hatten mehr an materiellen Gütern, als sie brauchten. Aber ihr Mann hatte nicht den Frieden der Seele. Er machte sich ernsthafte Gedanken um die Zukunft, um die Zeit nach dem Tod. Seine Gedanken lagen wie ein Schatten auf der jungen Ehe, die von großer Liebe und dem Hineindenken in den Partner ausgezeichnet war. Als ihr Mann dann Jesus getroffen hatte und ihn, den großartigen Rabbi, nach dem Zugang zum ewigen Leben gefragt hatte, kam er von dieser Begegnung sehr traurig nach Hause. Die Gebote hielten sie beide, darum bemühten sie sich nach Kräften. Auch Jesus musste das gewusst haben. So fügte er noch hinzu: »Verkaufe alles, was du hast, und folge mir nach.« Aber das konnte ihr Mann nicht. Er liebte sie; er liebte ihr Baby. Er freute sich auf das Kind, mit dem sie wieder schwanger ging. Sollte er sie in Armut zurücklassen, um mit Jesus durch die Lande zu ziehen? Nein, das konnte auch Jesus nicht gemeint haben, dieser Jesus, der Kinder liebte und die Ehe hochhielt.

Das Ehepaar hat sich lange über die Weisung Jesu unterhalten. Die Frau liebte ihren Mann umso mehr, weil sie wusste, wie ernst ihm die Gedanken um das ewige Leben waren, aber wie sehr er sich doch auch an sie und die Kinder gebunden wusste. In seiner Frau fand er eine wirkliche Gesprächspartnerin. Sie kamen sich dabei immer näher und auch der Botschaft Jesu immer näher. Sollte Nachfolge nur bedeuten, dass der junge Mann und Vater alles stehen und liegen ließ und mit Jesus ging? Konnte Nachfolge nicht auch bedeuten, dass er und sie sich im Handeln nach Jesu Vorbild ausrichteten? Und so versuchten sie es. Sie nutzten ihren Wohlstand, ihr großes Anwesen, um Menschen in Not zu helfen, ihnen ihre Zuwendung zu schenken. Aus der Ferne und wenn möglich auch in der Nähe versuchten sie, sich weiter an Jesus und seiner Lehre zu orientieren.

Ich war sehr beeindruckt von ihrer Art der Nachfolge. Allein stehende Kranke wurden in ihrem Haus gepflegt. Obdachlose erhielten Unterschlupf. Verzagte wurden aufgerichtet, und wenn sie wieder mehr Selbstvertrauen hatten, besorgte ihnen der Hausherr oder die Hausherrin einen Arbeitsplatz. Hier war eine Zelle von Gemeinschaft, ein kleiner Ableger von dem, was ich mit Jesus erlebte. Ein Hort des Friedens und der Liebe war diese Hausgemeinschaft.

Auch in der vertrauten Jüngerschaft hat es Fragen um die Nachfolge gegeben, gar um den Lohn der Nachfolge. Jesus muss da etwas von einer Königsherrschaft erzählt haben. Auch, dass seine zwölf Vertrautesten auf zwölf Thronen sitzen werden. Meine beiden Söhne wurden von plötzlichem Ehrgeiz gepackt. Sie baten Jesus, dass sie im kommenden Reich zu seiner Rechten und Linken sitzen dürfen. Dieser Wunsch hat bei den anderen Zehn Unwillen ausgelöst.

Dies war ein Begehren, das Jünger Jesu nicht mehr haben sollten! Mussten sie in dieser langen Gemeinschaft mit Jesus nicht gelernt haben, dass es bei ihm keine Rangordnung gibt? Dass Jesus das Streben nach Macht ablehnte? Dass es Jesus mehr um das Dienen ging?

Ich denke, Matthäus schämte sich seiner Mitbrüder. Was für ein schlechtes Licht würde dies auf die Jüngerschaft werfen? Er scheute sich in seiner späteren Berichterstattung, Jakobus und Johannes in einer Situation darzustellen, die man später gar nicht mehr für möglich hielt. Beide haben doch Leiden – und Jakobus den Märtyrertod – auf sich genommen! Weltlicher Ehrgeiz! Und Matthäus schrieb: »Da trat zu ihm die Mutter der Söhne des Zebedäus mit ihren Söhnen, fiel vor ihm nieder und wollte ihn um etwas bitten.« Und dann legt Matthäus mir die Worte meiner Söhne in den Mund. Dies war es, was mich das zweite Mal in meinem Leben so richtig wütend machte. Ich hatte schon immer etwas das Gefühl, dass Matthäus mit uns Frauen im Gefolge Jesu seine Schwierigkeiten hatte. Aber dass er mich, die Mutter, jetzt benutzte, um das anstößige Verhalten meiner Söhne reinzuwaschen, fand ich empörend! Nur – als ich das mitbekam, was Matthäus da gemacht hatte, war ich schon eine alte Frau und Matthäus war nicht mehr für mich erreichbar.

Aber ihr sollt es wissen: Ich war es nicht, die für ihre Söhne um einen bevorzugten Platz bat. Das Machtstreben einer Mutter für ihre Söhne schien so einleuchtend. Mütter wollen immer das Beste für ihre Kinder. Und diese Frau hatte eben nicht so richtig und tief das Wesen der Botschaft Jesu erkannt. Doch – ich hatte es!

Nun lest nach, was der Evangelist Markus eineinhalb Jahrzehnte vor Matthäus geschrieben hat, was er im Erzählen der ersten Gemeinden ganz richtig vorgefunden hat. »Da gingen zu ihm Jakobus und Johannes, die Söhne des Zebedäus, und sprachen: Meister, wir wollen, dass du für uns tust, um was wir dich bitten werden . . .«

Ich liebe meine Söhne. Aber ich liebe auch die Botschaft von Jesus. Auch eine Fischersfrau, eine Hausfrau, eine Mutter kann das Wesentliche einer Lehre lernen, erkennen, erfassen!

Frauen sind entwicklungsfähig auch für tiefere Gedanken und größere Aufgaben. Man muss ihnen nur etwas zutrauen. Man muss ihnen die Möglichkeiten geben oder zugestehen, auch Gedanken über den Kochtopf und das Gewerbe ihres Mannes hinaus zu entwickeln.

Ich habe diese Möglichkeit gehabt und sie nutzen können. Jesus und seiner Anhängerschaft blieb ich treu. Meine anfänglichen, empörten Gedanken über Jesus beruhten einfach auf Unkenntnis. Ich musste es immer wieder erkennen: Wer Jesus nahe kam, wer Jesus wirklich nahe kommt, wer weder Herz noch Ohren und Augen verschließt, der muss von seiner Botschaft angerührt werden.

Wann immer es nur irgend möglich war, nutzte ich die Gelegenheit, Jesus nahe zu sein. Ich begleitete ihn nach Golgatha und stand mit meinem Sohn Johannes, mit meiner Schwester Maria und mit Maria Magdalena unter dem Kreuz.

Ich danke euch allen, dass ihr mir so lange zugehört habt.

116. Susanna

Lukas 8,1-3

»Und es begab sich danach, dass er durch Städte und Dörfer zog und predigte und verkündigte das Evangelium vom Reich Gottes; und die Zwölf waren mit ihm, dazu einige Frauen, die er gesund gemacht hatte von bösen Geistern und Krankheiten, nämlich Maria, genannt Magdalena, von der sieben böse Geister ausgefahren waren, und Johanna, die Frau des Chuza, eines Verwalters des Herodes, und Susanna und viele andere, die ihnen dienten mit ihrer Habe.«

Dazu lese ich aus der Erklärung einer bekannten Bibelausgabe: »Der erste christliche Frauenverein, beseelt von dankbarer Liebe zu Jesus, bestrebt, ihm sein Wanderleben zu erleichtern durch allerlei persönliche Dienstleistungen und durch Geldunterstützung.«

Ein Lachen gurrt in meiner Kehle. Wie viele Gedanken sind um meine Person schon gekreist. Ich, die Susanna, werde nur einmal in der Heiligen Schrift genannt und das in diesem Vers bei Lukas. »Sie muss wohl eine reiche Frau gewesen sein, die sehr krank war oder eine Sünderin. Jesus hat sie geheilt oder ihr die Schuld vergeben. Aus Dankbarkeit dient sie ihm mit ihrem Besitz.« Nun, ich werde das Geheimnis um meine Person nicht lüften!

Aber Gedanken um den ersten Frauenverein des Kommentators will ich doch ein bisschen aufwirbeln. Da ist so einiges, was mich ärgert, und was ich gern zu bedenken weitergeben möchte.

Frauen, die Grund genug haben, dankbar zu sein, folgen Jesus nach. Frauen mit zweifelhafter Vergangenheit, Frauen aber auch mit zweifelhafter Gegenwart. Wer kann sonst schon seine häuslichen Pflichten vernachlässigen und Jesus nachfolgen? Das können doch nur Frauen sein, die Witwen sind, vielleicht auch Dirnen oder Frauen, die ihrem Mann weggelaufen sind oder der Mann ihnen. Oder es sind Frauen, die sich emanzipieren wollen. Es können nur Frauen sein, die nichts anderes zu tun haben.

Waren es nicht ähnliche Stimmen, die auch gegenüber Frauenvereinen späterer Zeit zu hören waren? Sie suchten und suchen sich soziale Aufgaben. Nicht immer wird ihre Arbeit mit Lob und Anerkennung bedacht. Einzelne hören Stimmen wie: »Haben Sie denn nichts Besseres zu tun?« Erst kürzlich ist eine Frau von einem Schriftgelehrten heutiger Tage so gefragt worden, als sie Kraft, Zeit und Geld für eine Initiative einsetzte, die Einsamen und Alleinstehenden helfen soll.

Doch Hilfe für den Leib und dazugehörige Spenden sind nötig, und deshalb wird das auch von den meisten akzeptiert. Wie ist es aber mit Frauenvereinen, die Frauen sprachfähig machen, die Frauen ihre eigene Würde erfahren und erkennen lassen, die Frauen bilden? Ich kenne da Männer, die ihre Frauen dort nicht gern hingehen lassen, ja auch heute noch! Sie könnten unbequeme Fragen oder Wünsche mit nach Hause bringen oder aufmüpfig werden. Auch Frauen können sich über Frauen negativ mokieren: »Die haben es wohl nötig, sich in diesem Frauenverein zu engagieren!«

Es gibt nichts Neues unter der Sonne. Uns wurde schließlich nur die dienende Funktion um das Leibeswohl zugestanden. Dass wir Lernende waren und später zu Lehrenden wurden, hat kaum jemand erkannt. Jesus war da eine Ausnahme. Er hat gewusst, dass Frauen wie Männer gleichermaßen lernfähig, einsatzbereit und einsatzfähig waren. Bei ihm war es nicht Saat auf Hoffnung, sondern Saat in Gewissheit bei denen, die aufnahmewillig waren.

Wir Frauen wurden Missionarinnen, Dienerinnen in der großen Sache Christi. Wir wurden Sammlerinnen und Gastgeberinnen erster Gemeinden. Doch leider sind diese Zeugnisse in der Mehrzahl untergegangen. Auch Maria von Magdala war eine ganz Große im Reich Gottes und das weit über die Zeit der Kreuzigung Jesu hinaus. Leider wurde das nicht in das große Buch der Bücher aufgenommen. So blieb die Arbeit von Maria von Magdala und anderen im Bereich der Legenden. Schade.

Und wieder muss ich lachen. Frauen aus Frauenkreisen oder -vereinen sind auch nicht mehr die, die nur Kaffee kochen, den Basar beliefern und Spenden bringen. Sie sind auch missionarisch tätig. Also »Frauenvereine« von Jesu Zeiten bis heute sind diakonisch und missionarisch, denn Frauen können beides!

— 117. Die Witwe des reichen Kornbauern —

Lukas 12,16-21

Ich war reich. Doch was sollten mir die gefüllten Kornkammern? Sie erinnerten mich nur an das Schreckliche.

Mein Mann hatte gearbeitet und geschuftet und mit ihm ich, unser Gesinde und die Tagelöhner. Auf den Feldern stand das Korn übermäßig gut, und wir hatten unsere Scheunen noch vom Vorjahr gefüllt. So ließ mein Mann von den Knechten die Vorräte in eine der größeren Scheunen umsortieren. Die kleinen und die Schuppen riss er ab. Von der Rekordernte wie besessen, die Zeit eilte auch, ließ er neue, viel größere Vorratshäuser und Scheunen bauen. Die sollten alle gefüllt werden. Die große Ernte machte ihn fast rasend. Keinen

Halm, ja kein Korn ließ er auf dem Feld – für die Nachlese der Armen blieb nichts. Er sammelte, hortete und hamsterte und beschloss, sich dann für lange Jahre zur Ruhe zu setzen. Dann, wenn alles geschafft war, wollte er nur noch feiern und es sich gut sein lassen.

Die fast unmenschliche Plackerei hatte sich gelohnt. Die Super-Rekord-Ernte war eingebracht. Alle Scheunen waren gefüllt mit goldgelbem Korn. »Was war ich doch für ein kluger Mann. Für uns ist nun ausgesorgt. Frau, bring Wein und Speck und das gemästete Kalb! Von jetzt an wird nur noch genossen. Ha«, lachte er, »liebe Seele, habe guten Mut!«

Lag es am übermäßigen Weingenuss oder an dem fetten Mahl, dem er zu reichlich zusprach?

Am Morgen war mein Mann tot! Ausgesorgt! Was war nun mit den gemeinsamen Feiertagen? Essen und Trinken – wie lange sollte ich von den gehorteten Vorräten essen? Hundert Jahre lang würde ich das können. Jahrzehntelang würde es für Knechte und Mägde und ihre Familien reichen. Würden das die Mäuse überhaupt zulassen? Aber sollte das alles sein: essen und trinken? Ha, liebe Seele, hab guten Mut? Den konnte ich aber nicht haben. Wozu sollte ich Mut haben? Ich hatte keinen Mut zu sterben. Ich hatte davor Angst. Was kam dann? Was war jetzt mit meinem Mann? Wo war er? Sterben – und was dann?

Ich hörte von Jesus. Ich hörte Jesus. Und Jesus hörte von mir. Ich ging mit Jesus. Ich hörte und lernte von einem lebenswerten, anderen Leben. Ich wurde reich in einer anderen Weise.

118. Die Bäuerin

Matthäus 13

Ich war unten am See Genezareth. Viele aus unserem Dorf waren dort. Alle wollten Jesus, den großen Meister, hören und sehen. Mein Mann hatte mich mitgenommen. »Komm, dieser Jesus hat etwas zu sagen. Der soll so menschlich reden. Der hämmert nicht pausenlos Gesetze ein. Der erzählt Geschichten. Meine Arbeitskollegen diskutieren darüber oft lange und hart. Komm mit!«

Schon vom Hügel aus sahen wir, dass das Ufer des Sees schwarz von Menschen war. Wir kamen in einen richtigen Volksauflauf. Von dem berühmten Rabbi konnte ich leider nichts sehen. Die Menge hatte ihn geschluckt.

Auf einmal kehrte Ruhe ein. Die umherirrenden Männer und Frauen blieben stehen. Sie richteten ihre Blicke auf den See. Über die Schulter meines Vordermannes und über zahlreiche Köpfe und andere Schultern sah ich ein Boot mit drei Männern. Der eine saß am Ruder, der andere hielt mit dem Paddel das Boot an seinem Standpunkt. Einer stand aufrecht. Es war der Rabbi Jesus, der mit klarer Stimme vom Boot aus eine Geschichte erzählte.

Jesus erzählte die Geschichte eines Sämanns. Anschaulich berichtete er das, was wir jüdischen Bauersleute nur zu oft erleben. Wir mühen uns und plagen uns mit dem Boden und der Saat. Wie enttäuscht sind wir oft, dass nur ein Teil der Saat so weit gedeiht, dass Frucht daraus reift. Aber meist waren dann Sorgen und Ängste unnötig. Wenn die Ernte kam, war es genug. Wir hatten Korn in Fülle.

Dieses häufige Erleben eines Sämanns kam Jesus wohl in den Sinn, als er die vielen Menschen sah, die sich um ihn drängten. Sie wollten Gottes Wort hören. Darum waren sie da. Von Gott wollte der Rabbi erzählen.

Ob alle den Anfang der Predigt richtig gehört hatten? »Hört zu!« so begann Jesus. Dann folgte eine Gleichnisgeschichte. Ob sich viele nur von der Geschichte mitreißen ließen? Ob sie sich nur freuten, dass dieser Rabbi Jesus so gut ihr zum Teil so vergebliches Tun kannte? Jesus wusste um ihre Arbeit, um Verderben und Gelingen der Saat.

Ich war begeistert von dem Bildwort Jesu. Er sah die Menschen und verglich ihre Herzen mit Ackerböden. Das Wort Gottes fiel wie Samenkörner hinein. Alle hörten es. Jesus war jetzt der Sämann. Ich sah mich in der Menge um. Da gingen schon einige weg, bevor

Jesus zu Ende geredet hatte. In das eine Ohr hinein, zum anderen heraus, so wie der Samen auf dem Weg, der sogleich von den Vögeln gefressen wurde. Aber ich sah und merkte und hörte; die meisten waren begeistert von der Rede des Rabbi. Sie wollten das Wort Gottes behalten, danach leben, davon weitererzählen, es Frucht bringen lassen.

Mein Schwager war in Hochstimmung. Er wollte seinen Nächsten lieben wie sich selbst. Er hätte gern jetzt ein gutes deftiges Mahl. Er ließ schlachten und braten und lud dazu alle ein, die sich solch ein Festessen nicht leisten konnten. Er sprach dabei von Jesu guter Rede und dass sich doch alle Menschen lieben sollten, keine Härte, kein Streit.

Doch am nächsten Tag war das alles vergessen. Er stritt wieder mit seiner Frau und den Mägden, ungerecht und hart trieb er die Knechte zur Arbeit. In der Tageshitze verdorrten alle gefassten Beschlüsse.

Auch wir hatten gute Vorsätze.

Wir versuchten, die Nöte der anderen zu sehen. Ich nahm teil an den Sorgen der Mägde. Mein Mann gab dem Knecht frei, dass er mit seiner kranken Frau den Arzt besuchen konnte. Wir ließen alles ein bisschen ruhiger angehen mit der Arbeit. Wir hetzten nicht die Mägde und Knechte und uns selbst nicht.

Am Freitagabend kehrten wir nicht mit dem letzten Tageslicht abgeschuftet nach Hause, sondern bereits mittags. Mit Ruhe wollten wir uns für das große Sabbatmahl vorbereiten.

Ich kochte und buk für den Abend und für den nächsten Tag, den Sabbat. Mein Mann putzte die Öllämpchen und kühlte den Wein. Dann machte er sich in Ruhe Gedanken darüber, was er beim Sabbatmahl der Hausgemeinde erzählen wollte. Worte aus der Tora, die er vom Hören der Lesungen der Schriftgelehrten wusste und Auslegungen und Geschichten, die er vom Erzählen der Rabbis kannte.

Es war eine schöne Zeit des Friedens in unserem Haus. Wir hörten mit Ruhe und Freundlichkeit auf die anderen, und wir hörten am Sabbat gemeinsam auf Gottes Wort.

Leider hielt diese schöne Zeit nicht sehr lange an. Die Gerste stand nicht gut, der Weizen war schon bald nach dem Keimen vom Ungeziefer abgefressen. Wir mussten uns sehr mühen mit Hacke und Unkrautzupfen und mit einer zweiten Aussaat des Weizens. Dazu kam, dass ein Kind kränkelte. Wir hatten alle Hände voll zu tun und Sorgen zuhauf. Vergessen waren gute Worte, vergessen war ein sorgender Vatergott. Plagen, Kummer und Nöte erdrückten all unsere guten Vorsätze, unser Vertrauen auf Gott.

Als mir das schließlich klar wurde, versuchte ich trotz Müdigkeit abends ein Sprechen mit Gott. Ich schindete mir Zeit heraus, um gute, aufmunternde Worte mit meinem Kind zu sprechen, auch mit ihm zu Gott zu beten.

Und als es dann wieder ein bisschen besser wurde mit uns, nahm ich mir auch die Zeit, hinunter ans Meer zu laufen, wenn ich dort Jesus wusste. Ich nahm Fladenbrote und geröstete Weizenkörner mit. Mein Mann steckte mir manchmal noch Schläuche, gefüllt mit Wein, zu, die er auf den Esel lud. So ging ich zu Jesus. Ich wurde auch eine seiner Jüngerinnen. Keine, die mit ihm zog, sondern eine Hörende und zu Hause Tätige - so oft es eben ging. Ich gab von dem, was ich hörte, weiter an meinen Mann und die Kinder und dem zu uns gehörenden Gesinde.

Es war etwas Gutes, sich geliebt zu wissen von einem Vater im Himmel, der Sorgen und Nöte kennt und der jeden in sein kommendes Reich aufnimmt, der sich zu ihm bekennt. Ich und mein Haus wollen dem Herrn dienen allezeit. Das nahmen wir uns vor. Wir wollten zu dem guten Boden gehören.

119. Maria und Marta von Betanien

Johannes 11-12,8

Maria: Es war eine schöne Zeit, diese Freundschaft mit Jesus. Ganz unverhofft stand er manchmal im Zimmer, dann wieder erwartet, weil wir wussten, dass er auf dem Wege war.

Marta: Und bei uns kehrte er immer ein. Wir waren alle drei seine Freunde, so unterschiedlich wir auch waren: Du, Lazarus, und ich.

Maria: Du hast ihn ja einmal richtig hart zur Rede gestellt, weil er es zuließ, dass ich ihm zuhörte, während du herumwirtschaftetest.

Marta: Hör auf mit dieser Sache! Dieser Disput ist doch in aller Munde. Aber – gerade weil Jesus ein guter Freund von uns war, konnte ich ihm das sagen. Meinst du, ich hätte so mit einem Fremden gesprochen?

Maria: Als Jesus sagte, ich hätte das bessere Teil erwählt, warst du ziemlich sauer.

Marta: Böse war ich wirklich. Ich rackerte mich ab, ich kochte und richtete alles schön an, um dem Gast die gebührende Ehre zu erweisen und ihm den Aufenthalt angenehm zu machen, und meine Schwester sitzt da mit den Händen im Schoß. Doch ich bin schon längst nicht mehr böse. Ich bin nachdenklich geworden.

Maria: Ich weiß, ich war eigentlich zu egoistisch. Jesus so nah zu haben, war das höchste Glück. Ich wollte möglichst viel von ihm hören. Natürlich, Jesus wäre mit einem einfacheren Mahl zufrieden gewesen. Wir hätten es gemeinsam bereiten und dann gemeinsam auf sein Wort hören können. Doch du hast Recht. Ruhiger und schöner und einladender hat es Jesus durch deine Mühe gehabt.

Marta: Lass es gut sein. Auch du liebtest das Umsorgtwerden. Dazu hattest du einen ständigen Hang zur Meditation. Das hingebungsvolle Hören und Zuhören ist deine Stärke. Du weißt, wie ich dich damals erst auf Trab bringen musste, als du mit den Trauergästen Lazarus' Tod beweintest, und doch Jesus ganz in der Nähe war.

Maria: Ja, ich weiß. Du schicktest mich los, Jesus entgegenzugehen. Von den Jüngern erfuhr ich später, wie du mit Jesus heftig debattiert hast. Du hast dich mit ihm in ein theologisches Gespräch eingelassen um die Auferstehung am Jüngsten Tag. Schließlich hast du noch ein ungeheures Bekenntnis abgegeben, das deinen Glauben an die Außerordentlichkeit von Jesus zeigte: »Herr, ich glaube, dass du der Christus bist, der Sohn Gottes, der in die Welt gekommen ist.« Mein Verzagtsein war weit entfernt von deiner Glaubensstärke. Deine Offenheit und Stärke, deine hinterfragende, rebellische Art, dein zähes, leidenschaftliches Ringen hat später auch mir geholfen.

Marta: Na, ich weiß nicht. Aber für uns war es ein großes Geschenk, dass Jesus, der Freund Jesus, der große Meister, seine Macht über den Tod an unserem Bruder Lazarus zeigte. Lazarus durfte wieder leben. Als die Trauergäste sahen, was Jesus tat, kamen viele zum Glauben an ihn. Darauf beschloss der Hohe Rat, dass Jesus getötet werden sollte.

Maria: Ja, Lazarus' Auferweckung von den Toten war Jesu größtes und letztes Wunder. Jesus konnte nicht mehr frei unter den Juden umhergehen. Er zog mit seinen Jüngern in eine Gegend nahe der Wüste, nach Ephraim.

Marta: Aber das Passafest nahte. Während dieser Zeit suchten viele Pilger Unterkunft im nahe gelegenen Betanien. Auch Jesus kam und wohnte mit den Zwölf in unserem weiträumigen Haus. Ich bereitete ein großes Festmahl.

Maria: Ja, und da war es mit Macht über mich gekommen. Meine ängstliche Natur spürte wohl die Todesnähe für Jesus. Ich hatte Angst um ihn. Reden lag mir nicht. Meine unbeholfene Art, Liebe zu zeigen, war das Ausschütten des kostbaren Salböls. Mit dieser spontanen Handlung durchbrach ich meine Hemmschwelle. Den Kopf zu salben kam mir wohl nicht zu, dazu kam ich mir doch zu klein vor. Ich nahm das ganze Pfund kostbare Narde und salbte Jesu Füße. Mit meinem langen Haar, das ich aus dem Band löste, trocknete ich sie, beseitigte ich Schmutz und Öl. Ich weiß, das letzte war die Arbeit einer Sklavin. Doch das berührte mich nicht. Für mich war es schlicht ein Liebesbeweis, Jesu müden Füßen einen Dienst tun, Jesus selbst zu dienen und ihm damit für alles zu danken.

Marta: Und ich war völlig überrascht über so viel Eigeninitiative, die du so spontan da entwickeltest. Ich war und blieb seit langem einmal sprachlos. Fast ein wenig neidisch stand ich da. Ich erkannte: Du tatest etwas Wertvolles und Jesus stellte sich ein zweites Mal schützend vor dich. Als der Jünger Judas gegen die verschenkte Kostbarkeit rebellierte, sagte Jesus: »Lass sie in Frieden. Es soll gelten für den Tag meines Begräbnisses.« Und ich spürte ein tiefes Verstehen zwischen euch.

Maria: Ich glaube, Jesus brauchte und braucht uns beide. Er liebte uns beide so, wie wir waren. Er brauchte beide und war deshalb so gern bei uns. Und er hat uns beide besser gekannt als wir selbst. Er sah in dir die Praktisch-tätige und wusste um deine klare selbständige Urteilskraft auch in geistlichen Dingen.
Er wusste um meine unselbständige, aber willige Art, die auch einmal bereit wird, an der Ausbreitung des Gottesreiches mitzuwirken.

120. Maria von Magdala

Lukas 8,1-3 und Johannes 20,1-18

»Wenn du geschwiegen hättest, Maria von Magdala, was wäre dann mit der Osterbotschaft geworden? Du bist doch die große Apostelin; ›apostola apostolorum‹, wie dich der Kirchenvater Augustinus nannte.«

Nun, da wollen wir doch nüchtern bleiben. Die Osterbotschaft wäre auch ohne mich in die Welt hinausgegangen. Der Heilige Geist und Gottes Wille sind stärker, lassen sich nicht von Kleinglauben oder Ängstlichkeit der Menschen bremsen. Aber der Auferstandene hat sich auch mir und den anderen gezeigt, weil wir ihn lieb hatten; weil wir seine Jüngerinnen waren; weil er wusste, dass er sich auf uns verlassen konnte.

Wir haben nicht geschwiegen! Aber der Apostel Paulus, der das älteste schriftliche Auferstehungszeugnis festhielt, hat uns Frauen nicht erwähnt! Er zählt sie alle auf, die den auferstandenen Jesus gesehen haben: Petrus, die Zwölf, die fünfhundert Brüder, Jakobus, alle Apostel und Paulus selbst. Nur uns, die Frauen, denen sich Jesus zuerst gezeigt hat, ließ er weg.

Ich kenne Paulus nicht persönlich. Ich kann deshalb nur Vermutungen über seine Unterschlagung von uns Frauen äußern. Zu was sollte er uns Frauen erwähnen? Es gab genug männliche Zeugen!

Zeit- und Papyrusverschwendung! Die Zeugenaussage von Frauen galt ohnehin nichts, auch nicht vor Gericht. Doch alle Evangelisten schrieben in ihrer guten Nachricht, dass der auferstandene Herr mir erschienen ist. Sie konnten es gar nicht unterschlagen, denn in allen Gemeinden wurde davon gesprochen. Und Markus, Matthäus, Lukas und Johannes haben doch so fleißig alles zusammengetragen, was in den ersten christlichen Gemeinden von Jesus erzählt wurde.

Über mich, mein Leben und meine Stellung zu Jesus ist viel spekuliert und fantasiert worden. Zum großen Teil liegt das an dem Evangelisten Lukas. Unmittelbar nach der Salbung Jesu durch eine Frau im hochwohllöblichen Haus eines Pharisäers berichtet Lukas der staunenden Nachwelt, dass auch Frauen in der Jüngerschaft Jesu waren. Lukas schreibt es so auf, wie er es in den ersten Gemeinden erfahren hat. Frauen und Männer ziehen lange Zeit einem Rabbi nach durch Stadt und Land. Etwas ganz Ungewöhnliches in Palästina! Frauen gab es bisher noch nie in der Gefolgschaft eines Rabbis. Frauen gehören überhaupt nicht auf die Straße, die gehören ins Haus! Was mögen das nur für Frauen gewesen sein?

Für viele war es nur zu schnell klar, dass das alles Frauen gewesen sein müssen, mit denen etwas nicht in Ordnung war, bei denen etwas nicht stimmte. Weil Jesus auch davon sprach, dass der besonders liebt, dem viel vergeben wird, dem viel geschenkt wird, war die Nachfolge von entsprechenden Frauen schon möglich.

Doch es erregt mich, dass Frauen, die gesündigt haben sollen, dies dann stets auf sexuellem Gebiet getan haben sollen: Provozierende Sexualität, Verführung, Ehebruch und was da noch so gedacht wird. Das zeugt von gedanklicher Enge der Erzähler und Kommentatoren.

Nun, in meinem Fall war es für nur zu viele klar. Die Maria aus Magdala, die der große Meister von sieben Dämonen befreit hatte, war Jesus zweifellos dankbar. Sie war so verschwenderisch dankbar, dass sie kostbares Salböl über ihn verschüttete und mit ihm zog.

Die mir ganz unverständliche Gleichsetzung meiner Person mit der balsamierenden »Sünderin« und bei manchen auch mit der Schwester von Marta und Lazarus hat zuweilen auch Streit ausgelöst. Der Kirchenvater Origenes (im 3. Jahrhundert) dagegen hat in uns eigenständige Personen gesehen und uns von der überlieferten Vermischung befreit und wieder getrennt. Das hat Papst Gregor den Großen (um 600) aber nicht gestört. Er hat uns drei als Einheit bestätigt. Von da an lief ich in den freiesten Vorstellungen durch Kunst, Literatur, Musik und das darstellende Spiel: die Maria Magdalena, die große Sünderin, mit langem, aufgelöstem Haar, ein Salbfläschchen in der Hand, mit großen Bußtränen vor Jesus kniend und ihm verklärt lauschend - ein beliebtes Objekt der darstellenden Kunst.

Im Mittelalter wurde sogar der Magdalenerinnen-Orden gegründet. Man nahm sich der gefallenen Mädchen an - so nannte man die sündigen Mädchen da - und sammelte sie in Klöstern. Fantasie lässt das Fantasieren nicht! Wer weiß, was im Volksmund über die in streng klösterlichem Gewahrsam gehaltenen Frauen noch alles spekuliert wurde.

Ich hatte den so häufigen Namen Maria. Weil ich nicht verheiratet war, also auch nicht den Namen eines Mannes trug, wurde ich nach meinem Heimatort genannt. Die Maria von Magdala wurde so zur klangvollen Maria Magdalena.

Magdala mit den wenigen kleinen Häuschen, die sich um die Burg wie Schutz suchend drängten, lag am Westufer des Sees Genezareth etwas nördlich von Tiberias. Sieben Dämonen soll Jesus mir ausgetrieben haben. Tatsache ist, dass ich krank war. Heute würden Aufgeklärte sagen: Maria leidet unter einer psychosomatischen Krankheit. Meine Gemütsschwankungen von »himmelhoch jauchzend - zu Tode betrübt« irritierten die Menschen um mich herum. Meine Sehnsucht nach wirklichem Leben konnte ich keinem mitteilen. Streben nach höheren Werten, befreiende Wünsche erschreckten die Leute. Eine Frau hatte duldsam und still zu sein. »Aus Maria sprechen Dämonen, die sie beherrschen. Nur manchmal geben sie ihr Ruhe, dann ist sie eine normale, stille Frau.« Depressionen stellten sich wirklich bei mir ein. Ich fühlte mich nicht mehr wohl in meiner Haut.

Am Ufer des Sees hatte ich öfter Gelegenheit, Jesus predigen zu hören. Wo gab es für eine Frau die Möglichkeit, so viele gute Gedanken und Worte zu hören? Ich war fasziniert. Ich wurde zum Mitdenken animiert, zum Mitdenken getrieben. Die Weisheit Jesu öffnete meine Schranken zu einer Gedankenweite, zu der ich mich wohl stets innerlich gezogen fühlte, die mir aber durch Unvermögen und fehlende Anleitung verschlossen war.

Vergessen war meine Krankheit, mein unbestimmbares Nichtwohlbefinden. Die Begegnung mit Jesus wirkte auf mich so, als fielen Ketten von mir ab. Ich sah das Leben neu vor mir, und ich spürte Leben in mir und Lebensraum um mich. Mein Leben wurde heil und füllte sich mit Sinn. Ich verließ Magdala und folgte Jesus.

Wenn ich früher »mein Gemüt hochhielt«, so war das etwas, was gar nicht in die Umgebung von Jesus passte. Hier war ich keine Herrin; aber auch Jesus, unser Herr und Meister, wie wir ihn nannten, war in dem Sinn kein »Herr«. Jesus und wir, die Seinen, waren eine Gemeinschaft. Kam das urmenschliche Herrschaftsbedürfnis bei einem einmal durch, so wurde er schnell beschämt durch den Meister.

Jesus machte auch keinen Unterschied zwischen den Jüngern und uns Jüngerinnen. Und wir versuchten dies ihm gleichzutun, in Frieden und Liebe miteinander umzugehen und zu leben. Doch ab und zu kamen auch kleine Spannungen auf.

So war es mir immer sehr wichtig, jedes Wort von Jesus aufnehmen zu können. Wenn Jesus predigte, war ich immer ganz in seiner Nähe. Zuweilen drängelte ich durch die Reihen, nur um ihm nahe zu sein, um kein Wort zu verpassen. Manchmal habe ich ihn auch gefragt, wenn ich etwas nicht verstand. Bereitwillig und geduldig gab er mir Auskunft. Er unterwies mich in der Auslegung der Schrift, und ich war eine aufmerksame, gelehrige Schülerin.

Das war nun auch wieder etwas Neues, dass ein Rabbi einer Frau das Studium der Tora ermöglichte, ihr die Weisheit der Heiligen Schrift erschloss.

Ab und zu hörte ich ein unverständiges, leises Murren darüber. Doch ich ließ mich nicht davon abhalten, die Nähe Jesu und das mir so wichtige Gespräch mit ihm zu suchen. Ich glaube, ich gehörte bald zu den vertrautesten Menschen, die Jesus hatte.

Das hat nicht allen gefallen. Besonders wohl Petrus nicht. Er, der sich immer so ein bisschen als Sprecher der Jünger fühlte, fuhr mich einige Male ganz unwirsch an. Ich hatte das Gefühl, Petrus neidete mir die vertraute Nähe Jesu. Dann wieder glaubte ich, Petrus mag uns Frauen nicht. Doch das musste ich revidieren, denn eine ganze Zeit lang zog auch die Frau von Petrus mit uns.

Ich liebte Jesus von ganzem Herzen. Wir alle liebten Jesus, und Jesus liebte uns. Aber der Meister liebte alle Menschen, alle, die sich ihm öffneten, die zu ihm kamen, die ihn baten.

Einmal drängten zu uns Männer und baten für einen, der taub war und nur mit Mühe sprechen konnte. Der Behinderte guckte Jesus scheu und unsicher an. Das war keiner, der laut rief. Er traute sich das gar nicht zu. Zu selten verstand man ihn. Jesus hatte für seine Situation Verständnis. Ungeheuer rücksichtsvoll nahm er ihn beiseite, so dass er allein mit ihm war. Ich stand bei einer Zypresse, in deren Nähe ich Zeuge von Jesu behutsamer Heilungshandlung wurde. Jesus näherte sich dem scheuen Kranken mit der Zeichensprache. Worte konnte er ja nicht verstehen und Schreien hätte ihn wohl noch mehr verschreckt. Jesus legte dem Gehörlosen seine Finger in die Ohren. Dann benetzte er dessen Zunge mit Speichel, dem Allheilmittel. Jesus sah zum Himmel auf und rief – für die Näherstehenden hörbar –: »Tu dich auf!«

Daraufhin sprudelten nach einer kleinen Weile klare, deutliche Worte aus dem Munde des Mannes. Worte des Lobes und Dankes konnten jetzt alle hören und verstehen. Der Mann war geheilt. Mich hat sehr beeindruckt, in welch rücksichtsvoller Weise Jesus hier geholfen hat.

Dies Leben in der Gemeinschaft mit Jesus in der Mitte war eine hohe Zeit des Lebens, eine Lebens-Hochzeit. Das Friedensreich, das uns die Propheten vorausgesagt haben, war mitten unter uns, hatte begonnen mit Jesus und mit uns. Das würde jetzt immer so bleiben. Ich spürte, dass in Jesus das lange verheißene Reich Gottes angebrochen war.

Was kümmerten uns die Römer; diese römischen Soldaten, die mir in Magdala so oft Schrecken eingejagt hatten und die in der Bevölkerung überall gehasst wurden? Was kümmerten uns die Pharisäer mit ihrem ständigen Spionieren und Provozieren? So klein wirkten sie nach jedem Streitgespräch. Sie konnten nie heran an die Größe und Weisheit Jesu.

Wir sahen nicht die Gefahr um uns. Wir merkten nicht auf die Zeichen, die uns Jesus doch nannte.

Als Jesus dann gefangen genommen wurde, liefen wir alle auseinander, als hätten wir uns nie gekannt. Wo war das Friedensreich, wo unsere Gemeinschaft?

Petrus machte einen Versuch, sich seinem Herrn zu nähern. Aber Angst bremste ihn. Kläglich versagte er im Vorhof des Hohenpriesters. Er verleugnete seinen Herrn.

Unter dem Kreuz standen nur Johannes und wir Frauen. Wir hielten aus bis zu seinem furchtbaren Ende. Wir dachten nicht an die Gefahr, der wir uns aussetzten als Anhängerinnen eines zum Tode Verurteilten. Ich dachte nichts. Vor mir stand nur plötzlich wieder diese Mauer, die mich von dem Sinn des Lebens trennte.

Sabbat. Ein trauriger Sabbat. Jesus, unsere Hoffnung und unser Verheißungsträger, war tot. Oben im Felsengarten des Josef haben sie ihn begraben. Ein dunkler, stiller, langer Tag.

Ehe der Morgen dämmerte, eilte ich am ersten Tag der Woche zum Grab. Mit mir Johanna, Maria und Salome. Wir trugen Salböl mit uns. Diesen letzten Liebesdienst wollten wir unserem toten Herrn noch erweisen.

Aber das Grab war leer. Nicht einmal den Toten schienen sie uns lassen zu wollen. Weinend suchte ich in meiner Verzweiflung nach ihm. Ich hatte eine Erscheinung von zwei Lichtgestalten. Und dann stand da Einer. Ich meinte, es sei der Gärtner und fragte ihn nach meinem toten Rabbi. Er sagte zu mir:

»Maria.«

Und es war die vertraute Stimme. Voller Freude wollte ich ihn umarmen und ihn festhalten. Aber er ließ es nicht zu. »Rühre mich nicht an, Maria, denn ich bin noch nicht aufgefahren zum Vater. Ich bin nicht tot. Ich bin auferstanden. Geh, sag es den Brüdern! Ich lebe und gehe zu meinem und eurem Vater, zu meinem Gott und zu eurem Gott. Ihr geht meinen Weg in der Welt weiter.«

Erst empfand ich nur Zurückweisung. Dann spürte ich den Schmerz des Loslassenmüssens, um etwas Neues zu beginnen, etwas neu zu gewinnen. In mir reifte die Gewissheit, dass der von uns Geliebte den Tod überwunden hat und mit uns irgendwie weiterleben würde, aber nicht mehr in der uns vertrauten Art.

Ich eilte zu den Brüdern und nahm den Auftrag mit, Zeugnis abzulegen von dem, was ich erfahren hatte. Ich wurde die erste Verkündigerin der frohen Botschaft: »Jesus Christus lebt. Er ist auferstanden. Er hat den Tod überwunden. Er ist wahrhaftig auferstanden!«

Noch einmal muss ich an Augustinus denken, der mich »Apostelin der Apostel« nennt. Und mit Freuden habe ich in einer Kirche einen langen bunten Holzfries gesehen, auf dem dreizehn Apostel geschnitzt waren: die Zwölf und Maria Magdalena.

Ich habe die frohe Botschaft den Brüdern weitergegeben, und ich werde sie mit anderen Frauen und Männern immer weitertragen. Das ist der neue Weg, der sich mir und uns geöffnet hat, nämlich die Gemeinschaft von Frauen und Männern, so wie sie Jesus uns vorgelebt hat, und die Weitergabe des Glaubens an den auferstandenen Herrn. Jeden ersten Tag in der Woche feiern wir Christen den Auferstehungstag Jesu. An jedem Sonntag gedenken wir in besonderer Weise an die Osterbotschaft: »Er ist auferstanden, Jesus lebt!«

Frauen der ersten Gemeinden

121. Saphira

Apostelgeschichte 5,1-11

Die Strafe für mich war hart, sehr hart. Doch ich nehme sie als gerecht an. Ich habe gelogen. Das war Sünde und hat Strafe verdient. Ich weiß das und akzeptiere das. Ich war doch ein Glied der jungen Gemeinde in Jerusalem. Wir waren alle voll Enthusiasmus. Jesu Geist hatte unsere Herzen durchdrungen. Nach Jesu Auferstehung und Himmelfahrt entwickelten wir alle eine Liebe und Einigkeit, die vorher niemand für möglich gehalten hätte. Ich hatte dies gebrochen und wurde bestraft. Das vorweg.

Es ärgert mich aber, dass mein Mann Hananias und ich als Prototyp der Schlechtigkeit hingestellt werden. Dass sich die Kommentatoren nicht böse genug über unsere Habgier auslassen können, finde ich ungerecht und - pharisäerhaft! »Lieber Gott, ich danke dir, dass ich nicht bin wie Hananias und Saphira, die ihr Schäfchen ins Trockene bringen wollten, die für sich selbst Sicherheit suchten.«

Knapp zweitausend Jahre nach uns gibt es kaum noch Menschen wie wir in der ersten Christenheit. Nur wenige Menschen, nur ganz kleine Gruppen geben alles hin für die Gemeinschaft, ohne etwas für sich zurückzubehalten. Ihr werdet sagen, ihr konntet ja auch aus dem Verkauf eures Ackers etwas zurückbehalten. Ihr konntet sogar alles Geld behalten. Niemand hat euch zur Abgabe an die Gemeinde gezwungen. Ihr hattet dabei niedere Beweggründe! Ihr wolltet besondere Anerkennung haben, besonders große Heilige sein!

»Sorget nicht für den morgigen Tag . . .« Ich kenne Menschen, wenn auch nur wenige, die das im 19. Jahrhundert noch befolgt haben. Für sie galt jede Form der Absicherung als Sünde. Dazu gehörten Lebensversicherung und sogar die Krankenversicherung. Es wird auch Menschen geben, die das heute noch tun, wenn auch unter den verschiedensten Voraussetzungen. Menschen, die alles in

Gottes Hand legen, weder Rentenversicherung oder Pension haben, keine Rückversicherung durch Besitz oder Mitglied einer Kasse, gibt es doch wohl heute nur noch in Gemeinschaften oder Orden. Oder? Und auch sie haben doch eine menschliche Sicherheit. Sie wissen sich getragen in einer von starker Gottesbeziehung geprägten Gemeinschaft, die keinen allein lassen wird. Können Menschen in der säkularisierten Welt damit rechnen?

An meine Geschichte, an das Zurückbehalten eines Teils unserer Spende werde ich immer wieder erinnert, wenn eine Kollektenabkündigung ist und der größere Teil des Inhalts einer Geldbörse wieder mit nach Hause genommen wird. Ich werde daran erinnert, wenn der Klingelbeutel nur selten zum Pfarrer, aber fast nie bis zum Organisten vordringt. Ich werde daran erinnert, wenn die pensionsberechtigte Juristin für ihren Haushalt eine Frau anstellt unterhalb der Versicherungsgrenze. Die eine ist voll abgesichert, die andere . . .? Sie kann nur hoffen, dass sie in einem christlich-sozialen Staatsgefüge ihren Lebensabend abgesichert gestalten kann. Ich werde daran erinnert, wenn ich von einer Steuerhinterziehung höre. Wird von der Steuer nicht auch gezahlt für Menschen in Not und Bedrängnis?

Meine Erfahrung lehrt, dass eine unrechte Tat, der unrechte Besitz nicht glücklich machen. Ich hatte gleich ein schlechtes Gewissen nach unserer Absprache, von dem Erlös des Ackers, den wir spenden wollten, einen Teil für uns selbst abzuzweigen. Als Hananias ging, hatte ich Furcht vor der Entdeckung, dass wir unredlich gehandelt haben.

Wenn ich das heutige Zurückhalten von Geldern sehe, frage ich mich ernstlich, ob die Gewissen so etwas noch registrieren.

Ja, Hananias und ich wollten uns absichern. Wir wollten etwas von dem Verkauf des Ackers für unseren Lebensabend zurückbehalten.

Wir waren zwar hellauf begeistert von der Lehre, die uns über Jesus Christus von Petrus und anderen Aposteln weitergegeben wurde. Aber ein Leben währt lange. Was, wenn wir von den jüdischen Oberen zerstreut wurden und unsere junge Gemeinde gar nicht mehr die Möglichkeit hatte zusammenzuhalten? Die Zeiten waren so unsicher.

Zwar war in der Gemeinde alles so schön. Wir aßen zusammen, wir beteten zusammen und all unser Reden kreiste um Gott und unseren Messias. Die Reichen unter uns schämten sich ihres Reichtums, wenn sie die Armen in unserer Gemeinschaft sahen. Und so gab es eine Reihe von uns, die Besitz verkauften und den Erlös in eine Gemeindekasse gaben.

Vielleicht hätte das gar nicht bekannt werden sollen, wer diese großzügigen Spender waren. Wahrscheinlich wären wir da nicht in so große Versuchung gekommen. Wir sahen und hörten, dass unser Nachbar Josef seinen Acker verkauft hatte und das ganze Geld den Aposteln zur Verfügung gestellt hatte. Die Apostel konnten mit dem Geld vielen Notleidenden helfen, die wir in Jerusalem in recht großer Zahl hatten. Josef wurde deshalb von den Aposteln »Sohn des Trostes« genannt, das heißt in unserer aramäischen Sprache: Barnabas. Wir merkten, dass dem Josef seine großherzige Tat hoch angerechnet wurde.

Hananias und ich wollten uns auch in dieser Weise hervortun, um wichtige Gemeindeglieder zu sein. Anerkennung und Ehre wollten wir von den anderen haben, für die Sicherheit aber wollten wir selbst vorsorgen. So verkauften wir den Acker, legten einen Teil für unsere Altersversicherung beiseite und Hananias brachte den reduzierten Erlös zur Gemeindeversammlung.

Als es mit seiner Rückkunft so lange dauerte, hatte ich recht gemischte Empfindungen. Wurde Hananias wohl schon allein hoch geehrt oder aber hatte man den Schwindel entdeckt?

Ich lief in das Haus, wo ich die Gemeinde zusammensitzen wusste. Ehe ich Hananias sah, fragte mich schon Petrus, ob wir den Acker für diesen Preis verkauft hätten. Ich konnte ja gar nichts anderes sagen als: Ja. Ich wäre sonst meinem Ehemann in den Rücken gefallen. Petrus wurde sehr ernst und fragte, warum wir uns einig geworden wären im Betrug? Wir hätten mit dieser Tat nicht die Menschen betrogen, sondern Gott.

Ein wahnsinniger Schrecken durchlief mich.

Das Weitere wisst ihr. Ich fiel tot zu Boden und wurde, genau wie einige Stunden vorher mein Mann Hananias, von Männern hinausgetragen und begraben.

122. Tabita (Tabea)

Apostelgeschichte 9,36ff.

Ich soll tot gewesen sein. Aufgeregt und staunend haben mir das die Frauen von Joppe erzählt.

Schwach und krank fühlte ich mich schon lange. Nichts ging mir mehr von der Hand. Schließlich musste ich das Bett hüten. Nachbarinnen brachten mir etwas zu essen. Ich kann mich nur noch daran erinnern, dass ein Kommen und Gehen war in meinem Haus. Einige Frauen standen im Kreis um mich und beteten. Verschwommen und irgendwie dankbar verklärt vernahm ich Stimmen, die Gott inständig baten und anflehten, mich doch wieder gesund zu machen.

Fürbitte wurde da für mich gehalten!

Trotz meiner Schwäche konnte ich das Große erkennen. Ich hatte ein unbestimmbares Gefühl von Glück, so als ob mich diese Fürbitte dem Himmel näher brachte.

Unklar kann ich mich auch noch daran erinnern, dass die Witwe Hanna sagte, der Apostel Petrus sei in der Nähe. Dann verlor ich das Bewusstsein.

Als ich wieder aufwachte, lag ich frisch gewaschen im Obergemach meines Hauses, und vor mir kniete der Apostel Petrus. Er reichte mir die Hand und hieß mich aufstehen. Auf seinen Ruf hin füllte sich das Obergeschoss mit all den vertrauten Gesichtern aus Joppe. Mit weit aufgerissenen, rot umränderten Augen und tränennassen Wangen umarmten sie mich; einige auch den Petrus. Andere hielten sich ungläubig, fast erschrocken etwas beiseite. »Petrus hat Tabita von den Toten auferweckt!«, scholl es durchs Haus. »Nein, nicht ich«, hörte ich Petrus sagen. »Im Namen Jesu Christi, durch die Kraft Jesu Christi darf Tabita leben.« Petrus segnete mich und verließ den Raum.

Es war wohl so, dass an mir etwas Großes geschehen sollte und durfte zur Verherrlichung des Christus. Mein Haus wurde erfüllt von Lobgesang und Dank. Als ich tot dalag, so hörte ich, hatten sie zwei Männer zu Petrus geschickt, der nicht weit von uns in Lydda war. Der große Apostel sollte zu ihnen kommen, die um mich trauerten. Was sie von ihm erwarteten, wurde nicht ausgesprochen. Das Resultat hatten sie wohl nicht zu erhoffen gewagt. Dass ich wieder leben sollte, war für alle ein großes Wunder.

Die Kunde von meiner Genesung, meinem Aufstehen vom Totenbett, war in aller Munde in Joppe und weit hinaus im Land. Viele beugten sich der Kraft Jesu Christi, beteten an und stellten sich zur Gemeinde. Zu unserer großen Freude blieb Petrus lange bei uns. Er wohnte bei dem Gerber Simon, einer großen Stütze unserer Gemeinde. Petrus predigte mit starken Worten über das Reich Gottes. Er gab uns Auskunft über Jesus, dessen Wegbegleiter er drei Jahre lang sein durfte. Viele Bürger Joppes hörten es nun aus zuverlässiger Quelle, und Gottes Geist weckte in ihnen Glauben an Jesus Christus. Petrus konnte so lebendig von der Person und Ausstrahlung Jesu Christi erzählten, dass auch wir Christen ganz besonders froh wurden. Unsere Gemeinde erstarkte und vergrößerte sich.

Ich war nun gesund – halleluja! – und konnte wieder mein Tagwerk aufnehmen. Dass ich Jüngerin genannt werde und das wohl auch als einzige Frau, ist mir sehr peinlich. Es gab Frauen, die euch ja namentlich bekannt sind, die in der Nachfolge Jesu sicher Bedeutenderes getan haben als ich.

Nun, ich war angesteckt von der großen Liebesfähigkeit Jesu Christi. Gierig nahm ich alles auf, was bei uns von Jesus, seinen Taten und seiner Lehre erzählt wurde.

»Liebe deinen Nächsten wie dich selbst . . .!« Ich hatte keine ganz nahen Verwandten. Ich war allein, hatte aber ein Haus und mein Auskommen. Das Tagwerk für meinen kleinen Haushalt war bald getan. Meine Räume waren schön ausgestattet mit selbst gefertigten Handarbeiten. Ich hatte genug Kleidung, die ich selbst genäht hatte. Mit Nadel und Faden konnte ich flink umgehen.

In der Gemeindeversammlung hörte ich dann von einem uns besuchenden Jünger die Geschichte, die Jesus als Gleichnis erzählte: von den anvertrauten Pfunden oder anvertrauten Talenten. Das war es. Ich hatte das Geschick, flink und sauber nähen zu können. Das war ein Talent, das mir der Schöpfergott persönlich zugedacht hatte. Damit wollte ich wuchern zur Ehre Gottes. Diese Gabe wollte ich einsetzen in Liebe zu denen, die in unserer Gemeinde arm dran waren. Ich besuchte die Witwen, die es in Joppe sehr zahlreich gab. Das Meer ließ manchen braven Fischer nicht mehr zurückkommen. So fehlte in Joppe vielen Familien der Ernährer, den die tückische See geschluckt hatte.

Ich sah, wo Not war. Ich bekam einen Blick dafür, was wo zu tun war. Ich nähte Röcke und Kleider für Witwen und Waisen. Mir wurde warm ums Herz, wenn ich ein fertiges Kleidungsstück anprobieren ließ und die frohen Augen der Beschenkten sah. Dabei kam so manches gute Gespräch auf. Wir träumten von dem kommenden Gottesreich, von dem Jesus erzählt hatte. Wenn ich auf Fragen nicht mehr zu antworten wusste, lud ich sie ein zum nächsten Sonntag, in mein Haus zu kommen oder in das von dem Gerber Simon oder in das des Zeltmachers Judas.

Tabea, das heißt Reh, eine Jüngerin Jesu – ja mit meinen bescheidenen Mitteln war ich eine, aber nur eine von vielen. Es gab und gibt viele Jüngerinnen Jesu. Sie dienen in vielfältiger Weise mit den ihnen anvertrauten Gaben.

123. Maria, die Mutter des Johannes Markus

Apostelgeschichte 12

Es war eine unruhige, aber eine hohe Zeit. Jerusalem, die Stadt des Tempels. Jerusalem, die Stadt der hohen Passafeste. Jerusalem mit seinen Rabbinen, dem Hohen Rat, aber auch mit den römischen Beamten und Soldaten.

Dann Jesus in der Stadt! Ich habe ihn hier gesehen und gehört. Er war mit seinen Getreuen bei mir zu Gast. Dann das Schreckliche: der Kreuzestod. Dann das Wundervolle: Jesus hat den Tod überwunden. Jesus ist auferstanden! Jesu Himmelfahrt.

Und nichts war damit zu Ende. Der Geist Gottes erfüllte viele Menschen. Viele Männer und Frauen begannen zu predigen, predigten in Vollmacht und priesen und lobten Gott. In die Halle Salomos, dem Säulengang an der Ostseite des Tempelbezirks, strömten immer mehr Menschen, um von Jesus Christus zu hören. Die Sadduzäer schnaubten. Sie waren eine Gruppe aus vornehmem Priestergeschlecht und waren dem Hohen Rat ergeben. Sie wollten dem Predigen im Namen Jesu Christi ein Ende machen. Doch sie fürchteten das Volk. Denn die Apostel taten auch Wunder an Kranken. Der Zulauf und das Ansehen der Freunde Christi wurden immer größer.

Es gab Tage, da schleppten die Menschen die Betten und Bahren mit den Kranken auf die Straße in der Hoffnung, dass Petrus oder andere Jünger vorübergingen. Schon der Schatten des Petrus würde heilen, erzählte man sich.

Dann gab es wieder Aufregung in der Gemeinde. Die griechischen Witwen wurden angeblich schlechter versorgt als die einheimischen. Die Versorgung der Gemeinde wurde deshalb anders organisiert. Armenpfleger wurden gewählt und im Angesicht der Gemeinde gesegnet.

Dann wurde zu unserem Schrecken Stephanus gesteinigt, ein Mann voll Heiligen Geistes, der Wunder und große Zeichen unter dem Volk getan hatte! Eine große Verfolgung aller Gemeindeglieder in Jerusalem folgte. Die Gemeinde zerstreute sich. Viele flohen aufs Land und nach Samaria. Eine Reihe Männer und Frauen kamen ins Gefängnis.

Wie durch ein Wunder wurde mein Haus von den Verfolgern verschont. Ich hatte ein geräumiges Anwesen, wohnte da mit meinem Sohn Johannes Markus und unserer Magd Rhode. Alle drei gehörten wir zur Jerusalemer Gemeinde, die jetzt in so harter Bedrängnis war. Als sich der erste Schrecken wegen der Verfolgung etwas gelegt hatte, sammelten sich die zurückgebliebenen und von der Gefangenschaft verschonten Gemeindeglieder in meinem Haus. An Zusammenkünften im Tempelbezirk war ja nicht mehr zu denken. Ich hatte Platz; die Apostel lehrten jetzt in meinem Haus. Die Fenster und Türen hatten wir verhängt, damit uns niemand bespitzeln konnte. Petrus erzählte, wie Jesus ihnen geboten hatte, »dem Volk zu predigen und zu bezeugen, dass Jesus von Gott bestimmt ist zum Richter der Lebendigen und der Toten. Und dass von Jesus Christus schon alle Propheten zeugen, dass durch seinen Namen alle, die an ihn glauben, Vergebung der Sünden empfangen«.

Dann kam der schreckliche Tag, an dem wieder einige Gemeindeglieder gefangen und misshandelt wurden. Auch unsere beiden Gemeindeleiter, die Apostel Petrus und Jakobus waren darunter. König Herodes Agrippa tötete Jakobus mit dem Schwert. Wir waren voll stummer Trauer. Jakobus war der Bruder des Johannes, ein Sohn des Zebedäus.

Die Schreckensnachrichten ließen nicht nach. Auch Petrus war im Gewahrsam von König Herodes, der auch ihn töten wollte. Ein Häuflein Getreuer fand sich in meinem Haus zusammen. Wir beteten ohne Unterlass zu Gott um Beistand und Hilfe.

124. Rhode

Apostelgeschichte 12

Es macht Freude, einer Christin zu dienen. Ja, ich diente. Ich bin die Magd von Maria, der Mutter von Johannes Markus. Ich diente in einem christlichen Hause, und da bedeutet Dienen ein Geben und Nehmen. Meine Herrin Maria war dankbar für die Arbeit, die ich ihr abnahm, die sie nicht bewältigen konnte. Sie hatte ein großes Haus und ein offenes Haus. Viele Gäste kamen aus nah und fern und oft übernachteten sie auch. Da gab es zu kochen und zu richten, zu putzen und zu servieren.

Ich sagte, es macht Freude, einer Christin zu dienen. Bei Maria war ich nicht eine aus der niedrigen Klasse der Sklavinnen, war nicht in die Küche verbannt. Gewiss, es gab unheimlich viel zu tun, und oft war ich auch wirklich lange in Küche und Keller. Aber es machte Spaß. Die Arbeit machte Freude. Ich gab, aber ich nahm auch. Nicht nur meinen Lohn. Ich bekam und nahm viel Zuneigung und Lebens- und Glaubenshilfe, die ich gierig aufsog.

Das glaubte mir kaum eine in Jerusalem: Wenn ich mit meiner Arbeit fertig war – oft gingen mir Herrin und Gäste auch zur Hand –, konnte ich mich zu den Gästen setzen! Wenn Petrus da war und lehrte, ließ ich alles, was später erledigt werden konnte, liegen. Petrus war ein Jünger Jesu, der drei Jahre lang seinen Herrn und Meister durch Galiläa und Judäa begleitet hatte. Jesus soll zu ihm einmal gesagt haben, dass er der Eckstein sei, auf dem die Gemeinde gebaut werde.

Es war so schön, bei diesen Gemeindeversammlungen zuzuhören. Meine einzige Sorge war, dass meine Herrin einmal auf den Gedanken kommen könnte, ihr Haus zu verkaufen und das Geld in die Gemeindekasse zu geben als Hilfe für die Armen. Das hatten einige begüterte Gemeindeglieder getan. Aber jetzt brauchten sie das Haus Marias als Versammlungsraum. So stellte sie ihr Eigentum doch auch für alle zur Verfügung. Außerdem gaben wir viel aus Küche und Keller den ärmeren Frauen mit auf den Heimweg.

Schon vor der Verfolgung durfte ich mit meiner Herrin am Sonntag zur Halle Salomos gehen. Da gab es gewaltige Predigten zu hören und Männer und Frauen, die wie Propheten sprachen. Manchmal wurden da auch Kranke geheilt. Die Großen der Juden waren wohl neidisch darauf, dass diese Gemeinde um die Jünger Jesu immer mehr wuchs, und dass die Jünger so wunderbare Kräfte in sich hatten. Sie wurden böse, vertrieben uns von unserem Versammlungsplatz und dachten sich Schlimmes gegen uns aus. Ich war ganz erschrocken. In unserer Gemeinde wurde doch nichts Schlechtes getan. Aber es war richtig, dass viele aus der Stadt flohen. Verfolger gingen von Haus zu Haus und suchten Anhänger und Mitglieder der Gemeinde. Als dann meine Herrin so tapfer war und ihr Haus für die restliche Gemeinde zur Verfügung stellte, bekam ich eine verantwortungsvolle Aufgabe. Sehr sorgfältig hängte ich Decken vor die Fenster, verriegelte nach jedem Besucher erneut die Tür, verstopfte alle Ritzen, durch die ein Lichtstrahl oder auch ein Ton nach draußen fallen konnte - aus Angst vor den Verfolgern. Ich fühlte mich verantwortlich dafür, dass keines der Gemeindeglieder, die Maria so gastfroh eingeladen hatte, in unserem Haus durch Verrat in Gefahr kommen sollte.

Als die zweite große Razzia gegen die Gemeinde in Jerusalem tobte, war niemand bei uns im Haus. Aber wir hörten von dem rauen Vorgehen der Verfolger, wussten, dass sie die Gefangenen auspeitschten, hörten vom gewaltsamen Tod des Apostels Jakobus und von der Gefahr, in der Petrus schwebte. Petrus war im Gefängnis und wurde auf Befehl von Herodes Agrippa besonders scharf bewacht. Hier konnte nur noch Gott, der Herr über alle Dinge, helfen. Die Gläubigen kamen. Wir beteten zu Gott, dem Vater Jesu Christi, der unser aller Vater ist, um Hilfe. Dazwischen sprachen einige von uns alte Weissagungen oder Abschnitte eines Psalms. Gerade als eine Frau betete: »Herr Gott, du bist unsere Zuflucht . . .«, hörte ich ein Pochen an der Haustür. Leise, um die anderen in ihrer Andacht nicht zu stören, verließ ich den Raum. Ich erwartete noch ein verspätetes Gemeindeglied.

Als ich den Türschlitz sachte einen Spaltbreit öffnete, war ich so erschrocken vor dem, was ich wahrnahm, dass ich vor ungläubigem Erstaunen etwas ganz Dummes tat: Petrus stand vor der Tür! Und ich dumme Magd knallte ihm die Tür vor der Nase zu und lief wie eine aufgeregte Pute in den Versammlungsraum. »Petrus steht vor der Tür!« rief ich.

Natürlich dachten sie alle, ich sei von Sinnen. Ich konnte es ihnen auch nicht übel nehmen. Wahrscheinlich sah ich ja so aus in meiner Verwirrung und freudigem Schreck. Es klopfte wieder, und alle liefen mit zur Tür.

Petrus war durch ein Wunder aus dem menschlich so gut abgesicherten Gefängnis herausgekommen. Gott hatte unser inständiges Gebet auf wunderbare Weise erhört.

Ich war stolz, zu dieser Gemeinde gehören zu dürfen. Ich fühlte mich wunderbar geborgen zwischen diesen Männern und Frauen und unter dem Schutz unseres allmächtigen Gottes.

Herr Gott, wir loben dich.
Herr Gott, wir preisen dich.
Herr Gott, wir danken dir.

Und ich danke Gott auch noch ganz persönlich, dass er meine Herrin Maria so reich gesegnet und beschenkt hat. Ich habe mich von Herzen mit ihr gefreut, dass ihr Sohn Johannes Markus später die großen Apostel begleiten durfte. Petrus hat ihn in einem Brief ganz liebevoll »mein Sohn« genannt (1. Petrus 5,13).

Eine gute Saat und eine reiche Ernte in dem Haus Marias.

125. Lois

2. Timotheus 1,5

Es ist heute auch nicht anders: Erst holt ein Landesherr einen fremden Volksstamm in sein Hoheitsgebiet, meist aus agrarökonomischen Gründen. Er verspricht ihnen, dass sie ihre Kultur erhalten dürfen und gibt ihnen dazu noch viel versprechende Privilegien. Oder aber er siedelt Menschen um. Auch ihnen verspricht er einiges, damit sie nicht vor der Umsiedlung schon den Aufstand proben.

Es mag Jahrzehnte mit diesen Privilegien klappen, doch dann geraten sie langsam, aber sicher in Vergessenheit. Hält ein fremder Volksstamm gut zusammen, vergrößert er sich stark, oder erwirbt er Besitz, werden Privilegien sehr schnell beschnitten.

Wir waren eine Minderheit. Vor zweihundert Jahren wurden einige tausend jüdische Familien in dem westlichen und inneren Kleinasien angesiedelt. Es waren jüdische Familien aus Mesopotamien, die nach der Babylonischen Gefangenschaft nicht mehr nach Palästina zurückgekehrt waren. Es wurde ihnen Land gegeben, zehn Jahre lang brauchten sie keine Erntesteuer zu zahlen, und die freie Religionsausübung wurde ihnen zugesagt.

Meine Vorfahren hielten treu zusammen, waren fleißig, dachten an ihr Heimatland Palästina und träumten von einer Pilgerfahrt zum Tempel in Jerusalem. Jedes Jahr zum Passafest machte sich ein kleiner Pilgerzug auf, um in dem ehrwürdigen Tempel Gott zu opfern.

Für Jerusalem wurden in der Gemeinde Gelder gesammelt, eine Art Tempelsteuer. Doch nicht immer gelangten die in die hoch gelobte Stadt. Als Kind hörte ich von meinen Eltern empörte Klagen, dass ein römischer Statthalter das gesammelte Geld einfach konfisziert hatte. Ja, so konnte es uns gehen – als Minderheit in einem fremden Land unter der »Protektion« einer anderen Macht.

Rund um das Mittelmeer lebten Angehörige unseres jüdischen Volkes in der Zerstreuung. Und dieses ganze Gebiet stand auch unter der Herrschaft des großen Römischen Reiches.

Wir wohnten in Lystra, einer Stadt auf der Hochebene von Lykaonien in Zentral-Kleinasien. Der Kaiser hatte der Stadt strategische Bedeutung für seine Kolonisationen beigemessen. Hier lebten Lykaonier, ein paar Römer, wenige Griechen und Juden. Die Stadt war hauptsächlich durch griechische Kultur und Sprache geprägt. Aber auch Götterstatuen, Säulen mit lateinischen Inschriften waren im Stadtbild zu sehen.

Wir Juden in Lystra hielten fest zusammen. Wir waren zu wenig für eine Synagoge. Aber jeden Sabbat blieben unsere Geschäfte geschlossen, ruhte jede Arbeit. Fast vollzählig trafen wir uns zum Gebet und zum Hören auf die Schrift. Wir waren voll Hoffnung auf die Ankunft des Messias, der uns nach Jerusalem führen und die heidnischen Römer aus der Heiligen Stadt treiben würde.

Sehr betrübt war ich, als meine Tochter Eunike einen Griechen heiratete. Das tut man nicht, schon gar nicht in der Diaspora, wo die Reinrassigkeit und Rechtgläubigkeit einer kleinen Gemeinde überlebenswichtig ist! Einige Gemeindeglieder erkannten diese Ehe dann auch nicht an. Eunike war eine Außenseiterin. Doch sie ließ sich nicht davon abhalten, am Sabbat weiter zu uns zu kommen. Es war ja auch für die jungen Leute in der Diaspora wirkich nicht leicht, den passenden Partner zu finden.

Vielleicht war es ein Zugeständnis an mich: Der kleine Sohn, mein Enkelsohn, wurde dann Timotheus genannt, was so viel heißt wie: »Ehre Gott« - ein griechischer Name! Doch er wurde nicht nach jüdischem Brauch beschnitten. Das hätte sein Vater nicht geduldet. Timotheus erhielt seine Grundausbildung in Griechisch.

Eunike und ich versuchten früh, ihm etwas von unserem Gott, dem Gott unserer Mütter und Väter, zu erzählen und von Mose und den Propheten. Dann starb der Vater, der griechische Mann meiner Tochter. Timotheus begleitete seine Mutter jetzt regelmäßig zu unseren Sabbatfeiern. Bei einem Treffen in der jüdischen Gemeinde hörten wir auch von dem Besuch zweier Männer. Die hatten in der Stadt einen Gelähmten geheilt. Diese Heilung erregte in Lystra großes Aufsehen. Haben die Götter den Olymp verlassen und Lystra besucht? Die heidnischen Priester kamen mit viel Volk und mit Opfergaben den beiden entgegen. Aber die Fremden verhielten sich nicht gerade wie Götter. Wie aufgeschreckte Sterbliche seien sie in die Menschenmenge gelaufen und hätten sich alle Ehrungen verbeten. Sie wollten das Evangelium verkündigen und die Menschen zu dem lebendigen, dem einen Gott bekehren.

Das waren Paulus und sein Begleiter Barnabas. Sie kamen dann in unsere Gemeinde. Paulus erzählte von Jesus, einem Mann aus Galiläa und wahrlich Gottes Sohn: Er sei ans Kreuz geschlagen worden, weil die Oberen der Juden die Gottessohnschaft nicht glaubten. Aber er sei von dem Tod auferstanden und hätte sich den Jüngern und einigen Frauen gezeigt. Zuletzt sei der Auferstandene ihm erschienen, der der geringste unter den Aposteln sei, weil er die Gemeinde Gottes verfolgt habe. So sei er vom Christenverfolger zu einem Christusbezeuger und Sammler von Christen geworden.

Er predigte bei uns in der Vollmacht Gottes, und es war wie ein Wehen des Heiligen Geistes unter uns. Die Augen und die Herzen wurden uns aufgetan. Wir glaubten.

Doch Paulus konnte nicht lange in Lystra bleiben. Juden aus Antiochien waren ihm gefolgt. Die hetzten die Lystraer auf. Und die, die die Apostel als Götter verehren wollten, steinigten den Paulus jetzt fast zu Tode. Voller Angst, denn eine Steinigung ist nach römischem Recht in der Stadt nicht erlaubt, schleppten sie den Halbtoten vor das Stadttor.

Wir sahen Paulus erst fünf Jahre später wieder. Trotz der bösen Erfahrung hier in Lystra kam er wieder in die Stadt und besuchte uns. Timotheus war inzwischen ein junger Mann geworden, der sich für unsere Gemeinde einsetzte. Er ging auch sofort Paulus zur Hand, stellte Fragen an ihn und erkundigte sich nach Auslegungen zu Abschnitten der Schrift, die er fleißig studierte. Als Paulus weiterzog, bat er Eunike, Timotheus mit ihm ziehen zu lassen. Eunike und ich willigten ein. Nicht nur weil wir die große Freude in Timotheus' Augen sahen, sondern auch vor eigener innerer Freude und Stolz. Unser Junge durfte mit dem großen Apostel ziehen, dem Jesus Christus nach dem Tode erschienen war! Es würde eine anstrengende, gefahrvolle Reise werden. Das konnten wir nur ahnen nach dem, was Paulus vor fünf Jahren hier in Lystra erlebt hatte, und allem anderen, was über ihn und von ihm selbst erzählt wurde.

Aber wir wussten beide auch in Gottes Hand.

126. Eunike

2. Timotheus 1,5

Wir wurden Christen durch Paulus, meine Mutter Lois, mein Sohn Timotheus und ich, seine Mutter Eunike. Der Auferstandene wurde auch unser Herr, und wir glaubten, dass er Gottes Sohn ist.

Ich ließ Timotheus gern als des Paulus Wegbegleiter mitziehen. Ich sah dies als große Auszeichnung und hohe Aufgabe in der Weitergabe des Verkündigungsauftrages.

Meine Mutter und ich blieben Stützen der Gemeinde in Lystra.

Wir erzählten in den Gemeindeversammlungen, wenn wir Nachrichten von Paulus und Timotheus erhielten.

Das großzügig ausgebaute Straßennetz, das die Römer für Transport und Nachschub ihrer Soldaten angelegt hatten, ermöglichte auch einen recht schnellen Nachrichtendienst. So brauchten Kuriere des Kaisers von Rom nach Palästina nur ungefähr fünfzig Tage. Die Handelsleute brauchten die doppelte Zeit. Nach jedem Tagesfußmarsch gab es ein Rasthaus und dazwischen auch noch Pferdewechselstationen. Eine solche war in unserer Nähe. Dort suchte und vernahm ich öfter Nachrichten, Andeutungen und Gerüchte über die Apostel. Dazu gab es in Lystra einen gelehrten Griechen, einen Freund meines verstorbenen Mannes, der mich bereitwillig in Geographie etwas unterrichtete. Ich malte mir in großen Zügen eine Landkarte und kreuzte die Orte an, wo Paulus oder Timotheus einmal waren.

Die ersten Einzeichnungen waren in Philippi, Athen und Ephesus. Von dort erhielten wir schnell Nachricht von Timotheus selbst, aber auch von durchreisenden Gemeindegliedern. Timotheus war sogar in Rom. Dann kam er wieder in unsere Nähe nach Ephesus, wo er die Gemeinde leitete. Nach Ephesus bekam Timotheus einen Brief von Paulus aus Rom. Wir kennen den Inhalt, denn Timotheus selbst hat ihn uns vorgelesen, als er während seiner Wirksamkeit hier in Kleinasien auch uns besuchen konnte. Ein Vers trieb mir die Tränen der Rührung und Dankbarkeit in die Augen. Ich habe den Inhalt behalten. Paulus schreibt »an meinen lieben Sohn Timotheus« und »ich erinnere mich an den ungeheuchelten Glauben in dir, der zuerst schon in deiner Großmutter Lois und in deiner Mutter Eunike wohnte, ich bin aber gewiss, auch in dir. Aus diesem Grund erinnere ich dich daran, dass du die Gnadengabe Gottes erweckst, die in dir ist durch die Auflegung meiner Hände. Denn Gott hat uns nicht gegeben den Geist der Furcht, sondern der Kraft und der Liebe und der Besonnenheit.«

Diese Zeilen des Paulus an meinen Sohn waren Balsam auf die trotz aller Bereitschaft immer wieder aufbrechende Wunde des Verlassenseins, während ich ihn doch im Dienst des Höchsten wusste, dem ich auch zu dienen suchte. Die Verwandten, besonders die meines verstorbenen Mannes, konnten es nicht verstehen, dass Timotheus für »einen Fremden« und nicht für mich sorgte. Doch ich lernte »loslassen« und wusste, dass der Herr mich festhielt.

127. Lydia

Apostelgeschichte 16,14ff.

Ich war Unternehmerin und hatte daran große Freude. Durch Erbschaft war eine Purpurfabrikation an mich gefallen. Herstellung und Verkauf von Purpur war von alters her das Monopol der Phönizier. Mein Großvater war einer von ihnen aus Sidon. Beim Aufbau von Handelsbeziehungen in Thyatira hier in Kleinasien lernte er meine Großmutter kennen.

Ich wurde in Thyatira geboren. Die Stadt hatte einen Ruf als Umschlagplatz für Purpur und dessen Weiterverarbeitung. Hier wurden kostbare und auch leichte Stoffe mit dem wertvollen Purpur eingefärbt. Die Stoffe, zum Teil auch Roben für Priester und Könige, gingen in alle Welt. Es war ein Beruf, der mir Freude machte, ein Gewerbe, das den Schönheitssinn einer Frau anreizt und sie unternehmerisch werden lässt.

Die Purpurstoffe kamen nach Philippi. Dort hatte ich Lagerhäuser und das Handelskontor des Stammhauses von Thyatira. Philippi hatte seinen Namen von Philipp von Mazedonien, dem Vater Alexanders des Großen. Ihren schnellen Aufschwung verdankte die Stadt reichen Goldminen, die aber zu meiner Zeit schon längst ausgebeutet und stillgelegt waren.

Nun, ich war auch nicht an Gold, sondern an Purpur interessiert. Die Purpurschnecken, aus deren Drüsenabsonderung die wertvolle Grundsubstanz des Farbstoffes gewonnen wird, kommen bis heute an der Küste Palästinas vor. Die Phönizier, die an dem Küstenstreifen im Norden Palästinas leben - zwischen Tyrus und Arwad -, haben den Purpur sehr früh zu nutzen gewusst. Nun - ich war froh, dass ich mit der mühsamen Gewinnung und Herstellung des Purpurs nichts zu tun hatte. Tropfen für Tropfen musste gewonnen werden. Wir erhielten den fertigen kostbaren Farbstoff, und unser Interesse lag am Färben und an neuen Farbkombinationen.

Für künstlerisches Arbeiten braucht man auch Muse. Der Einklang von Körper und Seele ist eine wichtige Voraussetzung für schöpferisches Schaffen. Das harte Handelsgeschäft mit Feilschen, Kalkulieren und Korrespondieren hier in Philippi überließ ich meinen Mitarbeitern. Das Geldgeschäft war wohl etwas sehr Wichtiges, aber für mich nichts Seligmachendes. Der Wert des Lebens lag für mich nicht im prallen Geldbeutel. Werte waren auch Schönheit, Kreativität, Gedankenreichtum, innere Ausgeglichenheit. Wo kamen sie her? Wo führten sie hin?

Die vielen fordernden Götter irritierten. Philippi war reich davon, wie wohl jede Stadt. Dazu kam, dass Philippi eine römische Kolonie war. Ein Trupp aktiver römischer Soldaten war hier stationiert. Doch dominierender im Denken der Stadt waren die vielen pensionierten römischen Offiziere, die hier mit ihren Familien lebten. Sie waren stolze Römer und hielten ihre römische Tradition hoch. Kaufverträge und zivilrechtliche Auseinandersetzungen ließen sie nur nach römischem Recht zu. Der Kaiser wurde neben ihren zahlreichen Göttern hoch verehrt. Dazu kamen unsere griechischen Gottheiten, die einheimischen Kultstätten der Bendis, des thrakischen Reiters; ägyptische Gottheiten wurden verehrt – es war ein Wirrwarr!

Interessiert war ich an dem Gott der Juden. Allmächtig sollte er sein – nun, das nahmen viele Götter für sich in Anspruch. Ein Schöpfergott sollte er sein, der alles erschaffen hat – also auch die Purpurschnecken, das Meer und mich.

In Philippi waren die Juden nur ein kleines Häufchen. Sie hatten wenig Ansehen, standen im Abseits. Nun – ich war eine freie Frau und niemandem Rechenschaft schuldig. Ich konnte mich dort orientieren und Gesellschaft suchen, wo ich wollte.

Die Juden hatten keinen richtigen Versammlungsraum, also keine Synagoge. Meist waren es auch Frauen, die sich zur Gemeinde hielten hier draußen in der Diaspora. Vielleicht fürchteten sich die Männer bei einem überzeugenden Eintreten für ihre Religion vor geschäftlichen Sanktionen.

Frauen hielten sich viel am Wasser auf. Hier wurde Wäsche gewaschen, gleich vom Boot wurden Fische gekauft und gesäubert, und so manches Glaubensgespräch wurde geführt. Am Wasser trafen sie sich auch am Sabbat zu kleinen Gebetsgemeinschaften und achteten sehr genau auf das, was vorgelesen oder erzählt wurde.

Ja, und da kam der Tag, den ich für mich als zweiten Geburtstag notiert habe. Zu der kleinen Gruppe von Frauen gesellten sich drei fremde Männer. Ein so genannter Apostel von Jesus Christus war darunter: der Apostel Paulus, dessen Namen ich von Handelspartnern schon gehört hatte, und seine Begleiter Silas und Timotheus. Paulus erzählte, dass er ein besonders gesetzestreuer Jude gewesen sei. Er habe geeifert und die verfolgt, die Anhänger von Jesus waren, den sie als Christus, den Gesalbten und Sohn Gottes ansahen. Aber Jesus Christus selbst sei ihm erschienen, und er hätte die Einzigartigkeit von Jesus Christus erkannt und zum Glauben an Jesus als Gottes Sohn gefunden.

Paulus sprach viel von der großen Freiheit, zu der Christus befreit hat, und von dem zukünftigen Reich Gottes, zu dem jeder Zutritt hat, der an Jesus Christus glaubt.

Ich hatte viele Fragen. Ich erhielt viele Antworten; Antworten, die mir eine neue Welt, einen neuen Sinn des Lebens aufschlossen. Ich lud die drei in mein Haus ein. Es gab viel zu lehren und zu lernen. Meine ganze Hausgemeinschaft ließ sich mit mir zusammen von Paulus taufen auf den Namen Gottes des Vaters und des Sohnes und des Heiligen Geistes. Das waren keine drei Götter, sondern die Dreieinigkeit des einen Gottes. Nach dem Eintauchen ins Wasser und dem Handauflegen von Paulus fühlte ich mich als neuer Mensch, als wiedergeborener Mensch, als ein Mensch mit einer neuen Sichtweise.

Die drei blieben in der Stadt. Sie besuchten die in der Zerstreuung lebenden Juden und luden sie des Abends in mein Haus. Der kleine schmächtige Paulus predigte mit Vollmacht. Ich spürte, er war von Jesus Christus selbst engagiert, Apostel zu sein.

In Philippi hatten wir eine arme kranke Frau, der man möglichst aus dem Wege ging, weil sie ungefragt einem etwas ins Gesicht schreien konnte. Sie war nicht mehr Herr ihrer Sinne. Geister hätten die Macht über sie, so sagte man. Doch die Frau wurde auch aufgesucht, weil ihre Aussagen für die Zukunft manchmal eingetroffen waren. Kluge Geschäftemacher hatten das sofort für ihre Zwecke ausgenützt und sie als Wahrsagerin benutzt. Als Paulus mit seinen Begleitern zu einer unserer Gemeindeversammlungen kam, trafen sie diese Frau. Sie schrie: »Diese Menschen sind Knechte des allerhöchsten Gottes, die euch den Weg des Heils verkündigen.« An folgenden Tagen suchte sie die Begegnung, folgte den Aposteln und schrie immer wieder: »Diese Menschen verkünden den Heilsweg Gottes.«

Nun war dies ja Wahrheit für mich und unsere Gemeinde. Es war das, was auch wir erkannt hatten. Doch aus dieser Magd schrie es heraus, ohne dass sie wusste, was sie damit tat. Wir waren in der römischen Koloniestadt. Das Heil brachte der römische Kaiser, wurde hier verkündet. Paulus erkannte, dass er hier in Philippi nicht mehr länger würde arbeiten können. Auf offener Straße heilte Paulus die von dem Wahrsagegeist besessene Frau im Namen Jesu Christi.

Ankläger des Paulus wurden nun aber nicht die römischen Patrioten, nicht die Kaisergläubigkeit, sondern die Geldgier. Die Geschäftemacher, die die Frau in ihre Dienste gestellt hatten, sahen sich plötzlich ihrer Einnahmequelle beraubt. Durch die Heilung war die Frau für ihre Zwecke nicht mehr zu gebrauchen. Erbost nützten sie die Judenfeindlichkeit der Leute in Philippi aus. Sie schleppten Paulus und Silas auf den Markt vor die Behörden der Stadt und klagten sie an: »Diese Menschen verkünden Ordnungen, die wir als Römer nicht annehmen dürfen.« Paulus und Silas kamen daraufhin nicht nur ins Gefängnis, sie wurden auch noch brutal ausgepeitscht.

Was Paulus mit der Heilung der Frau hatte erreichen wollen,

nämlich dass er weiter ungestört die Lehre von Jesus Christus in Philippi predigen konnte, war jetzt gänzlich zunichte gemacht. Einige von denen, die in meinem Haus zusammenkamen, wagten das auszusprechen. Wir mussten jetzt sehr vorsichtig sein, denn der Pöbel beobachtete nun die Juden erst recht.

Doch es war nicht so, wie wir - verschreckt, enttäuscht und kleingläubig - dachten. Gott hatte etwas noch Größeres, noch Effektiveres für die Verkündigung vor.

In der Nacht wurde Philippi durch Stöße eines Erdbebens erschüttert. Umgestürzte Mauern, breite Risse im Boden, erschrockene Menschen.

Zu Tode erschrocken war der Kerkermeister. Er ahnte Schreckliches. Die Gefangenen waren sicher alle aus dem zerstörten Gefängnis geflohen. Nach römischem Gesetz war er nun selbst des Todes. Dem Richter wollte er zuvorkommen. Er zog das Schwert. Da hörte er den lauten Ruf von Paulus: »Tu dir nichts an! Wir sind alle hier.« Der Kerkermeister muss sich wohl zitternd und hoffend mit der Öllampe einen neuen Weg gesucht haben über die zusammengestürzten Mauern zu dem vermeintlich sichersten Gewahrsam, den sie im Gefängnis hatten.

Paulus und Silas saßen da, friedlich und frei zwischen gesprengten Fesseln und Mauern. Vor so viel Größe, innerer Freiheit und Macht eines Gottes, der dies ermöglichte, konnte der Kerkermeister nur niederfallen und flehend fragen, was er für seine Rettung tun konnte. Paulus lud ihn ein zum Glauben an Jesus. Der Kerkermeister wollte mehr hören und bat gastfreundlich seine beiden Gefangenen in sein Privathaus. Voll Liebe und Mitleid wusch er ihnen die Striemen, die Folgen der Auspeitschung, vom Rücken. Und Paulus erzählte ihm und seinen versammelten Hausgenossen noch mitten in der Nacht von der Liebe Jesu Christi. Der Kerkermeister und alle, die zu ihm gehörten, ließen sich taufen. Sie wollten zu der Gemeinde der Christen gehören und die Liebe Christi weitergeben.

Große Freude muss bei dem anschließenden Gastmahl im Hause des Kerkermeisters geherrscht haben. Körper, Geist und Seele wurden auf wunderbare Weise gestärkt.

Das Haus war offen. Die Kunde von der großen Freude und Bekehrung da drinnen muss schon in den frühesten Morgenstunden durch die Stadt gelaufen sein. Als die Sonne am Himmel stand, erschienen Amtsdiener mit dem Auftrag des Stadtrichters: »Lass diese Menschen gehen!«

Was jetzt geschah, war für unsere Gemeinde von großer Bedeutung. Paulus zog nicht einfach weiter. Er wies voller Würde auf seine Rechte als römischer Bürger hin. Ohne Urteil sei er öffentlich geschlagen worden! Nicht heimlich, still und leise wolle er diese Stadt verlassen, sondern öffentlich mit allen Ehren, in Begleitung der Stadtoberen!

Als die Stadtältesten und Richter hörten, dass sie einen römischen Bürger ausgepeitscht hatten – darauf stand die Todesstrafe –, bekamen sie es mit der Angst zu tun. Sie eilten schnurstracks zum Hause des Kerkermeisters und baten demütig, Paulus und die Seinen mögen doch aus der Stadt ziehen.

Die Apostel gingen in ihrer Begleitung aus dem Haus des Kerkermeisters, machten einen Umweg zu meinem Haus, wo unsere Gemeinde im Gebet beisammen saß. Unbeschreiblich die Freude, als Paulus mit seinen Brüdern hereinkam und uns segnete!

Wir schlossen uns dem Zug an, der die Brüder zum Stadttor begleitete. Nun war allen öffentlich bekannt, wer zu der Gemeinde der Christen gehörte, und allen war auch klar, welche einflussreichen Freunde diese Gemeinde hatte: Unter ihnen war Paulus, der gebürtige Jude – ein Pharisäer, gläubiger Christ und römischer Staatsbürger!

Ich brauche keinem und keiner zu erzählen, dass wir in Philippi eine große Gemeinde wurden. Auch in den umliegenden Orten gab es Gemeindegründungen und Besuche hin und her.

Mit Paulus und seinen Gefährten blieben wir treu verbunden. Er nahm Anteil an unseren Sorgen und an unseren Freuden. Paulus beteiligte auch Frauen aus unserer Gemeinde an seiner evangelistischen Arbeit wie Evodia und Syntyche. Für sie erbittet er in seinem Brief an die Philipper Beistand. Sie waren ihm große Stützen. Deshalb war Paulus außerordentlich betrübt, als er schließlich von ihrem Zerwürfnis erfuhr. Sie hatten nicht einen kleinlichen Streit um Brotbacken oder Kindererziehung. Nein, sie waren in ihrem Eifer für die Sache Jesu in Streit geraten.

Syntyche war recht progressiv. Sie verlangte ständig Aktionen und überforderte damit die jungen Gemeinden.

Evodia erwartete mehr Sammlung und Gebet und Festigung in der Lehre von Jesus Christus. Die persönlichen Auslegungsarten der beiden in der Verkündigung und Nachfolge von Jesus Christus brachten natürlich auch Zündstoff in die Gemeinde von Philippi. Hart wurde diskutiert, und auch wir gerieten dabei aneinander.

In dem Sendschreiben, das Epaphroditus von Paulus als Gruß, Stärkung, Dank und Weisung unserer Gemeinde in Philippi brachte, legte er uns die Einigkeit besonders warm ans Herz. Evodia und Syntyche ermahnte er beide in gleicher Weise zu Eintracht und Frieden. Psychologisch klug redete er in seiner Mahnung beide je für sich besonders an, so dass keine sich über die andere erheben konnte und für sich verbuchen konnte, dass ihre Arbeit die richtigere war. Paulus ermahnte sie, »dass sie eines Sinnes seien in dem Herrn«. Diese Weisung gab natürlich auch wieder langwierige Auslegungen in unserer Gemeindeversammlung, was wohl damit alles gemeint sei. Der Brief von Paulus wurde ja immer und immer wieder vorgelesen.

Dieser Brief brachte uns Paulus sehr nahe. Das Schreiben wurde für uns eine Predigt, die wir Abschnitt für Abschnitt zu bedenken hatten.

Für mich war darin die Aufforderung zur Freude das Schönste. »Freuet euch in dem Herrn allewege, und abermals sage ich: Freuet euch! Eure Güte lasst kundsein allen Menschen! Der Herr ist nahe!« (Philipper 4,4–5)

Und der folgende Segenswunsch, der bis heute Bestandteil jedes Gottesdienstes ist: »Und der Friede Gottes, der höher ist als alle Vernunft, bewahre eure Herzen und Sinne in Christus Jesus.«

128. Priscilla

Apostelgeschichte 18

Mein Mann Aquila und ich sind weit Gereiste. Unsere Stationen waren Pontus am Schwarzen Meer, Rom, Korinth, Ephesus, wieder Rom und dann wieder Ephesus. Wir Juden leben und lebten in der Zerstreuung. Ihr hörtet das hier schon und erfahrt es auch weiter in den Medien. Aquila und ich sind in Kleinasien geboren. Wir stammen aus Pontus am Schwarzen Meer, wo wir uns in einer kleinen jüdischen Gemeinde kennen und lieben lernten.

Beide waren wir handwerklich geschickt und für Neues aufgeschlossen. Aquila war Zeltmacher, ein recht vielseitiger Beruf. In Pontus arbeitete Aquila in einem großen Betrieb, wo Zelttücher aus Ziegenhaar gewebt wurden. Sie wurden zumeist zu den flachen, länglichen Nomadenzelten verarbeitet, wie sie in dieser Gegend viel gebraucht wurden. Aber auch anspruchsvollere Zelte wurden hergestellt, besondere Frauenzelte oder Zelte für die Heerführer.

Durch die Freundschaft mit einem Centurio wurde Aquila die Möglichkeit geboten, nach Rom zu gehen, wo ständig eine Vielzahl verschiedener Zelte für die Ausstattung der römischen Armee gebraucht wurde. Wir fuhren per Segelschiff, auf dem sich Aquila als Segelflicker verdingte.

Wir siedelten nach Rom nicht nur wegen eines neuen, andersartigen Arbeitsplatzes um, sondern auch, um die dortige jüdische Gemeinde kennen zu lernen. Wir hatten gehört, dass vor hundert Jahren, als Palästina von den Römern erobert wurde, eine große Anzahl jüdischer Gefangener nach Rom gebracht wurde, die später aber fast alle freigelassen wurden. Die Nachkommen dieser Freigelassenen bilden den größten Teil dieser jüdischen Gemeinde.

Rom war überwältigend. Wir merkten schnell, dass die Römer nicht nur Länder eroberten und die Menschen als Gefangene in die Stadt schleppten; sie brachten auch die Götter der unterworfenen Völker mit nach Rom. Eine Vielzahl von Tempeln war zu sehen, die den verschiedensten Gottheiten geweiht waren. Rom war voller Pracht und gleichzeitig voller Armut.

Kaiser Augustus hatte Rom aus einer Ziegelstadt in eine Marmorstadt verwandelt. Monströse Bauten aus weißem und rotem Marmor demonstrierten den Reichtum und die Macht des römischen Reiches. Wie viele Sklaven mögen hier in der Sonnenhitze Roms an diesen schweren Marmorstücken geschuftet haben! Jetzt flanierten oder eilten hier Offiziere vorbei, erkenntlich an ihrer übergeworfenen Toga, die mit schmalen Purpurstreifen betresst war. Dazwischen auch mal ein Senator in Tunika mit breiteren Purpurtressen.

Die Römer verstanden viel von Baukunst. Voll Staunen standen wir vor prächtigen Kuppeln und Bögen. Wie konnte nur so etwas halten? Bei uns gaben nur biegsame Zeltstoffe, wie Gewebtes oder Ziegenleder, so etwas her. Die Römer, so hörten wir, hatten einen besonderen Mörtel geschaffen, mit dem sie Steine in Wölbungen zusammenfügen konnten.

Doch trotz aller architektonischen Möglichkeiten konnten sich nur wenige Römer ein eigenes Haus leisten. Die Masse lebte in Häuserblocks von bis zu sechs Stockwerken. Für uns aus Kleinasien sah das recht gewaltig aus. Doch welche Lebensschwierigkeiten musste es darin geben. Die teuersten Wohnungen lagen unten. In den oberen Stockwerken zu wohnen war Mühsal und Plackerei. Rom war berühmt wegen der Wasserleitungen und Bäder. Doch in die oberen Etagen kam kein Wasser. Mühsam musste es heraufgetragen werden. Das Schmutzwasser wurde durch die Fensteröffnung nach unten befördert. So sah der andere Teil Roms aus: überfüllt, schmutzig, stinkend.

Durch die römischen Eroberungen kamen neben den Kriegsgefangenen viele billige Arbeitskräfte nach Rom. Dazu gesellte sich eine große Anzahl von Kleinbauern. Die Familien der Soldaten konnten bei der langen Abwesenheit ihrer Männer die Höfe nicht halten. Verarmung der Bevölkerung durch die siegreiche Armee! Eine Umverteilung von Gütern. Ein Prassen der Kriegsgewinnler und Reichen mit ausschweifendem, exzentrischem Leben, auf der anderen Seite ein Verlangen nach dem Lebensnotwendigen.

Und dabei gab es so viel zu kaufen in Rom! Bei entsprechendem

Geldbeutel waren alle Güter dieser Welt hier zu haben, von den exotischsten Düften und Früchten bis zu den kostbarsten Purpurstoffen aus Wolle oder Seide, kunstvolle Alabastergefäße, Korallen und Perlen. Das Geld wurde für importierte Luxusgüter ausgegeben; die Masse der Bevölkerung hatte nichts davon.

Zur jüdischen Gemeinde gehörten außer den Freigelassenen auch Händler, einige wenige Beamte, Handwerker und viele verarmte Familien. Sie hatten Rabbinen, die schon über ein Jahrzehnt dort lehrten, und erhielten viel Besuch von durchziehenden Lehrern.

Im Jahre 49 kam ein großes Unglück über die jüdische Gemeinde. Kaiser Claudius gebot, dass alle Juden Rom zu verlassen hatten. Aquila und ich packten die Sachen, ließen erworbenen Grundbesitz zurück und zogen wieder gen Osten.

Wir landeten in der Hafenstadt Korinth, die ein wichtiger Knotenpunkt des Handels von West und Ost war. Auch Korinth war eine Weltstadt, schön gelegen auf zwei Terrassen am Fuße des Burghügels und mit weitem Blick über beide Meere. Hier wollten wir erst einmal bleiben. Arbeit fand Aquila genug. Er webte und nähte die Zelte zu Hause, und ich half ihm dabei. Auch Zelte aus Ziegenleder und Häuten fertigte er jetzt.

Auch in Korinth empfanden wir den krassen Gegensatz von Reich und Arm. Zwei Drittel der Bevölkerung waren hier Sklaven. Sie waren es geworden durch Verschuldung, durch Entführung und Verkauf oder schon durch Geburt, weil die Eltern bereits Sklaven waren. Auch eine große Zahl Kriegsgefangener war darunter.

Nach römischem Gesetz war der Sklave eine Ware. Er konnte wieder verkauft werden, und so konnte er mehrere Besitzer nacheinander haben. Viele Sklaven wurden brutal behandelt, die Haussklaven dagegen oft sehr gut.

Die Sittenlosigkeit Korinths stand der Roms nicht nach. Was war nur los in der Welt?

Aquila und ich hatten uns lieb. Wir führten eine gute Ehe. Wir aßen und schliefen zusammen, wir arbeiteten und diskutierten zusammen, wir planten und organisierten gemeinsam. Waren wir eine

Ausnahme? Irgendetwas fehlte in der Beziehung zwischen Mann und Frau, das sie auszufüllen versuchten und dabei in Ausschweifungen und Exzesse gerieten. Dazu kam hier in Korinth eine blühende Tempelprostitution. Hunderte von Priesterinnen stellten sich in der Verehrung der Aphrodite zur Verfügung, deren Tempel sich imposant über der Stadt erhob.

Wir waren noch dabei, Freunde zu suchen, als uns ein besonderer Gast ins Haus wehte; ich würde jetzt sagen: von Gott ins Haus geschickt wurde. Es war Paulus, ein Zeltmacher wie Aquila. Paulus war noch mehr: Er war auch Jude wie wir – dazu Pharisäer und Schriftgelehrter.

Paulus blieb nicht nur unser Gast, er wurde unser Arbeitskamerad und ein intelligenter Gesprächspartner. Ich verließ kaum noch die Werkstatt. Hier war es interessant! Denn Paulus war nicht nur Schriftgelehrter, er war auch Apostel – Gesandter von Jesus Christus, Gottes Sohn, der ihn zum Apostel berufen hat, das Evangelium zu verkünden. Es gab viel Neues zu hören, zu bedenken, zu verwerfen, wieder zu hören, zu akzeptieren, zu diskutieren und zu glauben. Paulus liebte das Gespräch mit uns, mit Aquila und mir.

Am Sabbat ging er mit uns in die Synagoge, lehrte und überzeugte Juden und Griechen. Doch als er Jesus Christus bezeugte, widerstrebten viele aus der jüdischen Gemeinde und lästerten. Andere wieder, wie der Vorsteher der Synagoge, ließen sich mit ihrem ganzen Haus taufen.

Paulus blieb lange in Korinth. Bei allen Schwierigkeiten und Widrigkeiten gegen seine Mission fühlte er sich gestärkt durch eine Erscheinung, die er eines Nachts hatte: »Fürchte dich nicht, sondern rede und schweige nicht! Denn ich bin mit dir, und niemand soll sich unterstehen, dir zu schaden; denn ich habe ein großes Volk in dieser Stadt.« Wir kamen überein, dass das eine sehr mutmachende Verheißung sei.

Aquila und ich halfen Paulus. Wir diskutierten mit Juden und Heiden, versuchten zu überzeugen, legten selbst Zeugnis ab. Paulus war uns ein großer Lehrmeister. Eineinhalb Jahre hatten wir ihn in nächster Nähe und konnten rückfragen und durch provozierendes

Diskutieren eine Menge lernen. Seine Sprache war eine eigenartige Mischung von Klarheit und Hintergründigkeit, von Düsterem und viel Licht. Wir wuchsen im Glauben an Jesus Christus und erkannten die ungeheure Bedeutung seiner Heilsbotschaft.

Paulus fühlte sich offensichtlich wohl bei uns. Jesus Christus hatte ihm ein schweres Amt auferlegt: entbehrungsreiche Reisen für die Verkündigung der frohen Botschaft, Gefahr für sein Leben, Anfeindungen, Anklagen, Gefängnis. Die Zeit bei uns versuchten wir ihm so schön wie möglich zu gestalten. Er sollte neue Kraft schöpfen.

Menschen nach uns haben sich oft den Kopf zerbrochen über Aquila und mich, über unser Verhältnis zur Botschaft von Jesus und zu Paulus. Die Tatsache, dass ich als Frau oft vor Aquila genannt wurde, versuchten kluge Leute so zu erklären, dass ich die aufgewecktere, die agilere wäre und in der Verkündigung mehr geleistet hätte. Ich möchte dem mit aller Klarheit widersprechen. Das Geheimnis unserer Ehe war die gute Partnerschaft. Wir taten alles gemeinsam und wohl auch gleich gut. Und das Geheimnis um mich ist die gut situierte Stellung einer Ehefrau.

Frauen, die wie ich in der Verkündigung mitarbeiteten, gab es viele. Ich arbeitete mit ihnen zusammen in Korinth und lernte sie später in Ephesus und Rom kennen. Nur hatten viele von ihnen ein Handicap. Nicht in ihrer Arbeit; sie waren gute Zeuginnen und Verkündigerinnen. Doch wer hatte schon das ungeheure Glück wie ich, einen Mann zu haben, der wie ich dachte und wie ich arbeitete und mir keine Steine in den Weg legte, sondern mich anspornte? Ehefrauen, die in der Nachfolge Christi mitarbeiten, ohne von ihrem Mann gestützt oder unterstützt zu werden, haben es schwer. Und dann die Alleinstehenden und jungen Witwen – wie wurden sie beäugt, was wurde von ihnen alles erwartet! Gastfreundschaft im Sinne Jesu, beten und Gutes tun sind Tugenden, die man ihnen gern zugesteht. Aber wenn solch eine Frau begann, ihren Glauben zu bezeugen, und über die Menschwerdung des Christus sprach, kam sie oft in das Kreuzfeuer der Kritik. Nicht so sehr in unserer Zeit, denn ich kenne eine Reihe von Witwen, die in Glaubensfragen gern als Gesprächspartnerinnen aufgesucht wurden. Doch später wurden Frauen in der Verkündigung gern in die Versenkung gebracht. Sicher – unsere christliche Lebensführung muss einer Nachprüfung standhalten können. Das ist schwierig und bei Alleinstehenden häufig noch schwieriger, wenn sich diese auf Außenposten befinden, etwa Mägde bei Heiden sind oder Sklavinnen in der Fremde! Priscilla, die Ehefrau Aquilas, war da etwas »Reelleres«. Darum wohl meine verhältnismäßig unangefochtene Stellung. Paulus mag sich auch wegen unseres intakten Ehelebens bei uns wohlgefühlt haben und brauchte keine Kritiker unserer Freundschaft zu fürchten, die sonst vielleicht seiner Lehre geschadet hätten.

Als Paulus weiterzog, begleiteten wir ihn. Es war eine aufregende Seefahrt mit einem nicht ganz seetüchtigen Schiff. Paulus und Aquila hatten zusammen mit dem Bootseigner und einer Handvoll Sklaven viel Mühe, das Schiff auf gutem Kurs zu halten. Ich half das hereinschwappende Wasser wieder hinauszubefördern. Wir landeten reichlich abgekämpft und ausgezehrt in Ephesus, der Hauptstadt der Provinz Asia. Wir fanden dort eine neue lohnende Aufgabe. Doch Paulus trieb es bald weiter. Aquila und ich blieben.

In der Synagoge lernten wir einen schriftkundigen Mann mit Namen Apollos kennen, der dort in angenehmer und beredter Art lehrte. Er kam aus Alexandria, der ägyptischen Großstadt, die wegen ihrer Gelehrsamkeit berühmt war. Zu unserer Freude lehrte er im Geist Jesu Christi. Doch wir spürten Lücken. Seine Lehre kam uns verkürzt und irgendwie unklar, unvollständig vor. Und dann wussten wir's: Ihm fehlte, was auch uns gefehlt hatte, bevor Paulus zu uns gekommen war. Wir luden ihn ein in unser Haus, erzählten behutsam von unserem Apostelfreund und dem, was uns Paulus offenbart hatte.

Apollos war kein hochnäsiger Wissenschaftler. Er sah nicht auf uns Handwerker herab. Er war begierig zu hören, zu verarbeiten, weiterzugeben. Wirklich – er war Schüler, während wir bei unserer Zeltnäherei von den Diskussionspunkten und Lehrstücken des Paulus berichteten.

Apollos war ein vorzüglicher Rhetoriker und wurde ein wahrer

Reichtum für die Gemeinde Christi. Auch in Korinth tat er später eine segensreiche Arbeit. Er führte dort das Werk des Paulus weiter.

Paulus freute sich von Herzen, als er von Apollos und seinem Hören in unserer Werkstatt erfuhr. Nur wenige Monate später kam er nach Ephesus zurück. Er fand in unserer Werkstatt eine große Hausgemeinde vor, die wir unter dem Wort gesammelt hatten. Sie hatten mit Apollos und uns diskutiert. Sie waren gläubig geworden. Sie beteten mit und hörten auf das, was wir zu erzählen wussten.

Paulus ging nun wieder in die Synagoge und predigte von Jesus. Drei Monate ging das mehr oder weniger gut, dann erhoben und empörten sich die Juden. Alle, die Jesus Christus als Gottes Sohn erkannt hatten und mehr von Paulus hören wollten, trennten sich deshalb von der jüdischen Gemeinde. Wir trafen uns weiter in Hausgemeinden bei uns und bei anderen und gaben Rede und Antwort. Paulus sammelte eine größere Zuhörerschaft im öffentlichen Lehrsaal des Tyrannus. Er gewann viele für Christus; aber viele widersprachen ihm auch. Doch durch die dauernden Auseinandersetzungen erstarkten wir nur. Gerade unsere Hausgemeinde wurde eine Quelle der Kraft und Stärke. Es wurde eine Zeit vertiefter Erkenntnis und Klarheit, diese fast drei Jahre, die Paulus bei uns in Ephesus lebte.

Wir bekamen auch Nachrichten von anderen Gemeinden in Mazedonien oder Kleinasien. Gemeinden, die Paulus oder seine Freunde gegründet hatten.

Zwei Sklaven aus der Hausgemeinde von Chloe aus Korinth besuchten uns. Sie brachten uns Nachricht von Apollos' Arbeit, aber auch von dem Religionsstreit, der in der Gemeinde ausgebrochen war.

Bei uns zu Hause diktierte Paulus seinen Brief an die Gemeinde in Korinth und bat sie um Eintracht und Frieden.

Wir in Ephesus gerieten schließlich auch in echte Bedrängnis und sogar Lebensgefahr. Als unser Zeugnisgeben zu sehr beschnitten wurde, zog Paulus weiter, und wir schifften uns nach Rom ein.

Wir wollten nach dem sehen, was wir zurückgelassen, und mitnehmen, was wir an geistiger und geistlicher Kraft erworben hatten.

Ich möchte nur zum Schluss noch sagen, wie viel Freude es macht, sein Haus für die frohe Botschaft zu öffnen. Welch reiches Leben, wieviel Erkenntnis, wie viele Freundschaften, wie viel Licht . . .

129. Chloe

1. Korinther 1,11

Ich lebte in Korinth und war auf der Suche nach dem Sinn des Lebens. Der Zeltmacher Aquila und seine Frau Priscilla waren mir wohl bekannt. Einige Male war ich in ihrem gastlichen Haus. Durch Paulus bin ich dort der neuen Lehre begegnet. Ich habe viel darüber nachgedacht.

Klarheit habe ich erhalten, als die Zeltmachersleute schon lange die Stadt verlassen hatten. Ich erhielt sie durch Apollos, einen beredten Mann, der hier in Korinth predigte. So wurde ich Glied der christlichen Gemeinde und mit mir zwei unserer Haussklaven.

Leider kam dann jedoch bald eine Zeit, in der unsere junge und noch nicht gefestigte Gemeinde sehr irritiert wurde. Da waren einige, die meinten, Apollos würde die Botschaft von Christus anders auslegen als Paulus. Beide Richtungen bekamen Anhänger. Zugereiste hatten wieder von Petrus gehört und fühlten sich dem großen Judenapostel näher. Alle stritten miteinander und gegeneinander. Sie verhärteten sich und kontrollierten sich gegenseitig. Sie zerrten ihre Streitigkeiten sogar vor die heidnischen Gerichte. Das war nicht gut!

Ich empfand es auch als großes Durcheinander. Wir wussten alle nicht mehr ein noch aus.

So schickte ich kurz entschlossen meine zwei Sklaven nach Ephesus, wo ich Paulus wusste. Ein neu gekaufter Sklave hatte es mir erzählt. Mein Mann hatte ihn gerade von dem großen Segelschiff geholt, das im Hafen von Kenchreä lag mit Menschen vom Sklavenmarkt in Ephesus.

Ja, und dann kam der Brief des Paulus. Und er traf den Nagel auf den Kopf. Er wurde in der Gemeinde vorgelesen. So wussten nun alle, dass ich ihm geschrieben hatte.

Zuerst fühlte ich mich wie ertappt. Dann aber wurde mir bewusst, dass dieser Brief des Paulus ja gar nicht nur unsere Probleme in Korinth ansprach, sondern sicher die Nöte vieler Gemeinden; und so begann ich, diesen Brief wieder und wieder zu studieren und lernte ihn fast auswendig, so wichtig erschien er mir. Und wirklich: Er half uns!

130. Phöbe

Römer 16,1-2

Ich war eine der allein stehenden Frauen, eine verhältnismäßig junge Witwe. Mein ererbtes großzügig angelegtes Grundstück lag in Kenchreä, dem östlichen Hafen von Korinth. Ich war wohlhabend. Das soll genügen, weil es nicht das Wichtigste für mich war. »Die soll wieder heiraten!« hörte ich oft. Oder: »Warum redet sie so viel?« und »Ihre Kleidung könnte weniger auffällig sein.« Alles typische Eingriffe in die Intimsphäre einer allein stehenden Frau. Eine junge Witwe wirkt auf viele wie ein Ausdruck von weiblicher Autonomie. »Das geht doch nicht, die muss wieder unter männliche Ordnung gestellt werden. Sonst erleben wir bald, wie Unordnung bei ihr einkehrt« - entweder ein Mann oder die Unordnung. Damit meinten sie so etwas wie moralischen Verfall.

O weh, hört auf! Ich ließ mir ein dickes Fell wachsen. Ich tat wenigstens so, als ob ich über diesem Gerede stände. Doch in Wahrheit hat mich das sehr genervt und verletzt.

Ich suchte mir bewusst einen neuen Weg. In der Gemeinde in Kenchreä sah ich Aufgaben. Dort konnte ich meine Kräfte einsetzen, wo ich gern wollte, und wo ich gebraucht wurde. Ich konnte mich entfalten. Ich tat mein Bestes. Mir wurde etwas zugetraut. Eine große, neue Erfahrung.

Zuweilen lief ich auch die fünfzehn Kilometer, wo ich die Gemeinde in Korinth versammelt wusste. Dort waren öfters lehrende Gäste, die Grüße von anderen christlichen Gemeinden brachten und von dem Leben dort erzählten. Es wurde davon gesprochen, wie sie sich organisiert hatten, wie sie in der Nachfolge Christi arbeiteten, in der Lehre, der Prophetie, der Armenhilfe und der Krankenpflege.

Langsam begann ich mich für die neue Lehre zu erwärmen und sie zu verinnerlichen. War ich anfänglich nur aus dem Drang, mich zu betätigen, zur Gemeinde gestoßen, so packte mich doch jetzt immer mehr das Eigentliche dieser Glaubensgemeinschaft.

In Kenchreä erzählte ich von dem weiter, was ich in Korinth hörte, und half, wo es bei uns nötig war. Auf den Wegen begleitete mich meine junge Freigelassene. Das Leben in unserer Hausgemeinschaft veränderte sich durch die Botschaft von Jesus Christus. Freie und Sklaven? In Christus waren alle frei. Ich musste und wollte mein Verhalten ändern. Die Sklaven erhielten von mir jetzt frei für unsere Zeit der Gemeindeversammlungen. Sie durften zuhören und auch ungefragt mitreden. Etwas ganz Neues in Kenchreä! Wir hatten in unserer Gemeinde bald Zulauf von Sklaven aus verschiedenen Ländern. Wenn sie ihr Tagwerk getan hatten, kamen sie gern zu uns. In der Gemeinde sammelten sich auch Deserteure von den Schiffen, Freigelassene und ab und zu eine Witwe. Die meisten waren Heiden gewesen mit jenen Ängsten vor all den nicht zufrieden gestellten Göttern, die ihnen mit gehörigem Druck im Nacken saßen.

Ich arbeitete bald nicht nur in der Gemeinde, sondern auch übergemeindlich. Was eröffneten sich mir da für Verbindungen! Ich konnte raten, beraten, Adressen weitergeben für Hilfeleistungen und sichere Gastfreundschaft. Konnte Rechtshilfe denen anbieten, die fremd waren und kein Bürgerrecht hatten.

Paulus wusste von mir, vielleicht durch Reisende, die einmal in unserer Gemeinde zu Gast waren, vielleicht auch durch die Sklaven meiner Freundin Chloe in Korinth.

Paulus gab seinen jungen Freunden und Mitarbeitern Timotheus und Titus meine Adresse. Wenn sie etwas nötig hätten nach der Landung oder vor der Abfahrt der Schiffe, sollten sie sich bei mir melden. Titus hat die zerstrittene Gemeinde in Korinth zur großen Freude und Erleichterung für viele wieder einigen können.

Dann war Paulus im Winter 55 bis 56 selbst in Korinth. Das war eine gute Zeit der Glaubensstärkung und Wissensvermittlung. Paulus schrieb in dieser Winterzeit viele Briefe, um die jungen Gemeinden überall in der Nähe und Ferne zu stärken. Er wusste, wie nötig diese Briefe waren. Die jungen Gemeinden brauchten weiter Anleitung zur Glaubensstärkung, um den falschen Lehren aussagekräftig begegnen zu können. Im Frühjahr sollten die Boten diese Sendschreiben überbringen.

Für Rom wurde ich, die Diakonin, von Paulus für würdig befunden, Botin zu sein. Mir klopfte das Herz. Ich zierte mich nicht. Ich war stolz und zeigte es nicht.

Ich packte meine Sachen. Doch zuvor ließ ich mir den Brief ein paar Mal vorlesen. Ich spürte, es war ein so wichtiger Brief. Ich wollte ihn mir richtig einverleiben. Falls mir der Brief entrissen werden sollte, wollte ich selbst wenigstens mündlich Botschafterin sein.

Doch der Brief durfte nicht verloren gehen! Ich begriff die Wichtigkeit dieses Schreibens. Da stand ja die ganze Lehre drin! Ja, ich kannte den Wert dieses Schreibens, das ich bei mir führen würde. Der Adressat, die Gemeinde in Rom, musste es erhalten! Paulus nähte mir aus Segeltuch einen Brustbeutel, in den der Brief verstaut wurde. Tag und Nacht würde ich ihn an meinem Körper tragen.

Und dann: Welch großartigen Ausweis führte ich mit mir: »Ich empfehle euch aber unsere Schwester Phöbe, die eine Dienerin der Gemeinde von Kenchreä ist, damit ihr sie aufnehmt in dem Herrn, der Heiligen würdig, und ihr beisteht, worin immer sie euch braucht; denn auch sie ist vielen ein Beistand gewesen, auch mir selbst!«

»Meine Schwester« hat Paulus mich genannt, mich ausgewiesen als eine, die mit allen verbunden ist, die in lebendigem Glauben an

Jesus hängen. Oh, wie mich das freute! Verbundenheit in lebendigem Glauben an Jesus kann sich in vielfacher Weise ausdrücken. Die Einheit war gegeben durch das Grundmotiv des Glaubens und der Nachfolge.

131. Die vier Töchter des Philippus

Apostelgeschichte 21,9

Es hilft nichts. Wir können uns nur durch unseren Vater ausweisen: Philippus, »der hatte vier Töchter, die waren Jungfrauen und weissagten«.

Die fünf Töchter des Zelofhads aus dem jüdischen Teil der Heiligen Schrift haben wenigstens noch Namen. Wir finden das beachtenswert, und damit sie nicht auch in Vergessenheit geraten, wollen wir hier noch einmal ihre Namen nennen: Machla, Noa, Hogla, Milka und Tirza waren die Töchter Zelofhads, die sich so erfolgreich für die Frauen einsetzten, dass Israel durch sie das Erbrecht für Frauen erhalten hat (4. Mose 27). Die fünf Töchter des Zelofhads waren die ersten Frauenrechtlerinnen, wir vier Töchter des Philippus waren Prophetinnen, geistbegnadete Frauen.

Unser Vater war einer der ersten sieben Armenpfleger in der frühen christlichen Gemeinde in Jerusalem. Nachdem sein Kollege Stephanus zu Tode gesteinigt worden war, arbeitete er als Evangelist. Er verkündete die frohe Botschaft von Jesus Christus; predigte das Evangelium. Er taufte, heilte, trat gegen Zauberei auf und war ständig unterwegs von Asdod bis Cäsarea.

Dies ist unser biologischer Ausweis, unsere Herkunft. Der Vater in der Mission draußen, die Mutter als Bewahrerin und Verkünderin des Glaubens für die ihr Anvertrauten: der Familie, ihren vier Töchtern. Durch unsere Eltern wurde das Samenkorn des Glaubens in uns gelegt.

Aber unser Ausweis als Prophetinnen ist das Pfingstereignis und der Spruch unseres großen Prophetenbruders Joel: »Und nach diesem will ich meinen Geist ausgießen über alles Fleisch, und eure Söhne und Töchter sollen weissagen, eure Alten sollen Träume haben, und eure Jünglinge sollen Gesichte sehen. Auch will ich zur selben Zeit über Knechte und Mägde meinen Geist ausgießen« (Joel 3,1–2).

Und so war es. In der Jerusalemer Gemeinde und in den Hausgemeinden ringsum taten sich die Münder auf zum Lobpreis Gottes, zur Absage des Götzendienstes, zur Verkündigung der Gotteskindschaft, der Menschwerdung Christi und dem Sieg über den Tod. Dazwischen Gebete und Lesungen. Aber immer wieder unterbrochen durch spontane, prophetische Rede.

Die Propheten und Prophetinnen waren nicht geistesabwesend, sondern bei klarem Bewusstsein. Sie konnten sofort aufhören mit ihrer Rede, sobald ein anderer eine Offenbarung hatte und zu sprechen begann. Die Prophetie war eine Geistesgabe, die von Gott gegeben war zur Erbauung der Gemeinde. Durch die prophetische Rede sollte der Heilsplan Gottes mit der Welt, mit der Gemeinde und dem Einzelnen bezeugt werden.

Ich weiß, viele mutet das jetzt eigenartig an, alle, die nur den später geregelten »ordnungsgemäßen« Gottesdienst kennen mit einem ordinierten Theologen, mit fester Liturgie: Bekenntnis, Lesung, Predigt, Psalm und Gebet. Aber auch heute gibt es in der weiten Welt noch christliche Gemeinden, in deren Gottesdiensten Menschen das reden, was ihnen der Heilige Geist eingibt. Zu einer gelesenen oder auswendig vorgetragenen Schriftstelle geben sie voll innerer Ergriffenheit einleuchtende und einprägsame Einsichten oder Zeugnisse weiter. Das Priestertum aller Gläubigen wird dort ähnlich wie in den urchristlichen Gemeinden praktiziert.

Unsere »Prophezeiungen« standen in enger Verbindung mit unseren Gebeten. Ja, oft war unser »Prophetendienst« in unseren Versammlungen nur ein frei gesprochenes Gebet, das die Gemeinde mit ihrem Amen bekräftigte. Wir verkündigten auch, was Gott von den Menschen getan haben will. Wir Propheten ermahnten die Verdrossenen und Lebensmüden. Wir trösteten die Traurigen und

Angefochtenen. Wir stärkten die Gemeinden in ihrem Zusammenhalt und im Erkennen der Gotteserweise.

Meine drei Schwestern und ich galten als die Prophetinnen von Cäsarea. Wir beteten frei, während die gewählten Gemeindevorsteher die vorgeschriebenen Gebete sprachen. Zuweilen sangen zwei meiner Schwestern auch ihre Offenbarungen. In Cäsarea war unser ständiger Wohnsitz und Dienst in der Gemeinde. Doch manchmal zog eine oder es zogen mehrere von uns mit unserem Vater und unterstützten ihn in Mission und Gemeindeaufbau bis nach Kleinasien hin. Längere Zeit taten wir dort Dienst in Hierapolis, in der Nähe von Kolossä. Dies war eine wundervolle Stadt. Nach der anstrengenden Seelsorge- und Verkündigungsarbeit erholten wir Frauen uns in den heißen Quellen und erfreuten uns an dem sprudelnden Wasser, das in Kaskaden über bizarre Tropfsteinterrassen stürzte.

Als Paulus nach seiner dritten Missionsreise in Phönizien landete, besuchte er uns in Cäsarea und war für einige Zeit unser Gast. Er kam zu unseren Zusammenkünften, lehrte mit Vollmacht und erzählte von den neu gegründeten Gemeinden in Kleinasien und Europa. Paulus hatte Freude an unserer Gemeinde und an unseren Gottesdiensten. Für Paulus ist Geistesgabe jede Begabung, die zum Aufbau der Gemeinde verwendet wird, sei es in den diakonischen Diensten oder in der Rede. Wohl sah er besondere Stellungen und Aufträge als nützlich an, doch nicht eine Teilung in Klerus und Laien. Er freute sich an dem Priestertum aller Gläubigen und an dem vielfältigen Einsatz ihrer Kräfte und Gaben. Männer und Frauen, alle Heiligen sind in Christus gleichgestellt und gerade dazu freigemacht, dass jeder mit seiner von Gott geschenkten Fähigkeit mitarbeitet.

Und so arbeiteten wir auch in Cäsarea. Dienst war alles, was aufbaut. Jeder leistete seinen, jede ihren Beitrag zum Wohle der Gemeinde und zur Ehre Gottes.

Paulus gab der Prophetie den Vorzug vor allen Geistesgaben. Er wusste, ein echter Prophet Gottes redete nicht, was er erdacht hatte, sondern was Gott ihm offenbarte. Auf dem Fundament der Apostel und Propheten ruht die Kirche. Paulus war sehr freundlich mit uns vier Schwestern. Wir führten gute, aufbauende Gespräche miteinander. Wir kamen dabei überein, dass wir in Verzückung geratene Erleuchtete als Propheten ablehnten, wenn sie den nüchternen Boden des Glaubens verliessen und die Gemeinden nur in Verwirrung stürzten.

Bei uns und in den Nachbarorten traten immer wieder falsche Propheten auf. Sie mieden die Gottesdienste aus Angst, durch die Beter entlarvt zu werden. Aber auf den Marktplätzen und bei den Brunnen hielten sie oft mit gefärbten Haaren, geschminkt und herausgeputzt ausschweifende und überhebliche Reden. Sie ließen sich wie Wahrsager ausfragen und ließen sich gut bezahlen. Dinge, die für uns vier Frauen gar nicht in Frage kamen, aber auch nicht für die uns bekannten Prophetenbrüder.

Die falschen Propheten machten uns sehr zu schaffen, zumal wenn sie mit Zauberei und Scharlatanerie die Leute lockten und blendeten. Immer wieder mussten wir unsere Stimme erheben, um das offenbarte Wort des Heilsplans Gottes zu verkünden im Kampf mit den bösen Mächten der Welt.

In unserer Nähe wirkte der Magier Simon, mit dem Vater schon früh Bekanntschaft gemacht hatte. Er war kein Christ, gab sich aber als eine Offenbarung Gottes aus. Dazu hatte er eine Begleiterin, die den Gedanken einer Geistin Gottes verkörpern sollte. Die beiden hatten erheblichen Erfolg und eine große Anhängerschaft.

Aber wir verließen uns auf Gott. Er würde sicher dafür sorgen, dass sein Wort sich als kräftig und lebensmächtig erweisen würde. Ihm allein wollten wir dienen.

132. Berenike und Drusilla

Apostelgeschichte 24–26

Berenike: Lasst auch uns hier ein paar Worte sagen, obwohl wir nicht Anhängerinnen dieses Galiläers waren. Doch wir sind von königlichem Blut. Hofgeschichten sind immer von Interesse, damals wie heute.

Unser Urgroßvater war König Herodes der Große! Er war wirklich groß in allem. Er nahm sich eine große Zahl von Ehefrauen und sorgte somit für Verwirrung beim Klären und Zuordnen seiner Nachkommenschaft.

Es wurde in unserer großen Familie geliebt und gemordet, bespitzelt, intrigiert und kreuz und quer geheiratet. Eine große, brisante Familiengeschichte, die ein Filmemacher der Neuzeit einmal aufnehmen sollte: Liebe und Tod im Herrscherhaus der Herodianer, eine Serie mit Dauererfolg! Auch Aristobul, unser Großvater, wurde von seinem Vater Herodes ermordet.

Von Tante Herodias und Cousinchen Salome habt ihr ja schon einiges erfahren. Auch darüber ließe sich viel mehr erzählen. Brisanter Stoff!

Drusilla: Nun beherrsch dich einmal, große Schwester! Melde die schrecklichen Wahrheiten unserer Familie bei der Regenbogenpresse an! Hier sind sie nicht gefragt. Hier solltest du nur das erzählen, was mit unserer Begegnung mit dem Galiläer zu tun hat.

Berenike: Wieso? Warum? Die anderen Frauen haben doch auch munter von ihrem Erleben erzählt. Gut, ich werde mich nur auf mich beschränken, die Tanten und Onkel und ihr Liebesleben weglassen. Halt, das geht nicht. Ich war doch mit einem Onkel verheiratet. Da seht ihr es! Ein großes Heiraten hin und her und ein Wieder-Auseinandergehen.

Doch damit es sich ein bisschen lichtet: Mein Vater Herodes Agrippa I. ist ein Enkel Herodes des Großen. In Rom wurde er erzogen und knüpfte gute Verbindungen an. Recht mittellos kam er nach Palästina, heiratete und gründete eine Familie. Ich habe einen älteren Bruder, der Agrippa II. genannt wird, und eine zehn Jahre jüngere Schwester, die Drusilla, die hier ebenfalls erzählt.

Als Kinder waren wir mit den Eltern in Rom zu Besuch. Diese Reise hatte sich für Vater gelohnt: Er wurde König über das Gebiet des Vierfürsten Philippus, dem verstorbenen alten Ehemann der berüchtigten Salome. Vater war noch öfter in Rom, und jedes Mal wurde sein Reich größer. Als er sich nach der Ermordung des Kaisers Caligula beim Senat für Claudius einsetzte und dieser auch Kaiser wurde, hatte Vater sein Ziel wohl erreicht: Sein Reich hatte die Grenzen seines Großvaters Herodes des Großen. Kaiser Claudius hatte sogar das Protektorat Juda mit unter die Regentschaft von Vater gestellt, weil einer der Söhne des großen Herodes sich als regierungsuntauglich zeigte und in die Verbannung geschickt wurde. Dieses Gebiet war seit dem Jahre 6 nach Beginn der Zeitrechnung von Statthaltern aus Rom regiert worden.

Unser Vater wurde von den Juden hoch angesehen. Er war wohl nicht nur wegen eigener Interessen in Rom gewesen. Er hat den Kaiser Caligula davon abhalten können, sein Standbild im Tempel Jerusalems zur Anbetung aufstellen zu lassen. Das hätte sonst einen Aufstand der Gläubigen gegeben. Um den Juden einen weiteren Gefallen zu tun, hat er Jakobus, den Jünger des Galiläers Jesus, im Jahre 44 töten lassen.

Wir Königskinder wuchsen in großer Pracht auf. Der weiße Herodespalast hatte viel Raum und Möglichkeiten auch für uns. Im Theater saßen wir in der Loge der königlichen Familie und folgten den römischen Spielen. Herzklopfen hatte ich immer bei den Wettkämpfen, die ich mit Agrippa besuchte. Du, Drusilla, warst noch zu jung dafür. Die spannungsgeladene Atmosphäre dort hätte dich zu sehr aufgeregt.

Wir trugen Kleider aus kostbarsten Stoffen – ich liebte die Purpurseide –, die mit goldenen Stickereien verziert waren. Wir Schwestern galten als sehr schön. Doch was galt all unsere Schönheit bei der Werbung zwischen jungen Leuten? Kaum aus den Kinderschuhen entschlüpft, wurde ich mit einem alten Onkel, einem älteren Bruder meines Vaters verheiratet, mit König Herodes von Chalkis. Ich war Königin mit Jungmädchenblick und Kinderbrüsten.

Drusilla: Ja, du zogest weg aus Cäsarea, und damit veränderte sich für mich alles. Auch Vater liebte es, sich in glänzende Stoffe zu kleiden. Einmal hatte er einen wirtschaftlichen Disput mit den Händlern aus dem Norden. Er erschien zur Versammlung in einem goldglänzenden Kleid, das die Sonne so stark reflektierte, dass die Menge beeindruckt und geblendet schrie: »Ein Gott ist zu uns gekommen!« Mein Vater ließ sich die Ovationen stolz gefallen. Er wurde verehrt, geliebt – wie ein Gott. Doch bald darauf starb er. Die Frommen sagten, Gott sei zornig über ihn geworden, weil er sich wie die heidnischen Götter verehren ließ. Ich könnte mir das auch als Strafe Gottes vorstellen. Nur knapp vier Jahre hatte er das Großreich regieren können. Alles veränderte sich. Ich fühlte mich so allein. Agrippa war wegen seiner Ausbildung in Rom.

Unser Bruder Herodes Agrippa war erst siebzehn Jahre alt, als Vater starb. Kaiser Claudius war das zu jung für die Regierung eines so großen Königreiches. Die Provinz Juda erhielt wieder einen römischen Statthalter.

Berenike: Dann starb mein Mann. Ich war mit zwanzig Jahren Witwe, eine königliche Witwe. Kaiser Claudius ernannte unseren Bruder zum Nachfolger meines Mannes: Agrippa wurde König. Ich blieb im Palast wohnen. Unser Bruder zog als Herodes Agrippa II. ins Hauptgebäude.

Ich war jung und eine Witwe. Die alten Gedankenspielchen begannen wieder. Bruder und Schwester lebten zusammen in einem Palast. Hu, das gab gleich eine Menge Gesprächsstoff und Klatsch, noch bevor etwas dahintersteckte. Die Menschen treiben ja in das hinein, was sie sich vorstellen! Blutschande! Soll ich erzählen, wie wir's miteinander trieben? Bruder und Schwester aus dem herodianischen Geschlecht – bei denen ist doch alles möglich!

Drusilla: Nein, du wirst das nicht! Ich erzähle jetzt weiter. Ich war erst sechs Jahre, als Vater starb. Ich vermisste alle und wurde wohl unleidlich. Anders kann ich es nicht verstehen, dass Mutter so schnell darauf aus war, mich zu verheiraten. Die eine Ehe kam nicht zustande, weil der in Aussicht Genommene nicht Jude werden wollte. Gott sei Dank! Ich war ja noch ein Kind. Dann wurde ich Königin in Syrien. Entsetzlich! Was sollte ich da? Ich hatte Heimweh nach Cäsarea. Dort wohnten meine Geschwister. Ich besuchte euch. Ihr hattet gerade Besuch, der neue Statthalter von Juda machte bei euch seine Aufwartung. Ich verliebte mich spontan in den jungen Prokurator Felix. Ich war erst fünfzehn Jahre alt, unbekümmert und wieder glücklich. Ich ging nicht zurück zu meinem ungeliebten Mann in Syrien. Felix heiratete mich. Manche meinten, es sei nicht standesgemäß, weil er erstens kein Jude und zweitens ehemaliger Sklave war. Doch schon mancher brave Mann ist ins Sklavendasein abgestürzt. Felix war treu und arbeitsam. Deshalb war er doch von der kaiserlichen Familie in Rom freigelassen worden. Felix wurde Ritter und kam schließlich als Statthalter nach Juda.

Felix war der Mann meines Lebens! Ich himmelte ihn an. Ich sah nicht, dass er, wie manche sagten, grausame Befehle ausführen ließ. Ich wohnte wieder in meiner geliebten Stadt Cäsarea, roch die frische Meeresluft und saß jetzt im Amphitheater in der Statthalter-Loge und hatte Spaß an den römischen Wettkämpfen und der aufgeregten Menge um mich.

Ich kümmerte mich überhaupt nicht um die Geschäfte und Sorgen meines Felix. Ich wollte ihn nur glücklich bleiben lassen – Felix heißt ja der Glückliche – und wollte selber glücklich sein und bleiben. Mir war klar, dass das Glück in einer Ehe nur beidseitig gestützt werden konnte.

Aber dann horchte ich doch einmal auf, als ich den Namen der Christen hörte. Als Kind hatte ich schon einmal von den Freunden eines Galiläers Jesus erfahren, den sie als Messias verehrten und sich nach ihm Christen nennen. Mutter hatte sich kurz vor Vaters Tod sehr aufgeregt, dass Agrippa einen Jünger dieses Jesus hatte töten lassen. Es folgte dann noch eine ominöse Wundergeschichte, die Mutter erzittern ließ: Ein Freund des Galiläers saß auch in Vaters Gefängnis und sollte nach dem Fest getötet werden. Doch der soll von Engeln herausgetragen worden sein. Mir gruselte es damals und gleichzeitig fühlte ich Wärme wegen der Engel. Ich war damals noch nicht ganz sechs Jahre alt.

Jetzt war ich zehn Jahre älter. Felix wusste gut Bescheid über die Spannungen zwischen Juden und Christen. Ich ahnte es ja: Er war ein guter Prokurator! Er erzählte mir, dass einer seiner Vorgänger auf Drängen der Oberen meines jüdischen Volkes diesen Jesus, den andere den Christus nennen, hat kreuzigen lassen. Die Anhänger dieses Gekreuzigten wollen ihn nach dem Tode als Lebendigen gesehen haben. Er sei Gottes Sohn. Wie die Pilze breiteten sich die Christen überall im Römischen Reich aus, und die Juden würden an vielen Orten gegen sie stänkern.

Jetzt war einer der großen Apostel – so nennen sie die Verkünder der Botschaft dieses Christus – auf Anklage des Hohenpriesters und einiger Ältester im Gewahrsam von Felix.

Mein Mann als Römer und Heide sah nur den Neid der Juden und kein Vergehen des Mannes.

Ich bat ihn, den Mann doch einmal sehen und hören zu dürfen. Felix stimmte bereitwillig zu. Wir hörten dann aufmerksam zu, was er über den Glauben an Jesus Christus zu sagen hatte. Wir waren beide sehr beeindruckt von dem, was wir hörten. Doch als der Mann über Gerechtigkeit und von einem zukünftigen Gericht sprach, wurde Felix unruhig. Er ließ ihn gehen. Später wolle er ihn wieder rufen lassen.

Mich ließen die Gedanken und die Glaubenssätze des Mannes nicht mehr los. Auch Felix schien es so zu gehen, obwohl er sich auch mir gegenüber vorsichtig ausdrückte. Einmal war er römischer Beamter, zum anderen kam er aus einer Vielgötter-Kultur.

Ich bin Felix dankbar. Er ließ Paulus noch oft holen. Ich hatte inzwischen Auskünfte über ihn eingeholt und staunte über den Mut und die Einstellung dieses Mannes. Ich durfte bei den Gesprächen immer dabei sein. Wir führten sehr kontroverse Glaubensgespräche – der Christ, der Heide und die Jüdin. Das war uns ein großes Bedürfnis, auch wenn stets Zweifel und viele offene Fragen, besonders von Felix, im Raum blieben.

Schließlich wurde Felix nach Rom zurückgerufen. Paulus war noch immer im Gefängnis. Neider und Kritiker meinen, Felix hoffte, dass er von Paulus oder seinen Anhängern Geld für die Freilassung bekäme. Für mich ist das eine böswillige Unterstellung. Das Geld hatte Felix nicht nötig. Aber etwas anderes hatte er nötig und ich mit ihm: Wir brauchten Gespräche über unser Sein und unser Werden, über Sinn und Ziel unseres Lebens. Im Leben des Paulus und seiner Lehre gab es ein Ziel. Sehr nachdenklich machte ich mit Felix die lange Reise nach Rom.

Berenike: Ja, nun mussten wir uns wieder trennen. Wir wohnten zwar schon seit einiger Zeit nicht mehr in derselben Stadt – wir waren nach Cäsarea-Philippi gezogen; doch wir waren erreichbar.

Bekanntschaft mit Paulus machten Agrippa und ich bald nach eurer Abfahrt mit dem Schiff. Dein Felix hatte ja den Gefangenen Paulus seinem Nachfolger Festus vererbt.

Er schien wirklich ein brisantes Erbe zu sein. Festus wurde gleich nach seiner Ankunft in Jerusalem vom Hohenpriester in Sachen Paulus überfallen. In Cäsarea nahm er dann den Prozess auf, den dein Mann verschleppt hatte.

Als unser Bruder König Agrippa und ich, seine Vertraute, unseren ersten Höflichkeitsbesuch machten, erzählte Festus von Paulus. Er versuchte von dessen und der Juden Lehre und den ihm unverständlichen Glaubensstreitereien etwas zu sagen. Festus suchte bei uns helfenden Beistand in der ihm so gänzlich fremden Glaubens- und Gedankenwelt.

Agrippa sprach mir aus dem Herzen, als er sagte, er wolle den Paulus hören.

Am nächsten Tag gab es geradezu eine Gala-Veranstaltung im Palast. Alle Vornehmen der Stadt in festlicher Kleidung und die Offiziere in ihrer Paradeuniform waren anwesend. Agrippa und ich glänzten in königlichem Staat. Ich fühlte mich in meinem Element.

Aber Paulus war die Hauptperson. Er hielt eine großartige Verteidigungsrede, die gleichzeitig voll Zeugniskraft war. Ich war ganz Ohr. Auch Agrippa, der ergriffen zu Paulus sagte: »Es fehlt nicht viel, so wirst du mich noch überreden und einen Christen aus mir machen.«

Paulus war durch Geburt im Besitz des römischen Bürgerrechts. Er hatte sich auf das Gericht des Kaisers berufen und musste so zur Urteilsfindung nach Rom.

Drusilla: Und in Rom haben wir uns dann alle wieder gesehen. Nein, Paulus saht ihr nicht mehr. Aber ich. Ich war noch öfter in seiner Wohnung in Rom, wo er ungehindert seinen vielen Besuchern von Jesus Christus und vom Reich Gottes erzählte.

Doch bevor wir Geschwister uns wieder sahen, sind in unserem Heimatland noch schreckliche Dinge passiert. Und auch in Rom war es schaurig. Eine riesige Feuersbrunst suchte uns heim. Unser dekadenter Kaiser Nero schob die Schuld daran den Christen zu und ließ viele in seinen Gärten hinrichten.

Berenike: Die Zeit war nicht nur schrecklich! Ich fand da auch mein privates Glück! Das Schreckliche lag auch bei uns an Kaiser Nero, der so verschwenderisch mit seinen Finanzen umging. Das Geld musste aus den Provinzen gepresst werden. So waren die Nachfolger von Felix und Festus als Statthalter gezwungen, mehr als ausbeuterisch zu handeln. Das Volk empörte sich. Ein Aufstand drohte.

Agrippa und ich bemühten uns zu vermitteln. Wir wollten den offenen Ausbruch von Feindseligkeiten gegen Rom verhindern. Angesichts dieser Machtverhältnisse konnte das für uns Juden nur verheerend ausgehen. Unsere Vermittlungen schlugen schließlich fehl. Vielleicht trauten sie uns nicht. Wir Herodianer wurden wegen unserer Römerfreundlichkeit immer kritisiert. Unsere in dieser politischen Situation notwendige Diplomatie wurde verkannt. Rom griff ein. Der große Feldherr Vespasian kam mit seinem Sohn Titus nach Palästina, um Ruhe einkehren zu lassen. Ich war von Titus sofort fasziniert. Er wurde meine große Liebe.

Drusilla: Du warst doch eigentlich zu alt für ihn, Schwester! Ich habe nachgerechnet. Titus war sechsundzwanzig und du warst schon fast vierzig.

Berenike: Nein, ich war achtunddreißig! Was macht das schon, wenn man sich jung fühlt und gut aussieht. Der römisch-jüdische Krieg tobte im Land. Überall Aufständische, aber noch viel mehr römische Soldaten. Sie wurden von den benachbarten römischen Provinzen zur Hilfe nach Palästina zusammengezogen. Wir hatten Zehntausende von Verlusten – und ich war die Geliebte des römischen Feldherrn! – Sein Vater Verspasian musste nach Rom zurück. Der Senat hatte ihn zum Kaiser gewählt, obwohl er aus einer ganz anderen Familientradition kam. Mein Freund Titus blieb als Oberbefehlshaber zurück. Fünf Monate belagerte er mit seinen Truppen Jerusalem, dann wurden die Mauern gestürmt und der schöne Tempel zerstört. Noch heute weinen die frommen Juden an dem letzten Stückchen Tempelmauer, das geblieben ist. Ein schrecklicher Krieg war zu Ende mit sagenhaft vielen im Kampf gefallenen Juden und einem zerstörten jüdischen Reich.

Drusilla: Und dann kamst du im Gefolge des Titus und seines siegreichen Heeres nach Rom. Auch unser Bruder Agrippa mit seinem verlorenen Königreich war dabei. Du bliebst die Geliebte von Titus. Ich kann es eigentlich nicht verstehen. Er hatte doch deinen, unseren Tempel geschändet! Warst du eine Heidin geworden, oder hatte dich Paulus dem jüdischen Glauben entwurzelt? Du wohntest im Palast des Titus. Derweil mussten wir unsere Waren mit Münzen bezahlen, die aus Freude über den Sieg über die Juden neu geprägt waren. Sie zeigten unter einer Palme eine weinende Frau, die Juda symbolisieren sollte.

Berenike: Ich war eine Frau, nur noch eine liebende Frau. Aus Gründen der Landespolitik war ich doch schon als junges Mädchen verschachert, in eine Ehe getrieben worden! Welche Chancen hatte ich bei dieser politischen Konstellation eigentlich als junge Witwe eines jüdischen Königs? Jede Verbindung wäre kritisiert worden. So machte ich das Beste daraus und repräsentierte an der Seite meines unverheirateten königlichen Bruders Agrippa II. Aber dann kam Titus. Und für mich gab es nur noch Titus! Ich fühlte nur noch als Frau.

Drusilla: In Rom wurdest du als die zukünftige Frau des Thronfolgers gehandelt. Du warst bei offiziellen Anlässen ständig an seiner Seite. Doch dann wurden auch unfreundliche Stimmen gehört. »Unmöglich, dass der römische Kaiser eine jüdische Königin ehelicht!« Der Hass gegen Juden und Christen war groß in der Stadt. Wahrscheinlich wurde er auch aus Neid gegenüber dem allseits beliebten Titus von seinem Bruder Domitian geschürt. Jedenfalls, als Titus dann Kaiser wurde, hatte er wohl nicht mehr den Mut, dich zu heiraten.

Berenike: Aber wir haben uns sehr geliebt. Wir waren das klassische Liebespaar.

Doch was soll's? Ich war einundfünfzig, als Titus Kaiser wurde. Nur zwei Jahre hat er noch gelebt. Im Alter von einundvierzig ist er anscheinend einem Giftmord zum Opfer gefallen. Vom Sterbebett aus hat Titus mir durch seinen vertrauten Leibdiener einen bewegenden Liebesgruß zukommen lassen.

Hätte Titus mich geheiratet, wäre ich wohl mit ihm getötet worden. War der Mörder Bruder Domitian, der nach Titus Kaiser wurde und fünfzehn Jahre eine Schreckensregierung führte?

Ich sah schon früh Gefahr für mich und eilte in das zerstörte Palästina zurück. Eine Herodianerin kehrte heim! Zum Glück, denn wäre ich auch Domitian und seinen Schergen nicht in die Hände gefallen, so hätte mich sicherlich der Aschenregen vom Vesuv begraben, wie meine Villa in Pompeji. Wer weiß?

133. Die Frau des Pharisäers

Cäsarea war schön. Es wehte stets eine frische Brise vom Meer. Auch im Stadtleben musste man das Gefühl von Weite und Größe bekommen. Ich spürte das, bis ich Ruben heiratete. Ruben ist Rabbiner, jüdischer Lehrer, und gehört der Gruppe der Pharisäer an. Pharisäer sind sehr streng in ihrer Lebensführung. Alles, was ich bisher so schön fand, verleidete er mir: Ich würde mich dabei versündigen, mich unrein machen. Gott sehe das und werde mich richten.

Was tat ich Schlimmes, was fand ich schön? Ich liebte die Parade der römischen Soldaten im Fort. Ich liebte es, am Sabbat am Strand spazieren zu gehen. Ich unterhielt mich gern mit der netten jungen Offiziersfrau aus Rom, die am unteren Teil unserer Straße wohnte.

Die Kinder wurden geboren. Ich war nun sowieso ans Haus gebunden. Doch da kamen neue Probleme. Am Sabbat durfte ich gar nichts tun. Was schuftete ich mich am Freitag ab, um nur alles für den Sabbat zu richten! Freitag mit Sonnenuntergang begann der Sabbat mit einem festlichen Mahl. Ruben sprach ein langes Gebet und erzählte aus der Geschichte der Väter Israels. Am Sabbat durfte keine Arbeit getan werden. Keine! Ruben war da ganz streng. Nicht einmal eine Matte durfte ich in den Nebenraum legen. Wenn Benjamin Fieber hatte, durfte ich nicht nach dem Arzt schicken, und an den Feiertagsgürtel durfte ich keine Ösen nähen. Wenn alle in Israel den Sabbat einhielten, nicht das geringste Gebot überträten, dann würde der Messias kommen, auf den wir so lange und sehnlichst warteten. Er würde uns mit einem gewaltigen Heer die verhassten Römer aus dem Land treiben. Das wollten wir doch alle! Es liege an uns. Also achte darauf, Miriam, dass auch die Kinder am Sabbat nicht so herumtoben. Und lass sie nicht zur Großmutter gehen! Der Weg ist etwas länger, als ein Sabbatweg zu sein hat.

Oh, es war nicht so leicht, mit einer großen Kinderschar den Sabbat gottgerecht zu feiern! Ich ging oft sehr gehetzt in den Sabbat und genervt wieder hinaus. Nur mit unsäglichen Mühen konnte ich die Kinder von irgendwelchem verbotenen Tun abhalten. Es war ja alles verboten!

Die Heiden draußen trieben es während unserer Ruhetage umso bunter. Oder kam mir das nur so vor? Im Töpferladen und beim Sandalenflicker hörte ich beim Besorgen meiner Geschäfte an den Tagen der Woche interessante und erschreckende Dinge. Ich tat immer so, als ob mich dies alles nicht berührte. Eine Pharisäerfrau hatte sich nicht in heidnische Angelegenheiten zu mischen, sollte da gar nicht hinhören. Hier erfuhr ich, dass die Herodianerin mit dem römischen Heerführer ein Verhältnis hatte. Aber das war natürlich kein Gesprächsstoff im Pharisäerhaushalt.

Ich erfuhr auch von der Glaubensgemeinschaft der Christen. Diese Juden und Heiden glaubten, dass ein Galiläer aus Nazareth der Messias sei.

Während ich so tat, als ob ich die Güte der Reparatur an den Sandalen prüfte, war ich ganz Ohr. Der Messias sollte schon da sein? Da bräuchte ich mich ja nicht mehr so mit dem Sabbat abzuquälen! Aber einer aus Galiläa der Messias? Doch andererseits warteten wir ständig darauf, dass er aus unserem Volk kommt. Ja, aber der würde doch mit großer Macht und mit Trompetenschall von seiner Ankunft künden! Aber wie, wenn wir auf den Messias warten und warten und er war schon da und wir hätten ihn verpasst?

Nein, nein! Ruben ist ein frommer Mann. Der muss das wissen! Nun, Ruben wurde richtig böse, als ich nach den Christen fragte. Das wäre eine Sekte, die sollte man ausrotten! Einer dieser Sektenführer säße schon beim Prokurator im Gefängnis. Der Statthalter würde ihn wohl bald töten lassen. Es wäre eine wahre Schande für das Judentum. Er heiße Paulus und wäre früher ein Pharisäer gewesen.

Ich sollte nicht auf solche Sachen hören. Die Christen würde es bald nicht mehr geben! Ihr Idol ist am Kreuz gestorben und sie wären Irrlichtern aufgesessen. Und die Römer würden bald vertrieben.

Mein Ehemann, dem ich immer alles glaubte - er hatte ja so Unrecht! Es war Zeit, dass ich mir meine eigenen Gedanken machte.

134. Junia

Römer 16,7

Hurra - ich bin eine Frau.

Ich danke Paulus, dass er mich genannt hat und von mir etwas berichtet hat. Ich weiß, er hat auch von mir noch mehr geschrieben. Doch das ist nicht in das heilige Buch aufgenommen worden, wie vieles nicht, was Paulus und andere geschrieben haben. Zum Teil ist auch einiges verloren gegangen. Verloren gegangen ist nicht der wichtige Brief von Paulus, den Phöbe wie ihren Augapfel gehütet hat. Doch davon später. Ich bin Paulus zu Dank verpflichtet.

Ich bin den heutigen Frauen zu Dank verpflichtet, die die verschwundenen Frauen aus der Christenheit wieder entdeckt haben.

Ich bin verärgert über den maroden Zeitgeist, der zu den entsprechenden Zeiten Männern den Mut nahm, für Frauen einzustehen, ihre Arbeit und ihren Einsatz beim Namen zu nennen.

Könntet ihr nicht davon ausgehen, dass ich das bin und war, was Paulus nur kurz angedeutet hat? Regt euch nicht auf, dass es nur so kurz war! Es ist doch ganz natürlich; war es doch ein Brief für viele. Es war ein Brief zur Glaubensstärkung und ein Glaubensbekenntnis. Stellt euch vor: In so einem Brief komme ich vor! Das ist doch eine große Auszeichnung! Seht vergleichsweise ein Sendschreiben heute. Selten findet ihr da im Text Auskunft über die Arbeit eines Bischofs oder die Herausstellung der Arbeitsweise eines Generalsekretärs. Ihr seht, ich rede positiv über Paulus. Paulus ist mein Freund. Und Gott weiß – er hat es verdient!

Könntet ihr also nicht davon ausgehen, dass ich beim Pfingstwunder dabei war – Paulus schreibt über mich: »schon vor mir in Christus gewesen«. Und könntet ihr euch nicht vorstellen, dass ich voll des Heiligen Geistes war und blieb?

Könntet ihr nicht davon ausgehen, dass ich zu denen gehörte, die Paulus als Saulus verfolgt hat? So, wie geschrieben steht: »Saulus aber suchte die Gemeinde zu zerstören, ging von Haus zu Haus, schleppte Männer und Frauen fort und warf sie ins Gefängnis« (Apostelgeschichte 8,3).

Könntet ihr nicht davon ausgehen, dass ich in Antiochia mit dabei war, als Paulus sich leidenschaftlich für die Heidenchristen einsetzte?

Könntet ihr euch vorstellen, dass ich Paulus nicht nur einmal, sondern mehrere Male auf einer Schiffsreise begleitet habe? Vielleicht wird da eure Phantasie angeregt. Nicht in erotischer oder sexueller Hinsicht. Da steht Paulus draußen vor. Da würde Paulus keiner etwas andichten.

Aber vielleicht könntet ihr euch vorstellen, welche bewegenden Fahrten das waren? Bewegt von den stürmischen Elementen, aber bewegt auch von den stürmischen Disputen, Lehrgesprächen, Glaubensgesprächen bis hin zu Zerreißproben.

Paulus war kein Frauenfeind. Paulus war sich nicht zu schade, »nur« vor Frauen zu reden, wie ihr gehört habt von Lydia aus Philippi. Und wenn er wirklich einmal nichts von Frauen gehalten haben sollte, dann war das in der Zeit, als er noch Pharisäer war. Vielleicht hat er damals wie manche frommen Juden gebetet: »Gott ich danke dir, dass ich kein Heide, kein Sklave und keine Frau bin.« Doch das ist lange her. Außerdem hat das auch nichts mit Frauenverachtung zu tun: Frauen waren (wie später auch in den christlichen Kirchen) aus wesentlichen gottesdienstlichen Ämtern ausgeschlossen. Dies nicht zu sein – dafür dankte der Beter. Paulus wird auch in der Wertschätzung der Frau gelernt haben. Er wird, der doch so auf Gott hörte, bald eines Besseren belehrt worden sein. Wie war das doch mit Lydia? Die erste Christin in Europa – und das eine Frau! Also! Zeichen Gottes? Und mit Priscilla!

Und Paulus' Reisebegleiter Lukas schreibt über Thessalonich: »Einige von ihnen ließen sich überzeugen und schlossen sich Paulus und Silas an, auch eine große Menge von gottesfürchtigen Griechen, dazu nicht wenige von den angesehensten Frauen« (Apostelgeschichte 17,4).

Könntet ihr euch vorstellen, dass ich da auch als Reisebegleiterin dabei war und das mit bezeugen kann?

Und in Beröa: »So glaubten nun viele von ihnen, darunter nicht wenige von den vornehmen griechischen Frauen und Männern« und in Athen: »Einige Männer schlossen sich ihm an und wurden gläubig; unter ihnen war auch Dionysius, einer aus dem Rat, und eine Frau mit Namen Damaris und andere mit ihnen.« Damaris war eine ganz wichtige Frau in der frühen Gemeindebildung. Sie öffnete ihr Haus, sie lud immer wieder ein zu Glaubensgesprächen. Sie ließ es sich nicht verdrießen, auch wenn sie von den Nachbarn schief angesehen und gelästert wurde. Damaris hielt mit den Aposteln Kontakt, holte sich Stärkung und Rat.

Paulus achtete in der Weitergabe des Glaubens Frauen wie Männer gleich: »Hier ist nicht Mann noch Frau, denn ihr seid allesamt einer in Christus Jesus« (Galater 3,28).

Ich staune nur immer wieder, wie die Nachwelt noch nie darauf gekommen ist, Phöbe den Brief wegzunehmen. Stellt euch doch nur vor: Dieser Brief an die Gemeinde in Rom – Römerbrief, wie er genannt wird – ist ein so wichtiger Brief! Er enthält die ganze Glaubensbotschaft und wird von einer Frau überbracht, auf einem langen, überaus gefahrvollen Weg!

Ich muss dabei immer an Jesus denken, der auch die gewaltigste Botschaft, seine Auferstehung von dem Tod, einer Frau überträgt: »Geh hin zu meinen Brüdern und sage ihnen ...« Die beiden wichtigsten Nachrichten, eine von Jesus, eine von Paulus, werden von Frauen weitergetragen!

Ist deshalb die Phöbe zu einem Phöbius geworden? Nein, meines Wissens hat noch niemand gewagt, Phöbes Namen zu vermännlichen. Vielleicht war es auch nur einfach zu schwierig. Es stand ja noch die Ehrenbezeichnung »Schwester« davor. Somit wäre ein Verändern in Bruder Phöbius eine echte Fälschung gewesen, hätte nicht durch einen Abschreibfehler begründet oder entschuldigt werden können.

Phöbe hat eine ereignisreiche und schreckensvolle Seereise gehabt. Eine Frau allein auf so einer weiten Reise muss sich schon etwas einfallen lassen, um mit heiler Haut ans Ziel zu kommen. Dabei hat Phöbe anscheinend noch versucht, die Schiffsgemeinde zu missionieren. Phöbe hat unter dem allerhöchsten Schutz gestanden. Das hat ihr Stärke und Sicherheit gegeben. Phöbe war zu bescheiden, viel zu erzählen. Sie hat auch uns kaum von den Strapazen und Bewahrungen auf dieser Reise berichtet.

In Rom traf sie eine vielschichtige, große Gemeinde an, die sich vornehmlich aus Heidenchristen zusammensetzte. Wie groß war die Freude über eine Sendbotin von Paulus! Der Brief selbst wurde uns auch für den Gemeindealltag eine große Stärke. Abschnitt für Abschnitt arbeiteten wir ihn durch und lasen ihn immer wieder in unseren Zusammenkünften. Die Worte Schwester und Bruder spielten bei uns eine große Rolle, nicht nur im Wort, sondern in gelebter Gemeinschaft. Wir duldeten nicht mehr, dass Gemeindeglieder ihre Sklaven als ihren Besitz behandelten. Wir wollten, dass sie in Liebe mit ihnen umgingen.

Auch haben wir nach Kenntnis des Briefes verstärkt darauf geachtet, welche Gnadengaben die einzelnen von Gott empfangen haben. Wir haben bei einigen großartige Gaben entdeckt, die wir zu Wohl und Stärkung der Gemeinde einsetzen ließen oder durch Mutmachen und Hervorlocken freisetzten.

An der langen Grußliste, die Paulus an sein gewichtiges Sendschreiben anschloss, könnt ihr auch sehen, wie viel Informationen es zwischen den vielen urchristlichen Gemeinden hin und her gab. Sie waren doch so weit verstreut im großen Römischen Reich. Ja, wir waren eine weltweite Christengemeinde und bereit zu wachsen und zu geben.

Es war das Große von Paulus und wahrscheinlich auch ein guter Hinweis für die Nachwelt: Paulus merkte sich sehr genau den Dienst der einzelnen, die Mitarbeit in der Nachfolge, welcher Gestalt sie auch immer war. Und er teilte die Namen den neuen Gemeinden und der Nachwelt mit. Er grüßte sie extra mit Namen, wie bei uns in Rom – alle die, die zur Zeit des Briefes da waren. Von siebenundzwanzig Männern und Frauen hat er gehört, hat sie gekannt, hat sie geliebt wie Rufus' Mutter, die auch ihm eine Mutter geworden ist; Priscilla und Aquila, die er gar nicht anders kennt, als dass sie immer und immer wieder eine große Hausgemeinde um sich scharten, egal in welcher Stadt und Provinz des römischen Weltreiches sie lebten.

Paulus war aufmerksam. Aber hätte er nicht in seinem Grußwort Andronikus und mich als unter den Aposteln »Ausgezeichnete« genannt, wäre ich wohl für die Nachwelt eine Frau geblieben. Man hätte dann vielleicht nicht aus der Junia einen Junias gemacht, den es als Namen sonst gar nicht gab. Ein alter Kirchenführer hat mir, wie ja auch Maria Magdalena, noch den Titel Apostelin zugestanden. Aber das hatte – wie auch bei mir – mit dem Auftrag an uns zu tun: Christus machte uns zu Zeugen seiner Auferstehung. Könntet ihr davon ausgehen, dass ich in diesem Sinne eine »Gesandte« war?

Lasst es dabei. Es ist gut und richtig so.

Denkt daran: In wenigen Jahren hat sich das Christentum in unglaublich schnellem Tempo verbreitet; ermöglicht durch das Wirken des Heiligen Geistes und der vielen geistbegabten Männer und Frauen.

Jesus Christus hat etwas für viele erschreckend Neues gelebt und gebracht. Er hat Frauen und Männer in seiner Jüngerschaft gehabt und für die Nachfolge berufen. Der Galiläer mit Frauen und Männern im Gefolge – das war für die Frauen bahnbrechend, aber für Kritiker eine Last.

In den einzelnen Territorien des großen Römischen Reiches musste erst einmal auf die christliche Gemeinschaft aufmerksam gemacht werden. Das taten meistens jene, die Unruhen gegen sie anzettelten, die die Behörden zum Einschreiten veranlassten. Viel Kopfschütteln mag es in den meisten Kulturkreisen gegeben haben, dass in den Versammlungen der Christen Männer und Frauen gleicherweise im Dienst verbunden waren.

Wenn ein einzelner oder eine Gemeinschaft nicht genehm ist, gar gehasst wird, werden Ansatzpunkte der Kritik gesucht und natürlich auch gefunden. Ich glaube, dass Paulus sich in manchen Regionen viel Böses anhören musste wegen der Mitarbeit von Frauen. Das ist doch nach fast zweitausend Jahren an manchen Orten und Kulturen nicht anders. Oder?

Ich weiß und habe es erlebt: Paulus hat die Mitarbeit von uns Frauen im Dienst Christi geschätzt, gefördert und anerkannt.

Und so möchte ich zum Schluss noch alle die Frauen grüßen, an die Paulus so warm dachte, das sind: Maria, die sich so viel gemüht hat, Tryphäna und Trophosa, Persis, Julia, die Schwester von Nereus, und die Nympha in Kolossä und Aphia, die Schwester Philemons. Dazu kommt noch Klaudia, die der junge Apostel Timotheus grüßt. Sie alle haben sich in besonderer Weise eingesetzt und noch viele, viele mehr, deren Namen verloren gegangen sind.

Auch ihr, liebe Frauen heute, lasst euch nicht verdrießen, ihr Frauen in der Gemeindearbeit! Ihr Frauen, die ihr eure Häuser öffnet für die Glaubensgespräche und Lebenshilfe; ihr Frauen, die ihr die Gemeindekreise leitet, ihr Frauen, die ihr verkündigt! Eure Namen werden vergessen: Ihr steht nicht auf der Gehaltsliste, ihr führt keine Prozesse – um Christi willen, obwohl es manchmal nötig gewesen wäre –, ihr seid nirgends notiert, deshalb werdet ihr vom Schreiber nicht festgehalten.

Aber – die Arbeit lohnt! Es ist der Auftrag von Jesus Christus: »Geht hin in alle Welt« – und wir gehen. Männer und Frauen gehen, lehren im Sitzen und Stehen. Sie gehen und helfen im Großen und Kleinen. Der Auftrag von Jesus Christus wird ernst genommen, und Frauen und Männer stehen im Dienst als Brüder und Schwestern!

NACHWORT

Hätten Sie gedacht, dass in der Bibel so viele Frauen genannt werden? 137 Frauen aus dem Alten und Neuen Testament kommen hier zu Wort.

Ich bin dem Verlag sehr dankbar, dass er von sich aus die drei bei ihm erschienenen Einzelbände jetzt in einen zusammengefasst hat. Ein spezieller Reichtum der Bibel wird so deutlich. Soweit ich weiß, ist die Zusammenstellung aller Frauen aus der Bibel in einem Buch ein Novum.

Der erste Band *»Als Abraham seine Frau verkaufte«* hat zusammen mit den beiden Taschenbuchausgaben fünf Auflagen erreicht. Zur eigenen Lektüre, zur Information, aber auch zur Arbeit in zahlreichen Kreisen und Gruppen wurde er benutzt. Durch das Einfügen der Frauen aus dem zweiten Band *»Als ich Adam den Apfel gab«* ist jetzt das Alte Testament mit den Frauen vollständig. Beim fortlaufenden Lesen der einzelnen Frauengeschichten erfahren Sie nebenbei auch die ganze Geschichte des alten Israels.

Ich wünsche dieser Gesamtausgabe eine gute Aufnahme.

Im Herbst 2000 Lisbeth Haase